力量训练
运动解剖学

DK 健身大百科

探索人体解剖生理学，重塑强健体魄

[美] 奥斯丁·柯伦特 著
Austin Current

程兰 译

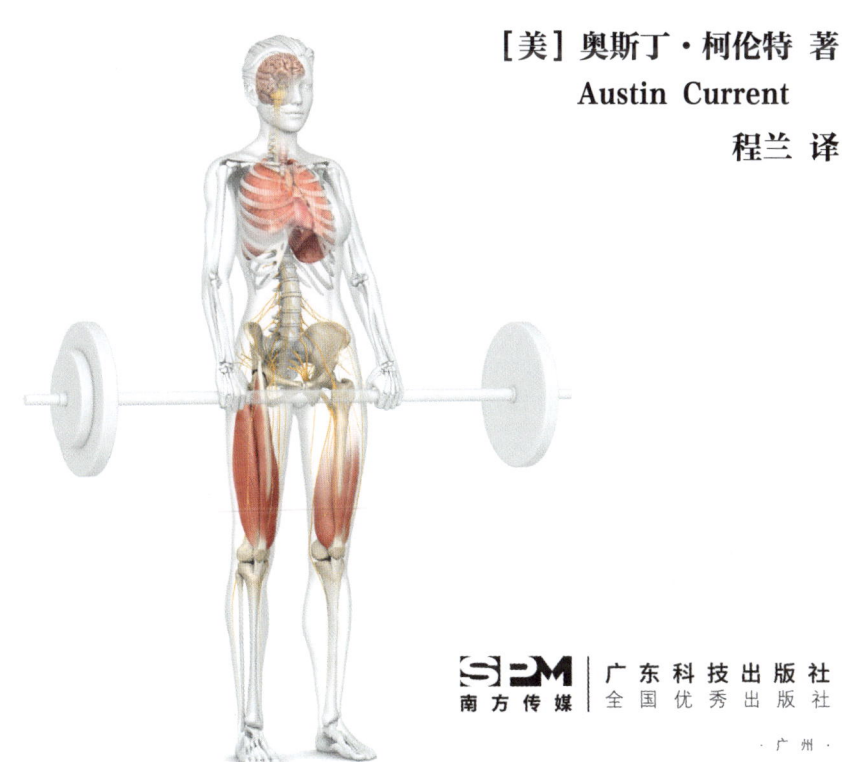

广东科技出版社
全国优秀出版社
南方传媒
·广州·

Original Title: Science of Strength Training: Understand the Anatomy and Physiology to Transform Your Body
Copyright © Dorling Kindersley Limited, 2021
A Penguin Random House Company
广东省版权局著作权合同登记号
图字：19-2023-127

图书在版编目（CIP）数据

力量训练运动解剖学 / （美）奥斯丁·柯伦特（Austin Current）著；程兰译. -- 广州：广东科技出版社，2025.5. -- （DK 健身大百科）. -- ISBN 978-7-5359-8408-1

I. G808.14；G804.4

中国国家版本馆 CIP 数据核字第 2024S581W7 号

力量训练运动解剖学（DK健身大百科）
LILIANG XUNLIAN YUNDONG JIEPOUXUE（DK JIANSHEN DABAIKE）

出 版 人：严奉强
责任编辑：张天白　曾　超
责任校对：李云柯
责任印制：彭海波
出版发行：广东科技出版社
　　　　　（广州市环市东路水荫路11号　邮政编码：510075）
销售热线：020-37607413
https://www.gdstp.com.cn
E-mail：gdkjbw@nfcb.com.cn
经　　销：广东新华发行集团股份有限公司
排　　版：广州市广知园教育有限公司
印　　刷：佛山市南海兴发印务实业有限公司
　　　　　（佛山市南海区大沥镇盐步永青路永平工业区12号　邮编：528247）
规　　格：787 mm×980 mm　1/16　印张13.75　字数275千
版　　次：2025 年 5 月第1版
　　　　　2025 年 5 月第1次印刷
定　　价：108.00元

如发现因印装质量问题影响阅读，请与广东科技出版社印制室联系调换（电话：020-37607272）。

www.dk.com

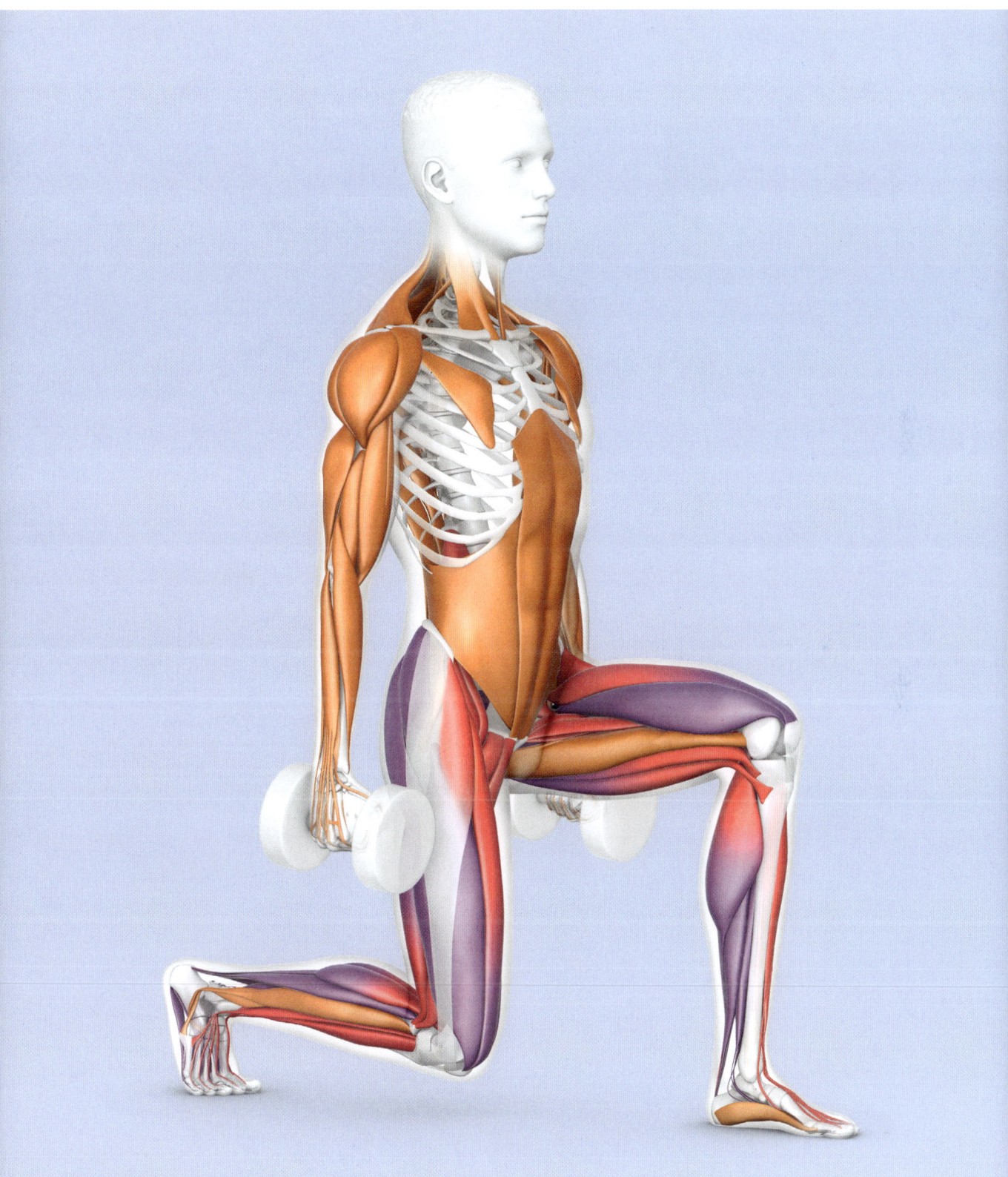

目 录

关于力量训练   1
力量训练适用于所有人   2

人体生理学

肌肉解剖学   6
肌肉如何运作   8
肌肉生长原理   12
力量训练促进肌肉生长的方式   14
力量训练增强骨骼力量的方式   18
人体动作的力学原理   20
肌肉活动的能量来源   22
力量训练的能量来源   24
计算每日热量需求   26
力量训练的饮食建议   28
力量训练与大脑之间的联系   32

力量训练

力量训练的基本知识   38
人体动作术语指南   44

腿部训练

杠铃颈后深蹲   48
    变式动作   50
腿部推举   52
哈克深蹲   54
哑铃箭步蹲   56
    变式动作   58
哑铃登阶   60
俯卧腿弯举   62
    变式动作   64
健身球腘绳肌弯举   66
坐姿腿屈伸   68
    变式动作   70
杠铃臀桥   72
    变式动作   74
站姿器械提踵   76
    变式动作   78
杠铃硬拉   80
    变式动作   82

胸部训练

杠铃卧推   86
    变式动作   88
哑铃卧推   90
    变式动作   92
高位绳索飞鸟   94
    变式动作   96
器械飞鸟   98
哑铃飞鸟   100

背部训练

宽握高位下拉   104
    变式动作   106
对握水平划船   108
    变式动作   110
哑铃耸肩   112
    变式动作   114

肩部训练

杠铃肩推   118
    变式动作   120
哑铃侧平举   122
    变式动作   124

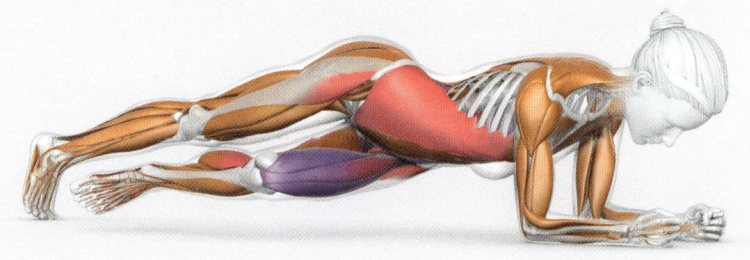

哑铃前平举	126
变式动作	128
俯身哑铃反向飞鸟	130
变式动作	132

手臂训练

坐姿哑铃弯举	136
变式动作	138
仰卧哑铃臂屈伸	140
变式动作	142
绳索下拉	144
变式动作	146

腹部训练

平板支撑对侧提膝	150
侧支撑转髋	152
健身球卷腹	154
变式动作	156
悬垂举腿	158
变式动作	160
站姿绳索转体	162
变式动作	164

运动损伤的预防

运动损伤的风险	168
延迟性肌肉酸痛	170
常见的运动损伤	172
肩部损伤	173
手肘损伤	174
下背部损伤	175
髋关节损伤	176
膝关节损伤	177
伤后恢复训练	178
训练流程的规划设计	180
活动性练习动作	182
冷却拉伸	188

力量训练训练计划指南

力量训练中的变量	192
规划训练	195
肌肉增长训练计划：初阶	196
肌肉增长训练计划：进阶	198
力量提升训练计划：初阶	200
力量提升训练计划：进阶	202
力量耐力训练计划：初阶	204
力量耐力训练计划：进阶	206
词汇表	209
关于作者和致谢	211

> 持续的力量训练能改善健康状况，增进身心愉悦感，降低罹患疾病的风险。

"知识就是力量"这句话在力量训练（阻力训练）领域同样适用。对许多人来说，进行力量训练最大的障碍在于制订复杂的训练计划，或是缺少健身知识。本书的目的在于消除这一障碍，向你传授力量训练背后的科学原理，以及如何正确地开展训练（不论是在健身房还是在家中）。同时本书也为初学者和想要挑战自我的人提供了清晰而简单的训练计划。不论目前的健身知识或能力水平如何，你都能在本书中找到所需的信息和工具，更深入地学习和理解相关知识，自信地进行力量训练（无论是独立进行还是结合其他形式的运动一起进行）。

力量训练的好处

本书中的训练动作不仅可以提高肌肉力量和耐力，还可以改善整体健康状况。将力量训练融入日常生活中将能为你带来诸多好处：

- 降低罹患一些疾病的风险，如心血管疾病和2型糖尿病。
- 促进肌肉的生长和维持，减缓因年龄增长造成的肌肉质量和力量下降，以及骨质疏松问题。
- 改善认知功能、记忆力和注意力。
- 预防随着年龄增长可能出现的疾病，如阿尔茨海默病。
- 降低罹患抑郁症和焦虑症的风险或其严重程度。

如何使用本书

本书第一部分"人体生理学"介绍了骨骼肌的神奇之处，以及力量训练对身体产生的作用及其背后的科学原理。这有助于我们了解肌肉生长和运作的方式，以及力量训练如何刺激肌肉，从而实现增肌和强化力量的效果，并对骨骼和结缔组织产生哪些积极影响。这一部分还解释了身体如何为肌肉提供动力，并告知如何计算自己的日常热量消耗和营养需求。此外，这一部分还概述了力量训练对大脑的好处，以及对心理健康的重要影响。

本书的第二部分以全书最多的篇幅介绍了一系列涵盖全身各主要部位的力量训练动作，同时还提供了许多变式动作，你可以根据现有的训练设备、个人喜好和能力水平去选择、调整自己的训练动作。本书中的力量训练动作都是按照目标肌群来分类的，并为每个训练动作提供了精美详细的人体解剖图，标记出该动作锻炼的肌肉，详细说明正确的姿势和动作技巧，并提示注意事项。

关于力量训练

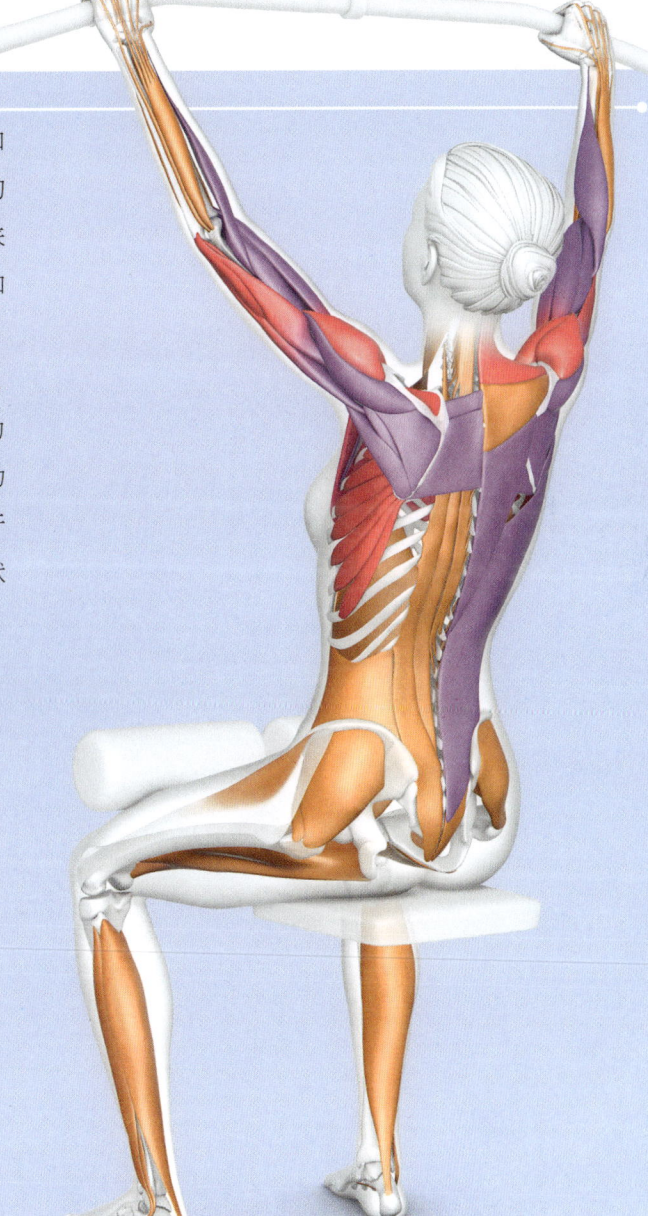

本书第三部分探讨了力量训练的常见损伤,并指出如何避免损伤,以及受伤后如何进行恢复训练。完整而妥善的健身训练流程应当包含适当的热身运动,让身体为接下来的运动做好准备。这一部分最后介绍的各种活动性练习和伸展运动可以帮助你更好地关注身体对训练动作的反应。

本书第四部分介绍了影响力量训练效果的各种因素、训练量和疲劳管理,并针对增加肌肉量、增强肌力和耐力等不同健身需求设计了初阶和进阶的训练计划,同时也为想增加健身频率的人提供了合适的替代方案。你可以基于这些训练计划,在未来几个月或几年内根据自己的训练状况和需求进行相应调整。

奥斯丁·柯伦特

健身教练和健身教育专家

力量训练
适用于所有人

如今，众多研究已表明，每个人都可以从日常的力量训练中获益。然而，我们经常在媒体上看到许多互相矛盾的信息和建议。接下来本节将揭示与力量训练相关的常见误区，并帮助你识别自己的体形特点，以便了解力量训练对不同体形的影响。

误区 / 真相

体形与基因

误区	真相
我的基因不好	**基因很重要，但不是一切** 研究表明，无论你的基因如何，一旦被他人告知你不擅长某事，这都会对你的表现产生负面影响。由于大多数人无法进行准确的基因检测，因此不要因为别人给你贴的标签而限制自己。要相信自己，这样才能产生积极的结果。
训练没有效果	**个体存在差异，制订训练计划也要因人而异** 每个人从训练中得到的反馈不一定是相同的。某个训练计划对你不太有效，并不意味着其他训练计划对你都没有效。如果你持续训练一段时间都没有看到成效，那是时候重新审视你目前的训练计划了（见第192页）。

年龄

误区	真相
我年纪太小，不适合力量训练	**在指导下，女孩可以从11岁开始进行力量训练，男孩可以从13岁开始进行力量训练** 对儿童来说，经过精心设计并配备良好指导的力量训练已被证明是一项相对安全的运动，并且能带来诸多益处，包括改善运动技能、促进身心健康，以及从小养成爱运动的好习惯。
我年纪太大，不适合力量训练	**力量训练可以延缓因年龄增长造成的肌肉衰退** 力量训练是抵抗因年龄增长而导致的肌肉量、肌力和爆发力下降的最有效的锻炼方式。维持和强化肌力有助于老年人预防常见的身体机能衰退，以及独立活动能力的丧失。

误区	真相
力量训练只适合男性	**无论男女都可以获益** 力量训练带来的众多益处（见第1页）并不因性别而有所差异。力量训练是塑造体形、增加肌肉量，以及减少特定部位脂肪的最有效手段。无论改善目标是什么，男性和女性都能从力量训练中受益。
力量训练会让女性变得身体粗壮	**雌激素会限制肌肉过度增长** 女性因自身激素水平限制，难以形成过度发达的肌肉组织。女性的雌激素水平较高，睾酮水平较低，有利于肌肉组织的恢复和维持。
男性的增肌效果比女性好	**每个人的肌肉生长程度相似** 研究表明，男性和女性通过力量训练，肌肉增长水平相近，但由于女性的肌肉量比男性少，因此是从较低的基线开始增肌的。而男性由于睾酮水平高，在相同的增长比例下增加的净肌肉量的确会更多。

男性与女性

训练会因体形而受限吗？

每个人的体形并不是完全一致的，每个人都可以通过力量训练来改善体形。参照右图，你可以判断一下自己属于哪种体形，但不要让目前的体形限制了你的训练方式。压力、睡眠、营养以及身体活动性都会影响一个人的体形。

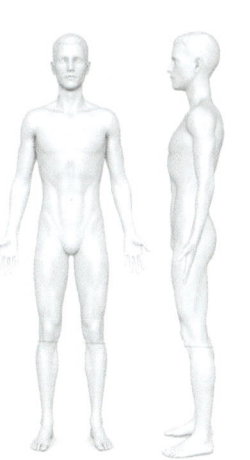

纤瘦型
高挑瘦长的人很难增肌，但比较容易减脂。

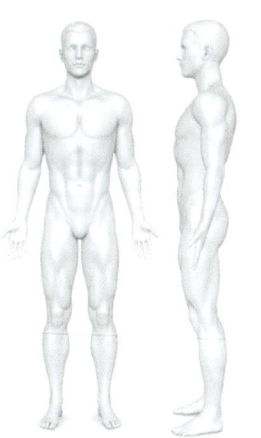

运动型
身材结实、肌肉发达的人比较容易增肌和减脂。

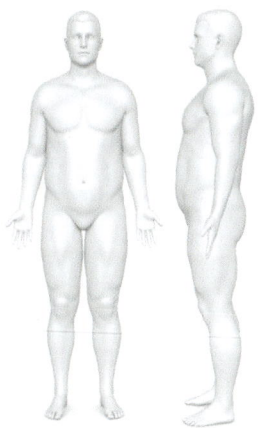

丰满型
体形较丰满的人比较容易增肌，但很难减脂。

人体
生理学

力量训练不仅能增加肌肉量和提升肌肉力量，还有助于增加骨密度，强化结缔组织，改善内分泌失调，降低罹患心血管疾病的风险，同时对心理健康也能产生积极影响。了解人体生理学能让你更深入地了解力量训练如何影响身体，以及如何通过摄取营养来最大化地促进身体健康、提升运动表现和帮助身体恢复。

力量训练运动解剖学

肌肉
解剖学

人体有600多块肌肉,深层肌肉藏在身体深处,浅层肌肉则位于表层。骨骼肌通过肌腱附着在骨骼上,牵动骨骼进行运动。

骨骼肌

骨骼肌纤维的协调收缩可以产生运动。学习并熟知身体主要肌肉群的位置和相关知识,就可以具体掌握这些肌肉的功能和活动方式,进而在进行力量训练时产生更大的机械张力。

显微镜视图显示肌纤维呈平行排列

肌肉蛋白交互排列,形成清晰可见的条纹(见第10页)

骨骼肌纤维

在力量训练过程中,横纹肌负责产生力量和完成运动。每一块肌肉都由数千条平行排列的肌纤维组成(见第10~11页)。

胸肌
胸大肌
胸小肌

肋间肌

肱肌

腹肌
腹直肌
腹外斜肌
腹内斜肌
(深层肌肉,图中未显示)
腹横肌

髋屈肌
髂腰肌(由髂肌和腰大肌组成)
股直肌(见股四头肌)
缝匠肌
内收肌
(见下方)

肘屈肌
肱二头肌
肱肌(深层肌肉)
肱桡肌

内收肌
长收肌
短收肌
大收肌
耻骨肌
股薄肌

股四头肌
股直肌
股中间肌
股外侧肌
股内侧肌(深层肌肉,图中未显示)

踝背屈肌
胫骨前肌
趾长伸肌
拇长伸肌

浅层肌肉　　深层肌肉

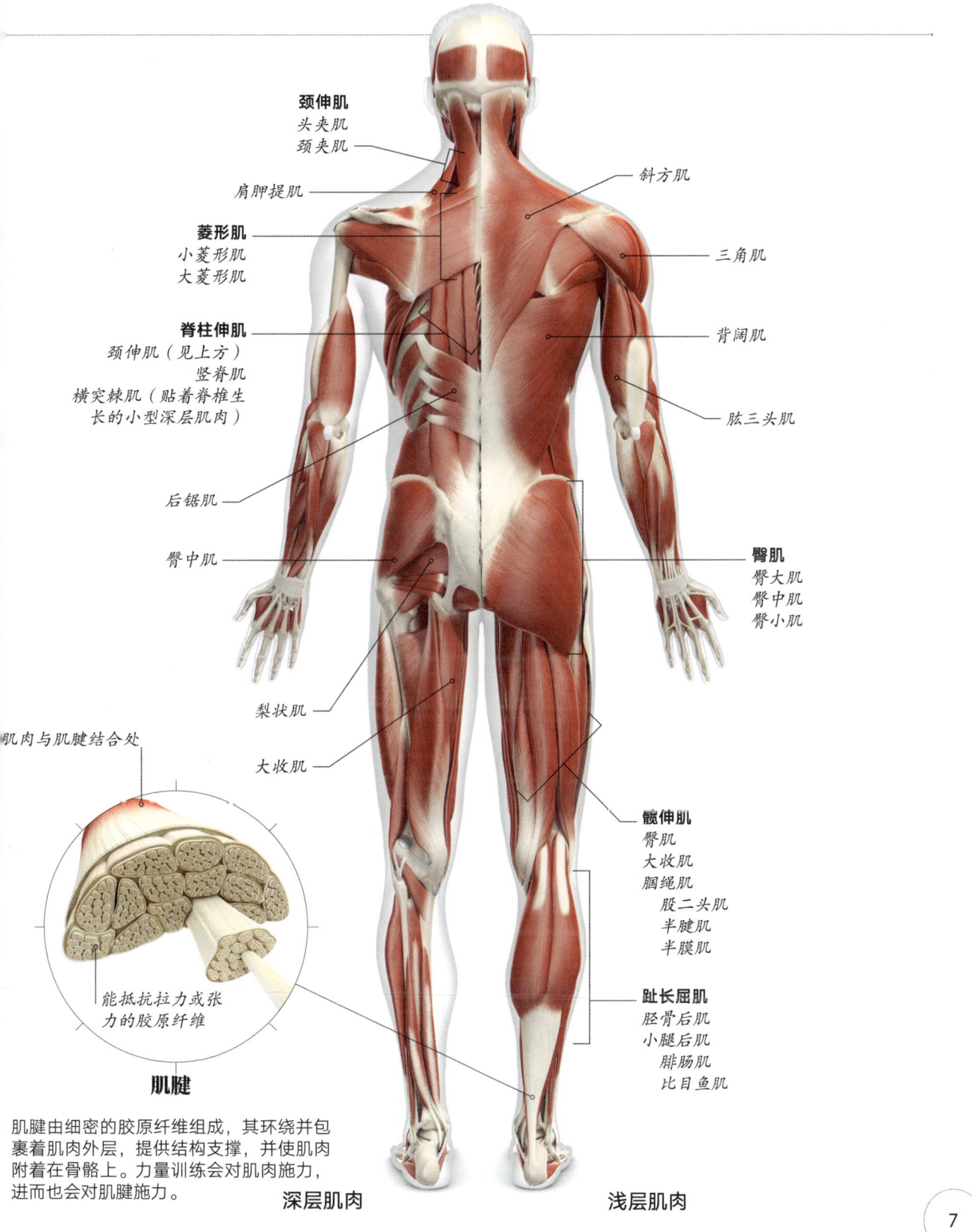

肌肉如何运作

　　肌肉通过肌腱附着于骨骼,肌腱具有伸缩性,可以缓冲运动产生的冲击力。肌肉通常以成对拮抗的方式来控制关节周围的运动,如下图展示的手臂弯举动作。肌肉可以以不同的方式进行收缩。

肌肉收缩的类型

　　肌肉收缩分为等张收缩和等长收缩,其中等张收缩又可分为离心收缩与向心收缩。等张收缩代表肌肉收缩时张力不变但长度改变,其中离心收缩时肌肉拉长,向心收缩时肌肉缩短。等长收缩时肌肉会产生张力,但长度维持不变,因此不会产生动作。(见第14~15页)

拮抗肌
肱二头肌放松,让手臂完成伸展动作

主动肌
肱三头肌收缩,驱动手臂产生伸展动作

伸展
关节活动角度扩大

协同肌
在手臂弯举的两个阶段,肱肌和肱桡肌都在辅助主动肌

离心收缩
在离心收缩期间,肌肉会拉长并产生力量。离心收缩时肌肉在产生张力的状态下拉长,作用是让运动停止或速度减缓。图示的肱二头肌进行离心收缩,让哑铃向下运动的速度减缓。

肌肉如何共同运作

由于肌肉只能"拉"而不能"推",所以它们总是以成对拮抗的方式运作。主动肌是动作产生的主要驱动者,与拮抗肌(协同肌)一起让关节产生运动。拮抗肌是与主动肌作用相反的肌肉,负责协助控制关节另一侧的运动。

优化运动

刚开始进行力量训练时,神经系统会试图同时激活主动肌和拮抗肌,从而导致动作不太顺畅且协调性较差。随着时间的推移和训练量的积累,神经系统会逐渐适应(见第32页),拮抗肌群的协调性会更好,关节动作会更顺畅高效,肌肉也会产生更大的力量。

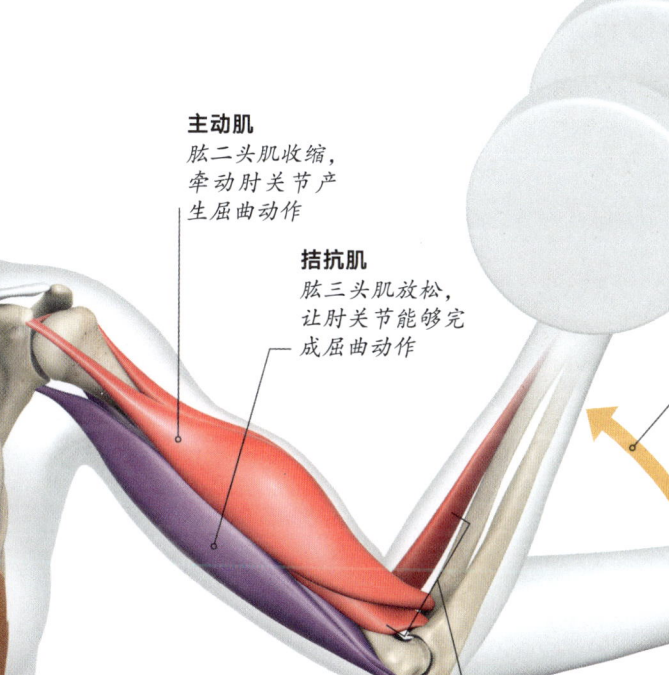

主动肌
肱二头肌收缩,牵动肘关节产生屈曲动作

拮抗肌
肱三头肌放松,让肘关节能够完成屈曲动作

向心收缩
在向心收缩期间,肌肉的肌纤维会缩短,以产生足够的力量来移动物体或负重。图示的肱二头肌进行向心收缩,让肘关节屈曲以举起哑铃。

屈曲
关节活动角度减小

等长收缩
在等长收缩期间,肌肉产生张力,但长度不发生变化。等长收缩发生在维持固定姿势时。例如图示中收紧腹部肌肉(腹肌)来稳定核心,此时肌肉持续收缩但长度不变。

协同肌
在手臂弯举的两个阶段,肱肌和肱桡肌都在辅助主动肌

图例
● 向心收缩的肌肉
● 等长收缩的肌肉
● 离心收缩的肌肉

9

揭开肌肉结构的奥秘

骨骼肌由多条称为肌束的圆柱形肌纤维束组成。每条肌纤维（也就是肌细胞）都是由产生肌肉收缩活动的蛋白肌丝构成的。每块肌肉还分布有血管网，为肌肉产生能量输送氧气和化学物质（见第22~23页），同时清除肌肉收缩产生的废弃物。

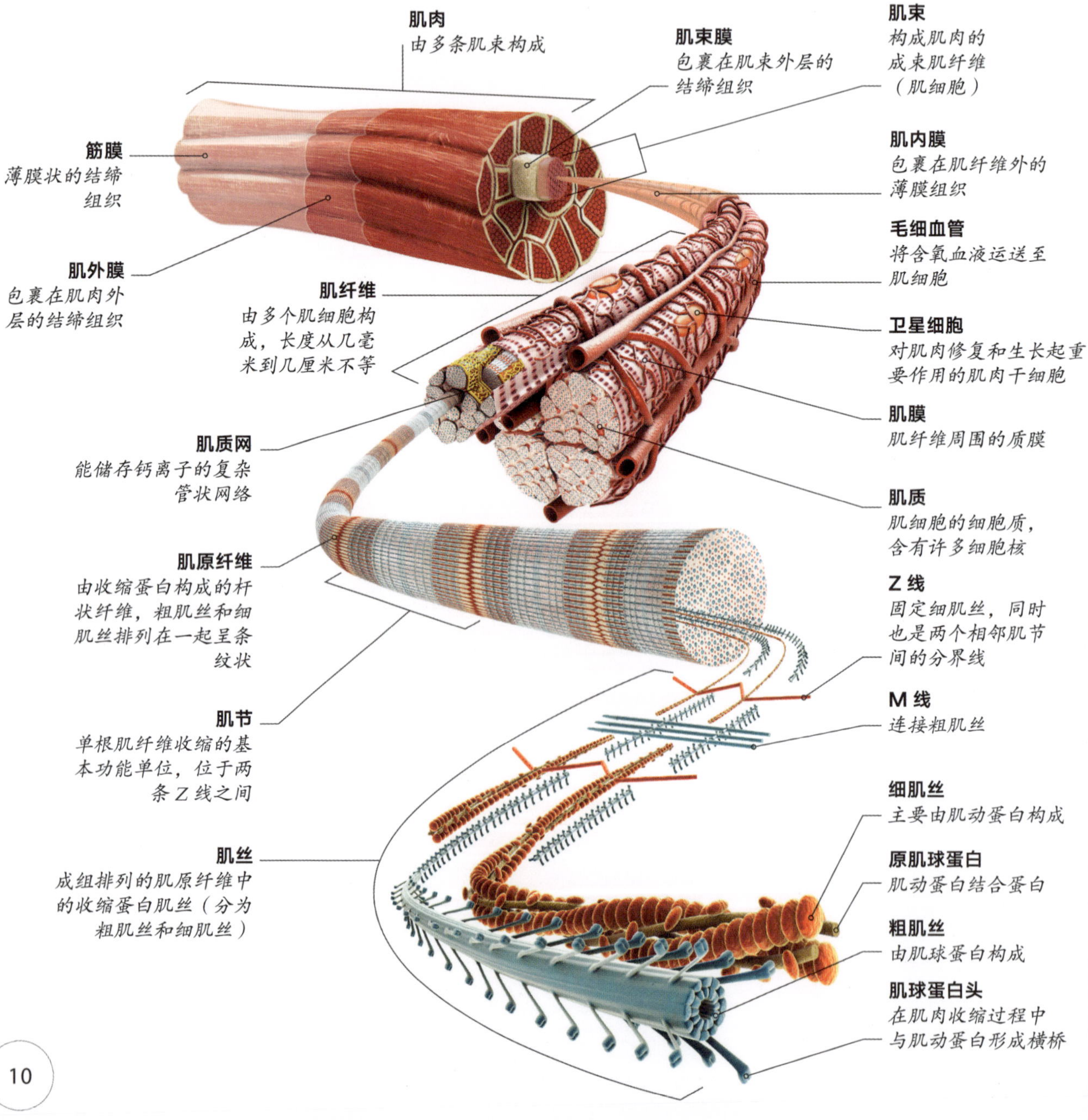

肌肉
由多条肌束构成

肌束膜
包裹在肌束外层的结缔组织

肌束
构成肌肉的成束肌纤维（肌细胞）

筋膜
薄膜状的结缔组织

肌内膜
包裹在肌纤维外的薄膜组织

毛细血管
将含氧血液运送至肌细胞

肌外膜
包裹在肌肉外层的结缔组织

肌纤维
由多个肌细胞构成，长度从几毫米到几厘米不等

卫星细胞
对肌肉修复和生长起重要作用的肌肉干细胞

肌膜
肌纤维周围的质膜

肌质网
能储存钙离子的复杂管状网络

肌质
肌细胞的细胞质，含有许多细胞核

肌原纤维
由收缩蛋白构成的杆状纤维，粗肌丝和细肌丝排列在一起呈条纹状

Z线
固定细肌丝，同时也是两个相邻肌节间的分界线

M线
连接粗肌丝

肌节
单根肌纤维收缩的基本功能单位，位于两条Z线之间

细肌丝
主要由肌动蛋白构成

原肌球蛋白
肌动蛋白结合蛋白

肌丝
成组排列的肌原纤维中的收缩蛋白肌丝（分为粗肌丝和细肌丝）

粗肌丝
由肌球蛋白构成

肌球蛋白头
在肌肉收缩过程中与肌动蛋白形成横桥

慢肌纤维和快肌纤维

骨骼肌纤维主要有两种类型：慢肌纤维（或称 1 型纤维）和快肌纤维（或称 2 型纤维）。神经系统会根据运动形态自动选择合适的肌纤维。大多数骨骼肌中，这两种类型的纤维分布相当均匀，使肌肉能够执行各种不同强度和各种持续时间不等的活动。

快肌纤维收缩速度快，但容易疲劳，主要用于高强度或爆发性的动作

慢肌纤维收缩速度较慢，但能长时间维持收缩，主要用于耐力活动

力量

时间 / 毫秒　　　200

慢肌纤维与快肌纤维的比较

显微镜下的肌肉收缩

骨骼肌的缩短和拉长是通过肌原纤维中的收缩蛋白肌丝——肌动蛋白和肌球蛋白实现的。神经冲动触发肌纤维内的一系列反应，肌动蛋白和肌球蛋白纤维经历结合、弯曲、脱离、重新结合的过程，并不断循环重复，将肌动蛋白肌丝拉向肌节的中心，从而在肌肉内产生张力。

肌肉收缩周期

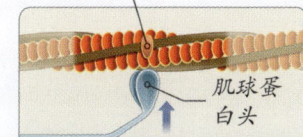

结合

活化的肌球蛋白头与肌动蛋白丝上的结合位点相连接，在肌丝间形成横桥。

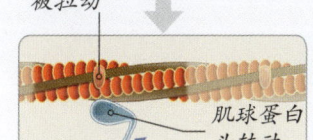

动力冲程

肌球蛋白头转动并弯曲，将肌动蛋白丝往 M 线方向拉动，使 Z 线彼此靠近。

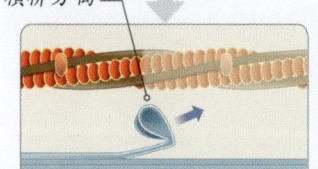

分离

三磷酸腺苷（ATP，一种化学能）分子与肌球蛋白头结合，使其与肌动蛋白丝分离，这一过程称为横桥分离。

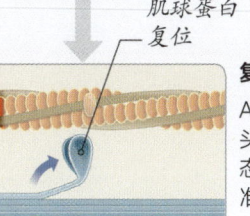

复位

ATP 释放能量，将肌球蛋白头从弯曲位置恢复至竖直状态，为下一轮收缩周期做好准备。

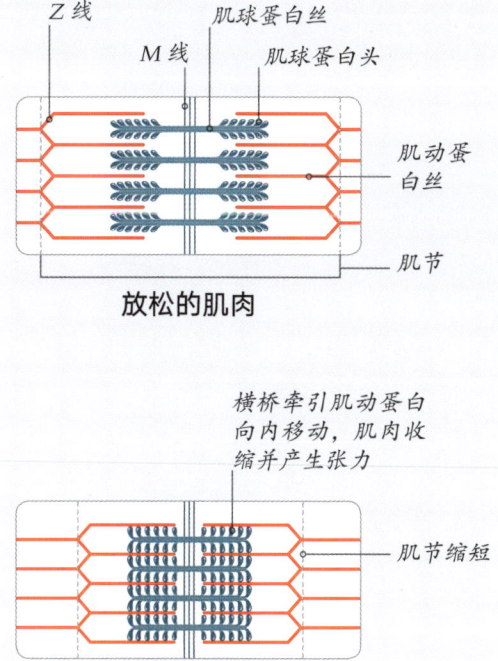

肌肉生长原理

肌细胞生长（或称肌肥大），一般是指骨骼肌组织体积的增大。力量训练可通过各种途径刺激肌肥大，卫星细胞可促进肌肉的维持、修复和生长。

肌肉生长的刺激因素

目前，人们认为骨骼肌生长的相关刺激因素主要包括三个方面：机械张力（力量训练时施加于肌纤维上的张力）、代谢压力（力量训练时肌纤维内积累的代谢产物）和肌肉损伤（肌纤维产生细微撕裂和Z线受损）。

机械张力是促进肌肉生长的主要因素。肌肉疲劳（部分由代谢压力引起）会增加机械张力，使更多运动神经元参与肌肉活动，并减缓肌纤维的收缩速度。这一系列的变化增加了受控肌肉的数量，促进了机械张力的产生。由此产生的双向关系进一步提高了张力：代谢压力既是机械张力的产物，同时又有助于增加肌肉内部的张力。

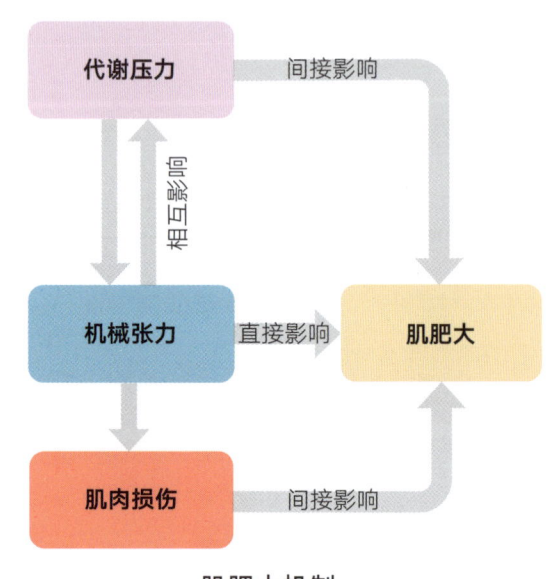

肌肥大机制

如何让肌肉变大

骨骼肌蛋白质每天都会经历合成与分解的循环（见第28页）。当肌肉蛋白质的合成速度超过其分解速度时，肌肉就会生长。肌肥大被认为是肌原纤维、肌浆和结缔组织等不同组织肥大综合作用的结果。

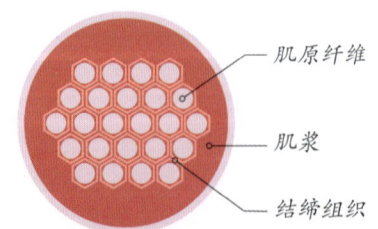

生长前的肌纤维
图中的圆形代表肌纤维的横截面。其中含有许多肌原纤维，周围是肌浆和蜂窝状的结缔组织层。

卫星细胞

卫星细胞是一种干细胞，在应对运动，特别是力量训练时，对肌肉纤维的维护、修复（包括生长）以及重塑过程发挥着关键作用。

通常情况下，卫星细胞处于休眠状态。一旦受到刺激，卫星细胞可以促进新的肌纤维形成，通过贡献其细胞核帮助现有肌纤维生长，或者返回卫星细胞池进行补充。

肌肉量随年龄增长而减少

肌肉萎缩（与肌肥大相反）是指肌肉组织的流失或缩小。生活质量较差、发病率增加会导致肌肉量减少。40岁以后，人体肌肉量会逐年下降。持续的力量训练再加上足够的蛋白质摄入（见第24~25页），已被证明可以减少肌肉的逐渐流失。体育运动，特别是力量训练，可以预防和改善肌少症（肌肉流失）和肌力减退症（肌肉力量丧失）。

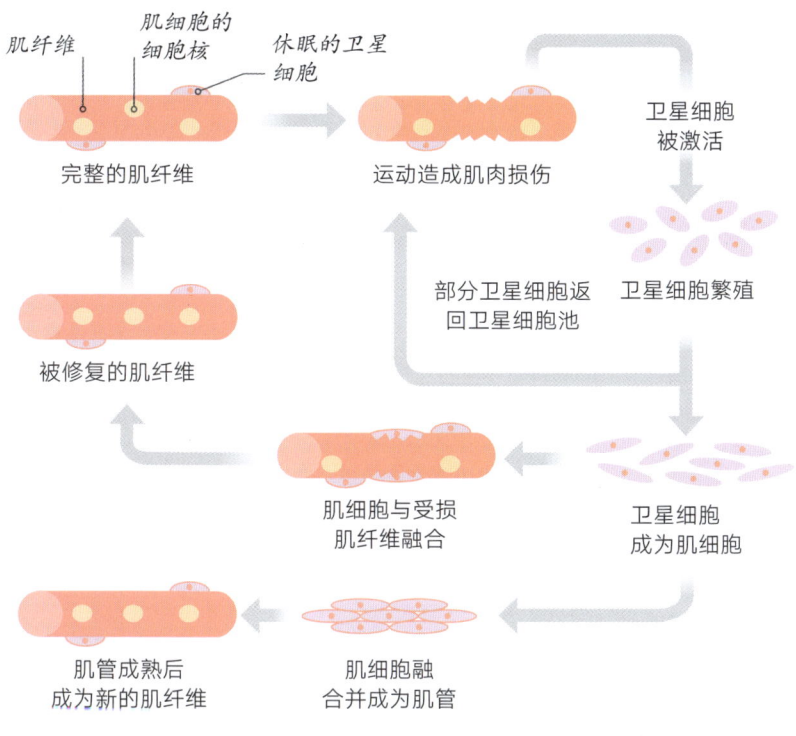

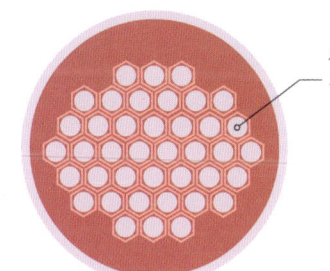

肌原纤维肥大

肌原纤维蛋白占肌细胞蛋白质的60%~70%。肌原纤维肥大是指肌节增加导致的肌原纤维数量或体积增加。

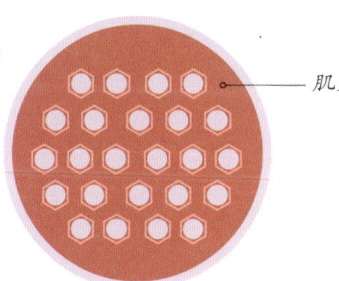

肌浆肥大

肌浆［包括线粒体、肌浆网、横小管、酶和底物（如糖原）］体积的增加也会促使肌纤维增大。

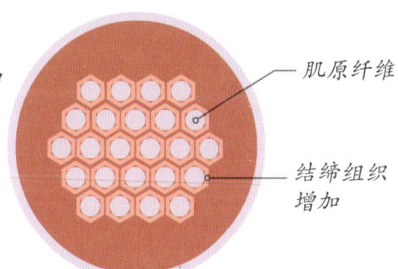

结缔组织肥大

肌纤维的细胞外基质是结缔组织的立体支架。矿物质和蛋白质含量的增加会促进肌肉变大。

力量训练促进肌肉生长的方式

肌肥大的三种刺激因素有着不同的作用方式。其中，机械张力是主要的驱动因素，代谢压力和肌肉损伤则以间接的方式发挥作用（见第12页）。

机械张力

要产生肌肥大，就必须有机械刺激（或压力）。这种机械刺激被称为机械张力或肌肉张力。当肌肉收缩以对抗阻力时，施加在肌肉上的力量就会产生机械张力。一旦肌肉内的机械感受器检测到这种张力，就会引发一系列促进肌肉生长的化学反应。

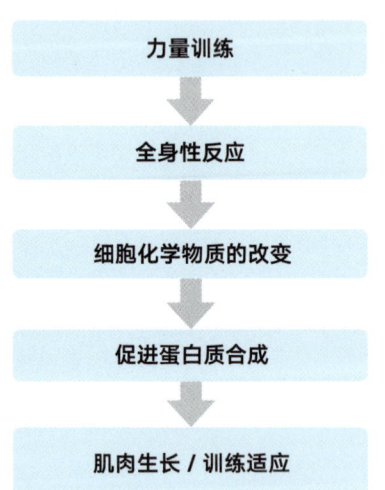

从训练到肌肉生长
力量训练让肌肉承受机械张力，引发一系列化学和生物反应，使肌肉变得更大、更强壮。

肌肉张力的产生

当肌肉主动收缩时（见第8~9页），肌肉会在缩短、拉长或保持等长的状态下产生张力。张力大小取决于肌节内肌动蛋白丝和肌球蛋白丝的重叠程度（见第11页）。

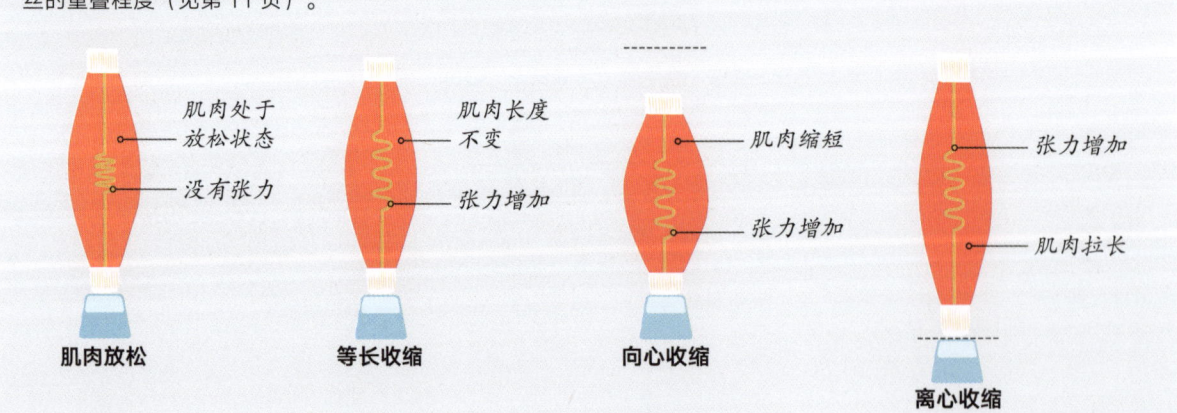

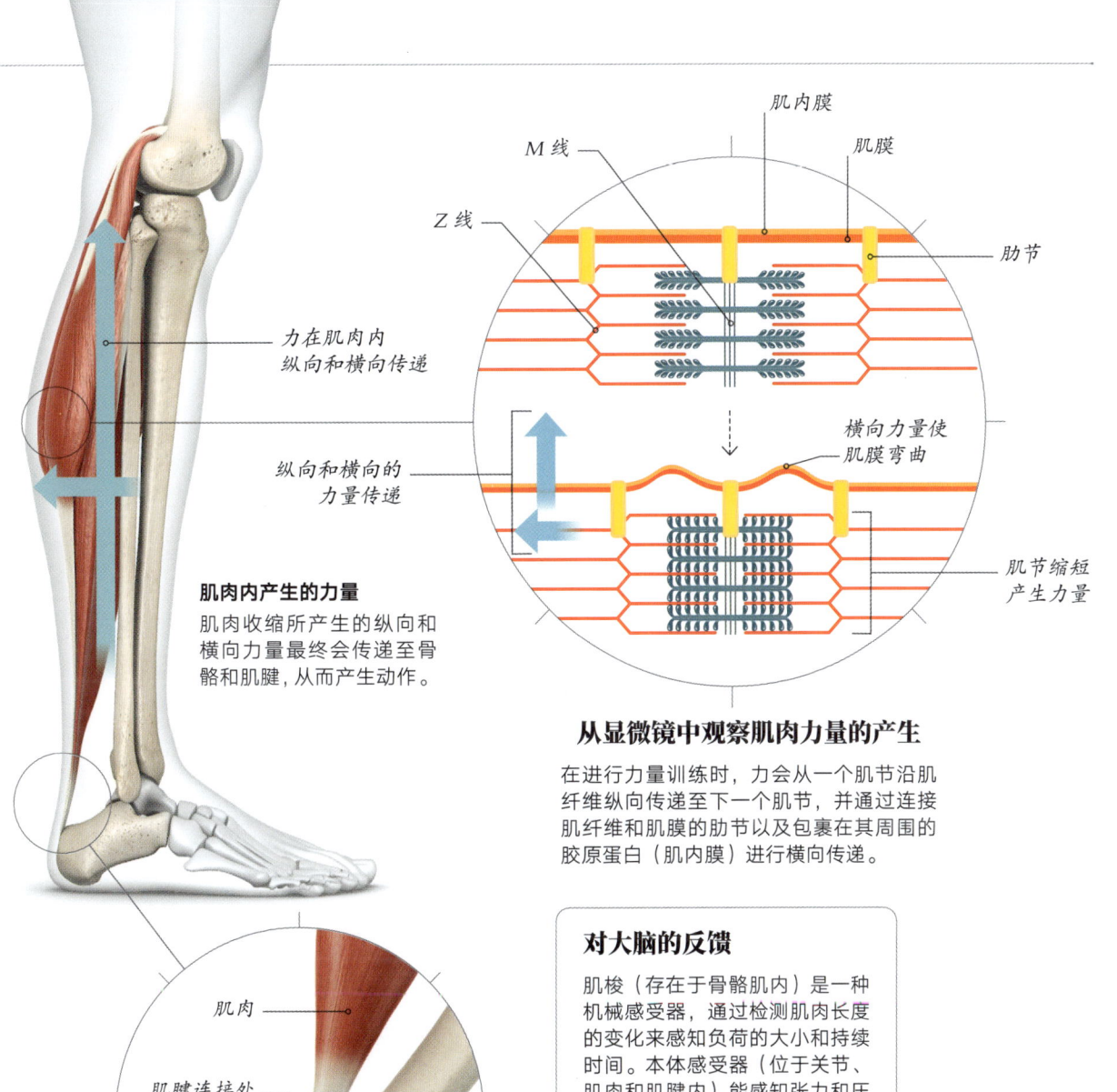

肌肉内产生的力量

肌肉收缩所产生的纵向和横向力量最终会传递至骨骼和肌腱,从而产生动作。

从显微镜中观察肌肉力量的产生

在进行力量训练时,力会从一个肌节沿肌纤维纵向传递至下一个肌节,并通过连接肌纤维和肌膜的肋节以及包裹在其周围的胶原蛋白(肌内膜)进行横向传递。

肌腱连接处

肌肉通过肌腱与骨骼连接。肌腱与肌肉相接的地方被称为肌腱连接处,是常见的损伤部位(见第172页)。

对大脑的反馈

肌梭(存在于骨骼肌内)是一种机械感受器,通过检测肌肉长度的变化来感知负荷的大小和持续时间。本体感受器(位于关节、肌肉和肌腱内)能感知张力和压力。它们共同向大脑反馈身体姿势和身体各部位位置的相关信息。

代谢压力

肌肥大的第二大刺激因素是人体在运动过程中累积的代谢产物,即细胞内酶催化的代谢反应的中间产物。常见的代谢产物包括乳酸(见第23页)、无机磷酸盐和氢离子。低血氧(缺氧)也能促进收缩时释放激素和细胞因子(信号蛋白)。主流理论认为,随着肌肉疲劳和代谢产物累积,快肌纤维的张力水平会提高,进而刺激肌肉生长。代谢压力的另一个结果是细胞肿胀(或称"肌肉泵效应")。人们认为细胞肿胀有助于在肌肉收缩期间增加机械张力。肌肉内部压力升高导致更多张力产生,从而增加收缩过程中的机械张力。

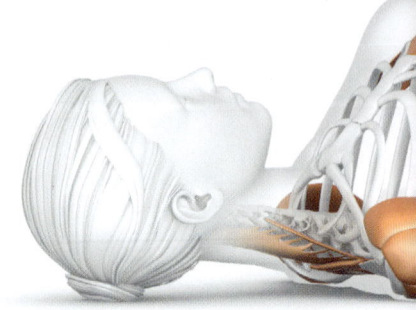

腘绳肌健身球屈腿

此项运动能让不同部位的肌肉同时进行等长收缩、向心收缩和离心收缩。其对离心收缩的控制非常有益,可以大幅降低肌细胞受到的机械性损伤。

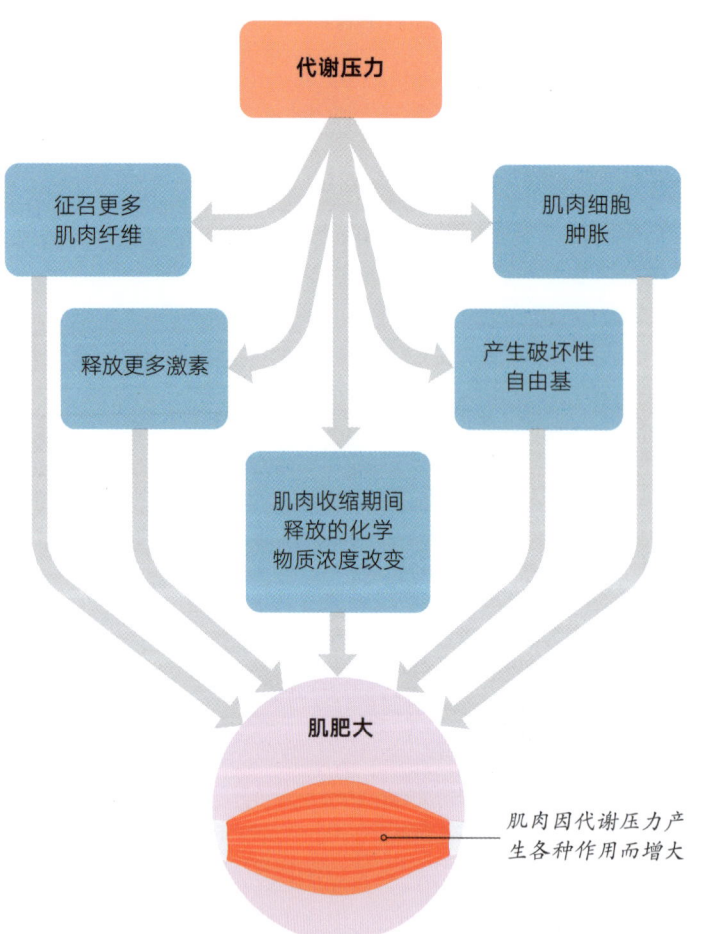

肌肉因代谢压力产生各种作用而增大

肌肉损伤

肌肉生长的最后一个刺激因素是运动引起的肌肉损伤。轻度肌肉损伤有助于肌肉生长,但严重肌肉损伤则可能导致身体组织的严重破坏,并带来全身性的负面影响。

损伤并非越多越好

有一个常见的误区是,人们以为运动引起的肌肉损伤(和酸痛)越多越好。虽然肌肉酸痛是成功锻炼到目标肌肉的标志,但过度的肌肉损伤会阻碍肌肉量的持续增长。过去人们认为肌肉损伤对于增肌有益,能刺激新肌肉生长。但现在人们已经认识到,高强度训练后肌蛋白合成的增加主要是为了帮助重建和修复受损肌肉,而非增加新的收缩蛋白。

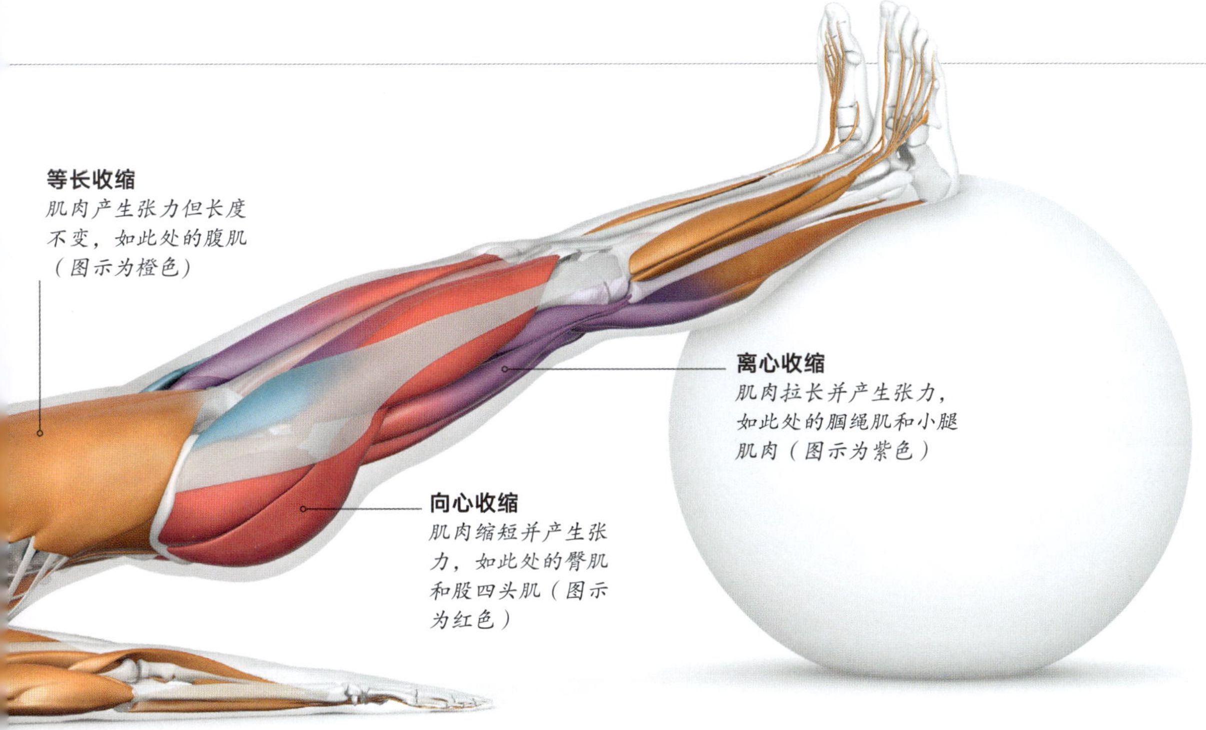

等长收缩
肌肉产生张力但长度不变，如此处的腹肌（图示为橙色）
离心收缩
肌肉拉长并产生张力，如此处的腘绳肌和小腿肌肉（图示为紫色）
向心收缩
肌肉缩短并产生张力，如此处的臀肌和股四头肌（图示为红色）

具有破坏性的离心收缩

肌肉损伤通常是由高训练量（见第 192 页）及较剧烈的离心收缩造成的。与向心收缩或等长收缩相比，离心收缩会对肌肉细胞造成更多的机械性损伤。离心收缩造成的损伤源于肌动蛋白与肌球蛋白键的机械性破坏，而非 ATP 作用导致的分离（见第 11 页）。在剧烈的离心动作中，肌节被过度拉伸，导致肌纤维上的肌节一个接一个地“断裂”，就像吸管弯曲部分的褶皱被拉开一般。随后，这些肌纤维会重新结合在一起，但这会引发肌肉酸痛。

肌球蛋白与肌动蛋白键被破坏
肌动蛋白丝无法再与肌球蛋白结合
Z 线
肌节

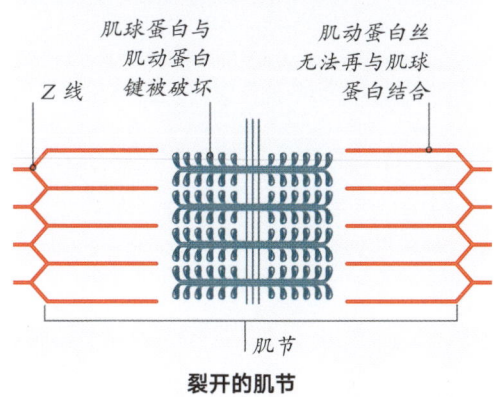

裂开的肌节

恢复对肌肉生长至关重要

高强度训练会导致暂时性肌肉损伤，最好能给予一段较长的恢复时间，这对于重建受损肌纤维来说至关重要。若两次训练之间没有留给肌肉足够的恢复时间，将错过肌肉重建的机会，进而对运动表现产生不利影响（见第 171 页）。

适应——长出更多肌肉
锻炼
锻炼
锻炼
功能性肌肉尺寸
刺激——肌肉产生损伤
恢复——肌肉进行重建
时间
图例
肌肉损伤
肌肉生长
肌肉重建

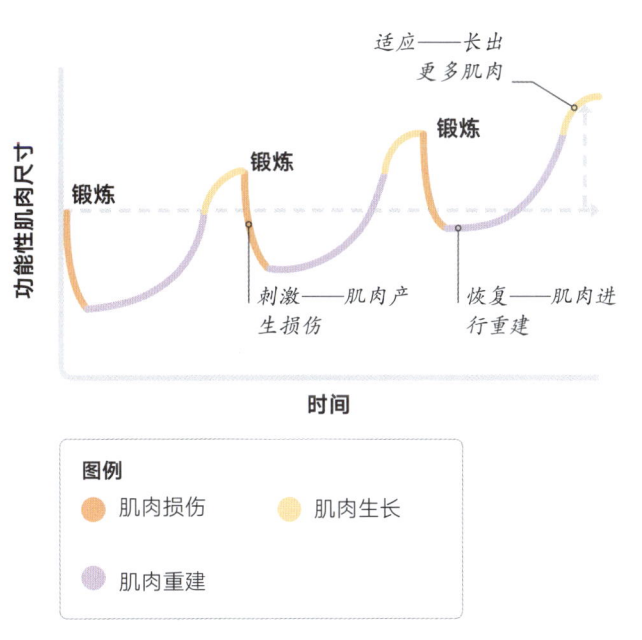

力量训练运动解剖学

力量训练
增强骨骼力量的方式

骨骼是人体中最复杂却又最容易被忽视的构造之一,是支撑人体运动的功能性结构(见第20~21页),并且与伤害发生率、生活质量和死亡率直接相关。

骨骼的塑造

当承受压力或机械负荷时,造骨细胞的活动会增加骨骼体积和强度。反之,如果人体缺乏活动或运动量不足,破骨细胞就会吸收骨质,骨骼的强度、体积和整体骨密度就会减少。骨骼的结构维持主要依赖于人体所承受的重力以及与肌肉收缩相关的侧向力(后者通过结缔组织直接作用于骨骼)。

血管
丰富的动脉和静脉网络为骨组织提供营养

骨松质
由许多骨小梁交织构成的网格结构,骨小梁根据承受应力的方向排列

骨膜
覆盖在骨骼表面的纤维膜(关节除外)

骨髓
填充骨腔的组织,能够产生血细胞

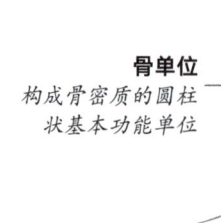

骨单位
构成骨密质的圆柱状基本功能单位

股骨
大腿的长骨

骨密质
赋予骨骼强度,由骨单位构成

骨骺
位于骨头末端突出处,形成关节面

长骨的横截面
长骨(如股骨)的内部构造包括位于中心的骨髓、滋养骨骼的绵密血管网络,以及两种类型的骨组织——骨密质和骨松质。

骨骼内部构造

骨骼是一种由特殊细胞和蛋白质纤维组成的活体结缔组织,外层骨密质包裹内层骨松质的结构使其在保持轻质的同时具备极高强度。

18

终身持续强化骨骼和肌肉

研究表明，定期的力量训练能够降低罹患骨质疏松症（骨骼脆弱易断）和肌少症（肌肉量流失）的风险。事实上，这两种疾病并发将构成"危险二重奏"，增加老年人跌倒和骨折的风险。

骨骼和肌肉的变化

研究已证实，定期进行力量训练有助于提高骨密度和矿物质含量，降低罹患骨质疏松症的风险。

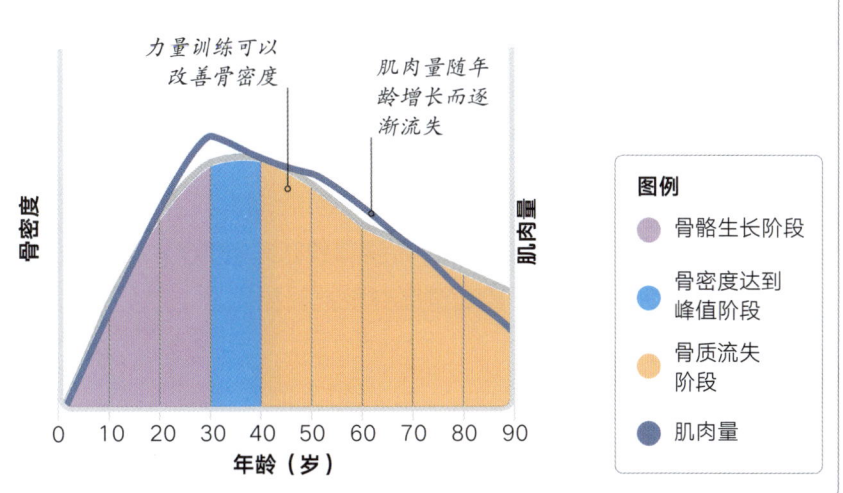

骨骼重塑的过程

骨骼一直在不断地进行重塑。破骨细胞分解骨骼，造骨细胞生成新的骨骼。身体承受的负荷（包括自身体重）会对这一循环过程产生何种影响，取决于是张力还是压力在起主导作用。如果骨骼没有承受任何外部负荷，例如坐着时，破骨细胞的活动就会增加。所以，久坐不动的生活方式对骨骼重塑尤为不利。

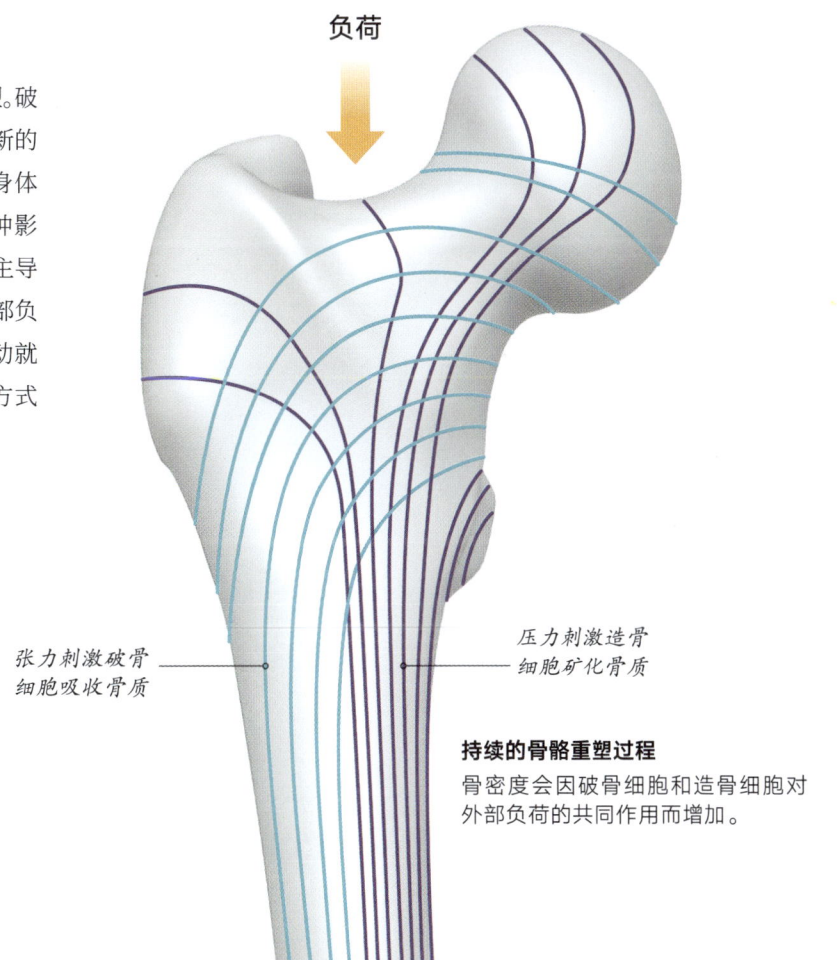

持续的骨骼重塑过程

骨密度会因破骨细胞和造骨细胞对外部负荷的共同作用而增加。

力量训练运动解剖学

人体动作的力学原理

从力学角度看，骨骼的主要作用是为肌肉提供稳固的杠杆，让肌肉能顺利完成动作。力量训练正是利用肌肉与外部负荷之间的对抗来移动身体并抵抗外部阻力。

俯卧撑
（见第89页）

支点
以脚趾为支点
（如果是双膝跪地的简易版，则以膝盖为支点）

肌肉如何使身体产生动作

人体内的骨骼、关节和肌肉就像一个杠杆系统。任何杠杆装置都由杠杆臂、支点和能够移动外部负荷的力组成。在人体中，骨骼充当着杠杆臂的角色，关节是支点，而肌肉则提供力量来拉动骨骼，承受体重或外部负荷提供的阻力。

杠杆能将较小的力量转化为较大的力量，即所谓的力学优势，这样就能在短距离内有效施力以产生速度和力量。

肌力和阻力在杠杆臂上与关节的相对位置，决定举起重物时的杠杆作用。在人体中，有三种不同的杠杆系统，即第一类、第二类和第三类杠杆系统。

支点
以肘关节为支点

肌力
由位于肘关节后方的肱三头肌输出力量

阻力
由肘关节前方的哑铃重量提供阻力

仰卧哑铃臂屈伸
（见第140~141页）

阻力

杠杆臂

支点

肌力

第一类杠杆系统
肌力和阻力作用于关节两侧，这是人体最少见的杠杆系统类型。除图示的仰卧哑铃臂屈伸动作外，第一类杠杆系统的另一个例子是头部在脊柱顶部寰枕关节处的点头动作。

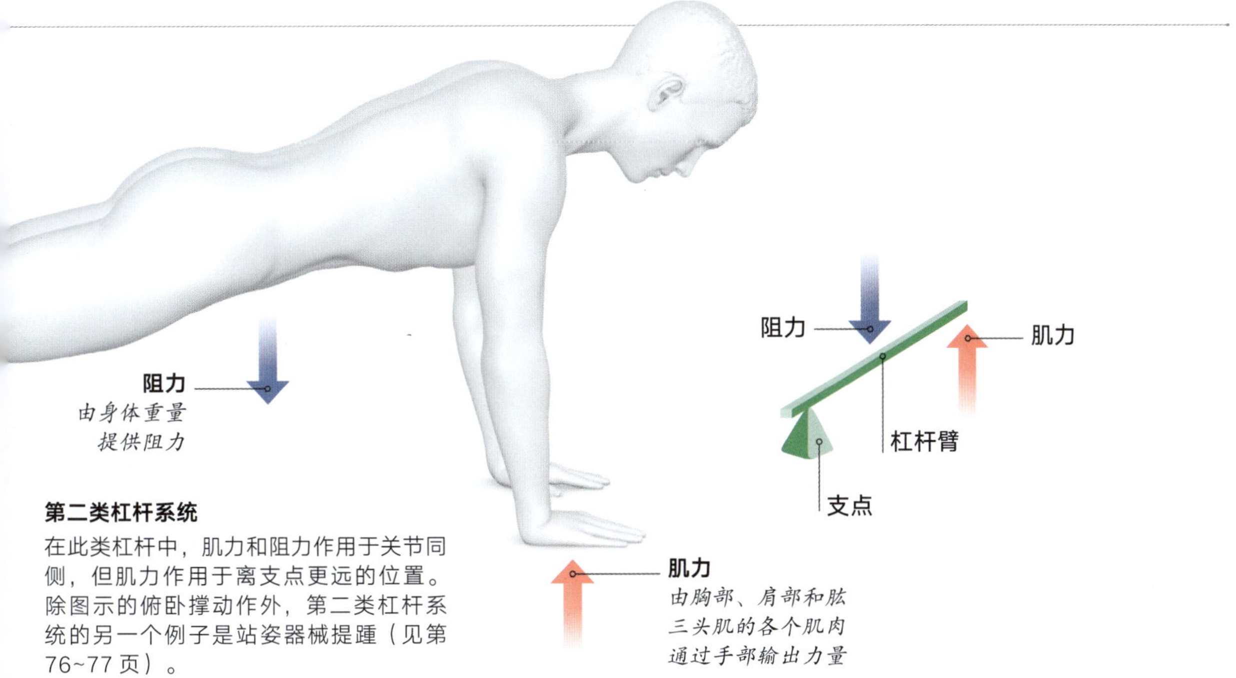

阻力
由身体重量
提供阻力

第二类杠杆系统
在此类杠杆中，肌力和阻力作用于关节同侧，但肌力作用于离支点更远的位置。除图示的俯卧撑动作外，第二类杠杆系统的另一个例子是站姿器械提踵（见第76~77页）。

阻力　　　　　　肌力
　　　杠杆臂
　　支点

肌力
由胸部、肩部和肱三头肌的各个肌肉通过手部输出力量

肌力
膝盖固定时，由腘绳肌输出力量

俯卧腿弯举
（见第62~63页）

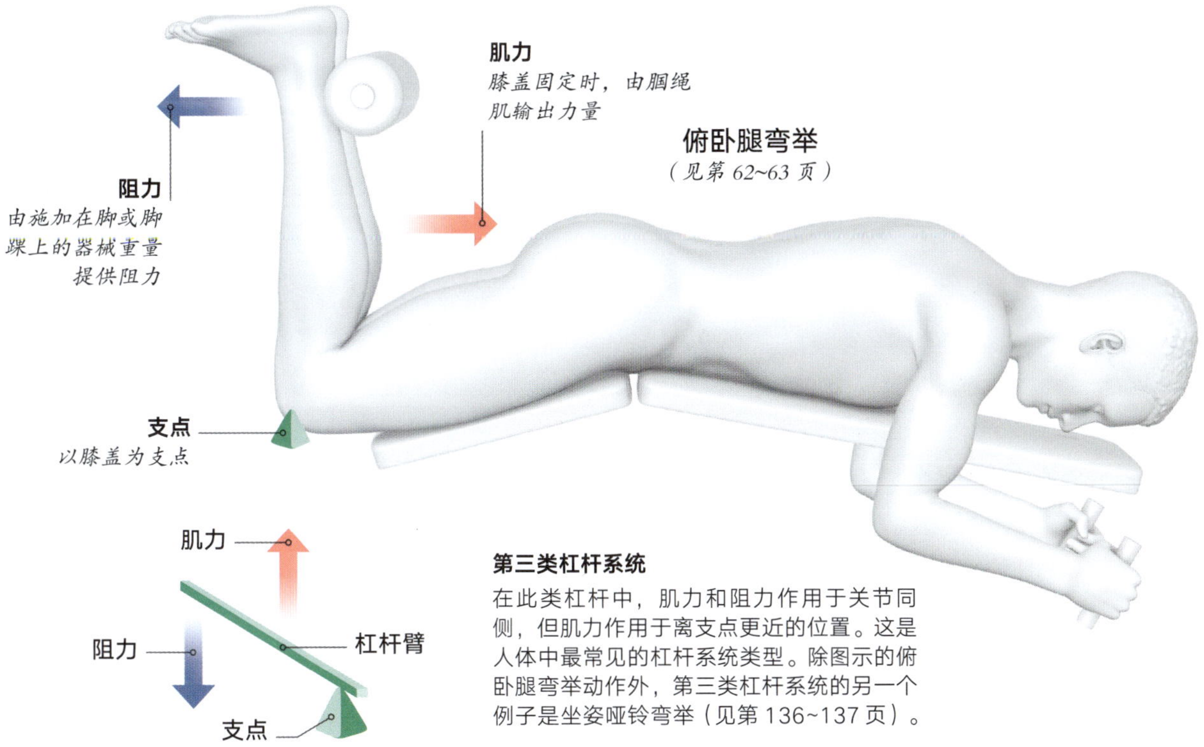

阻力
由施加在脚或脚踝上的器械重量提供阻力

支点
以膝盖为支点

肌力
阻力　　杠杆臂
　支点

第三类杠杆系统
在此类杠杆中，肌力和阻力作用于关节同侧，但肌力作用于离支点更近的位置。这是人体中最常见的杠杆系统类型。除图示的俯卧腿弯举动作外，第三类杠杆系统的另一个例子是坐姿哑铃弯举（见第136~137页）。

肌肉活动的能量来源

人体犹如一台精密的机器,既可以应对快速、爆发性的动作(如杠铃颈后深蹲),又可以进行耐力运动(如马拉松跑步),以及介于两者之间的各种活动。为了实现这些活动,人体依赖的不是单一的系统,而是三个不同的能量生产系统。

能量转换

生物系统中的能量流动(生物能量学)主要通过将储存的糖原和宏量营养素,如脂肪、蛋白质和碳水化合物(见第24~25页)中的化学能转化为生物可利用的能量形式,以产生三磷酸腺苷(ATP)。ATP是人体细胞中储存和传递能量的主要分子。

ATP ——细胞的能量货币

几乎所有的细胞活动过程都需要ATP,包括为肌肉活动提供动力。ATP是一种核苷酸,由核糖以及连接在核糖上的一个腺嘌呤碱基和三个磷酸基团组成。三个磷酸基团通过高能磷酸键连接在一起。当失去一个磷酸基时,ATP分子会释放能量,转变为能量较低的二磷酸腺苷(ADP)。ADP和ATP这两种形式的不断循环,为人体的所有生物反应提供源源不断的动力。

有氧-有氧代谢系统

人体的有氧代谢系统主要为持续时间较长、强度较低的活动(如超过1 600米的长跑)提供能量,以及协助人体在中等强度和高强度活动的休息期间(如力量训练的组间休息)恢复能量。有氧代谢系统的适应性改变,如肌肉线粒体(细胞的能量产生单位)、肌红蛋白(有助于从血液中提取氧气的蛋白质)和毛细血管密度的增加,都能促进更多的氧气进入肌肉组织之中,并会对力量训练产生积极影响。

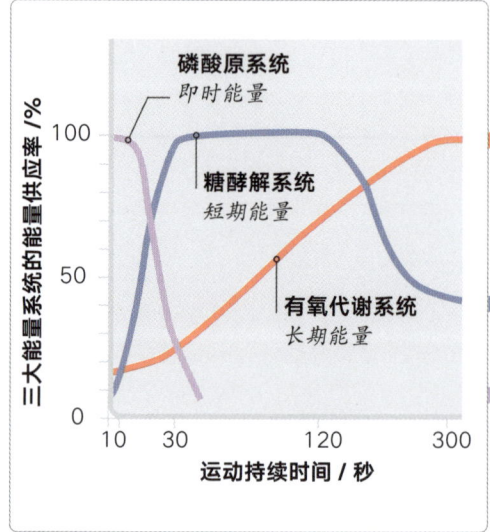

身体如何制造能量

能量转换过程可大致分为无氧(不依赖氧气)和有氧(依赖氧气)两种类型。无氧代谢的能量来源主要是磷酸原系统和糖酵解系统,而有氧代谢则由有氧代谢系统提供能量。需要注意的是,这三个系统每时每刻都处于活跃状态。哪一个系统起主导作用且被使用的程度更高,取决于人体活动的强度和持续时间。

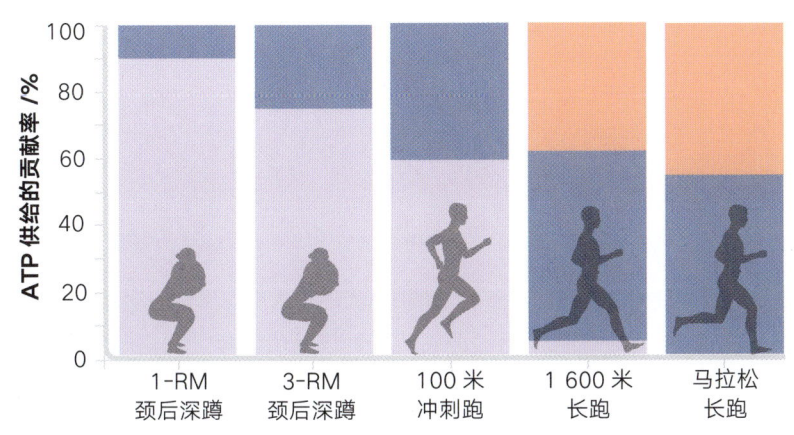

提供活动所需的能量

三种能量系统在不同类型活动中的能量贡献程度各不相同。磷酸原系统能提供力量训练所需的能量，其他系统则有助于人体在两组训练之间补充ATP。

无氧－糖酵解系统

人体的糖酵解系统在中等持续时间和高强度活动中发挥作用，如高强度的阻力训练和短跑耐力训练。在高强度运动中，糖酵解过程会分解血液中的葡萄糖以满足肌肉对能量（ATP）的需求，同时也会产生乳酸。当乳酸在血液中堆积时，会引起乳酸中毒，伴随各种不适症状，如肌肉酸痛、肌肉灼热、疲劳、呼吸急促、胃痛和恶心。但该过程通常只是暂时性的且可逆。乳酸可以代谢为丙酮酸，供其他细胞通过能量途径再次利用。通过提高糖酵解酶的水平，在运动中更有效地产生ATP，以及在肌肉中储存更多的糖原，可以使人体对糖酵解过程发生适应性改变。

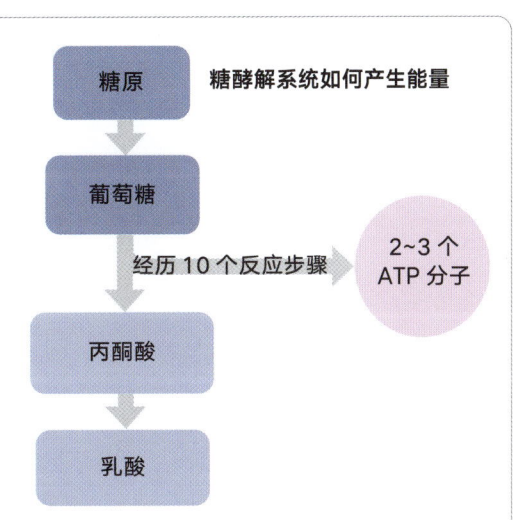

糖酵解系统如何产生能量

无氧－磷酸原系统

人体的磷酸原系统（或称为ATP-PCr系统，因为该过程会消耗并重新生成磷酸肌酸）主要用于短时间的剧烈活动，如高强度阻力训练（1~3次重复）和短跑（100米冲刺跑）。无论是哪种强度的运动，磷酸原系统在运动的初始阶段都是高度活跃的。进行力量训练可实现该系统的适应性改变。额外补充一水肌酸可以大幅提高肌肉内磷酸肌酸的储存量（见第30页）。

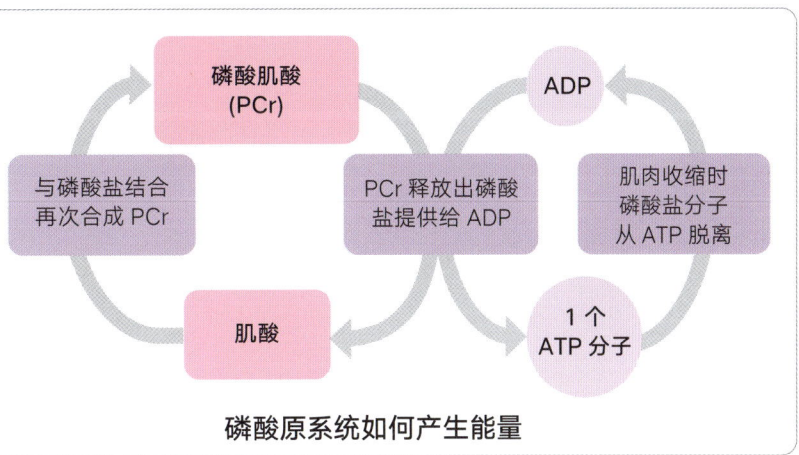

磷酸原系统如何产生能量

力量训练的能量来源

"宏量营养素"一词可能会让你感觉有些陌生。但你肯定听过这三种营养素——碳水化合物、脂肪和蛋白质。这些宏量营养素会释放能量,可在体内进行化学反应,包括为肌肉提供动力来对抗阻力。此外,微量营养素——维生素和矿物质对维持人体各种机能的正常运作也至关重要。

宏量营养素

三种宏量营养素均由分子组成,这些分子可以合成再被分解,以促进能量产生,这一过程称为生物能量学(见第22~23页)。碳水化合物除了以葡萄糖的形式存在外,也以糖原的形式储存于肌肉和肝脏中,蛋白质由氨基酸构成,脂肪以甘油三酯和游离脂肪酸的形式存在于人体中。

宏量营养素是生产能量的"燃料"

无论能量以碳水化合物、蛋白质还是脂肪的形式存在,身体都会将其分解,并通过血液输送至肌肉。肌肉细胞正是利用这些"燃料"分子来制造能量,即ATP(见第22~23页)。除了糖原和甘油三酯外,肌肉还会储存ATP和氨基酸。

图例
- 碳水化合物
- 蛋白质
- 脂肪

储存在肝脏中的能量 → 糖原 → 葡萄糖

储存于肌肉本身的能量:糖原、甘油三酯

储存在脂肪组织中的能量 → 甘油三酯 → 游离脂肪酸

→ 脱氨氨基酸

"燃料"分子通过血液运输

输送至肌肉:葡萄糖、脱氨氨基酸、脂肪酸

转化为能量 → 供肌肉收缩使用的ATP

碳水化合物

力量训练最主要的能量来源于碳水化合物。碳水化合物以糖原的形式储存，并通过无氧代谢转化为能量（见第 22~23 页）。摄取碳水化合物是补充糖原储存量的关键，能让肌肉充分恢复，确保后续的运动表现。虽然人体可以从蛋白质和脂肪中合成葡萄糖，但碳水化合物应占每日能量需求的最大比例——对于进行力量训练的人来说更应如此。在力量训练期间，碳水化合物贡献的 ATP 高达 80%。

蛋白质

膳食蛋白质对于维持生命和健康至关重要，它是构建和维持肌肉、促进组织和细胞生长与修复的不可或缺的养分，同时也是构成结缔组织、骨骼和器官的重要成分。与碳水化合物和脂肪不同的是，人体不会储存多余的蛋白质，所以必须通过每日饮食摄取足够的蛋白质。人类维持身体功能需要 20 种氨基酸，这些氨基酸还可以进一步细分为必需氨基酸和非必需氨基酸。人体无法自行合成必需氨基酸，因此必须通过饮食摄入，而非必需氨基酸则可以通过其他蛋白质来源合成。

脂肪

脂肪，又称为脂质，是一种人体不可或缺的营养素，在许多身体功能中都发挥着重要作用，包括保护内脏器官、帮助神经信号传输、促进维生素吸收等，以及促进细胞膜的生长和激素分泌。脂肪储存在人体的脂肪组织内。有研究证明，适量的脂肪摄入可对睾酮水平产生影响，在增肌和调节新陈代谢方面发挥重要作用。营养师建议，大部分的脂肪摄入应来自优质的必需脂肪酸，特别是多不饱和脂肪酸。

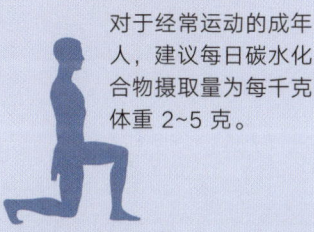

每克碳水化合物提供 4 千卡的热量

对于经常运动的成年人，建议每日碳水化合物摄取量为每千克体重 2~5 克。

一个体重 70 千克的成年人每天需要摄入 140~350 克碳水化合物*

*因个人能量需求和身体成分而异

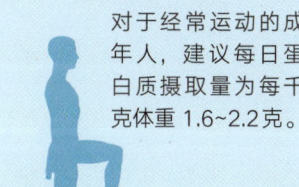

每克蛋白质提供 4 千卡的热量

对于经常运动的成年人，建议每日蛋白质摄取量为每千克体重 1.6~2.2 克。

一个体重 70 千克的成年人每天需要摄入 112~154 克蛋白质*

*因个人能量需求和身体成分而异

每克脂肪提供 9 千卡的热量

对于经常运动的成年人，建议每日脂肪摄取量为每千克体重 0.5~1.0 克。

一个体重 70 千克的成年人每天需要摄入 35~70 克脂肪*

*因个人能量需求和身体成分而异

微量营养素的"魔法"

微量营养素是人体微量或少量需要的维生素和矿物质。世界卫生组织将微量营养素称为"魔杖"，因为它可以协助身体产生生长发育所需的酶和激素。维生素和矿物质能帮我们更好地应对日常生活的生理需求，并延缓衰老带来的生理机能衰退。身体越是活跃，就越需要摄入各种富含微量营养素的食物，如水果和蔬菜。最新研究表明，微量营养素最好从食物中摄取，不应该仅仅通过服用保健品来补充。

计算每日热量需求

每日能量平衡是指摄入能量（来自宏量营养素的热量）和活动消耗能量之间的关系。摄入能量的多少会直接影响增重、减重或维持体重的能力。

每日能量平衡

对能量平衡的解释通常被简化为"热量输入与热量输出"，事实上它比简单地考虑摄入能量和运动消耗能量要更为复杂。人体每天的总能量消耗包含各种活动消耗，而不仅仅是运动（见下图，百分比是取一般人的平均值）。当你摄入的热量少于你所消耗的热量，就处于能量赤字状态；当你摄入的热量多于消耗的热量，就处于能量盈余状态。

每日摄入热量

为了更好地了解自身维持当前体重或体脂水平所需的能量，你需要进行一些计算。通常的做法是先将体重（千克）乘以22，然后从下面的图表中选择最符合自己情况的活动水平，再乘以活动系数，就可以计算出维持目前体重所需的每日热量摄入值。

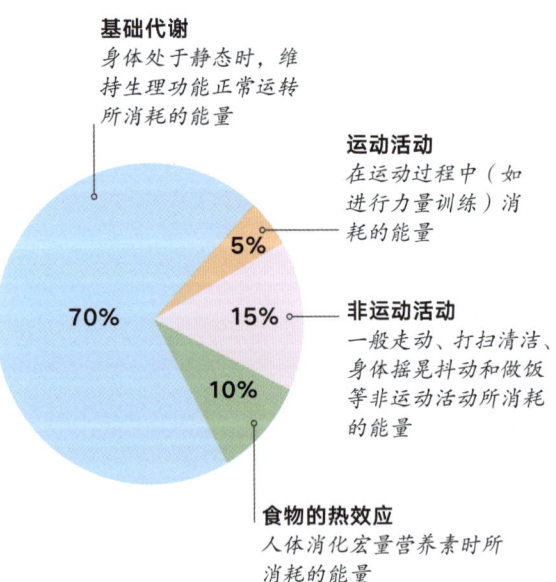

基础代谢
身体处于静态时，维持生理功能正常运转所消耗的能量

运动活动
在运动过程中（如进行力量训练）消耗的能量

非运动活动
一般走动、打扫清洁、身体摇晃抖动和做饭等非运动活动所消耗的能量

食物的热效应
人体消化宏量营养素时所消耗的能量

你的活动量多大？

久坐（每天走路少于 8 000 步）外加每周进行 3~6 天的力量训练，则活动系数为 **1.3~1.6**	轻度活跃（每天走路 8 000~10 000 步）外加每周进行 3~6 天的力量训练，则活动系数为 **1.5~1.8**
活跃（每天走路 10 000~15 000 步）外加每周进行 3~6 天的力量训练，则活动系数为 **1.7~2.0**	非常活跃（每天走路 15 000 步以上）外加每周进行 3~6 天的力量训练，则活动系数为 **1.9~2.2**

22 千卡/千克 × 体重（千克）× 活动系数
以一个体重为 92 千克，活动量符合久坐水平（活动系数 1.3~1.6）的人为例，每天摄入维持自身体重的热量为：
22 × 92 ×（1.3~1.6）（活动系数）
= 2 631~3 238（千卡）

计算每日热量摄入目标

在确定你的热量需求范围后，选择一个你认为最能代表维持自身体重的热量值，然后据此计算各个宏量营养素的摄入目标（见下文）。

以一个体重 70 千克，活动量为轻度运动，每周进行 3 天力量训练的人为例

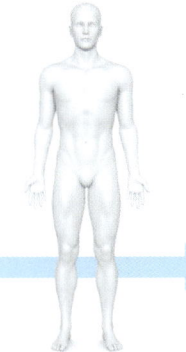

70 × 22 × 1.5（活动系数）= 2 310（千卡）即每天需要约 2 310 千卡的热量来维持现有体重。

为了确保这是维持自身体重的热量，你可以在 1~2 周内记录自己摄入的热量，看看体重在这段时间内的变化情况。

如果体重在这段时间内下降，试着增加 100 千卡，看看能否更好地保持体重。同样，如果你的体重在 1~2 周内上升，就减少 100 千卡的摄入量，看看是否有助于维持现有体重。

计算每日宏量营养素摄入目标

蛋白质
对有运动习惯的成年人来说，每日蛋白质的建议摄入量为每千克体重 1.6~2.2 克。

70 千克 × 1.6 克 /（千克·天）= 112 克 / 天

脂肪
目前，每日脂肪的建议摄入量为每千克体重 0.5~1.0 克。

70 千克 × 0.7 克 /（千克·天）= 49 克 / 天

碳水化合物
从每日热量摄入值中减去蛋白质和脂肪提供的热量，就可以得到应摄入碳水化合物的量。

112 克 × 4 千卡 / 克 = 448 千卡（来自蛋白质）
49 克 × 9 千卡 / 克 = 441 千卡（来自脂肪）
总计 = 889 千卡

如果每日热量摄入值为 2 310 千卡，减去从蛋白质和脂肪中获取的 889 千卡的热量，就是应从碳水化合物中获得的热量：

2 310 千卡 − 889 千卡 = 1 421 千卡

然后除以 4 千卡 / 克计算出每日碳水化合物摄入量：

1 421 千卡 ÷ 4 千卡 / 克 = 355 克

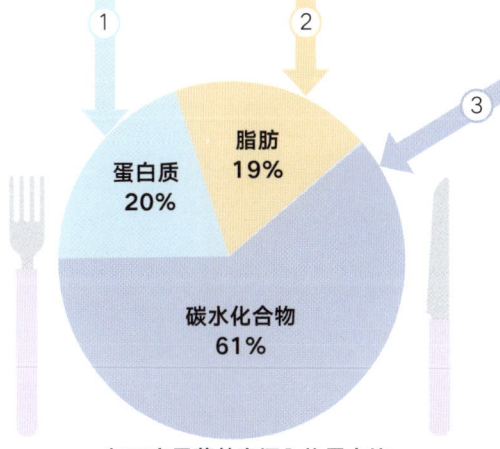

每日宏量营养素摄入热量占比

* 如果你特别偏爱某一种宏量营养素，可以从另一种宏量营养素的摄入量中"挪用"一些，只要总热量保持在建议的热量范围内即可。

减重——从热量赤字开始
如果想要以均衡的方式减少摄入热量以达到减重目标，你需要先计算出维持现有体重所需的每日热量摄入值。然后，将该热量值乘以 10%~15%，并将其从日常饮食中扣除，就能得到一个适当的赤字量。我们将上面的例子乘以 15% 来计算：

2 310 千卡 × 0.15 = 346.5 千卡
新热量值：2 310 千卡 − 346.5 千卡 = 1 963.5 千卡

增重——从热量盈余开始
如果想要以均衡的方式提高摄入热量来达到增重目标，你可以将维持现有体重的每日摄入热量乘以 10%~15%，再将其加入每日目标中，则可得一个适当的盈余量。我们将上面的例子乘以 15% 来计算：

2 310 千卡 × 0.15 = 346.5 千卡
新热量值：2 310 千卡 + 346.5 千卡 = 2 656.5 千卡

力量训练的饮食建议

均衡饮食能为力量训练提供充足的能量,但你需要详细的计划和充分的准备,来确保饮食中包含丰富多样的蔬菜、水果、优质蛋白和健康脂肪。掌握运动前后的适当进食时机,会帮助你提升运动表现,促进身体恢复。

建立均衡饮食

肌肉要达到最佳状态需要源源不断的能量(见第24~25页),以及修复和恢复所需的宏量和微量营养素。因此,你的饮食必须能满足这些需求。日常你可以选择除土豆(被归类为淀粉)外的任何蔬菜,并选择低脂蛋白(如鸡肉、鱼肉、豆腐和酸奶),以及摄入健康的脂肪(如坚果及富含油脂的食物,如牛油果和橄榄油)。

蛋白质的摄入尤为重要

定期进行力量训练加上每日摄入蛋白质,已被证明有助于提升老年人的行动能力、握力(肌肉力量衡量指标)以及生活自理能力,这也同样适用于年轻人群。研究表明,增加每日蛋白质的摄入,如摄入高蛋白食物或蛋白粉(见第30页),可以减少蛋白质的分解作用,促进肌肉蛋白质合成。

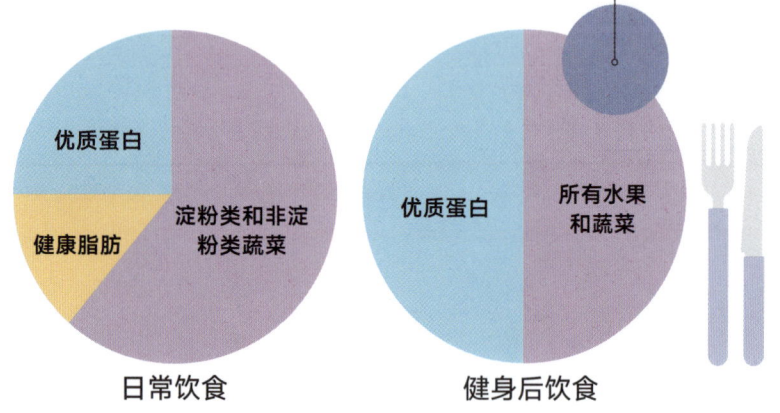

正确的饮食比例
上图为你展示了在日常饮食中应摄入的食物比例,以及在力量训练后应如何调整饮食比例。

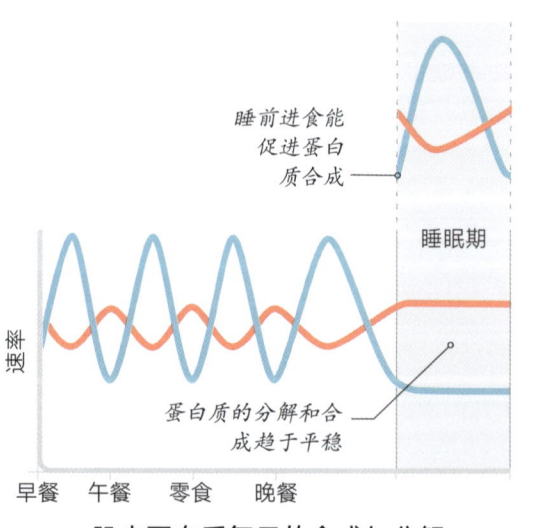

肌肉蛋白质每日的合成与分解

为肌肉补充蛋白质
配合身体的蛋白质合成与分解周期,可以让人体在睡眠时间也能活跃地制造蛋白质。

运动前后的营养摄取

运动前后的营养摄入是影响整体运动表现和身体恢复的一个重要因素。在选择训练前或训练后的加餐食物时，要意识到不同的碳水化合物在消化速度和能量供应能力上是有差异的。以葡萄糖和果糖为基础的碳水化合物非常适合用来补充肌肉和肝脏的糖原储备(为下一次健身提供能量)。

在正确的时间进食

关于营养摄取的时机，特别是训练后的"代谢窗口"，一直存在争议。然而，普遍共识是，锻炼后摄入高质量蛋白质（作为加餐或正餐）有助于肌肉的增长。

健身前
如果你在正餐后很久或是在早上空腹状态下训练，那么吃点碳水化合物和蛋白质的加餐很重要。这类食物可以补充糖原储备，并刺激蛋白质合成。但要避免进食高纤维食物，因为它们所需的消化时间较长。

健身期间
在力量训练期间，你只需要补充水分，不需要喝其他任何饮料。在训练前就应摄取适当的营养物质，因此在训练时无须进食。

健身后
一些专家推荐在训练刚结束就立即摄入蛋白质以最大限度地恢复身体，而其他一些人则建议应在1~3小时内吃一顿高蛋白餐。这样的蛋白质"喂养"方式可以抑制蛋白质分解并促进蛋白质的合成。

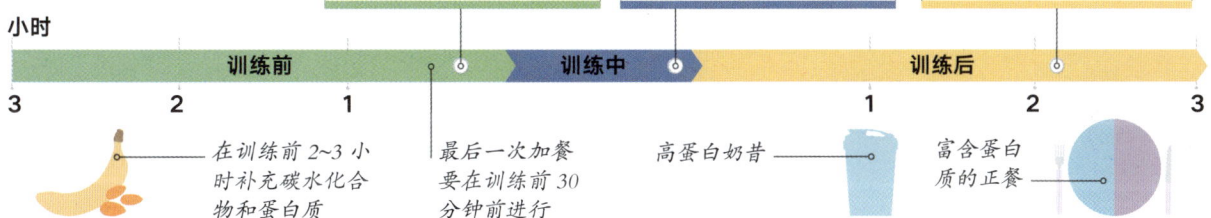

体液平衡

人体中水分的含量大约占体重的55%~60%，因此水在日常饮食中占据着极为重要的地位，也是人类赖以生存的重要元素之一。水可以作为溶剂和化学反应的催化剂，同时也是矿物质的重要来源，可以润滑和减震，还有助于调节体温（如排汗）。人体与外界进行液体交换的过程就是体液平衡。这种微妙的平衡对于身体健康和运动表现都至关重要。我们必须密切关注并维持这一平衡，防止因为饮水不足而脱水，或者因为饮水过多而出现水中毒现象，对健康造成不良影响。

每日饮水量

现行的健康建议是每千克体重应摄入30~40毫升水。你可以根据自己的体重、活动强度、出汗量和当天的环境状况，适当调整每天的饮水量。

营养补充剂有必要吃吗?

营养补充剂确实有益于维护整体健康,提升运动表现和促进身体恢复。但是,我们更应该把重心放在保持均衡的饮食上,而不是过度依赖补充剂来获取营养。下图列出了一些对健康和体能有影响的补充剂。研究显示,服用这些"额外的"补充剂并不会带来副作用,所以在经济允许的情况下可以把它们看作一个额外补充的选择。

有益于健康和运动表现的营养补充剂

证实有效的营养补充剂	额外的营养补充剂
鱼油 *	支链氨基酸(BCAAs)
维生素 D 和维生素 K*	必需氨基酸(EAAs)
肌酸 *	瓜氨酸苹果酸
乳清蛋白 *	
褪黑素	
综合维生素	
咖啡因	
钙 **	

* 这些营养品已被证实对所有年龄阶段的人都有益
** 柠檬酸钙是最好的钙补充来源

 吃蛋白粉有用吗?
如果你已经获取了足够的优质蛋白质,那么摄入蛋白粉可能作用有限。但如果你经常锻炼,那么蛋白粉能最大限度地促进肌肉增长。对于难以获取足量蛋白质的素食者来说,蛋白粉是一个有益的补充(见右侧)。蛋白粉是浓缩的蛋白质来源,有些来自动物蛋白(如乳清蛋白、酪蛋白、鸡蛋蛋白),有些来自植物蛋白(如豌豆球蛋白、火麻蛋白、大豆蛋白、大米蛋白)。如果你认为蛋白粉能帮助自己更好地实现目标,可以与教练或营养师讨论相关选择。

素食者的健身饮食

基于植物性饮食的力量训练可以和基于动物性饮食的训练一样有效。尽管可能更具挑战性,但它遵循的是同样的能量获取原则。蛋白质(特别是关键的氨基酸——亮氨酸)可能是宏量营养素中最难充足摄取和储存的营养素。蛋白质摄取对于肌肉组织的增长和维护以及整体代谢健康都至关重要,因此,对所有素食者来说,学习如何最有效地摄取所需营养非常重要。

亮氨酸的重要性
亮氨酸属于支链氨基酸,是一种必需氨基酸。它在调节骨骼肌的功能方面非常重要,因为它能刺激肌肉蛋白质的合成(见第 28 页)。尽管研究已证实,每餐摄入一定量的亮氨酸可以刺激肌肉蛋白合成,但如果没有其他必需氨基酸的参与,这个过程是无法进行和持续的。所以人体需要完整的蛋白质来源,可以来自富含蛋白质的食物,也可以来自蛋白质补充剂。研究发现,老年人平均每餐需要摄取双倍的亮氨酸量,才能达到刺激肌肉蛋白质合成的阈值。

注意营养摄取的均衡性和完整性

营养对所有人的健康都很重要,不均衡的植物性食物饮食可能会导致宏量营养素摄取不足,以及维生素和矿物质等各种微量元素的缺乏。素食者可以参考下列食物来源补充植物性饮食中最常缺乏的营养素。

蛋白质: 豆类、谷物、豆腐、藜麦、坚果、蔬菜

维生素 B_{12}: 营养强化食品、植物奶、营养酵母

维生素 D: 营养强化食品、植物奶、营养酵母

铁: 豆类、谷物、坚果、营养强化食品、绿色蔬菜

锌: 豆类、坚果、燕麦、小麦胚芽

钙: 豆腐、羽衣甘蓝、西蓝花、豆芽、菜花、小白菜、营养强化植物奶。

碘: 海带、蔓越莓、土豆、梅干、扁豆、碘盐。

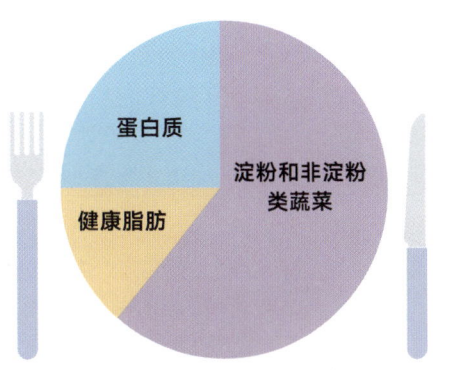

针对非素食者的饮食建议
上图是进行常规力量训练的人群摄入均衡饮食的建议营养成分比例。

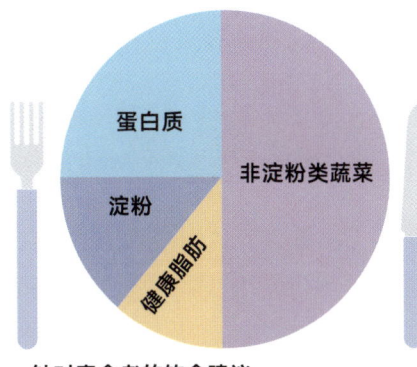

针对素食者的饮食建议
虽然摄入的营养成分比例不同,但对于素食者来说,最重要的营养成分仍是蛋白质。

水果 —— 运动后进食或作为加餐甜点

什么是"完全蛋白"?

要增强骨骼肌,优质蛋白的摄入至关重要。蛋白质的质量主要取决于其所含有的必需氨基酸(体内无法合成)的组成。如果一种蛋白质包含所有对维持和促进肌肉生长至关重要的9种必需氨基酸,就称之为"完全蛋白"。必需氨基酸含量较低的蛋白质被称为"不完全蛋白"。所有的动物蛋白(除明胶外)都是完全蛋白,而植物蛋白往往因缺乏足够的必需氨基酸而被视为不完全蛋白。因此,素食者需要更加关注蛋白质的质量,了解如何将两种不完全蛋白进行最佳搭配,形成完全蛋白。

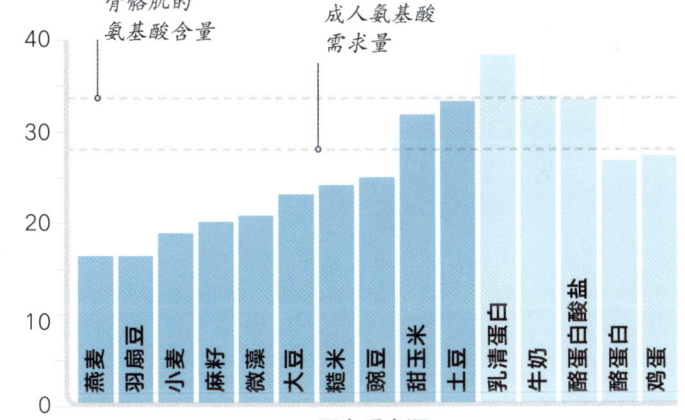

两种蛋白质的比较
植物蛋白中的氨基酸含量大多低于人体需求量,而动物蛋白中的氨基酸含量则大多超过人体需求量。

图例:
- 植物蛋白
- 动物蛋白

植物蛋白粉

乳清蛋白是最常见的蛋白质补充品(见左图),因为它含有较高含量的亮氨酸,易于消化,并能刺激蛋白质的合成。对素食者来说,最接近乳清蛋白的替代品是大豆蛋白。不过,近期有研究发现,豌豆球蛋白可作为乳清蛋白的最佳替代品,因为它在肌肉增长和肌力提升方面呈现出类似的效果。

力量训练运动解剖学

力量训练与大脑之间的联系

力量训练初期的生理适应主要发生在神经系统。专家认为，在力量训练刚开始的2~4周内，训练效果主要体现在神经系统的相关反应上。

肌肉的控制

神经系统包括大脑、脊髓以及无数在大脑和身体之间传递信息的神经。运动神经通过脊髓从大脑的运动皮层传递出与运动有关的信号，而感觉神经则将肌肉发出的信息传递回大脑和脊髓。

神经适应性

适应是指身体面对特定环境进行调整的动态过程。力量训练有助于发展运动通路，提高大脑与身体的协调性。"神经适应性"是指大脑召集肌肉进行收缩以完成特定动作的能力。经常练习能训练大脑激活正确的肌肉去执行动作，随着时间的推移，运动会变得越来越流畅。当神经系统和肌肉系统都产生适应性之后，身体的运动技巧、协调性和效率都会逐渐提高。

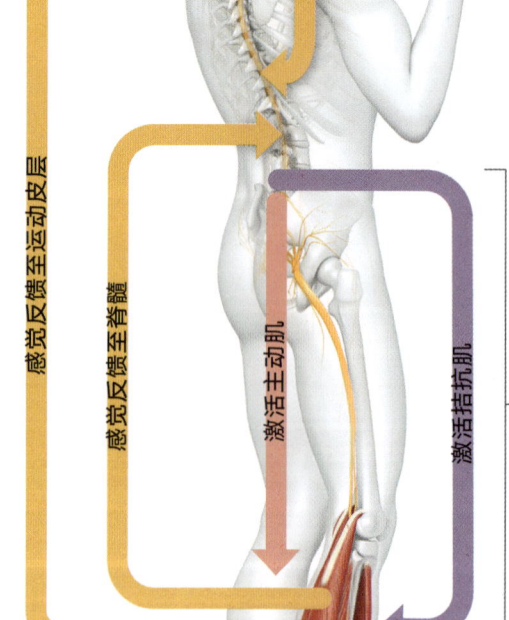

大脑
运动皮层向肌肉发送动作指令，感觉皮层接收来自肌肉的信号

脊髓
传送信息出入大脑的通道

通过练习，运动时拮抗肌的共同收缩现象会减少

主动肌
腓肠肌和比目鱼肌收缩，驱动提踵

拮抗肌
胫骨前肌放松，使提踵动作能够完成

运动更协调流畅
大脑发送指令以激活主动肌完成动作。最初，大脑也会同时向拮抗肌发送信号（共同收缩）。随着动作不断重复，共同收缩的现象就会减少，从而使动作技巧得到提升。

力量训练对大脑的益处

规律的力量训练已被证实能够提高神经营养因子的水平。神经营养因子是一类生长和存活因子，可调节神经细胞或助力神经元的发育和维持。其中两种神经营养因子——脑源性神经营养因子(BDNF)和类胰岛素样生长因子(IGF-1)，都已被证实对神经发生和神经可塑性有积极影响。

神经发生

神经发生，即新神经元的生成，是力量训练和运动对大脑产生的积极影响之一。科学家们曾经认为神经细胞的数量（大约860亿个）在人出生伊始便已固定，无法再生出新的神经元。但后来的研究发现，神经发生是可能的，而且发生在大脑的关键区域，如与记忆密切相关的海马体。

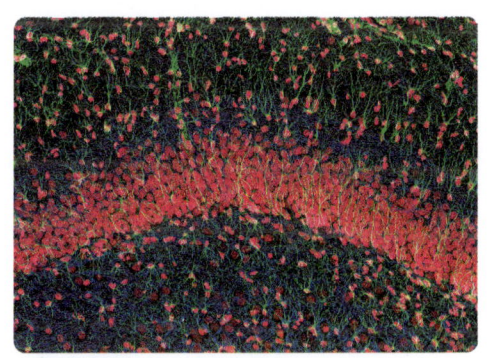

新的大脑细胞
在这个大脑海马体的显微图像中，神经元细胞呈粉红色。力量训练能促进神经发生，生成新的神经元。

 **脑肌连接**
进行力量训练时最好做到心无旁骛，这样才能专注于每一个训练动作。想要强化锻炼效果，可以通过建立大脑与肌肉之间的连接来实现，也就是有意识、有目的地思考如何去移动目标肌肉，研究已证实这的确能增强肌肉力量。这种有意识的锻炼方式能在做动作时控制更多的肌肉纤维，最终使肌肉收缩更为有力，锻炼更加有效。

神经可塑性

大脑中的通路使用得越多，就会变得越稳定，重复使用能强化并持续构建神经网络。建立新连接和通路的能力被称为神经可塑性，能改变大脑回路的连接方式。学习一项新技能，如力量训练中所需的技能，可以改善现有神经元的运作方式，并对大脑的整体功能产生积极影响。

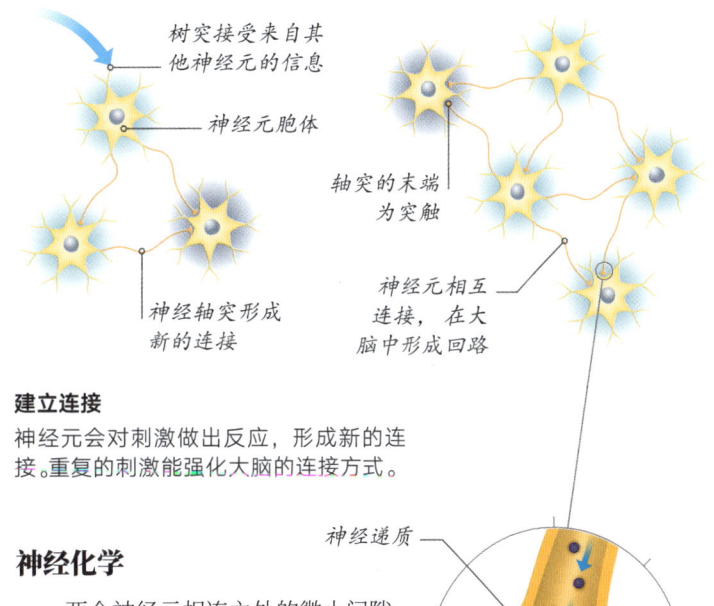

建立连接
神经元会对刺激做出反应，形成新的连接。重复的刺激能强化大脑的连接方式。

神经化学

两个神经元相连之处的微小间隙被称为突触。为了将电信号从一个神经元传导到下一个神经元，大脑会使用一种叫作神经递质的分子系统。这些化学物质穿过间隙扩散，将电信号传导至下一个神经元。力量训练能提高某些神经递质的水平，如具有提振情绪、缓解焦虑作用的多巴胺和内啡肽。

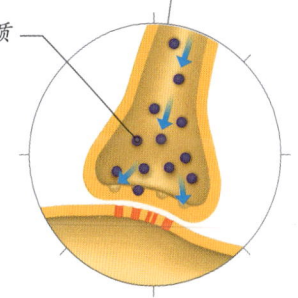

突触（放大图）
神经递质分子在一个神经元中受到信号的刺激，会在约1毫秒内穿过突触，将信号传递给下一个与之相连的神经元。

力量训练运动解剖学

力量训练对大脑的益处

除了对身体健康的益处(见第1页)以外,研究还发现,规律的力量训练对大脑和心理健康也有诸多积极影响,包括减轻压力、提高效率、提升专注力、增强记忆力,等等。

增强长期记忆力

研究表明,参与体育锻炼,尤其是有氧运动与力量训练相结合的锻炼,有助于增大海马体的体积,同时提高神经营养因子的水平,从而增强记忆力。

提升认知功能

力量训练能提高神经营养因子水平,如脑源性神经营养因子(BDNF)。这些因子能促进神经发生和神经可塑性,改善学习和认知能力。

提高注意力

力量训练需要高度的专注力和技能学习能力,这有助于提高注意力。长此以往,便可改善心理健康状况,从而提高专注于完成单一任务的能力。

远离抑郁症

研究表明,锻炼,尤其是抗阻训练,能够减轻抑郁症症状或有助于预防其发生。

提高创造力

力量训练能提高 BDNF 的水平,从而促进大脑海马体中新神经元的生长。这些新神经元会在大脑中建立新的连接,迸发出新奇的思路和想法。

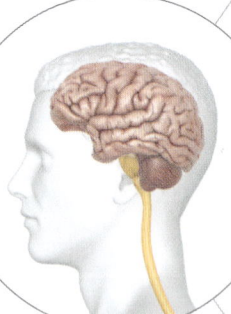

改善情绪

力量训练产生的内啡肽能使人精神振奋。研究还表明,与不进行力量训练的人相比,从事力量训练的人出现情绪低落的可能性更低。

提升大脑功能

研究表明,有氧运动和抗阻训练有助于改善老年人的认知功能和行动能力。

形成肌肉记忆

当停止锻炼一段时间后再恢复锻炼时,大脑对过去运动模式和任务所保存的记忆能让训练变得更加轻松。这些记忆能让肌肉很快恢复到以往水平,因为不需要花费太多时间重新学习这些训练动作。

预防老年痴呆

研究表明,力量训练可以提高神经营养因子水平,这类物质能有效抑制脑组织萎缩,减少造成阿尔茨海默病等疾病相关的病变和斑块。

缓解压力和焦虑

在健身房锻炼通常会涉及社交活动,这有助于舒缓压力。研究还表明,无论是对于健康人群还是患有生理或心理疾病的人来说,抗阻训练都能显著改善与压力和焦虑相关的症状。

心理上的胜利感

运用心理技巧找到驱动你进行力量训练的动机,并围绕长期目标养成持久的习惯。如果说目标是确定前进方向的指南,那么日常习惯则是取得进步的系统化步骤。

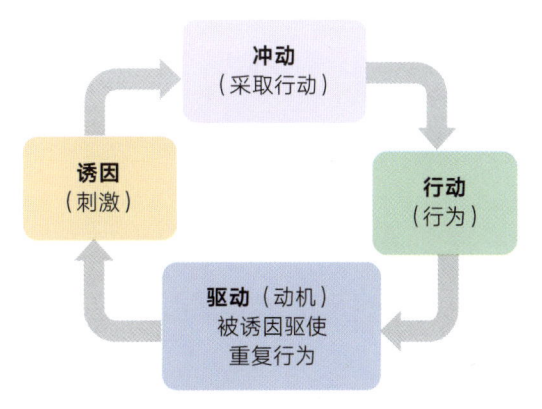

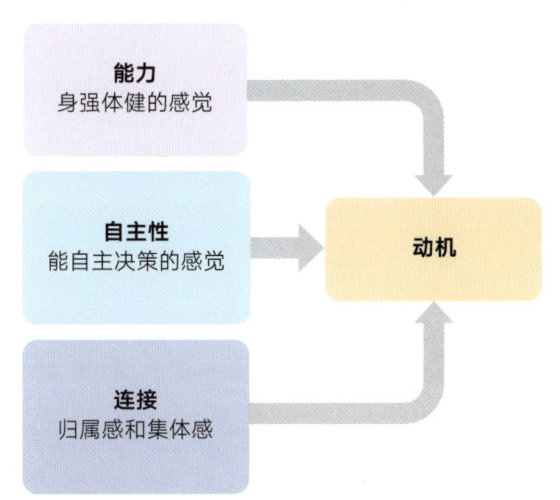

养成持之以恒的习惯

养成持之以恒的日常习惯能让你更容易达成目标,做起事来也会更得心应手而无须过多考虑。行为重复的次数越多,诱因和行动之间的联系就会越强。起初,这个过程可能会颇具挑战性,但随着时间的推移,习惯就会自然而然地形成。如果你在开始时感到很困难,不妨迈出一小步,试着找到你的心之所向。

找到你的动机

实现目标的动机会受到各种基本心理需求的影响,你也需要进一步探究自己为什么想要达成这个目标。动机可以是内在驱动(如受基本需求驱使、令人满足的事情、特长),也可以是外在驱动(如为了取悦他人)。事实证明,当你向着目标努力时,外在动机会逐渐消失,而内在动机会取而代之。

制定切实可行的目标

一旦找到了做出改变的动机,接下来就要了解如何设立可实现的目标。众所周知,设立目标有助于达成想要的结果,同时还能降低失去信心或一蹶不振的可能性。你可根据 SMART 原则来设立目标(见下文)。

根据 SMART 原则设立目标

要想取得最大程度的成功,设立目标时要把握 SMART 原则。SMART 这五个字母分别表示:具体性(specific,明确你想达成的目标);可度量性(measurable,设立时间表和要追踪记录的内容);可实现性(achievable,开始设立时较容易些,然后逐渐增加挑战性或强度);现实性(realistic,考量目标对你日常生活的影响);及时性(timely,为目标设立开始和结束的期限)。

合适的平衡

要进入既不太难也不太易、恰到好处的区间,关键在于找到合适的挑战级别。

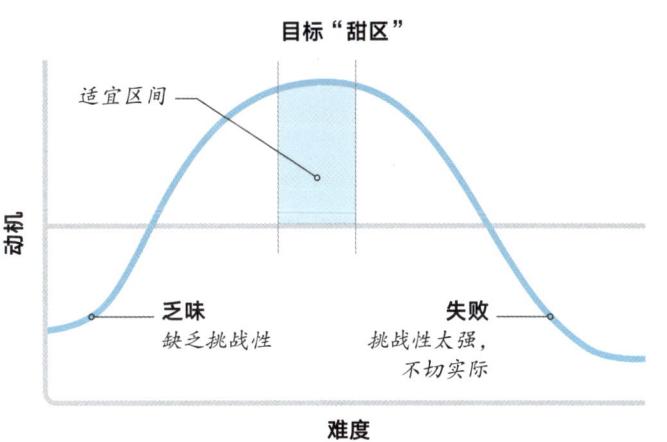

腿部训练

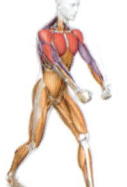
胸部训练

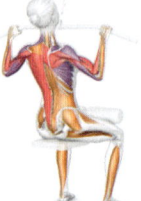
背部训练

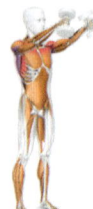
肩部训练

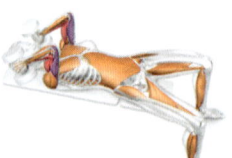
手臂训练

腹部训练

力量训练

力量训练的目标是从每一次训练中获得最大的效益。本书共包含31个主要训练动作，此外针对部分动作还配备了许多变式动作，使你可以居家或使用不同的器械进行训练。本书将指导你如何精准地完成每一个动作以达到最大效益并避免受伤。你可以在本书中找到针对身体各个肌肉群的高效训练方式。

力量训练运动解剖学

力量训练的
基本知识

本书的训练动作以主要肌群为划分，展示锻炼特定肌肉群的最佳方式。首先你需要了解正确执行训练的基本知识，掌握控制呼吸的方式，以及如何安全地进行锻炼——无论是在家还是在健身房。

> **! 注意事项**
>
> 在大多数训练动作中，都有一个说明框提示进行该项训练时的注意事项。除了这些提示之外，还有几点也至关重要：不要过分纠结于细节；在移动负重时，要时刻关注正在锻炼的肌肉（对肌肉的意识和专注是建立身心连接的关键）；不要为了追求重量而牺牲动作的标准性和完成度，也不要为了省力而改变动作姿势。

主要训练动作和变式

本书中的训练动作按照肌群分类，并进一步分成"主要动作"和"变式动作"。每个主要动作都是经过筛选、能有效锻炼特定肌肉群的动作，通常采用的是多关节复合运动。变式动作为主要动作的补充，提供了锻炼肌肉的不同方式。主要动作各阶段涉及的肌群均配有详细的人体肌肉解剖图和分步动作要领说明。本书也针对特定目标设计了训练计划（见第195~208页），无论是在健身房还是在家中，你都可以运用本书中的结构化分组训练进行系统性的力量训练。

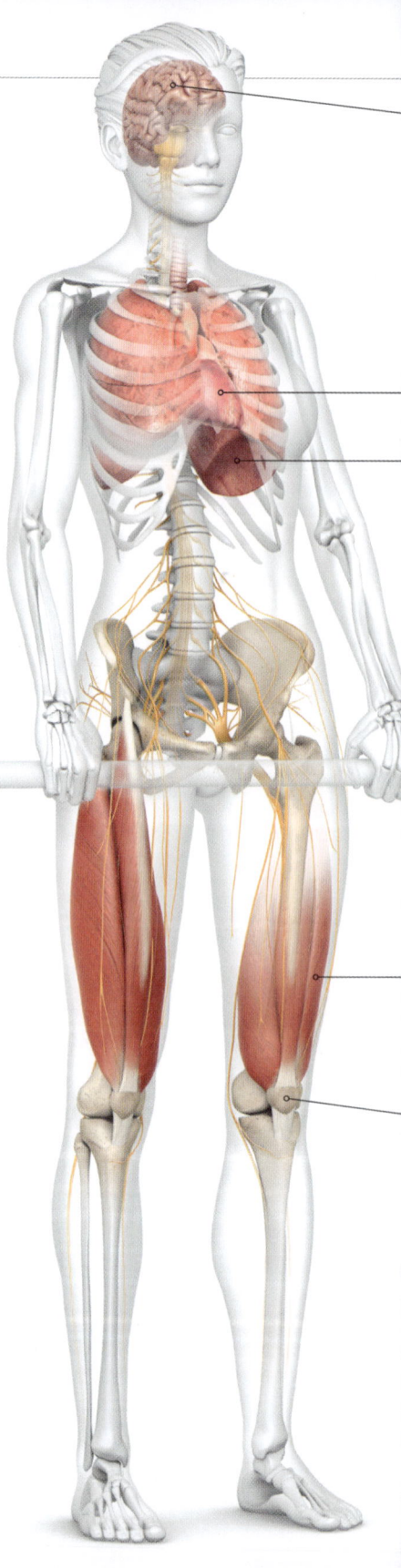

大脑和神经系统
改善神经系统和肌肉的联结有助于提升肌肉力量和协调性。

心血管系统
心脏泵出携带氧气和能量的血液输送至肌肉,为肌肉提供能量并带走代谢废物。

呼吸系统
在训练的各个阶段,呼吸必须和动作保持同步。你需要学习在维持肌肉张力的状态下进行正确呼吸(见右图)。

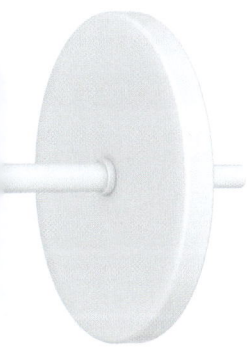

肌肉系统
在目标肌肉上施加更多的机械张力和压力能带来更大的肌肉生长潜力。

骨骼系统
肌肉拉动骨骼,通过一系列杠杆作用使身体产生动作。正确的姿势和动作能减轻关节周边组织承受的张力,从而降低受伤的风险。

执行动作
执行动作需要全身协同运作,驱动相关肌肉和协调肢体运动。正确执行动作不仅在目标肌肉上施加张力、促进肌肉生长、肌肉力量和协调能力至关重要,而且可以受伤,并能最大限度地增加训练压力(用更多时间承担更大的训练负荷)。

呼吸的重要性

人体在运动时需要呼吸和循环系统运作,以供给肌肉所需的能量。要想让训练效率最大化,关键是要在整个过程中收紧核心。本书的所有训练动作都有具体的呼吸提示,提醒你在做动作时应如何吸气和呼气。

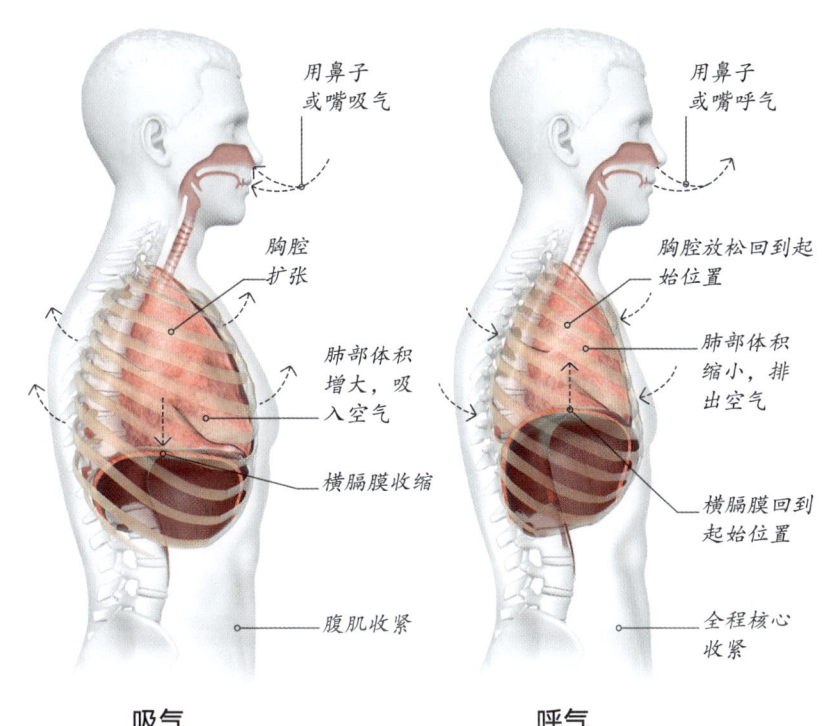

吸气　　　　　　　　　呼气

力量训练术语

了解专业术语的含义可以帮助你更好地理解训练相关指示(见第192~193页和第209~210页词汇表)。以下是在开始阶段就需要了解的重要术语:

重复(次数)
一次重复是指一次完整的动作完成(包括向心收缩和离心收缩)。重复次数多少通常与采用的负重大小相关。

训练量
训练量是指在一定时间内(可以是一次训练课程,也可以是一整周的训练期等)完成训练的量。

组
一连串连续的重复动作称为一"组",如"3组,每组6~8次"。本书针对每个特定目标的训练计划都提供了建议的组数和重复次数(见第195~208页)。

节奏
节奏是指完成动作的速度。无论处于训练的哪个阶段,都应该控制好运动的节奏。

力量训练的场所

与某些锻炼方式不同,力量训练具备灵活性,可以在健身房进行,也可以在自己家里进行。选择正确的健身环境很重要,不要在你觉得不自在、局促不安或是卫生状况不佳的场所进行训练。无论你是喜欢在健身房训练还是经常在家训练,或是两者兼有,只要能朝着自己的目标不断前进,该场所就是适合自己的场所。

> **! 注意事项**
>
> 如果你有既往病史并且本节中的任一训练项目会让你感到疼痛,请向专业人士咨询是否适合训练。

在家训练

在家训练需要有足够的空间,你可以根据个人的需求进行设备和设施的定制。在家中,你可以更好地控制健身环境,如室温和音乐,省去许多麻烦。相比去公共健身房,在家训练可以排除让你感到不安的因素,同时避免了因部分健身房较差的卫生环境导致的潜在的病菌传播。

优势

在家训练的潜在优点:
- 可以更频繁地训练:多功能健身器材、弹力带和自由重量器材的发展,让居家训练比以往任何时候都更方便。
- 能选择自己喜欢的音乐:训练时可以播放音乐来激励自己,合适的音乐可以让人更努力地锻炼。
- 随时都能训练:如果你现在想训练了,那么你可以马上准备好,直接开始。

弊端

在家训练的潜在缺点:
- 缺乏动力:在家锻炼时,很容易缺乏督促自己的动力,而且也没有训练伙伴一起互相鼓励。
- 设备成本:尽管现在健身器材价格已经变得相对亲民了,但要购置有效训练所需的装备仍是一笔不小的开销。
- 阻力(重量)可能受限:可买到的哑铃等自由重量器材只有固定规格,所以你在重量选择上会受到限制。

在健身房训练

健身房应是一个环境舒适宜人且能激励你不断训练的场所。因此,找到一个能让你有归属感、不会感到害怕或不安的健身房很重要。如果附近没有符合你喜好的健身房,在家训练也是一个可行的选择。

优势

在健身房训练的潜在优点:
- 设备和设施齐全:一家优质的健身房能满足你所需的一切,还能提供更多的服务,包括能聘请私人教练。
- 能激励人的环境:在健身房训练可以激励自己不断挑战自我。
- 社交氛围更浓厚:你可以结交新朋友,并与那些志同道合、有相似健身目标的人一起训练。

弊端

在健身房训练的潜在缺点:
- 无法掌控环境:虽然与他人一起锻炼有社交方面的好处,但如果健身房里的音乐令人不悦,或是温度太热或太冷,都可能影响健身体验。
- 不安感:这可能是由缺乏健身经验或是周围其他人的态度所致。如果你感到不安或有压力,可以换一家健身房试看看。
- 健身房卫生问题:部分健身房的清洁程度与杀菌措施可能达不到标准。

适合在家训练的器材

随着更经济实惠的多功能设备不断涌现，在家训练已变得前所未有的容易。大多数在家训练的项目都可以借助以下器材完成，你可以视自身需求选择相应器材。

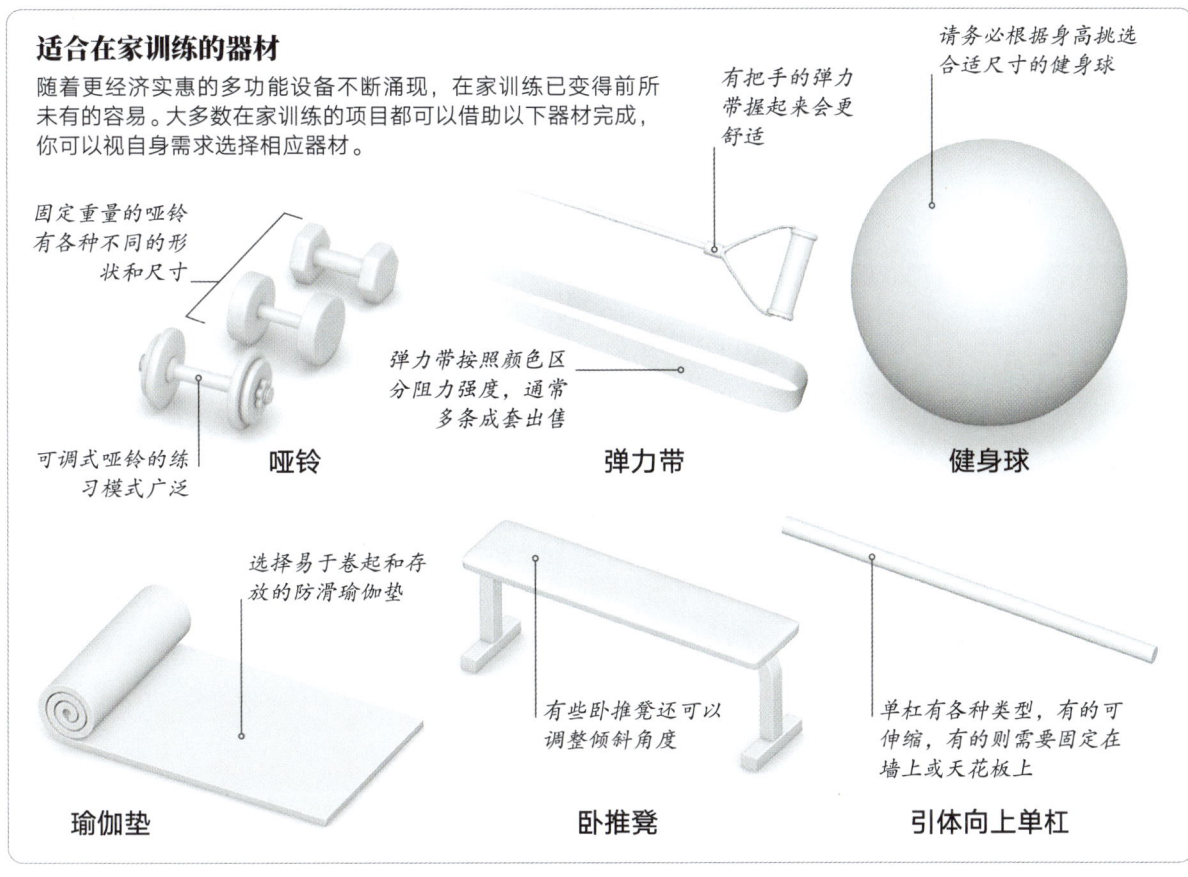

- 固定重量的哑铃有各种不同的形状和尺寸
- 可调式哑铃的练习模式广泛

哑铃

- 弹力带按照颜色区分阻力强度，通常多条成套出售
- 有把手的弹力带握起来会更舒适

弹力带

- 请务必根据身高挑选合适尺寸的健身球

健身球

- 选择易于卷起和存放的防滑瑜伽垫

瑜伽垫

- 有些卧推凳还可以调整倾斜角度

卧推凳

- 单杠有各种类型，有的可伸缩，有的则需要固定在墙上或天花板上

引体向上单杠

良好的健身礼仪

在健身房等公共场所训练时应注意健身礼仪，不影响他人锻炼。为了营造和谐的气氛，尊重并体谅其他健身者，需要注意以下几件事：

杠铃、哑铃等使用后归位
器材用完后不要直接放在地上。将杠铃重新放回架子上并将杠铃片摆放好，清理干净座椅，不影响下一个人使用。

注意他人使用器材的情况
如果有人在排队等候某个设备，不要插队。不要争抢他人正在使用的设备。

注意社交礼仪
与他人保持适当的社交距离，尊重个人空间，注意眼神交流。了解健身房的氛围，举止得体。

不要随意拍摄照片或视频
如果想要拍摄，先确保健身房是否允许。如果不确定，应询问健身房管理人员，并征得周围人的允许。

平等共用设备
尊重他人使用器械的权利，不要在特定的机器或区域逗留过久，尤其是在健身房人多时。

戴上耳机听音乐
音乐留给自己享受就好，不要用扬声器外放，避免干扰到周围的健身者。

特别措施
清洁使用后的设备和器材本是健身房的常规流程，但如今，由于全球范围内的健康问题，健身房必须采取更谨慎的措施，以确保会员的健康和安全，防止疾病的传播。健身者应确保在使用器械前后擦拭设备，并且在咳嗽和打喷嚏时要掩住口鼻。不要与他人共用毛巾和饮水瓶。如果感到身体不适则避免去健身房，保护自己的同时也保护他人。

选择合适的重量

健身房的器械多种多样,调整重量的方式也有所差异。了解如何针对自身体形选择合适的重量对确保训练的安全性和有效性来说非常重要。

在刚开始练习每个训练动作时,建议先选择一个能轻松举起的重量,然后根据训练结果和自己期望达到的次数范围逐渐增加重量。

健身器械

器械一般有两种不同的类型:一种是用插销调整重量的可调式器械,另一种是使用杠铃片来增减负重的挂片式器械。通常来说,训练大肌肉群(如腿部、胸部和背部)的器械比训练小肌肉群(手臂、肩膀和小腿)的器械使用的重量更重。如果你不确定自己适合什么重量,可以先从最轻的重量开始,尝试后再进行调整。

自由重量

自由重量包括杠铃和哑铃。杠铃杆通常重20千克,直径2.85厘米,长2.15米,也有比较短的杠铃杆。给杠铃杆加重量时,要将杠铃片套在杆上,然后用卡扣锁好固定。如果是哑铃,自身的标签会显示重量,通常哑铃是成对使用的(一对哑铃的重量和尺寸均相同)。刚开始选择重量时可以从你能完成规定次数的重量开始。

器械训练

在训练过程中,需要根据个人体形对每台器械进行适当调整。如果你是第一次使用器械训练,最好找一位教练进行指导,学习如何操作各种器械,以及如何将器械设置为最适合自己的方式。常见的调整包括对坐垫、靠背和大腿靠垫的调整,同时还要注意调整器械上的转轴,以便更好地摆放双腿。如果在做第一组动作时感觉不舒服,就立即调整设置,直到感觉能顺畅训练为止。

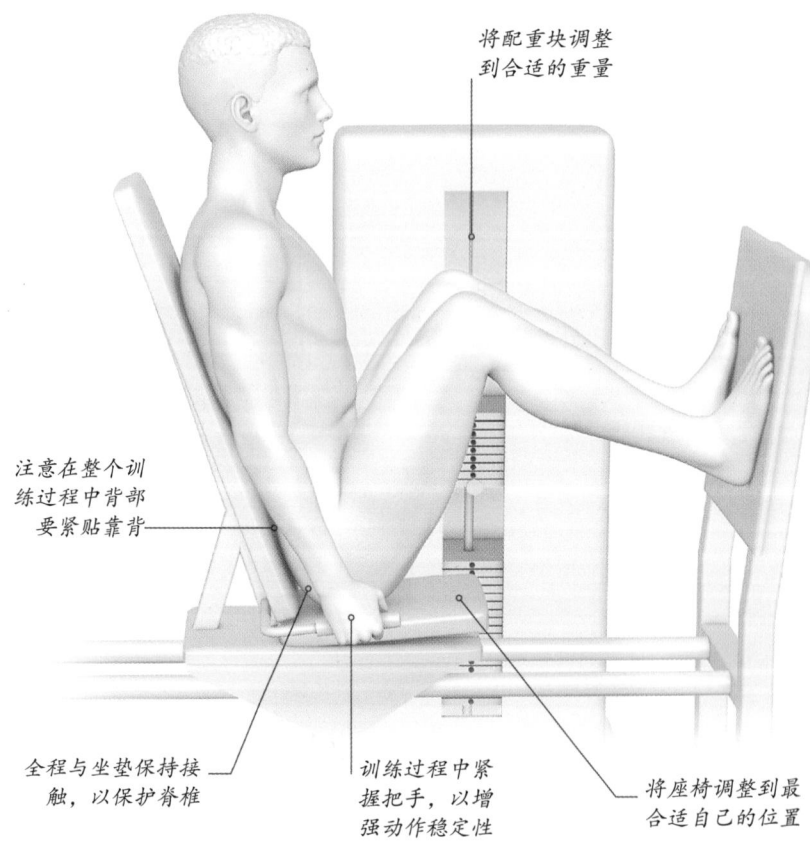

将配重块调整到合适的重量

注意在整个训练过程中背部要紧贴靠背

全程与坐垫保持接触,以保护脊椎

训练过程中紧握把手,以增强动作稳定性

将座椅调整到最合适自己的位置

安全举重

可以说,力量训练最重要的一点就是要确保安全。无论在健身房还是在家里训练,都要时刻关注自己所做的动作,这样能确保自己的训练安全,让自己按照计划持续进行训练,而不会因受伤而中断。抓握方式是安全举重的关键,包括抓握杠铃或哑铃的方式,以及在训练时双手的间距。

抓握方式

抓握杠铃或哑铃的姿势很重要,正确的姿势可以稳定支撑重量,减少手部酸痛。常见的握法有反握、中立握和正握(可参考下图,以及参见第44页腕关节);半反握是介于反握和中立握之间的姿势;而半正握是介于正握和中立握之间的姿势。

握距和握姿

与其他器械设置同理,你在横杆或器械握把上使用的握距宽度(见第104~105页)及手腕姿势都会直接影响肌群发力效能。因此,即使是相同的训练动作,调整握距后所刺激到的肌肉也会略有不同。

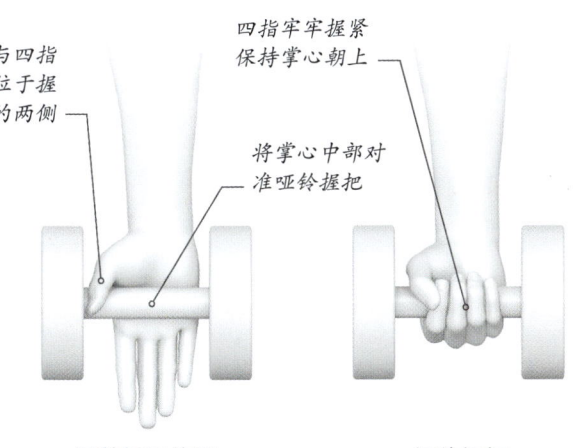

调整抓握位置　　握住握把

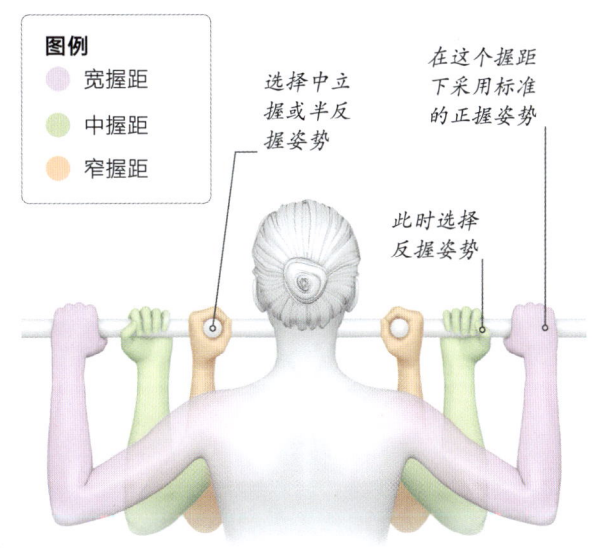

图例
- 宽握距
- 中握距
- 窄握距

记录训练状况

将每次训练的情况记录下来,有助于追踪和维持进度。例如,你可以清晰地看到上周某项训练所使用的重量,并可以据此适当增加重量,除非记录中已标记该重量难度过高。无论是使用实体日记本、电子表格还是手机 App,只要坚持连续记录,都是非常好的习惯。右侧的表格提供了需要追踪记录的详细信息作为参考。

训练日期				
训练动作	训练次数和组数	每组重量	组间休息	附注
腿部推举	4 组 10 次	×× 千克	60 秒	增加重量;下周要增加 ×× 千克
肩上推举	4 组 10 次	×× 千克	60 秒	挑战性较大;下次维持相同重量

人体动作术语指南

身体的各个关节让我们能够进行多种多样的动作。本节会以图文并茂的方式对每个动作进行讲解。本书中所有动作说明和指导都会使用专业术语,并用箭头指示出动作方向。本节内容对训练的某一特定阶段或整个训练过程都会有所帮助,你可以在本页做标记以便之后参考。

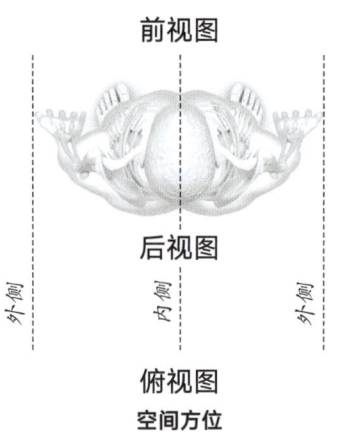

前视图

后视图

俯视图

空间方位

外侧　内侧　外侧

脊柱

脊柱除了能为上半身提供结构支撑外,还可以在上半身和下半身之间传递负重。脊柱可以伸展、屈曲、旋转和侧屈,以及进行两种以上的组合动作。

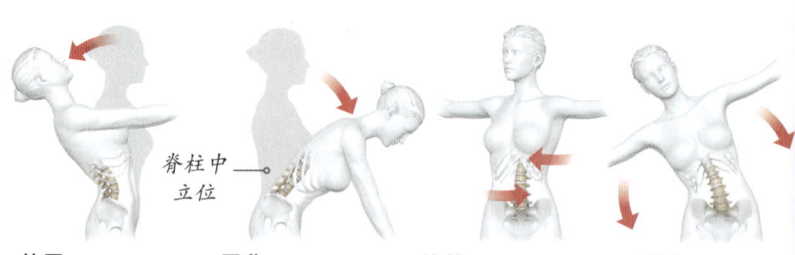

脊柱中立位

伸展
腰部弯曲以使躯干向后移动

屈曲
腰部弯曲以使躯干向前移动

旋转
以身体中线为轴,将躯干向右或向左旋转

侧屈
以身体中线为轴,将躯干向右或向左弯曲

肘关节

在所有使用手持阻力的训练动作和一些特定的手臂动作中,都会用到肘关节。

伸展
伸直手臂,关节角度增大

屈曲
弯曲手臂,关节角度减小

腕关节

应保持腕关节处于中立位,与前臂直线对齐。

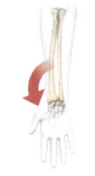 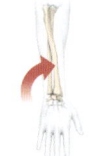

旋后
旋转前臂,使掌心朝上

旋前
旋转前臂,使掌心朝下

髋关节

髋关节在多个活动平面上都具有广泛的运动范围,所有这些动作都以腿伸直的姿势为基准,如下图所示。

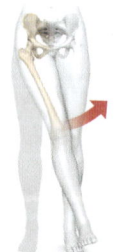 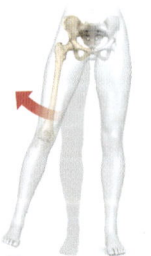 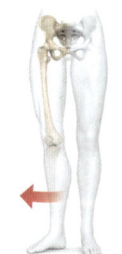 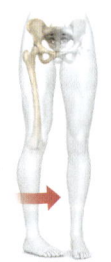 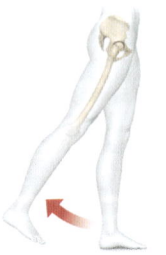 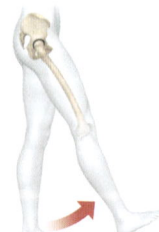

内收
将大腿向内朝身体中线方向移动

外展
将大腿向外朝远离中线方向移动

外旋
大腿向外侧旋转

内旋
大腿向内侧旋转

伸展
大腿向后伸展,在髋关节处伸直

屈曲
大腿向前移动,身体从髋关节处弯曲

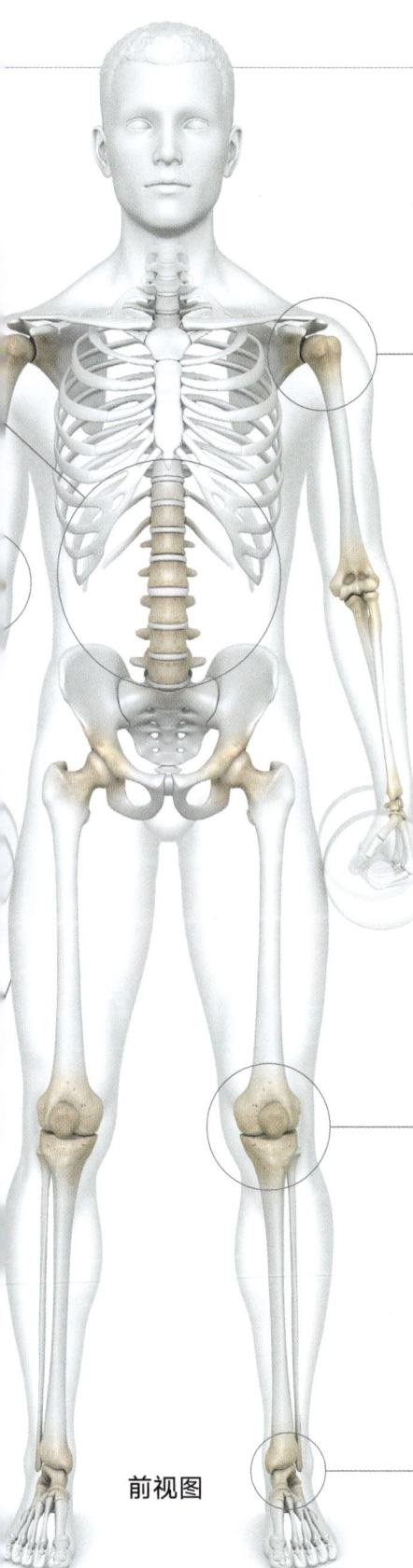

前视图

肩关节

这一结构复杂的关节在多个方向上都具有广泛的活动范围。它可以使手臂向前和向后移动，侧面向上和向下移动，以及进行肩关节本身的旋转。

屈曲
从肩关节处向前移动手臂

伸展
从肩关节处向后移动手臂

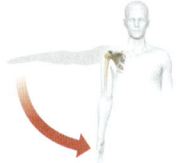

内收
将手臂向身体方向移动

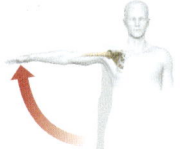

外展
将手臂朝远离身体的方向移动

外旋
从肩关节处向外旋转手臂

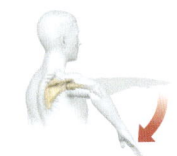

内旋
从肩关节处向内旋转手臂

膝关节

膝关节需要承受高达身体10倍重量的负荷。该关节的主要动作是屈曲和伸展，这两种动作在许多力量训练动作中都有涉及。

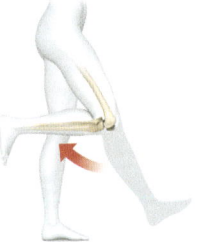

屈曲
膝关节弯曲，关节角度减小

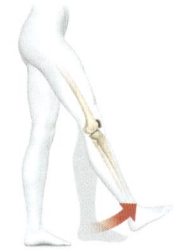

伸展
膝关节伸直，关节角度增大

踝关节

在力量训练中，踝关节的两个主要动作包括背屈和跖屈。

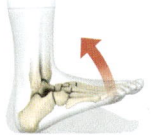

背屈
踝关节弯曲，使脚尖向上翘起

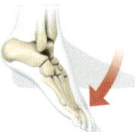

跖屈
踝关节伸展，使脚尖朝下运动

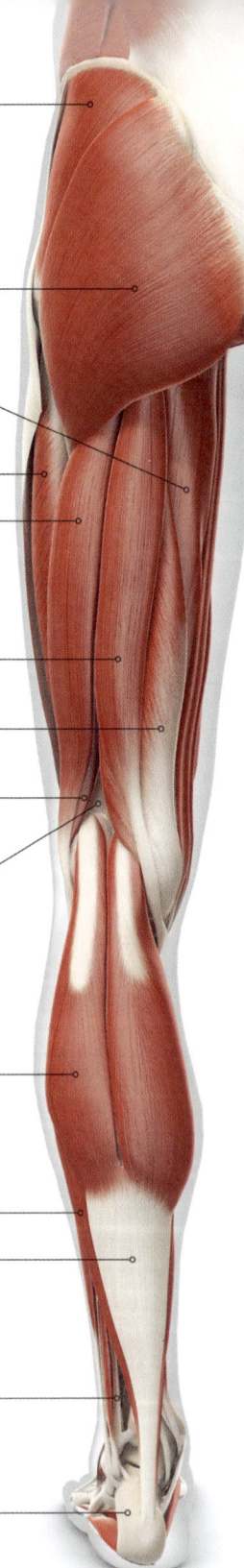

臀中肌
扇形肌肉，作用是让髋关节侧向伸展和旋转腿部

臀大肌
人体最大的肌肉之一，作用是伸展髋关节和旋转腿部

大收肌
髋关节的内收肌，同时也是强大的髋关节伸展肌

股外侧肌
股四头肌的组成部分

股二头肌长头
腘绳肌的最外侧部分，作用是使髋关节伸展、膝关节屈曲和腿部旋转

半腱肌
腘绳肌的组成部分

半膜肌
腘绳肌的组成部分

股二头肌短头
腘绳肌的组成部分

股骨
即大腿骨，是人体最长、最坚硬、最重的骨头

腓肠肌
小腿的主要肌肉，有两个头，作用是协助踝关节跖屈和膝关节屈曲

比目鱼肌
形状扁而长，位于腓肠肌的下侧

跟腱
腓肠肌和比目鱼肌共同的肌腱，向下延伸至足跟，与足跟呈 90°

腓骨
位于小腿外侧的细骨

跟骨
足跟骨头

髂腰肌
由腰大肌和髂肌两块肌肉构成，作用是屈曲髋关节

阔筋膜张肌
协助稳定股骨、髋关节和膝关节

耻骨肌
作用是屈曲和内收髋关节

长收肌
扇状肌肉，属于内收肌群

股薄肌
细长的浅层肌肉，协助髋关节和膝关节的内收与屈曲

缝匠肌
作用是使髋关节屈曲、内收和侧旋，以及屈曲膝关节

股直肌
股四头肌的组成部分，能使髋关节屈曲和膝关节伸展

股内侧肌
股四头肌的组成部分

髌骨
即膝盖骨，与股四头肌的肌腱相连

胫骨前肌
作用是使踝关节背屈

腓骨长肌
能驱动足部和踝关节往不同方向运动，其肌腱与足底相连

胫骨
小腿骨

趾长伸肌
能使第二趾到第五趾伸展，并能使踝关节背屈

趾长屈肌
能使第二趾到第五趾屈曲，以及协助踝关节跖屈

拇长伸肌
作用是屈曲足大趾和协助踝关节跖屈

后视图　　　　　　　　前视图

腿部训练

下肢运动使用的肌群主要有：位于大腿前侧的股四头肌（它是决定大腿外观形状的最主要肌肉），位于大腿后侧的腘绳肌，位于骨盆后侧的臀肌，以及位于小腿后侧的小腿肌。

股四头肌的主要作用是使髋关节伸展，其中一部分（股直肌）还具有使髋关节屈曲的功能。腘绳肌的作用则是屈曲膝关节和伸展髋关节。

臀部肌群的作用是伸展髋关节，以及协助大腿在髋关节进行内旋和外旋。小腿肌群主要作用于踝关节的跖屈和膝关节的屈曲。

在下肢训练中，多个肌肉群共同协调髋关节、膝关节和踝关节的运动。

● 复合训练（涉及多个关节）将运用下肢肌肉完成动作，同时控制每个关节周围的力。复合训练的例子包括颈后深蹲和硬拉。

● 孤立训练（涉及单个关节）将由某个肌肉群重点发力，但仍需用到其他肌肉，目的是稳定关节周围的力。孤立训练的例子包括腿屈伸和提踵。

本节内容	
杠铃颈后深蹲	48
变式动作：	50
哑铃高脚杯深蹲	
哑铃深蹲	
杠铃颈前深蹲	
腿部推举	52
哈克深蹲	54
哑铃箭步蹲	56
变式动作：	58
前脚垫高哑铃箭步蹲	
后脚垫高哑铃箭步蹲	
哑铃箭步走	
哑铃登阶	60
俯卧腿弯举	62
变式动作：	64
坐姿单腿弹力带弯举	
坐姿腿弯举	
站姿单腿弯举	
健身球腘绳肌弯举	66
坐姿腿屈伸	68
变式动作：	70
坐姿单侧腿屈伸	
坐姿单侧绳索腿屈伸	
仰卧弹力带腿屈伸	
杠铃臀桥	72
变式动作：	74
哑铃臀桥	
站姿绳索后抬腿	
单腿臀桥	
站姿器械提踵	76
变式动作：	78
坐姿小腿提踵	
站姿单腿提踵	
坐姿腿推举提踵	
杠铃硬拉	80
变式动作：	82
弹力带硬拉	
六角杠铃硬拉	
罗马尼亚硬拉	
绳索硬拉	

增强腿部肌肉和力量，可以提升你在各项健身训练中的表现。

杠铃颈后深蹲

这项多关节训练（或称复合训练）可强化股四头肌、内收肌群和臀部肌肉，同时也能锻炼腘绳肌、竖脊肌和腹肌。保持正确的姿势是避免脊柱受伤的关键。

动作点睛

维持良好的协调性、正确的动作姿势和发力方式很重要。收紧核心能提高身体的稳定性和对动作的控制能力，并能避免下背部拉伤。刚开始训练可以先使用较轻的杠铃，待熟练掌握动作后再增加负重。

初学者可以从每组8~10次共4组开始做起。变式动作见第50~51页，其他针对性的训练组见训练计划第195~208页。

上半身和手臂

在进行杠铃颈后深蹲的大幅度运动时，上背部、肩部和手臂的肌肉起到稳定上半身的重要作用。训练期间，集中注意力可以使这些肌肉维持张力，防止受伤。

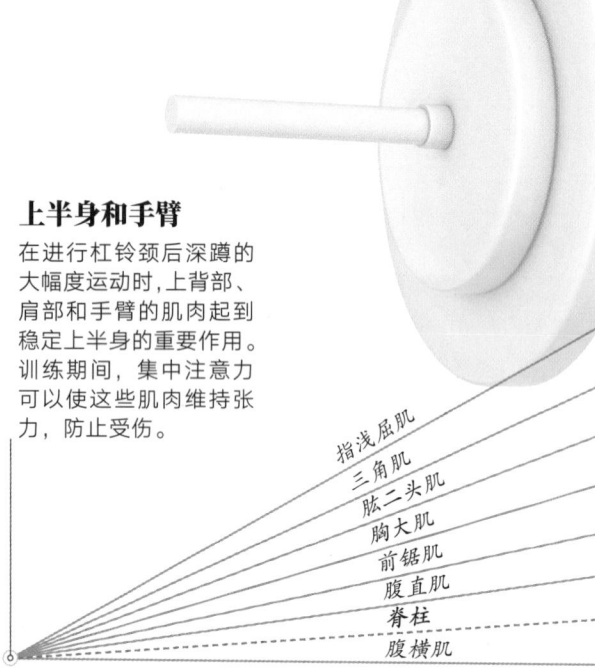

第一阶段

吸气并收紧核心，同时髋部后移，开始下蹲。在膝盖屈曲的过程中保持脚尖方向不变。接近动作最低点时要放慢速度。到达最低点后，大腿大致与地面平行。

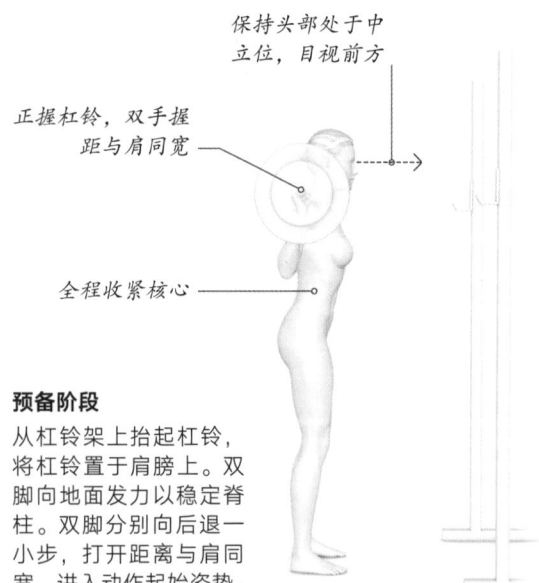

保持头部处于中立位，目视前方

正握杠铃，双手握距与肩同宽

全程收紧核心

预备阶段

从杠铃架上抬起杠铃，将杠铃置于肩膀上。双脚向地面发力以稳定脊柱。双脚分别向后退一小步，打开距离与肩同宽，进入动作起始姿势。

腿部

股四头肌、臀部肌肉和内收肌群是主要发力肌肉，腘绳肌和小腿肌肉分别协助稳定骨盆和膝盖。这一下蹲动作是离心运动，训练时可以使下半身的众多肌肉组织产生大量张力。

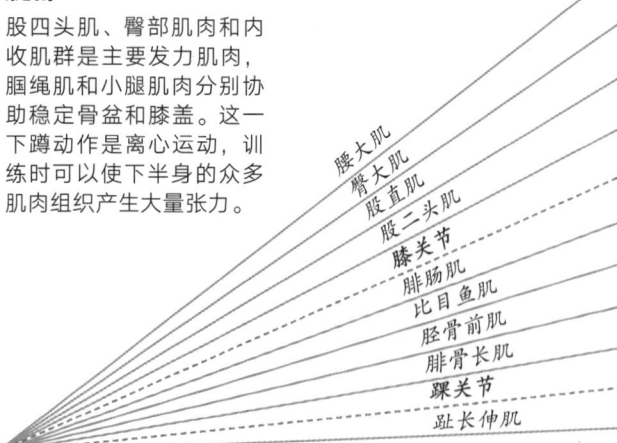

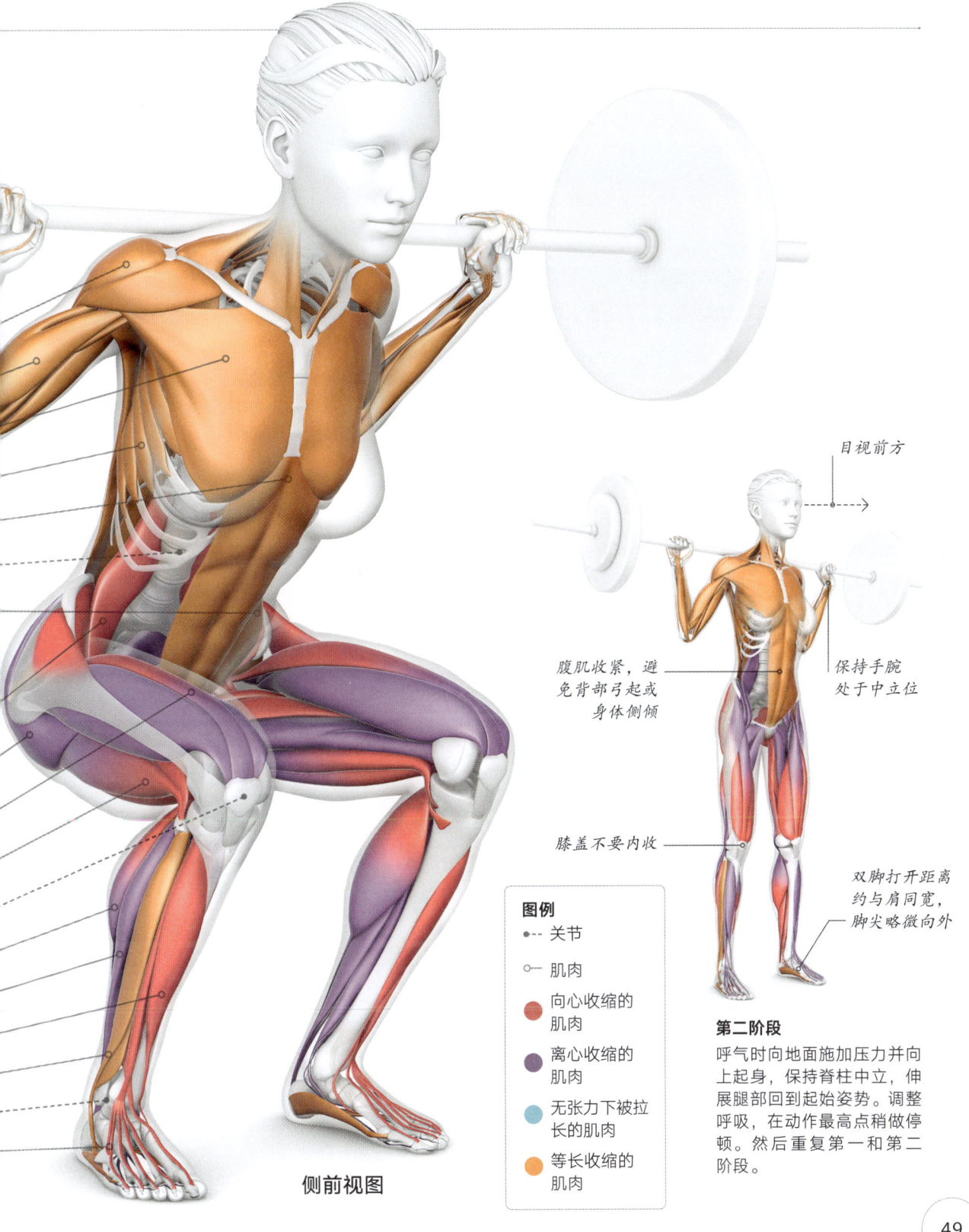

» 变式动作

所有的深蹲动作都能有效锻炼臀部肌肉、股四头肌和腘绳肌。下面介绍的几种负重方式,各有不同的杠铃颈后深蹲变式,有的动作降低了难度,有的则能加大对其他肌肉的锻炼。建议在挑战杠铃颈前深蹲之前,先使用哑铃练习深蹲,以便熟练掌握动作要领。

图例
- 🔴 主要目标肌肉
- 🔴 次要目标肌肉

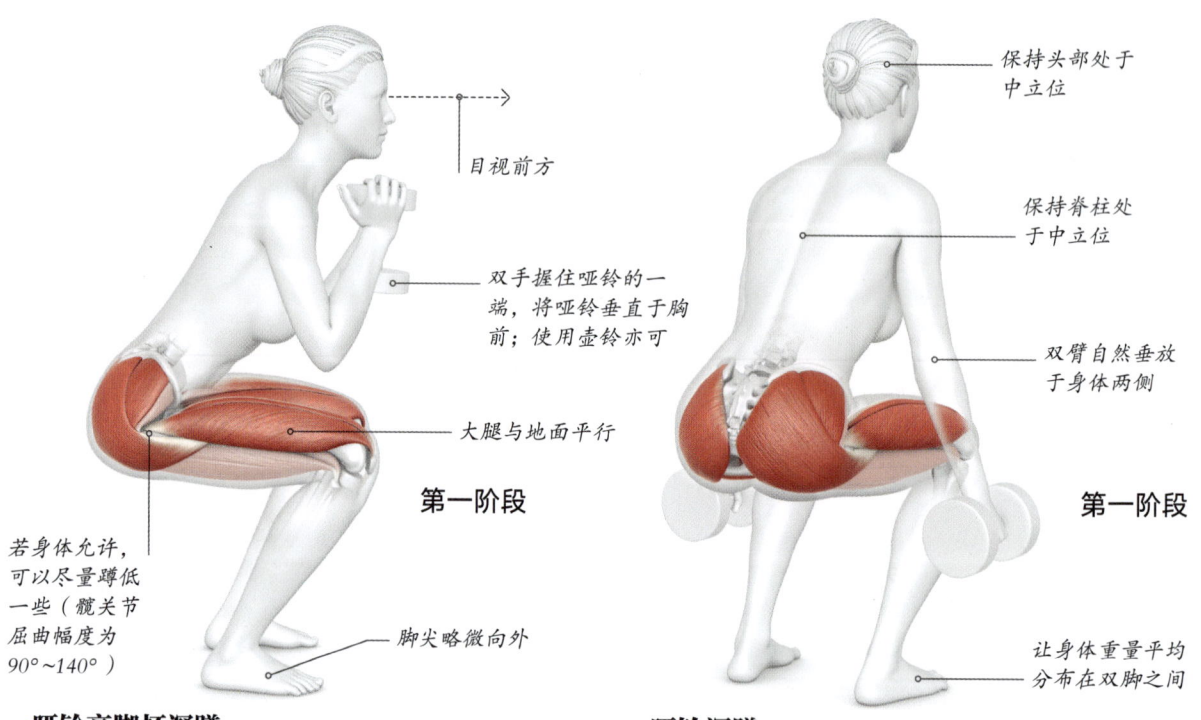

哑铃高脚杯深蹲

此变式动作不需要用到杠铃,在家里就可以练习。如果你刚接触深蹲,可以从这个相对简单的动作入手。双手握着哑铃置于胸前,使负荷向上背部偏移,也让躯干更加挺直。

预备阶段
双脚打开与肩同宽。双手握住哑铃的一端,将哑铃举在胸前位于下巴下方的位置。前臂保持几乎垂直于地面的姿势。

第一阶段
吸气,同时臀部后移,膝盖弯曲,身体向下蹲。保持双膝向外张开且与脚尖方向一致。膝盖不要内收。

第二阶段
呼气,同时从深蹲姿势起身恢复到站立姿势,全程收紧腹肌。然后重复第一和第二阶段。

哑铃深蹲

此深蹲动作将使用一对哑铃,难度较低。双手各握一个哑铃,双臂自然垂放于身体两侧,随着身体下蹲,哑铃顺势下降。此动作可以锻炼前臂、手臂和上背部肌肉。

预备阶段
身体站立,双脚打开约与肩同宽并相互平行。手握哑铃,双臂伸直置于身体两侧。目视前方,收紧躯干肌肉。

第一阶段
保持核心收紧并吸气,同时屈曲髋关节和膝关节进行深蹲,下蹲期间膝盖始终位于脚的正上方。目视前方,保持双臂竖直下垂。

第二阶段
呼气,同时从深蹲姿势起身,恢复到站立姿势,全程收紧腹肌。然后重复第一和第二阶段。

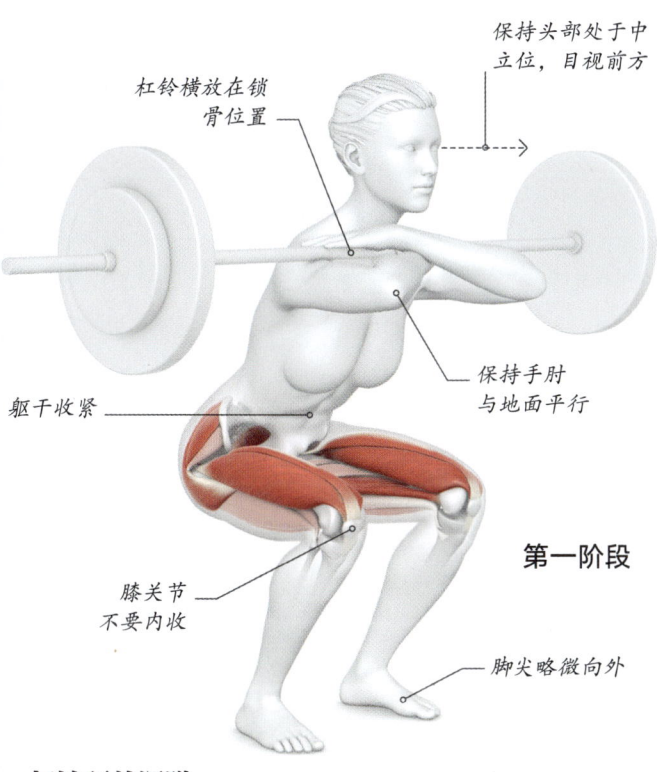

深蹲是多关节运动，可以锻炼膝关节、髋关节和躯干周围的肌肉，增强肌肉力量，提高运动和平衡能力，对我们的日常生活大有益处。

第一阶段

- 保持头部处于中立位，目视前方
- 杠铃横放在锁骨位置
- 躯干收紧
- 保持手肘与地面平行
- 膝关节不要内收
- 脚尖略微向外

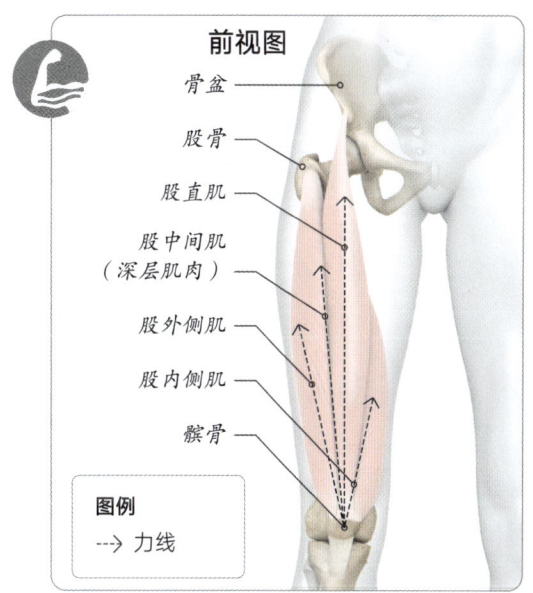

股四头肌的力线

股四头肌并不是单一肌肉，而是由多块肌肉组成的肌群。这些肌肉在运动的不同阶段具有不同的力线（张力），这取决于运动过程中的实际需要。例如，在深蹲运动中，股四头肌的不同肌肉是同步运作的，但在不同动作阶段的参与程度会有所差异。

杠铃颈前深蹲

如果你发现杠铃颈后深蹲会导致下背部不适或本身肩部有伤，可以试试杠铃颈前深蹲。由于负重从颈后转移到颈前，因此此动作能让上背部肌肉得到更多锻炼。

预备阶段
身体站立，双脚打开大致与肩同宽。举起杠铃，横放在肩上，使其处于锁骨位置。

第一阶段
吸气，同时收紧核心，像"坐下"那样进行深蹲，躯干尽可能保持挺直。目视前方，杠铃保持稳定不动。

第二阶段
呼气，同时保持核心收紧，双腿向地面发力，髋关节和膝关节伸展，身体恢复站立姿势。然后重复第一和第二阶段。

力量训练运动解剖学

腿部推举

这一双腿直推的动作可以锻炼到大量的腿部肌肉。此训练使用器械，可强化股四头肌、内收肌群、臀部肌肉和腘绳肌。腿部推举是一项复合训练，与杠铃颈后深蹲（见第48~49页）相似，但脊柱无须承受负荷，更有利于防止受伤或避开受伤部位。

图例
- 关节
- 肌肉
- 向心收缩的肌肉
- 离心收缩的肌肉
- 无张力下被拉长的肌肉
- 等长收缩的肌肉

动作点睛

腿部推举能锻炼到整个腿部。设置好负重，背部紧贴靠背坐下并调节踏板位置。为达到最佳锻炼效果，训练时只需让髋关节和膝关节进行屈曲。训练过程中要抓牢手柄，以增强身体的稳定性，保持臀部不离开座椅。初学者可以从每组8~10次共4组开始做起。其他针对性的训练组见训练计划第195~208页。

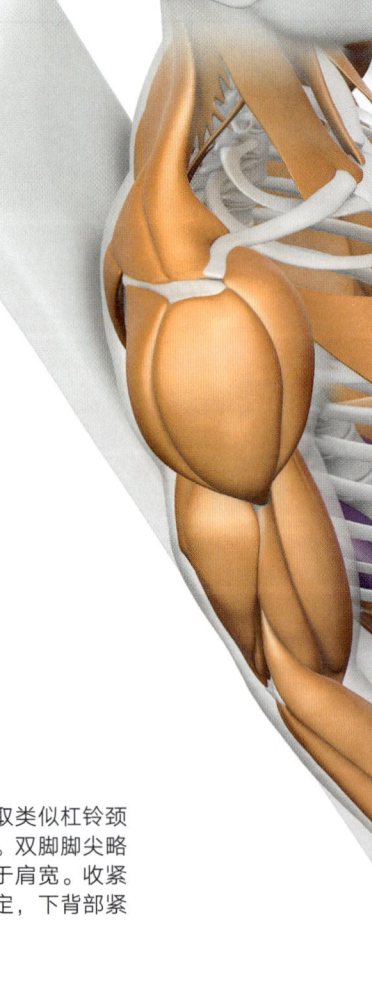

保持头部中立位，目视前方

膝盖弯曲呈90°角，并与脚趾对齐

核心收紧

全程抓牢把手，将身体往下拉，以稳定躯干和骨盆

预备阶段

调整好器械后，采取类似杠铃颈后深蹲的姿势坐好。双脚脚尖略微朝外，间距稍大于肩宽。收紧腹肌，保持躯干稳定，下背部紧贴靠背。

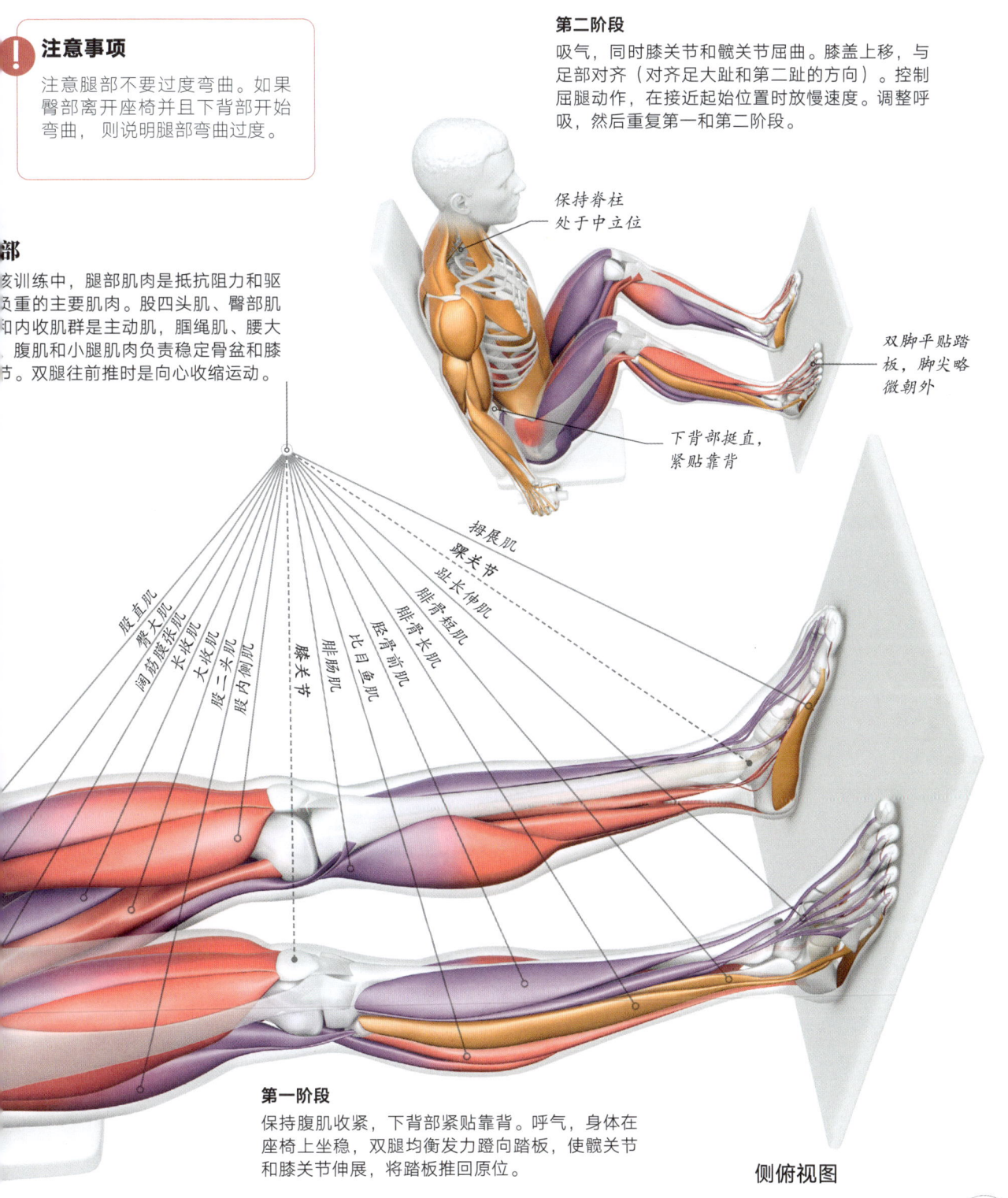

注意事项

注意腿部不要过度弯曲。如果臀部离开座椅并且下背部开始弯曲,则说明腿部弯曲过度。

第二阶段

吸气,同时膝关节和髋关节屈曲。膝盖上移,与足部对齐(对齐足大趾和第二趾的方向)。控制屈腿动作,在接近起始位置时放慢速度。调整呼吸,然后重复第一和第二阶段。

保持脊柱处于中立位

双脚平贴踏板,脚尖略微朝外

下背部挺直,紧贴靠背

该训练中,腿部肌肉是抵抗阻力和驱⋯重的主要肌肉。股四头肌、臀部肌⋯和内收肌群是主动肌,腘绳肌、腰大⋯腹肌和小腿肌肉负责稳定骨盆和膝⋯节。双腿往前推时是向心收缩运动。

拇展肌
踝关节
趾长伸肌
腓骨短肌
胫骨前肌
腓肠肌
比目鱼肌
股二头肌
股外侧肌
阔筋膜张肌
腰大肌
股直肌
膝关节

第一阶段

保持腹肌收紧,下背部紧贴靠背。呼气,身体在座椅上坐稳,双腿均衡发力蹬向踏板,使髋关节和膝关节伸展,将踏板推回原位。

侧俯视图

哈克深蹲

哈克深蹲可锻炼股四头肌、内收肌群、臀部肌肉和腘绳肌。此训练使用器械，可以沿着预先设定的路径运动，因此能在锻炼腿部大块肌肉的同时，充分减少受伤风险，或者避开受伤部位。

动作点睛

这一多关节复合式深蹲动作经常被列入各种训练计划中，作为其他下肢力量训练的补充。训练时收紧核心，避免下背部拉伤，同时确保在自己身体承受范围之内进行运动。训练前应设置好负重，并确认好自己在器械上的上下移动位置。初学者可以从每组8~10次共4组开始做起。其他针对性的训练组见训练计划第195~208页。

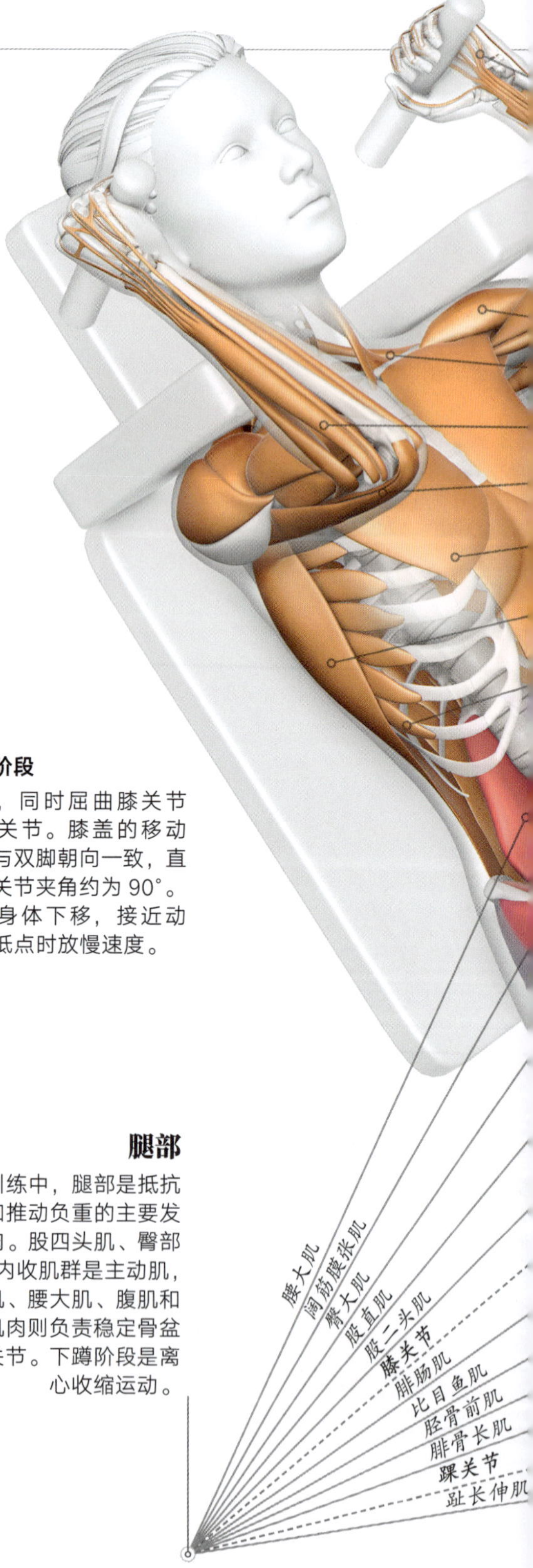

第一阶段

吸气，同时屈曲膝关节和髋关节。膝盖的移动方向与双脚朝向一致，直至膝关节夹角约为90°。控制身体下移，接近动作最低点时放慢速度。

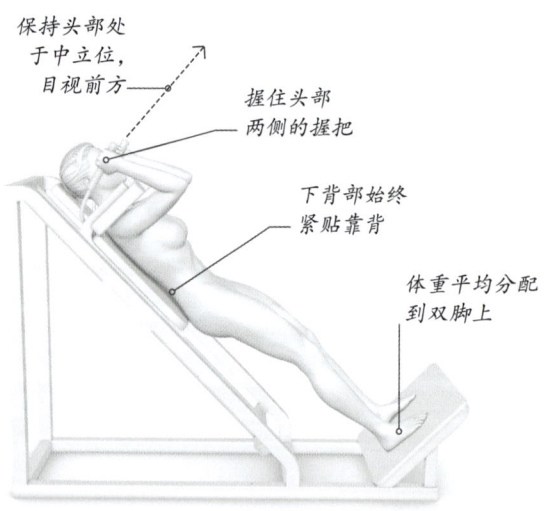

保持头部处于中立位，目视前方

握住头部两侧的握把

下背部始终紧贴靠背

体重平均分配到双脚上

预备阶段

背部靠在机械的背靠上调整好位置，身体呈站立姿势。脚踩踏板，近似杠铃颈后深蹲姿势（见第48~49页），双脚脚尖略微朝外，间距稍大于肩宽。

腿部

该项训练中，腿部是抵抗阻力和推动负重的主要发力肌肉。股四头肌、臀部肌肉和内收肌群是主动肌，腘绳肌、腰大肌、腹肌和小腿肌肉则负责稳定骨盆和膝关节。下蹲阶段是离心收缩运动。

腰大肌　阔筋膜张肌　臀大肌　股直肌　股二头肌　膝关节　腓肠肌　比目鱼肌　胫骨前肌　腓骨长肌　踝关节　趾长伸肌

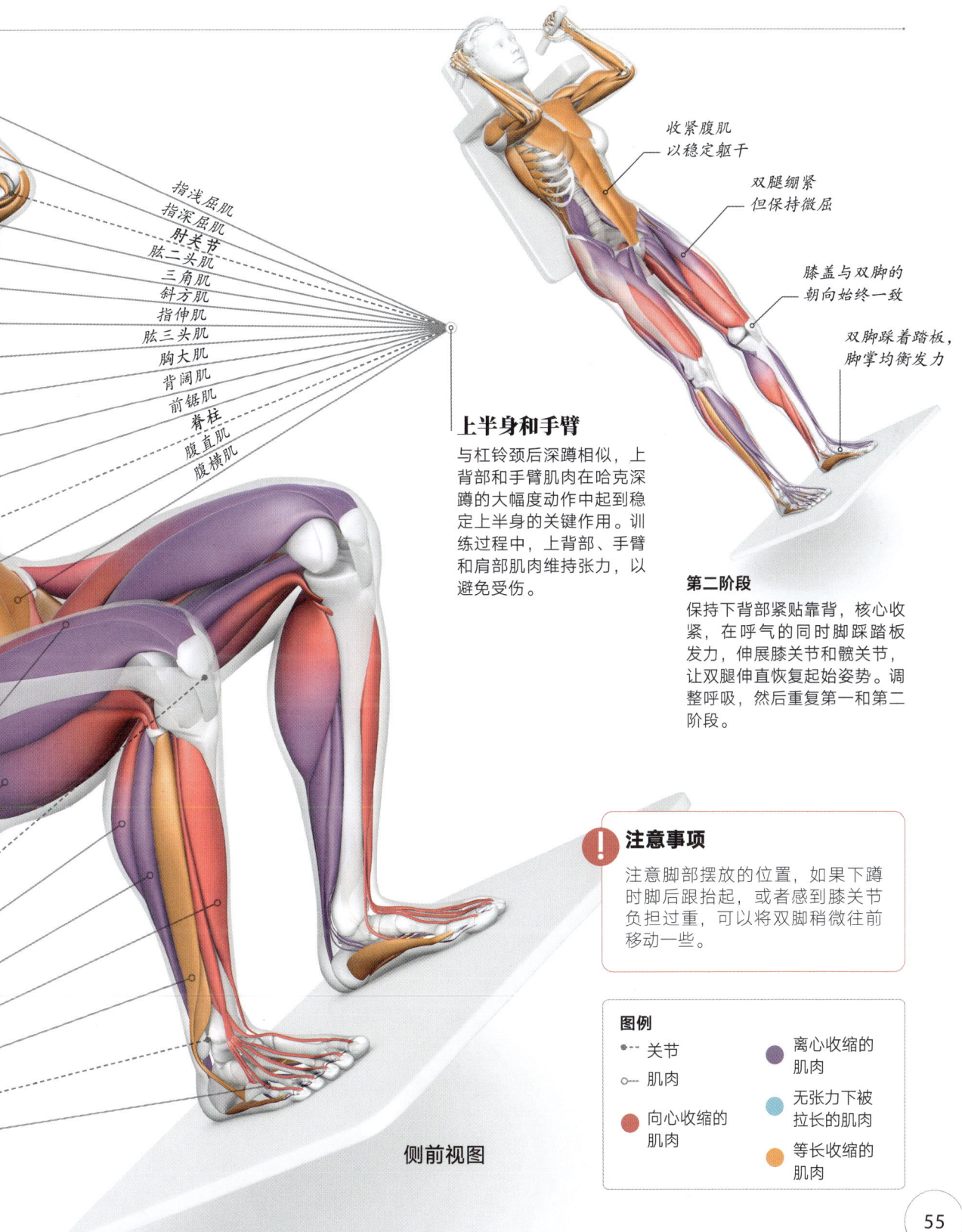

指浅屈肌
指深屈肌
肘关节
肱二头肌
三角肌
斜方肌
指伸肌
肱三头肌
胸大肌
背阔肌
前锯肌
脊柱
腹直肌
腹横肌

收紧腹肌以稳定躯干

双腿绷紧但保持微屈

膝盖与双脚的朝向始终一致

双脚踩着踏板，脚掌均衡发力

上半身和手臂

与杠铃颈后深蹲相似，上背部和手臂肌肉在哈克深蹲的大幅度动作中起到稳定上半身的关键作用。训练过程中，上背部、手臂和肩部肌肉维持张力，以避免受伤。

第二阶段

保持下背部紧贴靠背，核心收紧，在呼气的同时脚踩踏板发力，伸展膝关节和髋关节，让双腿伸直恢复起始姿势。调整呼吸，然后重复第一和第二阶段。

> **! 注意事项**
>
> 注意脚部摆放的位置，如果下蹲时脚后跟抬起，或者感到膝关节负担过重，可以将双脚稍微往前移动一些。

图例
- 关节
- 肌肉
- 向心收缩的肌肉
- 离心收缩的肌肉
- 无张力下被拉长的肌肉
- 等长收缩的肌肉

侧前视图

哑铃
箭步蹲

图例
- ● 关节
- ○ 肌肉
- ● 向心收缩的肌肉
- ● 离心收缩的肌肉
- ● 无张力下被拉长的肌肉
- ● 等长收缩的肌肉

箭步蹲动作能有效锻炼股四头肌和臀部肌肉,同时也能锻炼核心肌群。训练过程中双腿肌肉都会受到刺激,但锻炼的重点主要是前腿的肌肉。

动作点睛

哑铃箭步蹲的要领是身体向下移动,而不是向前。在箭步蹲姿势中,耳朵、髋部、肘部和手要处于同一条直线上。在整个训练过程中,躯干要保持稳定并收紧核心,身体重量平均分配到整个前脚和后脚的前脚掌。双手握哑铃自然垂放于身体两侧,随着身体下蹲顺势往下降。为确保双腿得到同等程度的锻炼,在一组动作中双腿可以交替下蹲,或者每组固定练一条腿,完成一组后再换另一条腿。

初学者可以从每组8~10次共4组开始做起。变式动作见第58~59页,其他针对性的训练组见训练计划第195~208页。

上半身

核心、上背部、手臂和肩部肌肉负责稳定上半身。这些肌肉全程保持张力,可充分增强肌肉力量。

斜方肌
三角肌
胸小肌
脊柱
肱三头肌
肱二头肌
脊柱伸肌
腹直肌
腹横肌
臀中肌
腰大肌
臀大肌
股直肌
股外侧肌
股二头肌
膝关节
比目鱼肌
踝关节
趾长伸肌
小趾展肌

!注意事项
向前迈步的步伐过大或过小,都会使箭步蹲姿势不正确或不稳定。另外,注意不要驼背。

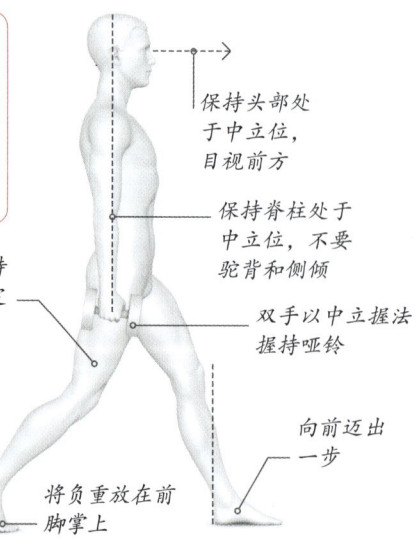

后腿肌肉收紧,以维持身体平衡和骨盆稳定

保持头部处于中立位,目视前方

保持脊柱处于中立位,不要驼背和侧倾

双手以中立握法握持哑铃

向前迈出一步

将负重放在前脚掌上

预备阶段
双脚左右跨立,打开距离与肩同宽,手握哑铃,置于身体两侧。像平时迈步那样往前跨出一步,摆出起始姿势。

后腿

后腿撑地,股四头肌、腓肠肌和比目鱼肌共同维持膝关节稳定。此时你会感觉到股四头肌紧绷,其中股直肌受到的刺激最强烈。

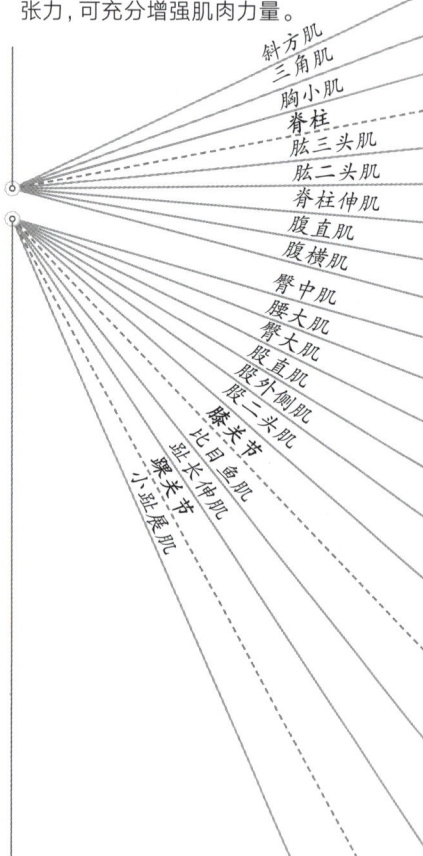

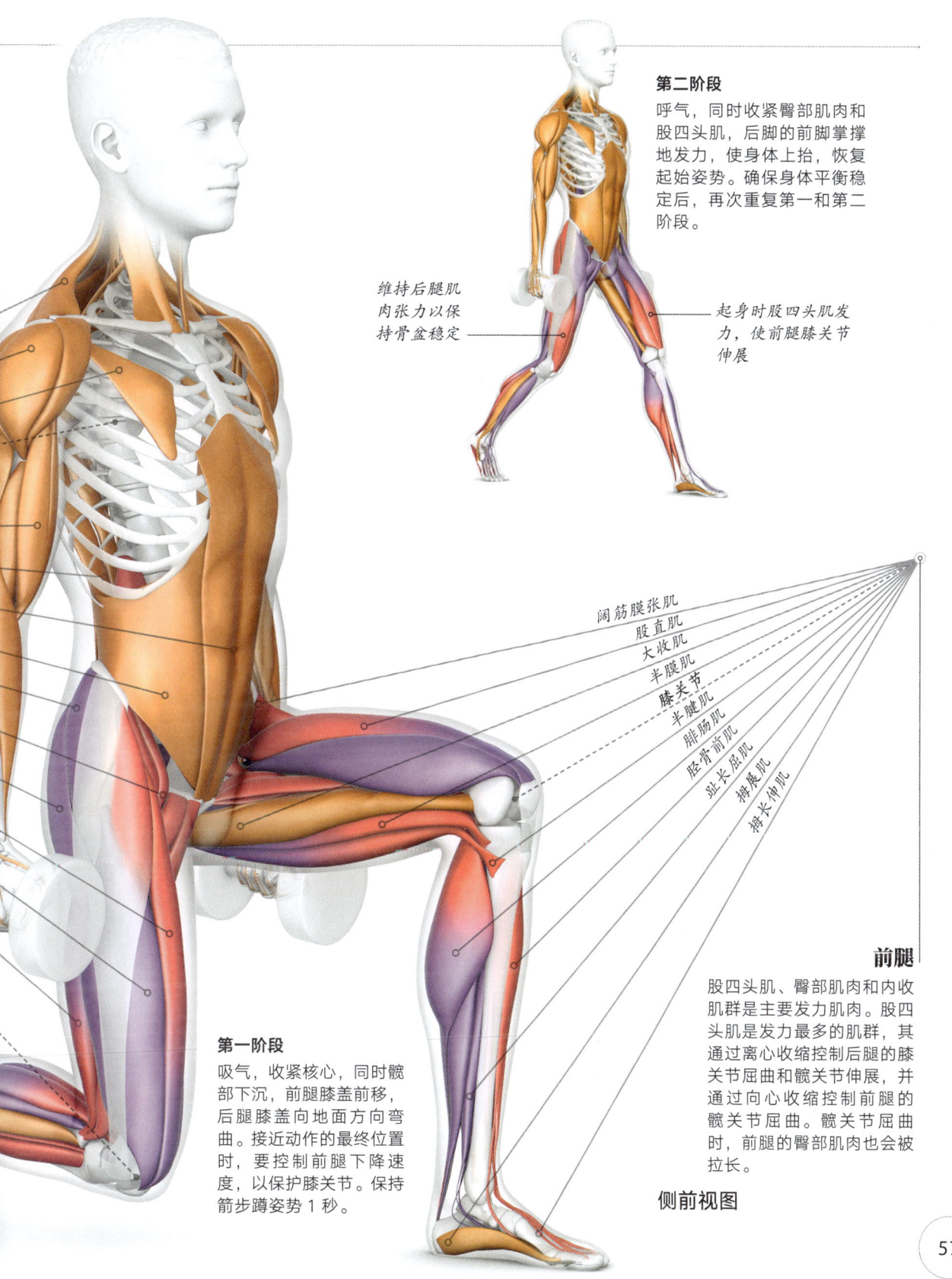

变式动作

刚开始练习箭步蹲时,可以采取无负重训练。所有箭步蹲动作都能重点锻炼股四头肌、腘绳肌和臀部肌肉。如果手持哑铃,哑铃要始终自然垂放于身体两侧,并随着身体的动作顺势上升和下降。

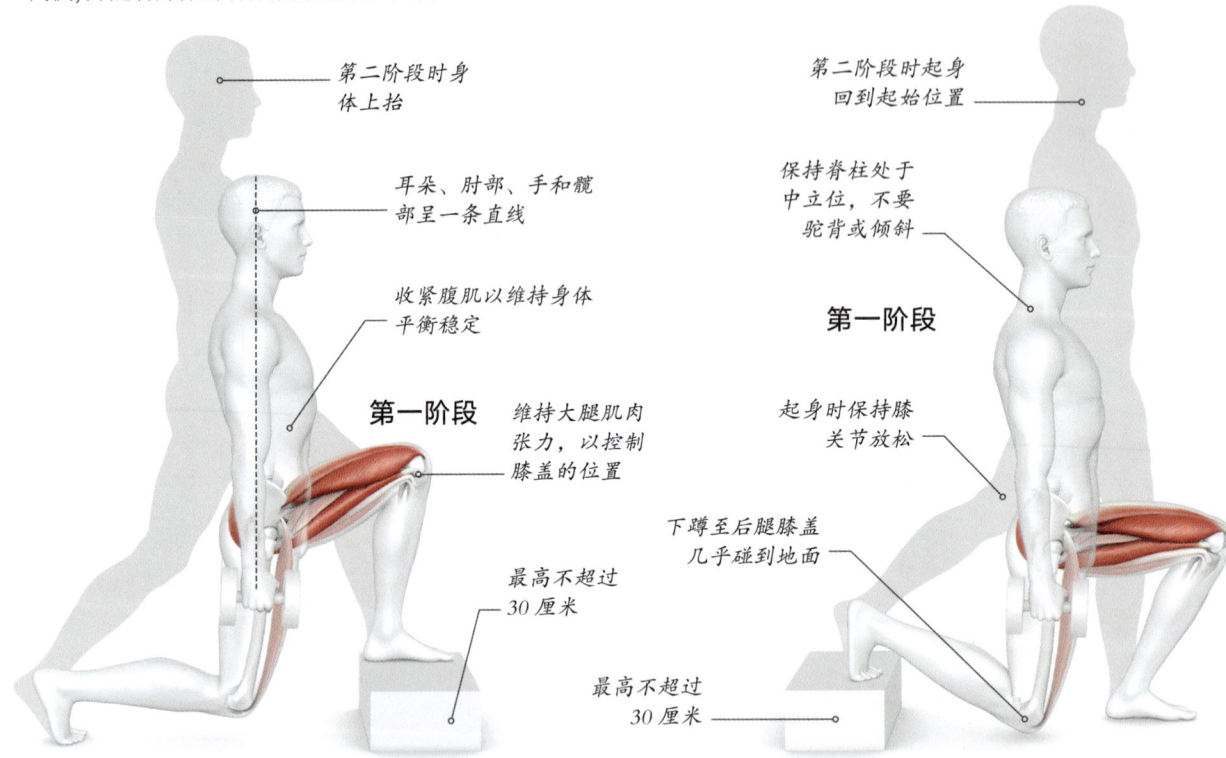

前脚垫高哑铃箭步蹲

在此变式动作中,前脚踩在踏板或稳固的方块上,借此加大动作幅度,同时减轻前腿膝关节的负荷,双腿发力以保持骨盆稳定。初次练习箭步蹲动作,可尝试这个较为简单的动作。

预备阶段
采取前后跨步站姿,双脚横向距离与肩同宽。前脚踩在垫物上。双腿膝关节放松,后腿肌肉收紧以维持身体平衡。

第一阶段
吸气,同时髋部下沉,前腿膝盖前移,后腿膝盖朝地面下移。腹肌保持收紧状态。

第二阶段
呼气,同时股四头肌和臀部肌肉发力,使身体上抬。重复第一和第二阶段,完成计划执行的次数后换另一条腿进行训练。

后脚垫高哑铃箭步蹲

在此变式动作中,踏板或方块会增大髋关节的屈曲幅度,增加对股四头肌的刺激,但垫物过高则可能导致髋关节偏离正确位置。训练过程中躯干保持不动,手臂位于身体两侧。

预备阶段
背对垫物,双脚左右跨立,距离与肩同宽。其中一条腿后退一步,脚尖踩着垫物。后腿肌肉收紧,保持身体稳定。

第一阶段
吸气,同时后腿膝盖下移,前腿膝盖弯曲。其间保持腹肌收紧,脊柱处于中立位。

第二阶段
呼气,同时股四头肌和臀部肌肉发力,使身体上抬。重复第一和第二阶段,完成计划执行的次数后换另一条腿进行训练。

哑铃箭步走

此变式动作在箭步蹲的基础上增加了对难度和协调性的要求。初次练习应使用较轻的负重或无负重，先熟悉箭步走的动作，确保自己能够保持平衡和动作协调。掌握动作要领后，可视情况增加负重。

图例
- ● 主要目标肌肉
- ● 次要目标肌肉

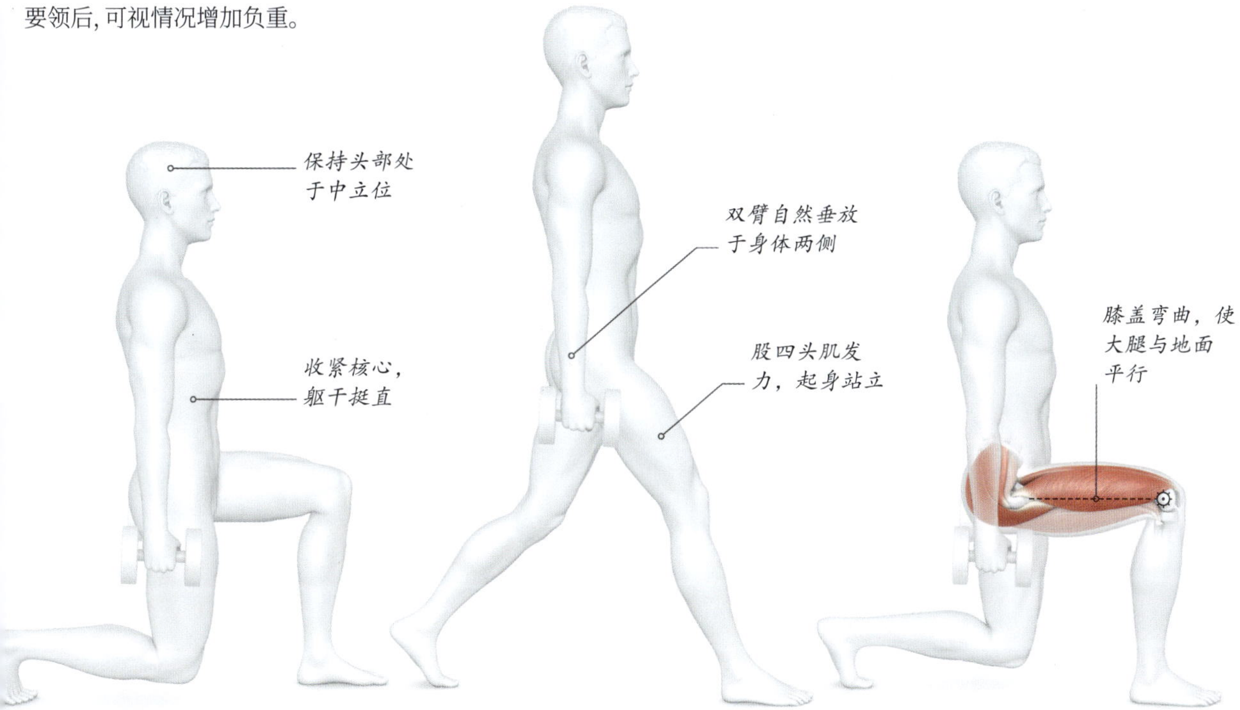

保持头部处于中立位

双臂自然垂放于身体两侧

收紧核心，躯干挺直

股四头肌发力，起身站立

膝盖弯曲，使大腿与地面平行

预备阶段
双脚左右跨立，与肩同宽。吸气并向前迈出一大步，进入箭步蹲姿势。前腿膝盖弯曲呈90°，后腿膝盖靠近地面。

第一阶段
呼气，同时起身，解除箭步蹲姿势，另一条腿向前迈出一大步。躯干挺直，腹肌全程收紧。

第二阶段
吸气，同时髋部下沉，前腿膝盖前移，后腿膝盖弯曲，下降至几乎触地的高度。重复跨步动作，双腿交替前行。

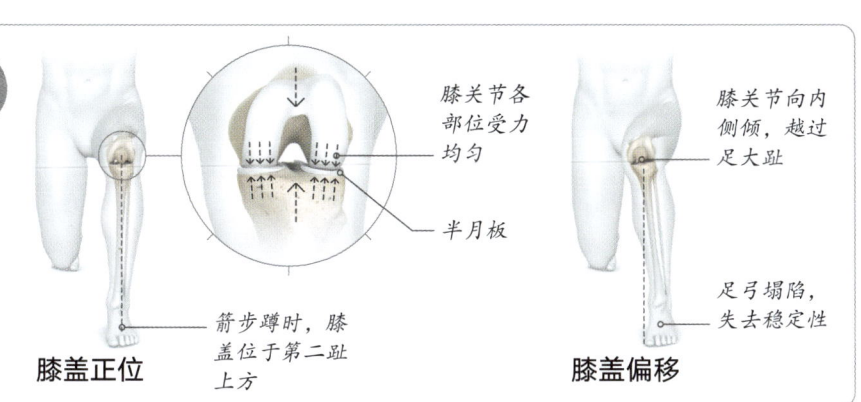

膝关节各部位受力均匀

半月板

膝关节向内侧倾，越过足大趾

足弓塌陷，失去稳定性

膝盖正位 — 箭步蹲时，膝盖位于第二趾上方

膝盖偏移

膝盖位置
膝盖位置偏移的常见情况是向内侧倾，越过足大趾，这可能导致膝关节出现各种问题，如疼痛和受伤。膝关节应当朝前，与第二趾对齐，以便保持膝关节稳定，降低受伤风险。

力量训练运动解剖学

哑铃登阶

这个动作可强化股四头肌和臀部肌肉，同时也能锻炼核心肌群。

动作点睛

这个动作需要用到一个至少高30厘米的台阶或踏板。训练的重点是前脚掌与踏板接触，全程保持核心收紧状态。前脚全脚掌与踏板接触，双脚横向距离与肩同宽。该动作的要领是借助前腿发力站上台阶，而不是用后腿蹬地将身体向上推。为确保双腿得到同等的锻炼，可在一组动作内双脚交替训练，或者每组固定练一条腿，完成一组后再换另一条腿。初学者可以从每组8~10次共4组开始做起。其他针对性的训练组见训练计划第195~208页。

髋部和腿部

站上台阶时，臀部肌肉和股四头肌重点发力。前腿发力使髋关节和膝关节完全伸展，完成登阶这一向心运动可以锻炼臀部肌肉、近端腘绳肌和股四头肌，其间小腿肌肉也有参与，负责稳定身体。在下台阶过程（离心运动），前腿的股四头肌和臀部肌肉应保持张力，而不是放松任由身体下落。

臀中肌
阔筋膜张肌

图例

- ╺╸╸ 关节
- ──○── 肌肉
- ● 向心收缩的肌肉
- ● 离心收缩的肌肉
- ● 无张力下被拉长的肌肉
- ● 等长收缩的肌肉

胸锁乳突肌
斜方肌
三角肌
胸小肌
肱二头肌
肱三头肌
脊柱
竖脊肌
腹直肌
腹横肌

上半身和核心肌群

在第一阶段和第二阶段中，核心肌群、上背部、手臂和肩前部肌肉都参与运动，以协助脊柱维持中立位。

侧前视图

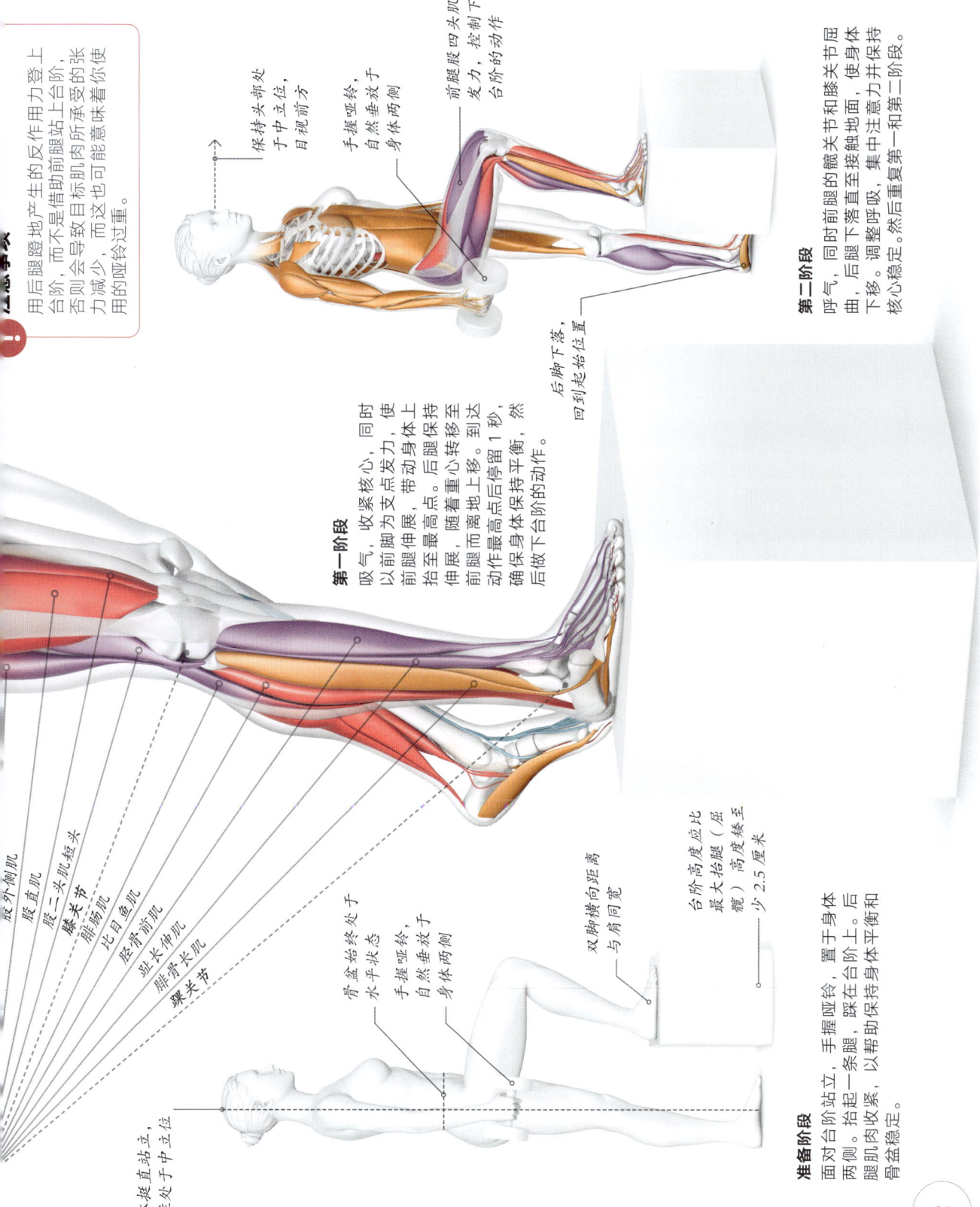

用后腿蹬地产生的反作用力登上台阶,而不是借助前腿肌肉所承受的张力登上台阶,否则会导致目标肌肉所受的张力减少,而这也可能意味着你使用的哑铃过重。

保持头部处于中立位,目视前方

手握哑铃,自然垂放于身体两侧

前腿股四头肌发力,控制下台阶的动作

第二阶段

呼气,同时前腿的髋关节和膝关节屈曲,后腿下落直至接触地面,使身体下移。调整呼吸,集中注意力并保持核心稳定。然后重复第一和第二阶段。

后脚下落,回到起始位置

第一阶段

吸气,收紧核心,同时以前脚为支点发力,带动身体上抬至最高点,随着最高点离地上移,到达动作最高点后停留1秒,然后做下台阶的动作。

阔筋膜张肌
股直肌
股二头肌短头
膝关节
比目鱼肌
胫骨前肌
趾长伸肌
踝关节

身体挺直站立,脊柱处于中立位

准备阶段

面对台阶站立,手握哑铃,置于身体两侧。抬起一条腿,踩在台阶上。后腿肌肉收紧,以帮助保持身体平衡和骨盆稳定。

骨盆始终保持水平状态

手握哑铃,自然垂放于身体两侧

双脚横向距离与肩同宽

台阶高度应比最大抬腿(屈髋)高度矮至少2.5厘米

力量训练运动解剖学

俯卧腿弯举

这个动作能锻炼大腿的腘绳肌和小腿的主要肌肉——腓肠肌,这两者都是协助膝盖弯曲的肌肉。训练采取固定的俯卧姿势,可以用比较大的力量屈膝,不会对脊柱造成负担。

动作点睛

进行腿弯举时,双腿从伸展到弯曲,重点在于膝关节的运动。训练时应收紧腹肌,以稳定躯干和避免背部拉伤。开始训练之前,先设置好重量,并检查脚踝位置的滚垫。

初学者可以从每组8~10次共4组开始做起。变式动作见第64~65页,其他针对性的训练组见训练计划195~208 页。

图例
- 关节
- 肌肉
- 向心收缩的肌肉
- 离心收缩的肌肉
- 无张力下被拉长的肌肉
- 等长收缩的肌肉

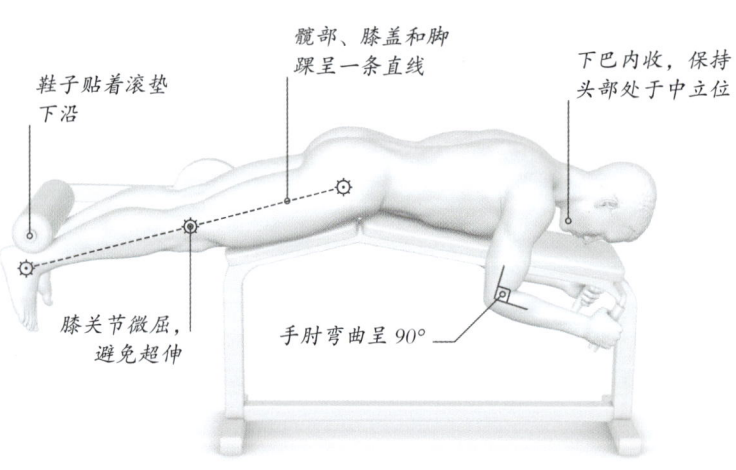

预备阶段
俯卧在器械上,双腿伸直,鞋子贴着滚垫下沿的位置。双手紧握把手,收紧腹肌和背阔肌,同时夹紧臀肌,以维持骨盆稳定。

上半身和手臂
上半身和手臂肌肉(如背阔肌、肱二头肌和三角肌)负责控制身体,可提高训练时的稳定性。上半身越稳,下半身肌肉越能释放潜在力量,使目标肌肉产生更多张力。

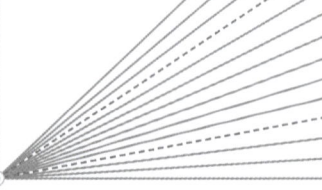

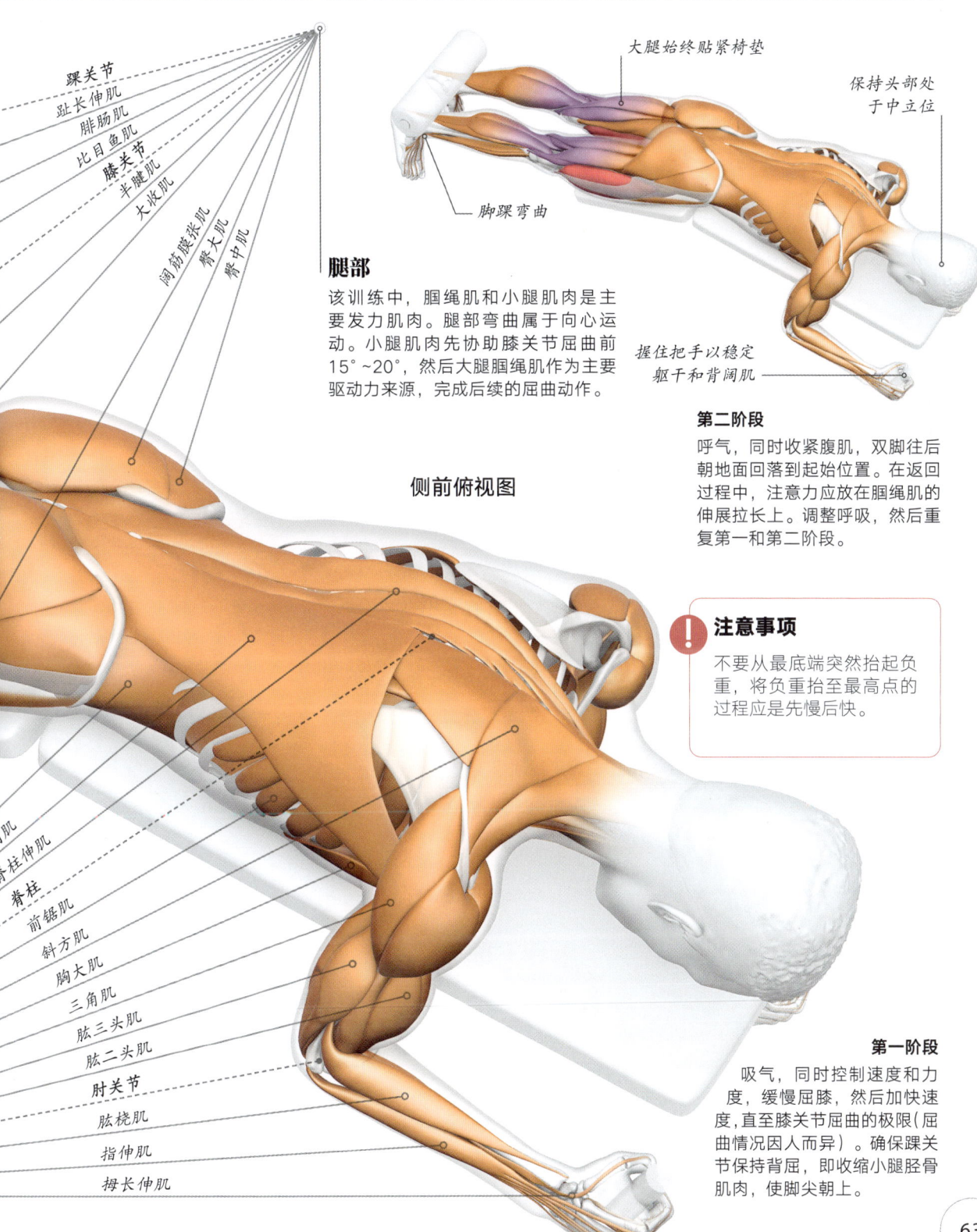

踝关节
趾长伸肌
腓肠肌
比目鱼肌
膝关节
半腱肌
大收肌
阔筋膜张肌
臀大肌
臀中肌

大腿始终贴紧椅垫

保持头部处于中立位

脚踝弯曲

握住把手以稳定躯干和背阔肌

腿部
该训练中，腘绳肌和小腿肌肉是主要发力肌肉。腿部弯曲属于向心运动。小腿肌肉先协助膝关节屈曲前15°~20°，然后大腿腘绳肌作为主要驱动力来源，完成后续的屈曲动作。

第二阶段
呼气，同时收紧腹肌，双脚往后朝地面回落到起始位置。在返回过程中，注意力应放在腘绳肌的伸展拉长上。调整呼吸，然后重复第一和第二阶段。

侧前俯视图

❗ 注意事项
不要从最底端突然抬起负重，将负重抬至最高点的过程应是先慢后快。

背阔肌
脊柱伸肌
脊柱
前锯肌
斜方肌
胸大肌
三角肌
肱三头肌
肱二头肌
肘关节
肱桡肌
指伸肌
拇长伸肌

第一阶段
吸气，同时控制速度和力度，缓慢屈膝，然后加快速度，直至膝关节屈曲的极限（屈曲情况因人而异）。确保踝关节保持背屈，即收缩小腿胫骨肌肉，使脚尖朝上。

变式动作

和俯卧腿弯举一样，下列变式动作的锻炼重点同样是腘绳肌和腓肠肌。这些变式动作采取站姿或坐姿，既可作为居家锻炼动作，也可在健身房搭配器械进行训练。

图例
- 主要目标肌肉
- 次要目标肌肉

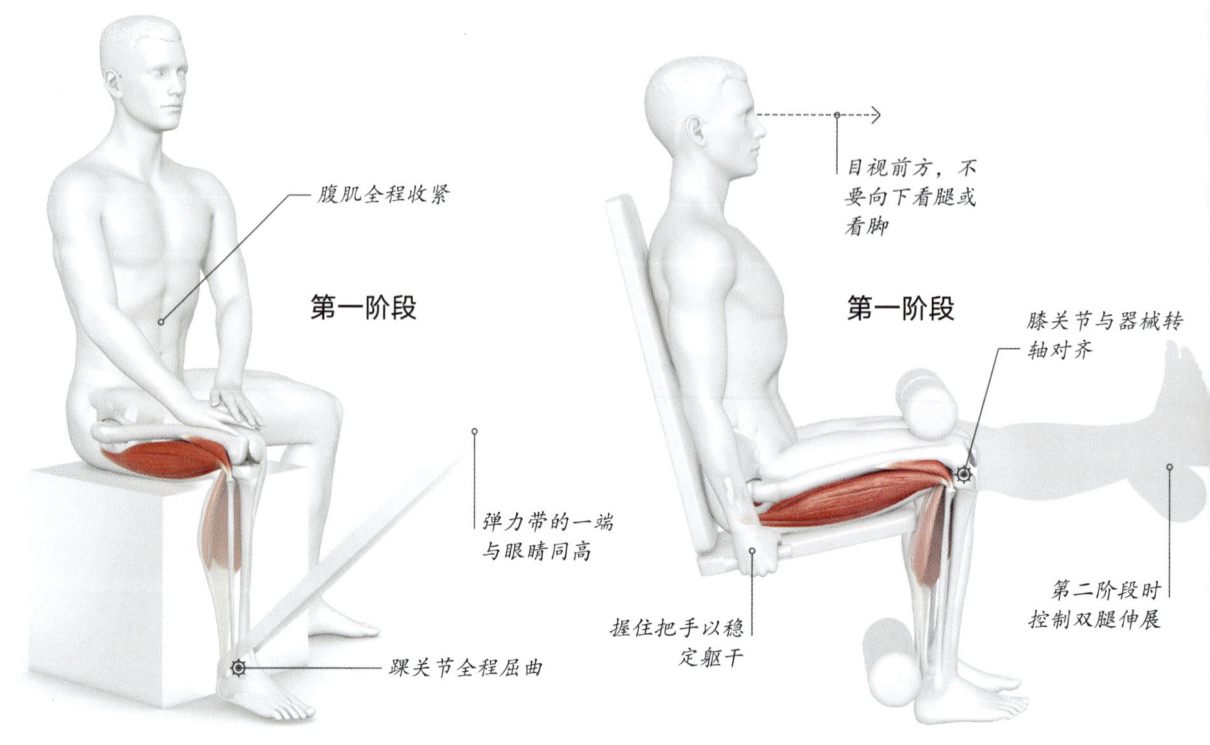

坐姿单腿弹力带弯举

选择合适的弹力带（见第41页），将其一端固定在稳固处，并与眼睛同高。此动作每次只练一条腿，因此需确保双腿交替进行训练。

预备阶段
固定弹力带。身体坐直，双腿大幅打开，双脚平放在地面上。其中一条腿前伸，将弹力带搭在足跟上。

第一阶段
吸气，然后呼气，同时前伸的小腿往座位方向后移，保持足部离地，感受弹力带的阻力增大。

第二阶段
保持腹肌收紧、踝关节背屈，吸气的同时控制收回的腿向前伸展，恢复起始姿势。然后重复第一和第二阶段。

坐姿腿弯举

这一动作需要使用器械，可考验膝关节的屈曲动作，通过拉伸锻炼腘绳肌，同时可提高骨盆的稳定性。借助健身器械，这个动作能有效锻炼腘绳肌和腓肠肌。

预备阶段
设置好器械。背贴椅背坐好，膝关节绕着座椅边缘微屈。脚踝后侧贴着滚垫，双手握住把手。

第一阶段
呼气，同时控制膝盖慢慢弯曲，直至膝关节屈曲的极限，确保踝关节全程保持背屈。

第二阶段
吸气，同时控制双腿向前伸展，其间，想象着你的腘绳肌在被逐渐拉长。然后重复第一和第二阶段。

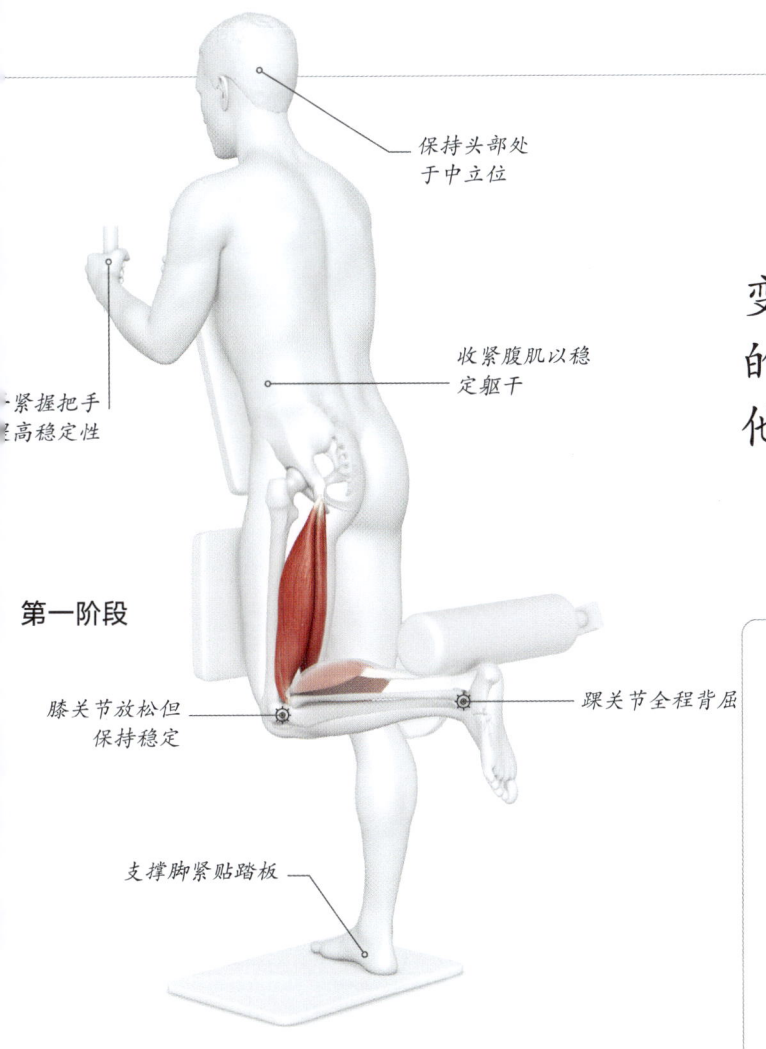

> 腿弯举动作的几个变式动作能以安全可控的方式锻炼腘绳肌和其他膝关节屈肌。

第一阶段

紧握把手提高稳定性
保持头部处于中立位
收紧腹肌以稳定躯干
膝关节放松但保持稳定
踝关节全程背屈
支撑脚紧贴踏板

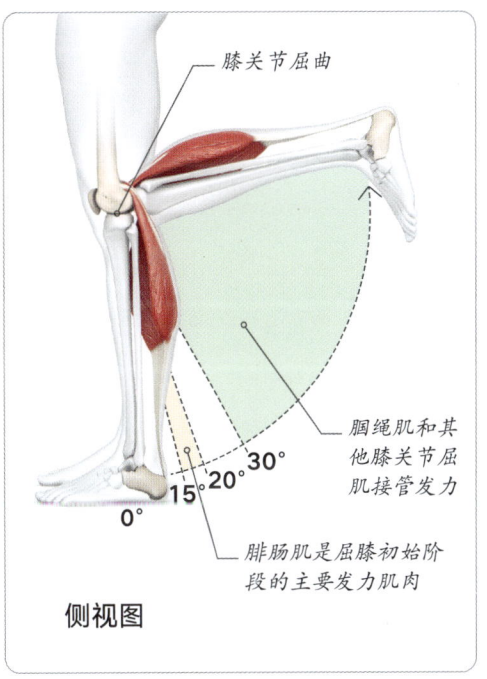

膝关节屈曲
腘绳肌和其他膝关节屈肌接管发力
腓肠肌是屈膝初始阶段的主要发力肌肉

侧视图

站姿单腿弯举

此变式动作采取站姿，需要用到健身器械。该动作每次只练一条腿，所以应注意双腿的训练次数，确保双腿得到同等程度的锻炼。双手紧握把手有助于稳定背阔肌(位于背部)，从而提高骨盆的稳定性。

预备阶段
设置好器械。大腿紧贴靠板站立，其中动作腿的足跟抵着滚垫。目视前方。

第一阶段
吸气，收紧腹肌，然后呼气，同时动作腿往后弯曲，到达膝关节屈曲范围的终点。动作腿的小腿胫骨肌肉全程施力，使踝关节保持背屈。

第二阶段
吸气，同时动作腿顶着负重往前伸展，回到起始位置。然后重复第一和第二阶段。

腓肠肌在屈膝中的作用

腓肠肌与其他膝关节屈肌(如腘绳肌)相互配合，使膝关节在腘绳肌无法借力的阶段(屈膝幅度在0°~15°)仍能保持良好的稳定性。屈膝训练的注意事项是避免在动作起始阶段制造太多惯性，为此，应控制小腿肌肉和腘绳肌协同运作，确保屈膝时发力位置正确。

力量训练运动解剖学

健身球
腘绳肌弯举

这个动作重点锻炼大腿腘绳肌和小腿腓肠肌，不需要器械就能对腘绳肌施加负荷，并且不会对脊柱造成负担。在滚动健身球的过程中会大量使用核心肌群和臀部肌肉的力量来支撑抬起的躯干。

动作点睛

这项训练需要一个直径为55~65厘米的健身球。训练时背部平贴地面，髋关节伸展，小腿下端和足跟置于健身球上，然后身体上抬，形成臀桥姿势。此动作最大的难点是在维持身体姿势、臀部离开地面和躯干保持稳定的状态下，利用腘绳肌完成屈膝动作。

初学者可以从每组8~10次共4组开始做起。其他针对性的训练组见训练计划第195~208页。如果发现臀部开始下沉，可以减少每组动作的重复次数，改为增加训练组数。若想进一步刺激核心肌肉，可将双手交叉叠放在胸前。

大腿

腘绳肌向心收缩使膝盖弯曲。足跟抵着健身球，将注意力放在膝盖弯曲的动作上而不是关注将健身球往身体方向拉。臀部肌肉收紧维持臀桥姿势，并随着髋关节屈曲而伸展。髋关节屈肌向心收缩，使髋部弯曲。腓肠肌向心收缩，使膝盖弯曲，并让足跟往身体方向移动。

膝关节
股二头肌腱
腓肠肌
股直肌
股外侧肌
股二头肌长头
股内侧肌
臀大肌
阔筋膜张肌
臀中肌

上半身

手臂的作用是维持平衡，保持上半身稳定且不转动。核心肌群发力支撑起下背部，并让身体在健身球上保持平衡。

腹外斜肌
脊柱
肱三头肌
三角肌
脊柱伸肌

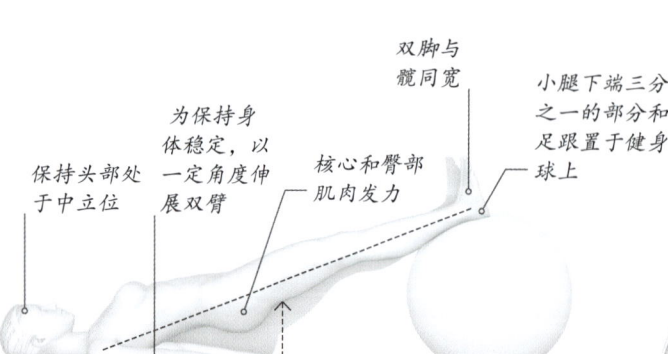

预备阶段

仰卧在地面上，双臂在身体两侧伸直，掌心朝下。小腿下端和足跟置于健身球上，核心和臀部肌肉发力，使身体向上抬，成臀桥姿势。保持头部和脊柱处于中立位。

保持头部处于中立位 · 为保持身体稳定，以一定角度伸展双臂 · 核心和臀部肌肉发力 · 双脚与髋同宽 · 小腿下端三分之一的部分和足跟置于健身球上

图例

- ●-- 关节
- ○— 肌肉
- ● 向心收缩的肌肉
- ● 离心收缩的肌肉
- ● 无张力下被拉长的肌肉
- ● 等长收缩的肌肉

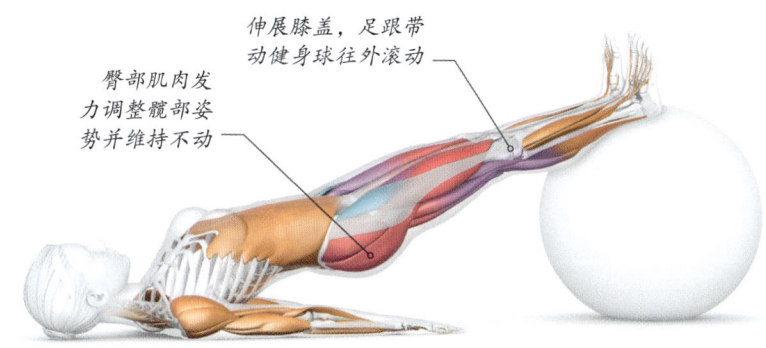

伸展膝盖，足跟带动健身球往外滚动

臀部肌肉发力调整髋部姿势并维持不动

第二阶段

吸气，同时膝盖和髋部伸展，慢慢将健身球滚回起始位置。在此位置停留片刻，重新调整呼吸和髋部姿势，保持躯干稳定，为下个动作做准备。然后重复第一和第二阶段。

足跟用力下压健身球，带动球往身体方向滚动

脚趾放松

核心和臀部肌肉全程收紧

第一阶段

吸气，收紧核心。呼气，同时腘绳肌发力使膝盖弯曲，带动健身球往身体方向滚动，其间全程保持髋部离地。到达最终位置后停留1~2秒。

侧前视图

坐姿腿屈伸

坐姿腿屈伸通过膝关节的屈伸运动来锻炼股四头肌。这是一项极佳的器械训练，对初学者而言也是如此，因为它能安全地对股四头肌进行孤立训练，并在向心收缩阶段充分刺激股四头肌。

动作点睛

调节靠背，使膝关节沿着座椅边缘自然屈曲时，膝关节与器械的转轴处于同一条直线上。抬腿至动作最高点时要先慢后快，双腿回落也应保持平稳且缓慢。

初学者可以从每组 8~10 次共 4 组开始做起。变式动作见第70~71页，其他针对性的训练组见训练计划第 195~208 页。

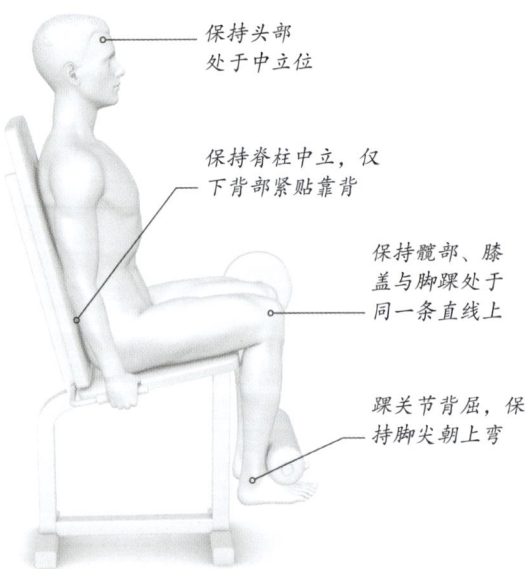

- 保持头部处于中立位
- 保持脊柱中立，仅下背部紧贴靠背
- 保持髋部、膝盖与脚踝处于同一条直线上
- 踝关节背屈，保持脚尖朝上弯

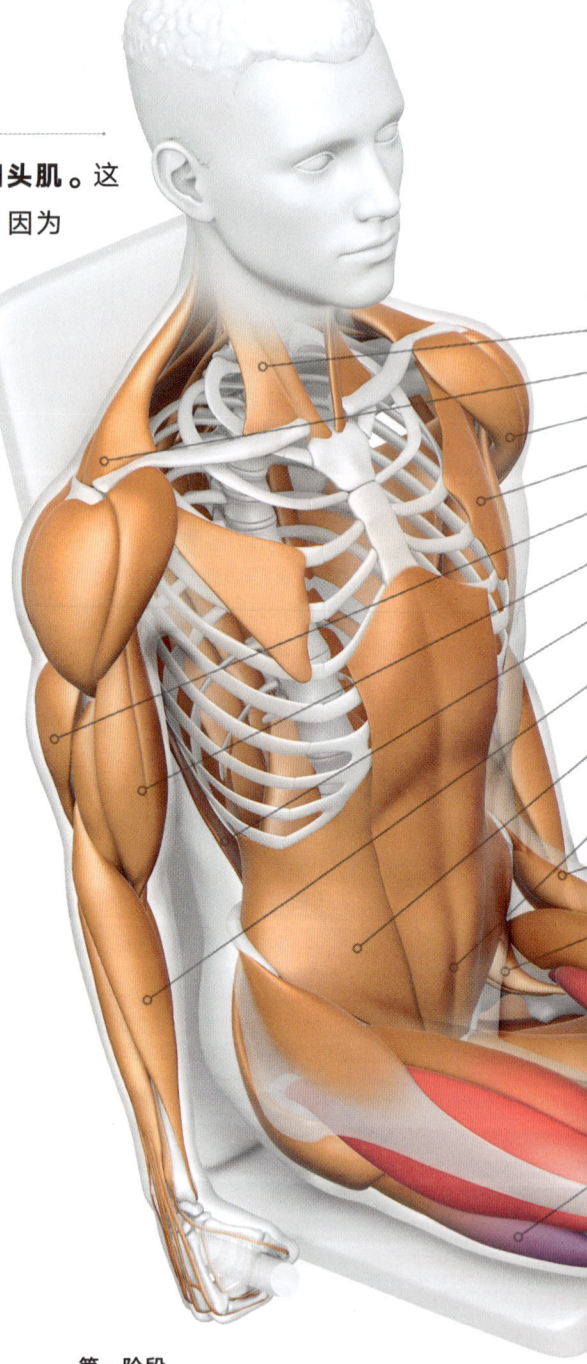

预备阶段
设置好负重，然后坐在器械上，膝盖弯曲，脚踝放在滚垫下方，调节滚垫位置，使其下沿贴着鞋面。紧握把手，身体紧贴座椅靠背，骨盆全程保持稳定。吸气。

第一阶段
呼气，同时膝盖慢慢伸展，把滚垫向上抬，然后加快速度，直至膝关节伸展的极限（伸展范围因人而异）。踝关节全程保持背屈。该步骤的目标是让股四头肌充分收缩。如果想要增加强度，可以在最高点停留 1~2 秒。

躯干和手臂

上背部、手臂和肩部发力（主动拉拽把手）帮助稳定骨盆。只有骨盆稳定性提高，股四头肌才能更好地发力。

腿部

此项训练中，股四头肌是主要发力肌肉。伸腿也需要股直肌（股四头肌横跨髋关节的部分）收缩以承受负荷，帮助稳定骨盆。注意控制双腿的下落动作（离心运动），让股四头肌保持张力。

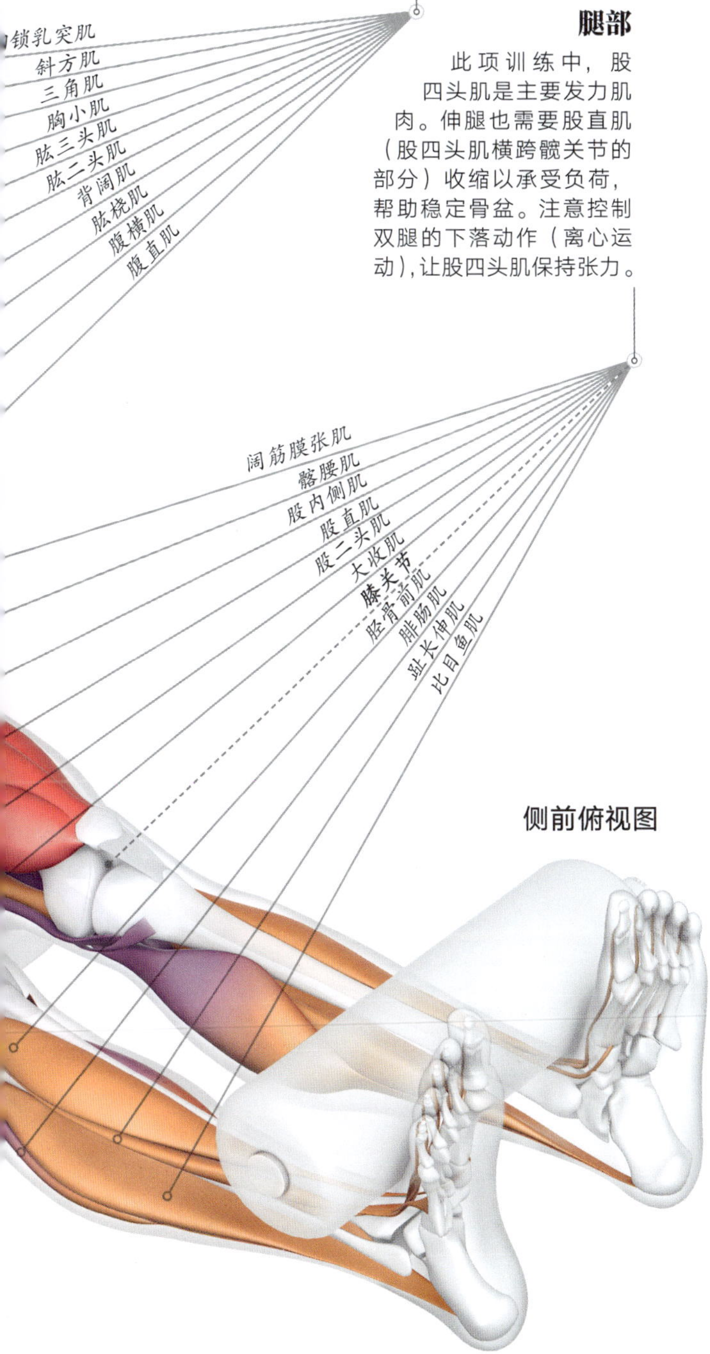

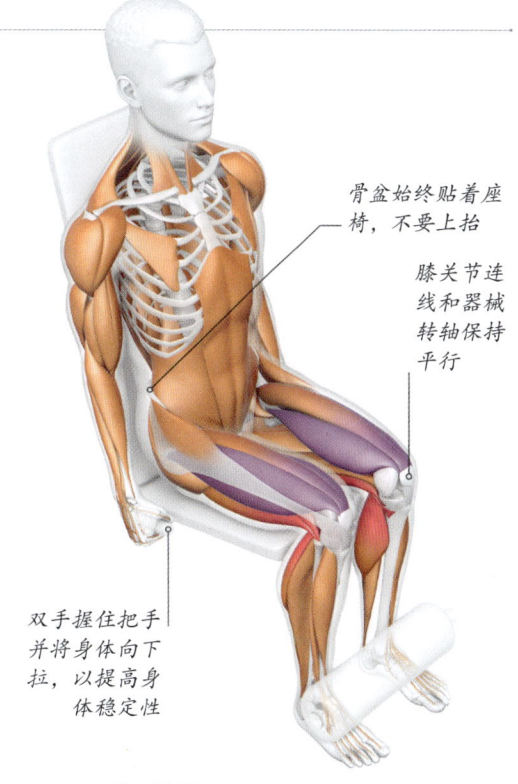

骨盆始终贴着座椅，不要上抬

膝关节连线和器械转轴保持平行

双手握住把手并将身体向下拉，以提高身体稳定性

锁乳突肌
斜方肌
三角肌
胸小肌
肱三头肌
肱二头肌
背阔肌
肱桡肌
腹横肌
腹直肌

阔筋膜张肌
髂腰肌
股内侧肌
股直肌
股二头肌
大收肌
膝关节
胫骨前肌
腓肠肌
趾长伸肌
比目鱼肌

侧前俯视图

第二阶段

保持腹肌收紧，下背部紧贴靠背。吸气，同时握住把手使身体固定在座椅上，控制膝盖缓慢弯曲，使滚垫回到起始位置。调整呼吸，然后重复第一和第二阶段。

⚠ 注意事项

动作急促（如突然抬起滚垫）可能会导致受伤，并使发力部位偏离目标肌肉。如果每次做动作时身体都会离开座椅，则意味着没有充分稳定躯干和骨盆。

图例

- ●-- 关节
- ○— 肌肉
- ● 向心收缩的肌肉
- ● 离心收缩的肌肉
- ● 无张力下被拉长的肌肉
- ● 等长收缩的肌肉

》变式动作

下列腿屈伸变式动作看似简单，但如果动作到位，锻炼效果将非常显著，它们能在向心收缩阶段孤立训练股四头肌，而其他类型的动作很难做到这一点。

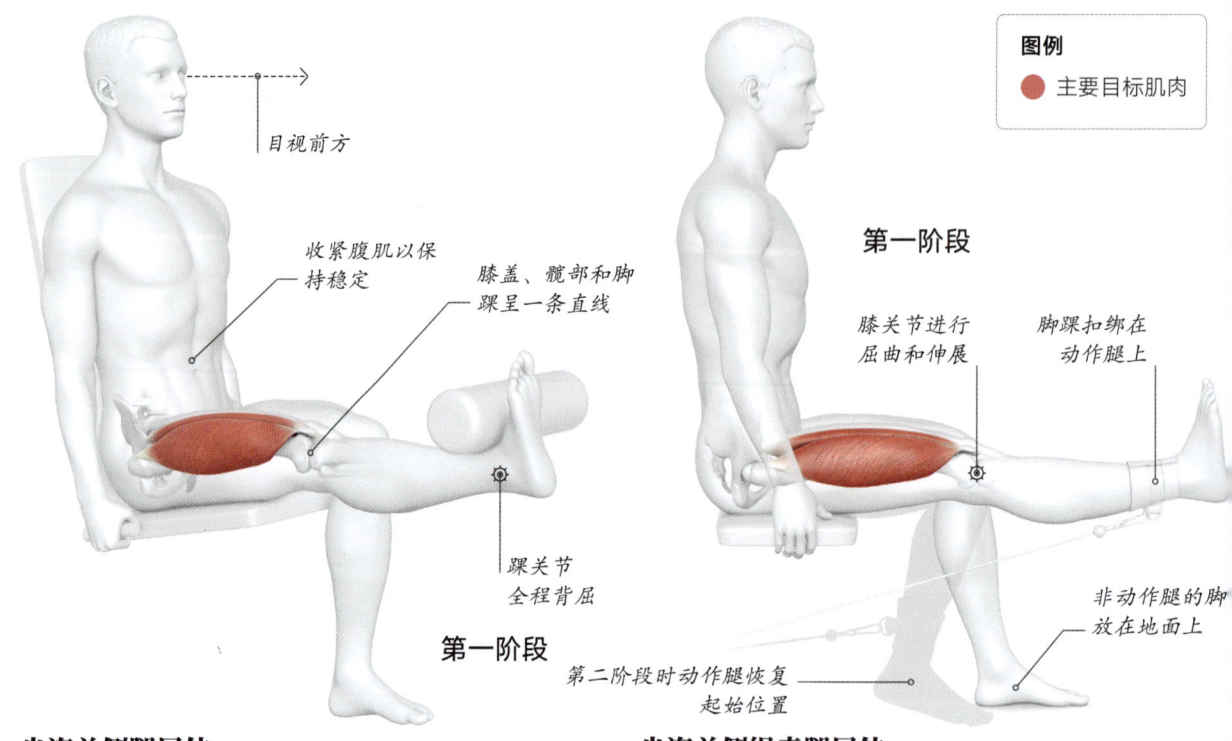

图例
● 主要目标肌肉

坐姿单侧腿屈伸

该动作每次只练一条腿。单侧训练非常适合受伤或停练后重新开始锻炼肌肉和力量的人。注意与其他单侧训练相同，该动作也应确保双腿得到同等程度的锻炼。

预备阶段
设置好器械。背贴靠背坐下，单腿膝盖绕着座椅边缘弯曲。动作腿的脚贴着滚垫下沿。双手握住把手，并将身体往下拉。

第一阶段
呼气，同时踝关节背曲，动作腿的膝盖伸展，抬起滚垫。保持脊柱中立，腹肌收紧。

第二阶段
吸气，同时持续紧握把手，控制动作腿下落到起始位置。然后换另一条腿进行训练。

坐姿单侧绳索腿屈伸

该动作使用绳索滑轮器械（带脚踝扣），也可换成弹力带。向心运动阶段（第一阶段）负荷会逐渐减小，为加强锻炼效果，可以在到达动作最高点后停留或用力地收缩肌肉1~4秒。

预备阶段
将绳索调至较低的位置，将脚踝扣绑在动作腿上。身体坐直，保持脊柱处于中立位，臀部完全贴着座椅。

第一阶段
呼气，同时踝关节背屈，动作腿的膝盖伸展，抵抗绳索的阻力将脚向上抬。

第二阶段
双手抓住座椅边缘，吸气的同时使动作腿缓慢下落到起始位置。完成该腿的训练次数后，把脚踝扣换到另一条腿上进行训练。

能充分锻炼股直肌

腿屈伸训练的独特之处在于，它是唯一能让股直肌充分缩短（收缩）的动作。股直肌是股四头肌的组成部分，横跨髋关节和膝关节，负责膝关节和髋关节的伸展与屈曲。

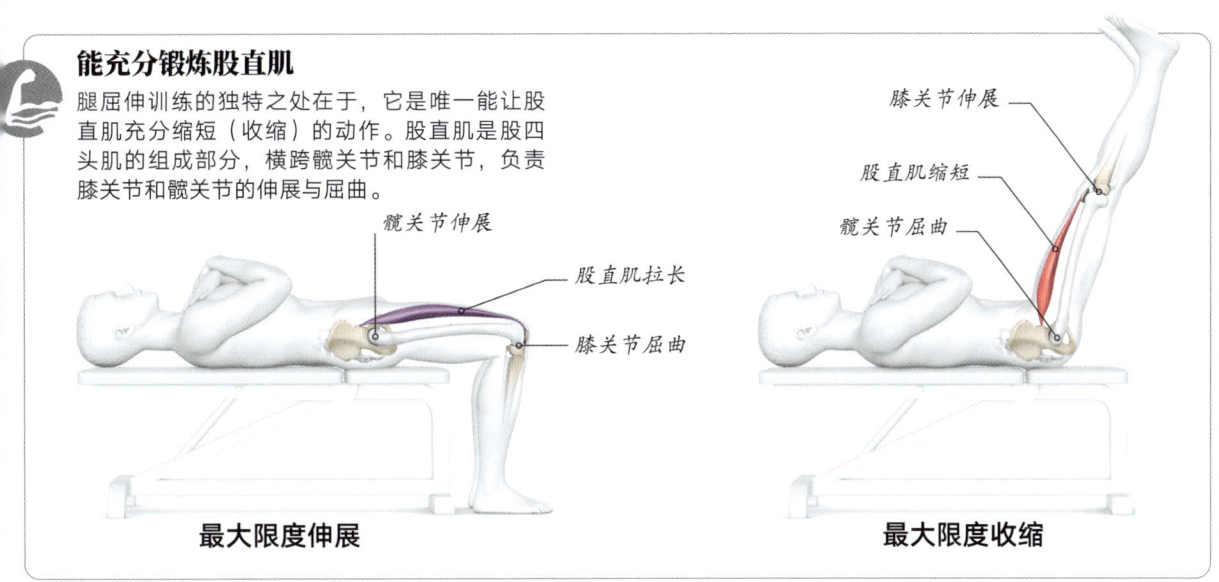

仰卧弹力带腿屈伸

这个动作使用弹力带，不需要用到器械，在家和健身房都能进行。训练需要挑选合适的弹力带（见第41页），并将弹力带固定到稳定的地点。

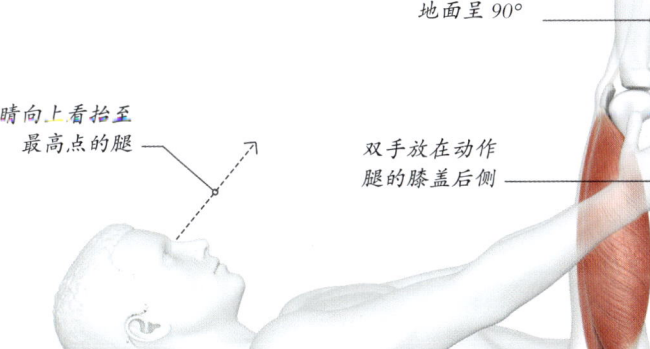

预备阶段
把弹力带固定在身前靠近地面的位置。采取仰卧姿势，支撑腿膝盖弯曲，将弹力带绑在动作腿的脚踝上。

第一阶段
动作腿的踝关节背曲，双手扶着动作腿的膝盖后侧，呼气的同时伸展膝盖，使动作腿向上伸直。在此位置停留1~4秒。

第二阶段
吸气，同时动作腿的膝盖缓慢弯曲，抵抗弹力带的阻力下移。完成该腿的训练次数后，将弹力带绑在另一条腿上进行训练。

力量训练运动解剖学

杠铃臀桥

这个动作也常被称为臀推，通过髋关节的屈伸来锻炼臀部肌肉。和针对训练股四头肌的坐姿腿屈伸（见第68~69页）一样，此动作能在向心收缩阶段有效刺激臀部肌肉，同时不会对脊柱产生负担。

动作点睛

这个动作需要一个可以让身体倚靠的稳固凳子或台阶。双手抓握杠铃置于髋部前侧的褶线处，髋部顶着杠铃进行屈伸动作，使身体上抬和下落。如果觉得顶着杠铃有不适感，也可以加一块护垫。注意双脚、脚踝和膝盖必须正确对齐，这样既可轻松发力又能避免受伤。初学者可以从每组8~10次共4组开始做起。变式动作见第74~75页，其他针对性的训练组见训练计划第195~208页。

上半身和手臂

在此训练中，腹肌起到稳定脊柱和骨盆的关键作用，同时有助于上半身和下半身之间动作的协调。手臂和肩部肌肉则有助于在运动过程中维持杠铃的平衡与稳定。

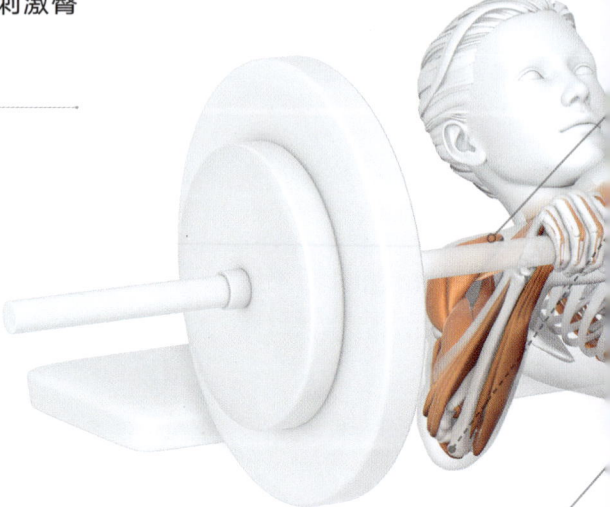

腿部

臀部肌肉是主要发力肌肉。臀部肌肉发力，驱动髋部顶着杠铃上移，其间腹肌全程收紧。躯干和骨盆协调配合，可以让臀部肌肉更好地发力。腘绳肌内收肌群和小腿肌肉协助下半身在负重状态下保持稳定。

阔筋膜张肌
股直肌
臀大肌
长收肌
股二头肌长头
股外侧肌
大收肌
半膜肌
膝关节
腓肠肌
比目鱼肌
胫骨前肌
腓骨长肌
腓骨短肌
踝关节
趾长伸肌
拇长伸肌

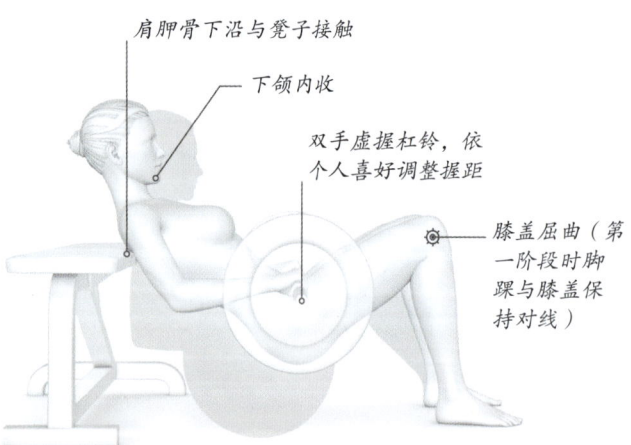

肩胛骨下沿与凳子接触
下颌内收
双手虚握杠铃，依个人喜好调整握距
膝盖屈曲（第一阶段时脚踝与膝盖保持对线）

预备阶段
背靠凳子坐下，腿部屈曲，双脚间距略大于肩宽。将杠铃置于髋部的褶线处，臀部肌肉收紧，抬高髋部至起始位置。吸气以收紧核心。

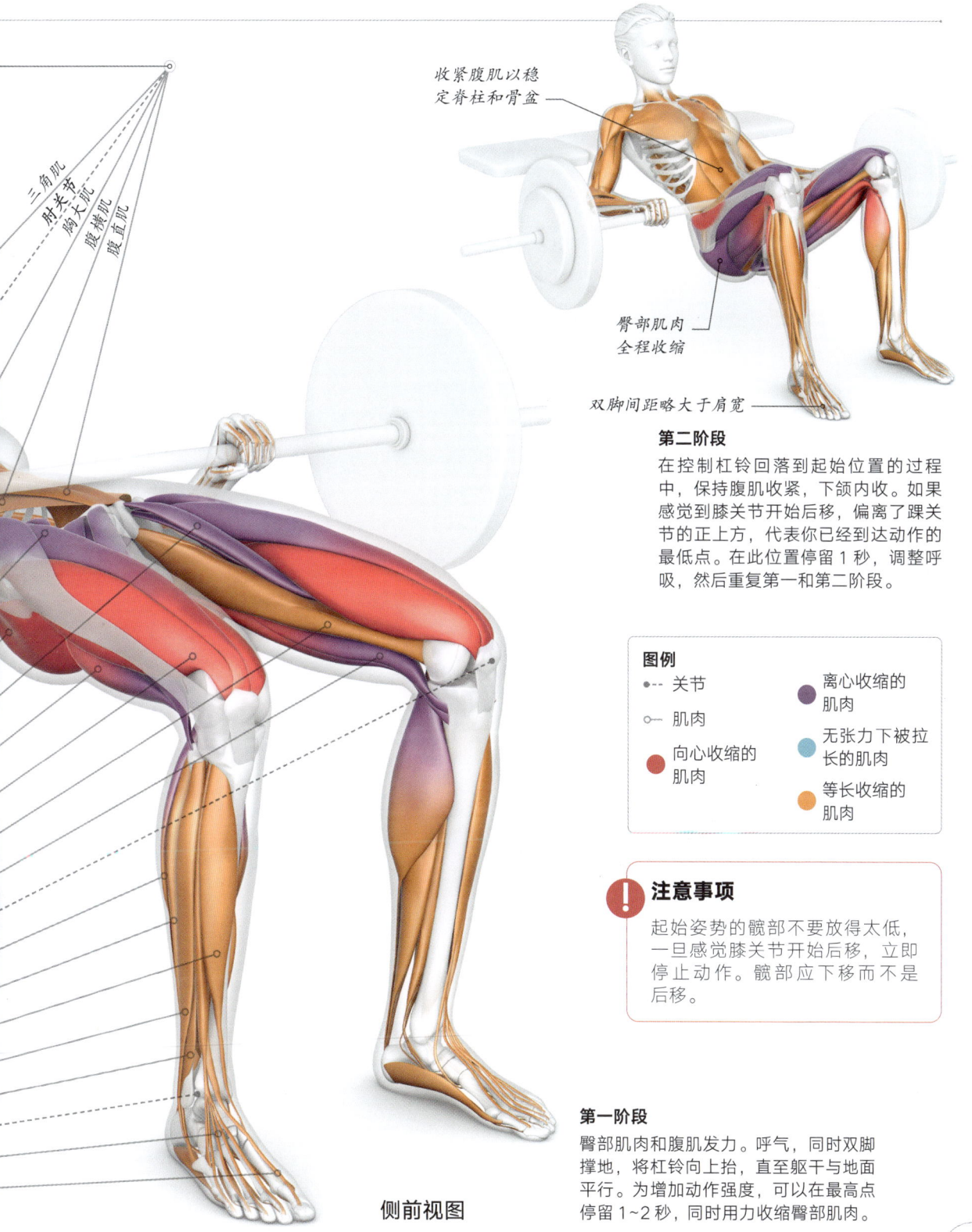

收紧腹肌以稳定脊柱和骨盆

臀部肌肉全程收缩

双脚间距略大于肩宽

三角肌
肘关节
胸大肌
腹横肌
腹直肌

第二阶段

在控制杠铃回落到起始位置的过程中，保持腹肌收紧，下颌内收。如果感觉到膝关节开始后移，偏离了踝关节的正上方，代表你已经到达动作的最低点。在此位置停留1秒，调整呼吸，然后重复第一和第二阶段。

图例

- ●- 关节
- ○- 肌肉
- ● 向心收缩的肌肉
- ● 离心收缩的肌肉
- ● 无张力下被拉长的肌肉
- ● 等长收缩的肌肉

❗ 注意事项

起始姿势的髋部不要放得太低，一旦感觉膝关节开始后移，立即停止动作。髋部应下移而不是后移。

第一阶段

臀部肌肉和腹肌发力。呼气，同时双脚撑地，将杠铃向上抬，直至躯干与地面平行。为增加动作强度，可以在最高点停留1~2秒，同时用力收缩臀部肌肉。

侧前视图

》变式动作

下列变式动作均针对臀部肌肉锻炼,而且在髋关节的伸展过程中也能锻炼到腘绳肌。单侧训练能提高训练强度,让目标肌肉承受更多负荷,因此训练效果显著。

图例
● 主要目标肌肉   ● 次要目标肌肉

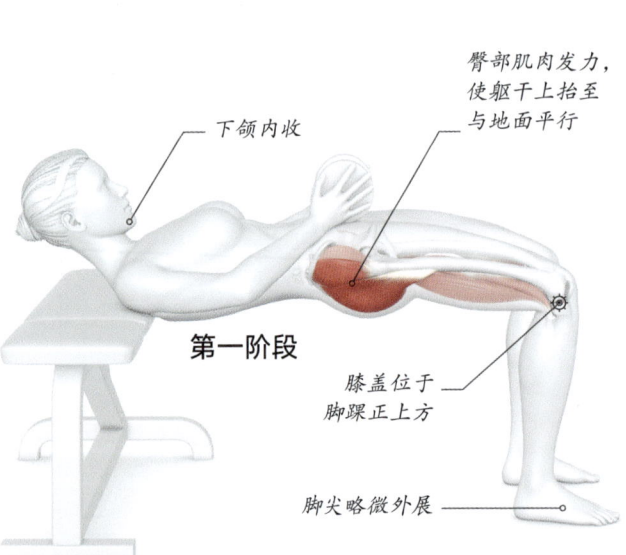

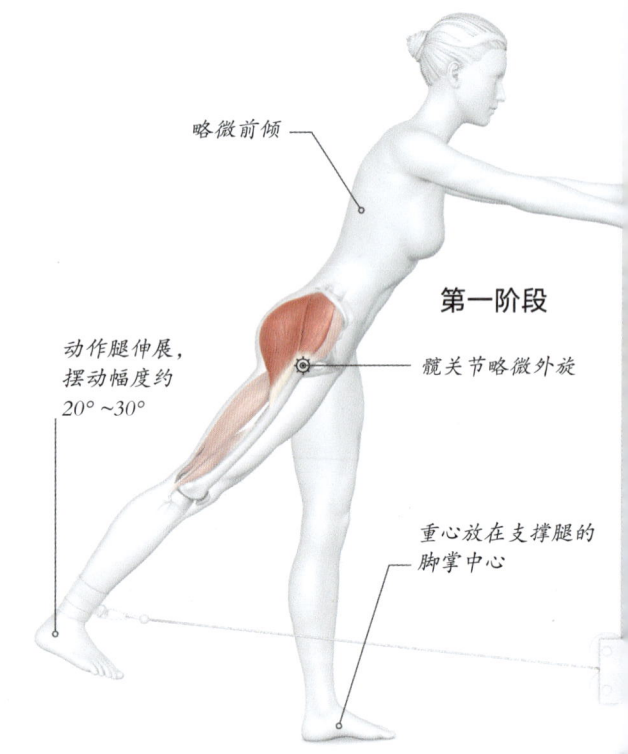

哑铃臀桥

此变式动作与杠铃臀桥的训练动作相同,但使用的是哑铃。使用较轻的哑铃可以帮助改善动作,在掌握正确的动作要领后再增加负重。

预备阶段
背靠凳子坐下,双腿弯曲。哑铃置于髋部褶线处,然后臀部肌肉收缩,将髋部稍稍抬离地面。

第一阶段
呼气,同时臀部肌肉和腹肌发力,向上抬起躯干和哑铃。可以的话在最高点停留1~2秒。

第二阶段
保持腹肌收紧、下颌内收,躯干下降至起始位置。在此位置稍做停顿,然后重复第一和第二阶段。

站姿绳索后抬腿

如果无法使用自由重量的训练方式,或是想加强臀部肌肉的锻炼量,可尝试此动作搭配其他臀部动作一起训练。注意后抬腿时不要拱起下背部,也不要借助腿部摆动的惯性将绳索往后拉。

预备阶段
把脚踝扣绑到鞋子上方的脚踝处。双脚左右跨立与髋同宽,手扶着绳索拉力器械以稳定身体。

第一阶段
吸气,收紧腹肌。呼气,同时绑着脚踝扣的动作腿往后抬,摆动幅度约 20°~30°。为增加强度,到达最终位置后可以停留1~2秒。

第二阶段
保持腹肌收紧、脊柱处于中立位,吸气的同时控制身体恢复至起始姿势。然后重复第一和第二阶段。

单腿臀桥

如果可用的负重有限或是想增加强度,可以尝试这一非常有效的单腿臀桥动作。由于每次只练一条腿,可以提高动作腿的负荷强度。此动作可以使用负重,也可空手练习。注意双腿的训练次数应相同,以确保双腿得到同等程度的锻炼。

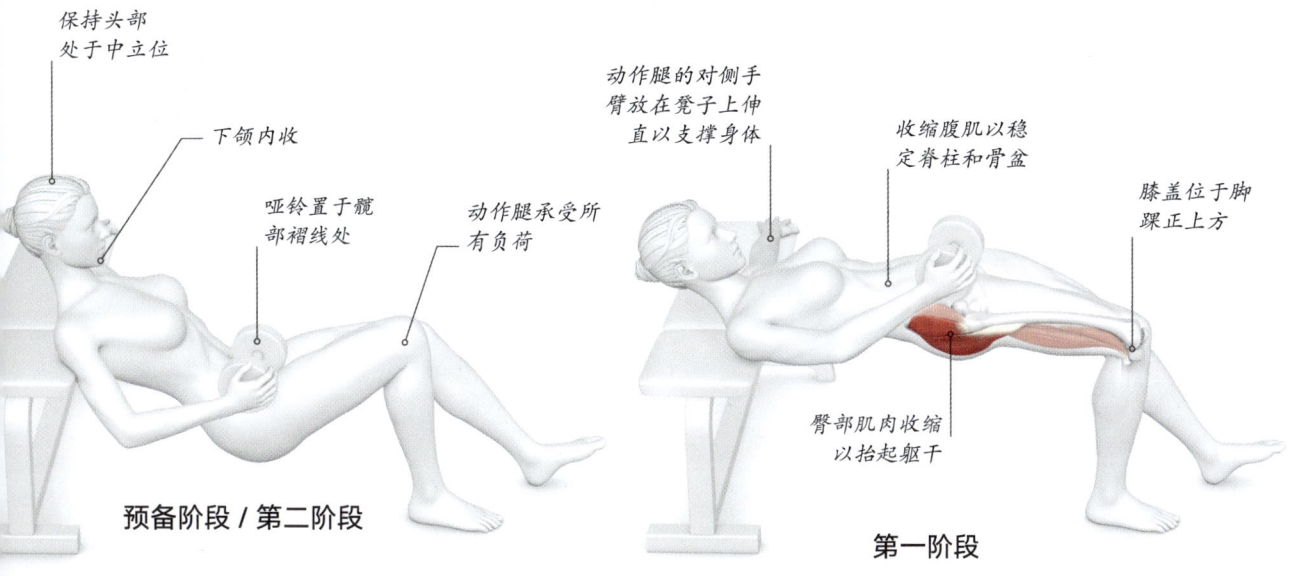

保持头部处于中立位
下颌内收
哑铃置于髋部褶线处
动作腿承受所有负荷

预备阶段 / 第二阶段

动作腿的对侧手臂放在凳子上伸直以支撑身体
收缩腹肌以稳定脊柱和骨盆
膝盖位于脚踝正上方
臀部肌肉收缩以抬起躯干

第一阶段

预备阶段
背靠凳子坐下,动作腿弯曲,另一条腿位于前方,足跟着地。臀部肌肉收紧,将髋部稍稍抬离地面。

第一阶段
臀部肌肉和腹肌发力,呼气的同时借助动作腿将躯干上抬。若想增加强度,可以在到达最高点后停留1~2秒。

第二阶段
保持腹肌收紧、下颌内收,躯干缓慢下移,回到起始位置。在此位置稍做停顿,然后重复第一和第二阶段。

臀部肌肉的三个组成部分

在行走、跳跃、冲刺和力量训练等活动中,臀部肌肉是维持髋部稳定性和力量的关键。臀大肌、臀中肌和臀小肌参与髋关节的伸展、外旋、内旋和外展(见第44页)。强壮有力的臀部肌肉可减轻下背部疼痛,并使站立、行走和爬楼梯等日常动作变得更加轻松。

臀大肌是最大的臀部肌肉,且位于最浅层
臀中肌呈扇状,位于臀大肌和臀小肌的中间
臀小肌是最小且最深层的臀部肌肉

臀大肌
驱动髋关节向后伸展和腿部转动。

臀中肌
协助臀大肌驱使髋关节进一步向侧面伸展和腿部转动。

臀小肌
协助臀大肌驱使髋关节进一步向侧面伸展。

力量训练运动解剖学

站姿器械提踵

该动作使用器械,通过跖屈(踮脚)动作来锻炼小腿的腓肠肌和比目鱼肌,同时也可达到锻炼跟腱的效果。增强小腿力量有助于维持膝关节健康。

动作点睛

双脚站在踏板上,在提踵脚和足跟下沉的过程中,前脚掌要完全贴紧踏板。双脚可以平行,也可以略微朝外,选择自己最舒适的姿势即可。正确进行动作很重要,做动作时应缓慢地控制好力道和速度。腿部肌肉发力,同时膝盖微屈不要锁死,避免伸展过度。初学者可以从每组8~10次共4组开始做起。变式动作见第78~79页,其他针对性的训练组见训练计划第195~208页。

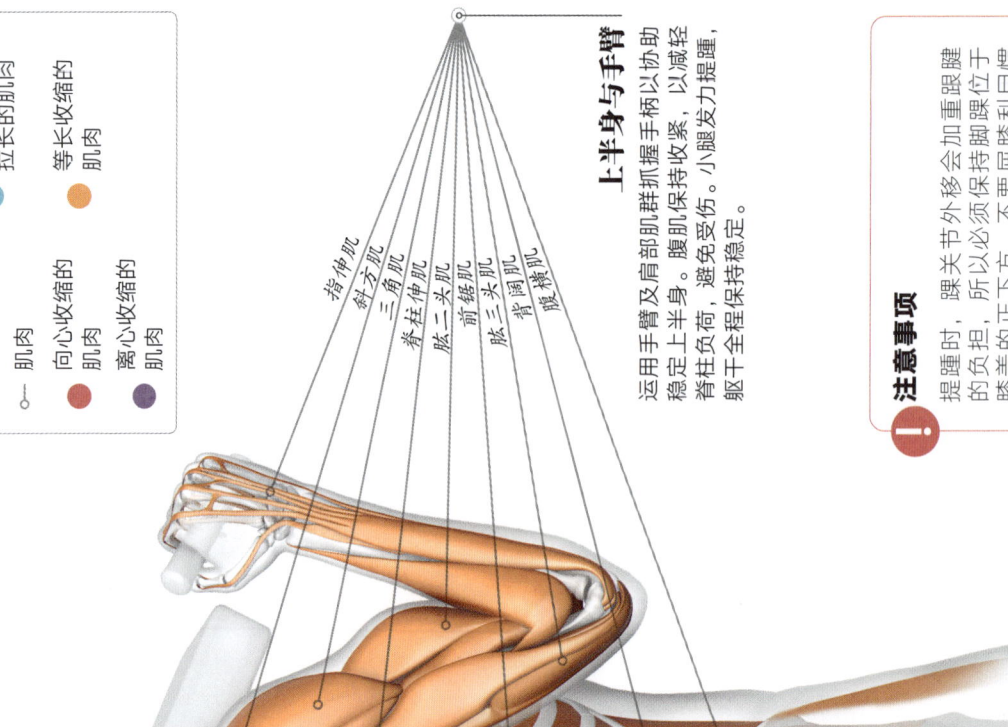

指伸肌
斜方肌
三角肌
脊柱伸肌
肱二头肌
前锯肌
肱三头肌
背阔肌
腹横肌

上半身与手臂
运用手臂及肩部肌群抓握手柄以协助稳定上半身。腹肌保持收紧,以减轻脊柱负荷,避免受伤。小腿发力提踵,躯干全程保持稳定。

图例
- ● 关节
- ○ 肌肉
- 🔴 向心收缩的肌肉
- 🟣 离心收缩的肌肉
- 🔵 无张力下被拉长的肌肉
- 🟠 等长收缩的肌肉

❗ 注意事项

提踵时,踝关节外移会加重跟腱的负担,所以必须保持脚跟位于膝盖的正下方。不要屈膝利用惯性提踵,这样将无法有效刺激小腿肌肉。

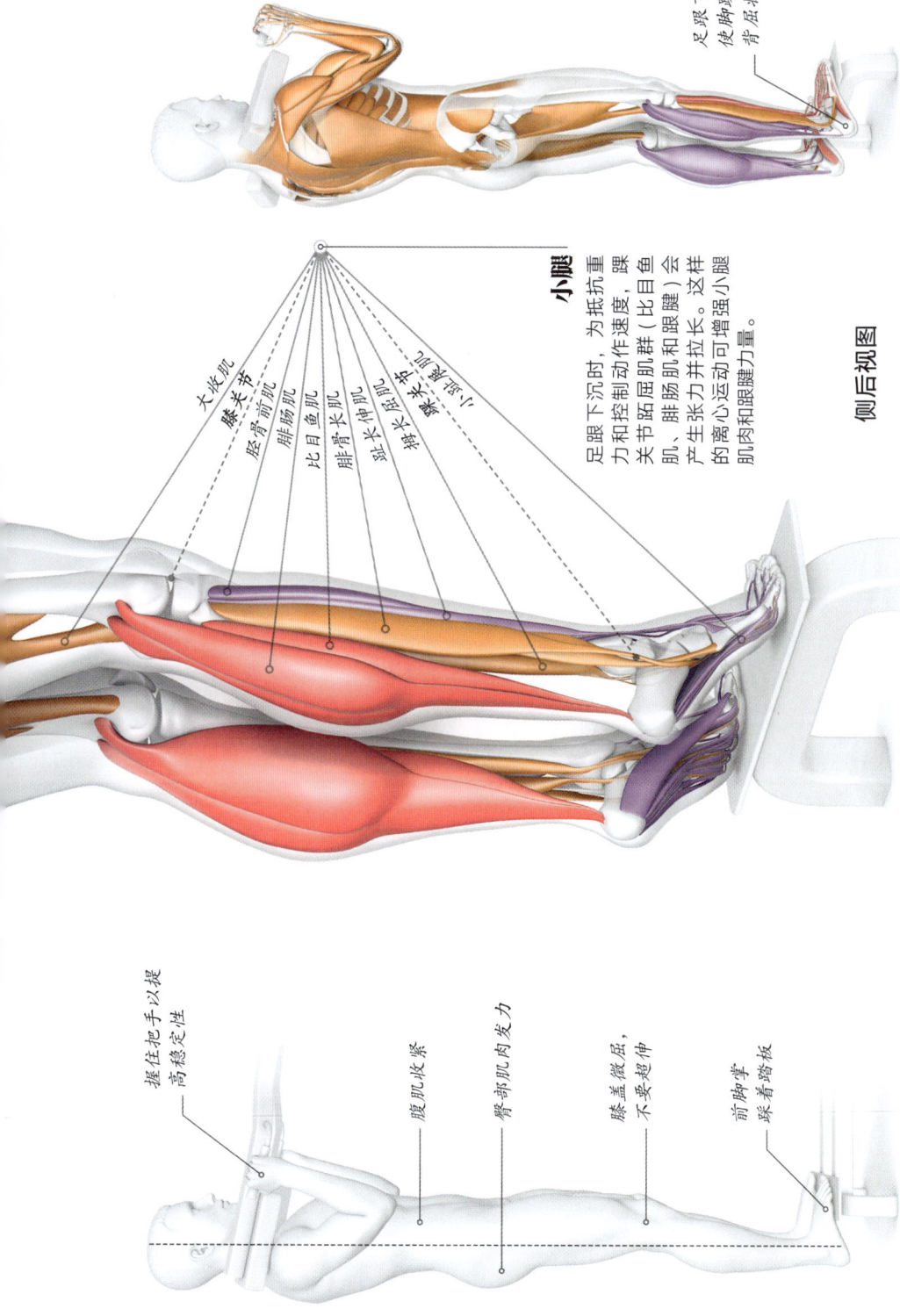

小腿

- 大收肌
- 膝关节
- 胫骨前肌
- 腓肠肌
- 比目鱼肌
- 腓骨长肌
- 拇长伸肌
- 踝关节
- 跟腱

足跟下沉时,为抵抗重力和控制动作速度,踝关节跖屈肌群(比目鱼肌、腓肠肌和跟腱)会产生张力并拉长。这样的离心运动可增强小腿肌肉和跟腱力量。

侧后视图

第一阶段

吸气,稳定核心。呼气,同时小腿肌肉收缩,控制足跟缓慢上抬,成踮脚姿势。脚踝始终位于膝盖正下方。

第二阶段

吸气,同时控制足跟平稳下沉至最低点。在最低点停留1~2秒,以释放跟腱的被动张力。调整呼吸,然后重复第一和第二阶段。

预备阶段

设置好重量,肩部靠在挡板下方,足跟悬空踩在踏板边缘,双脚打开与髋同宽,躯干和骨盆保持稳定后,将足跟下沉至起始位置。

- 握住把手以提高稳定性
- 腹肌收紧
- 臀部肌肉发力
- 膝盖微屈,不要超伸
- 前脚掌踩着踏板

77

力量训练运动解剖学

» 变式动作

强化小腿肌肉有助于维护膝关节的健康和稳定。和站姿器械提踵一样，下列变式动作重点锻炼腓肠肌和比目鱼肌，同时跟腱也能得到锻炼。

图例
● 主要目标肌肉

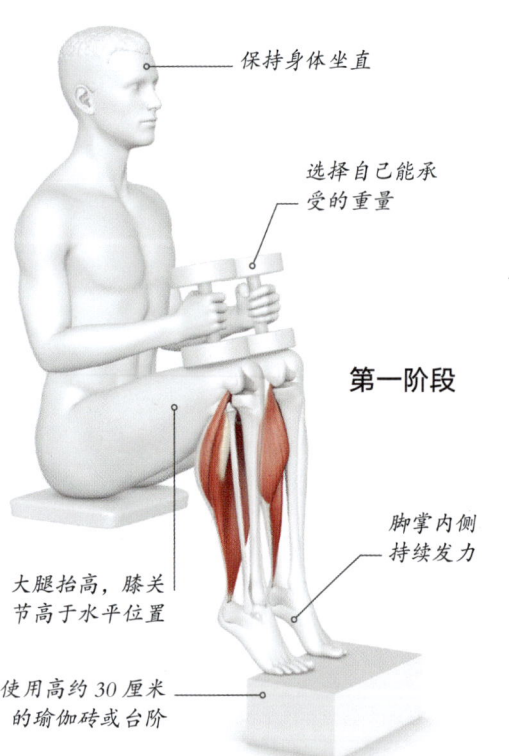
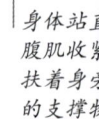

坐姿小腿提踵

以坐姿进行提踵动作时，由于膝盖处于弯曲状态，比目鱼肌会比腓肠肌获得更多的锻炼。该动作无论是在家里还是在健身房都能进行，可以让日常训练更加多样化。

预备阶段
身体坐直，双脚打开间距与髋同宽，前脚掌踩在身前的瑜伽砖或台阶上。哑铃放在膝盖位置。

第一阶段
吸气，收紧核心。呼气，同时小腿肌肉收缩，脚后跟上抬，带动足部上移、踝关节前移，上抬过程中控制好速度和力度。

第二阶段
吸气，脚后跟缓缓下沉，而脚踝始终处于膝盖正下方。到达最低点后稍做停顿，然后重复第一和第二阶段。

站姿单腿提踵

这项单侧训练不需要额外的负重，单腿支撑身体进行提踵已能产生足够的负荷。训练时应确保双腿得到同等程度的锻炼。

预备阶段
身体站直。动作腿的前脚掌踩在踏板上，另一条腿勾住动作腿的后侧。脚后跟下沉至起始位置。

第一阶段
吸气，收紧核心。呼气，同时小腿肌肉收缩，将脚后跟抬高。如果难以保持身体平衡，可以扶着身旁的支撑物。

第二阶段
吸气，同时控制脚后跟下沉的速度，脚掌内侧持续发力。降落到最低点后稍做停顿，然后重复第一和第二阶段。

锻炼小腿肌肉不仅能增加小腿的力量和肌肉量，还有助于增强膝关节的稳定性。

坐姿腿推举提踵

该变式动作借助器械模拟站姿器械提踵的动作，但身体姿势更加稳定，且不会对脊柱造成负担。如果使用站姿提踵训练器械时感到身体不稳或不太舒服，那么这一动作是很好的选择。

踝关节的背屈和跖屈

踝关节肌肉的重要功能是实现背屈和跖屈，以及与其他足部肌肉共同协作，稳定身体，并确保足部和踝关节的正常运作。从长远角度看，系统锻炼腓肠肌、比目鱼肌和其他小腿肌肉有助于形成健康的动作习惯和避免受伤。

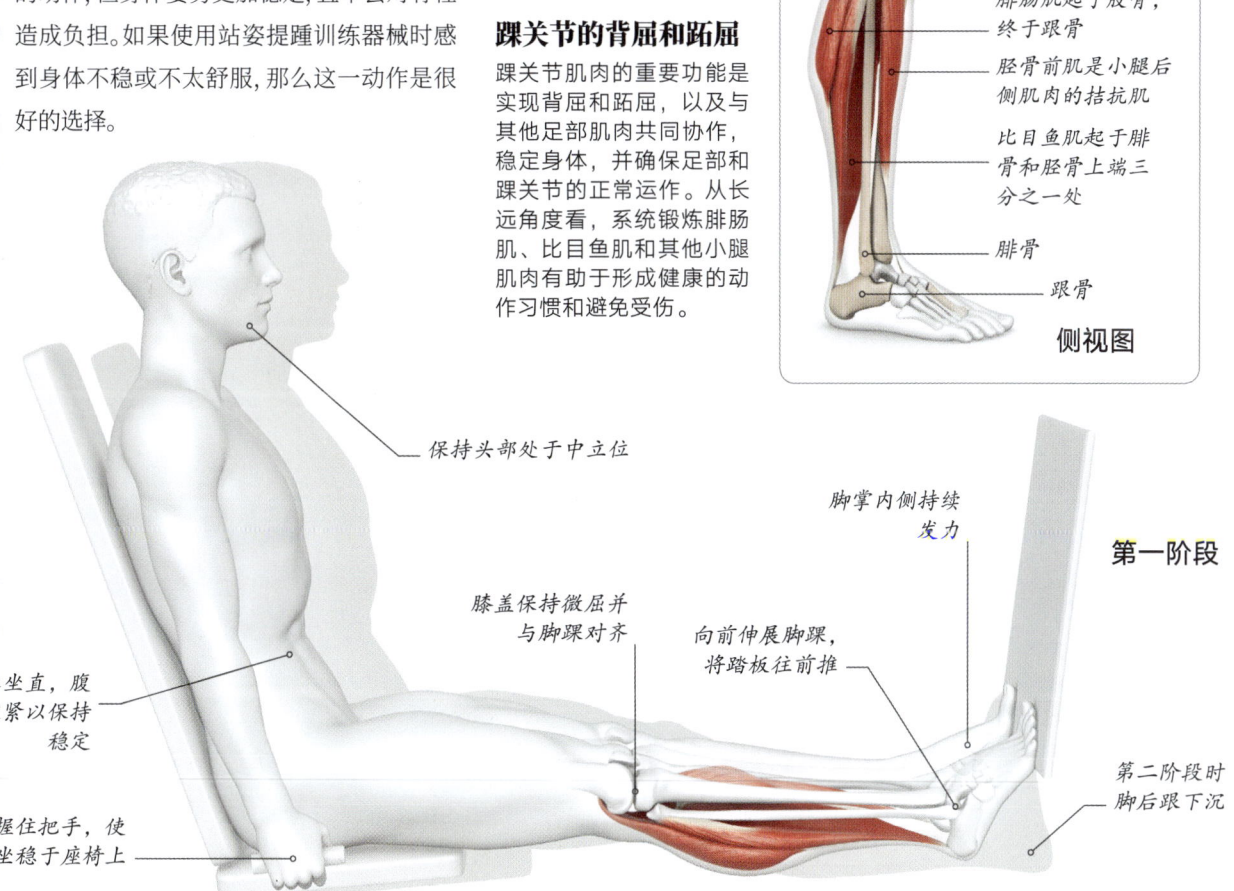

- 股骨
- 胫骨
- 腓肠肌起于股骨，终于跟骨
- 胫骨前肌是小腿后侧肌肉的拮抗肌
- 比目鱼肌起于腓骨和胫骨上端三分之一处
- 腓骨
- 跟骨

侧视图

- 保持头部处于中立位
- 坐直，腹部收紧以保持稳定
- 握住把手，使坐稳于座椅上
- 膝盖保持微屈并与脚踝对齐
- 向前伸展脚踝，将踏板往前推
- 脚掌内侧持续发力
- 第二阶段时脚后跟下沉

第一阶段

预备阶段
设置好重量。坐在座椅上，前脚掌抵着踏板，双脚与髋同宽，脚后跟下沉。

第一阶段
吸气，收紧核心并紧握把手，使身体坐稳在座椅上。呼气，同时前脚掌蹬向挡板，使脚后跟抬起。

第二阶段
吸气，同时控制脚后跟下沉的速度，下降至起始位置。在最低点稍做停顿，然后重复第一和第二阶段。

力量训练运动解剖学

杠铃
硬拉

这个动作可锻炼下半身的大部分肌肉，同时也能刺激上半身的许多肌肉群。髋部伸展的动作能强化臀部肌肉和腘绳肌（身体后侧肌肉群），膝关节伸展动作能锻炼股四头肌。出于安全考虑，应先掌握正确的训练动作后再增加负重。

动作点睛

此动作需要使用杠铃，配备全尺寸或高弹杠铃片。此动作的关注重点不是举起杠铃，而是专注于使股四头肌、腘绳肌和臀部肌肉发力，通过双脚蹬地的反作用力使身体上抬，带着杠铃上移。将杠铃下放回地面时，需要控制好速度和力度。

初学者可以从每组8~10次共4组开始做起。变式动作见第82~83页，其他针对性的训练组见训练计划第195~208页。

ⓘ 注意事项

如果全程没有保持核心收紧和上半身稳定，可能会导致下背部拉伤。刚开始练习时应使用较

上半身

起身至站立姿势的过程中，腹直肌和腹外斜肌持续发力，同时背阔肌和斜方肌收缩背固肌和斜方肌，以保持脊柱伸展和稳定。为了支撑脊柱，应全程收紧背部肌肉和核心肌群。

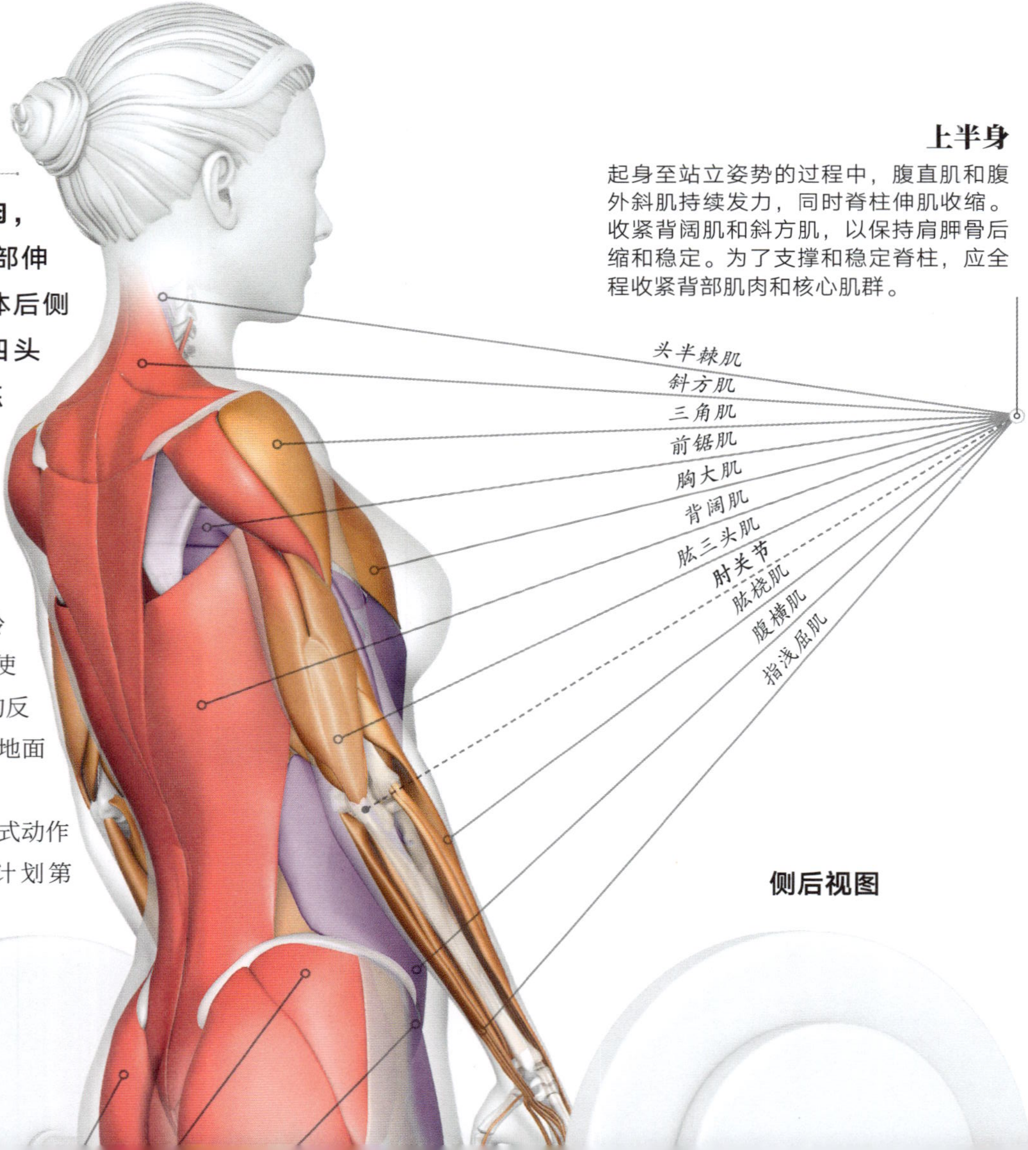

头半棘肌
斜方肌
三角肌
前锯肌
胸大肌
背阔肌
肱三头肌
肘桡肌
肱桡肌
腰髂肋肌
竖脊肌

侧后视图

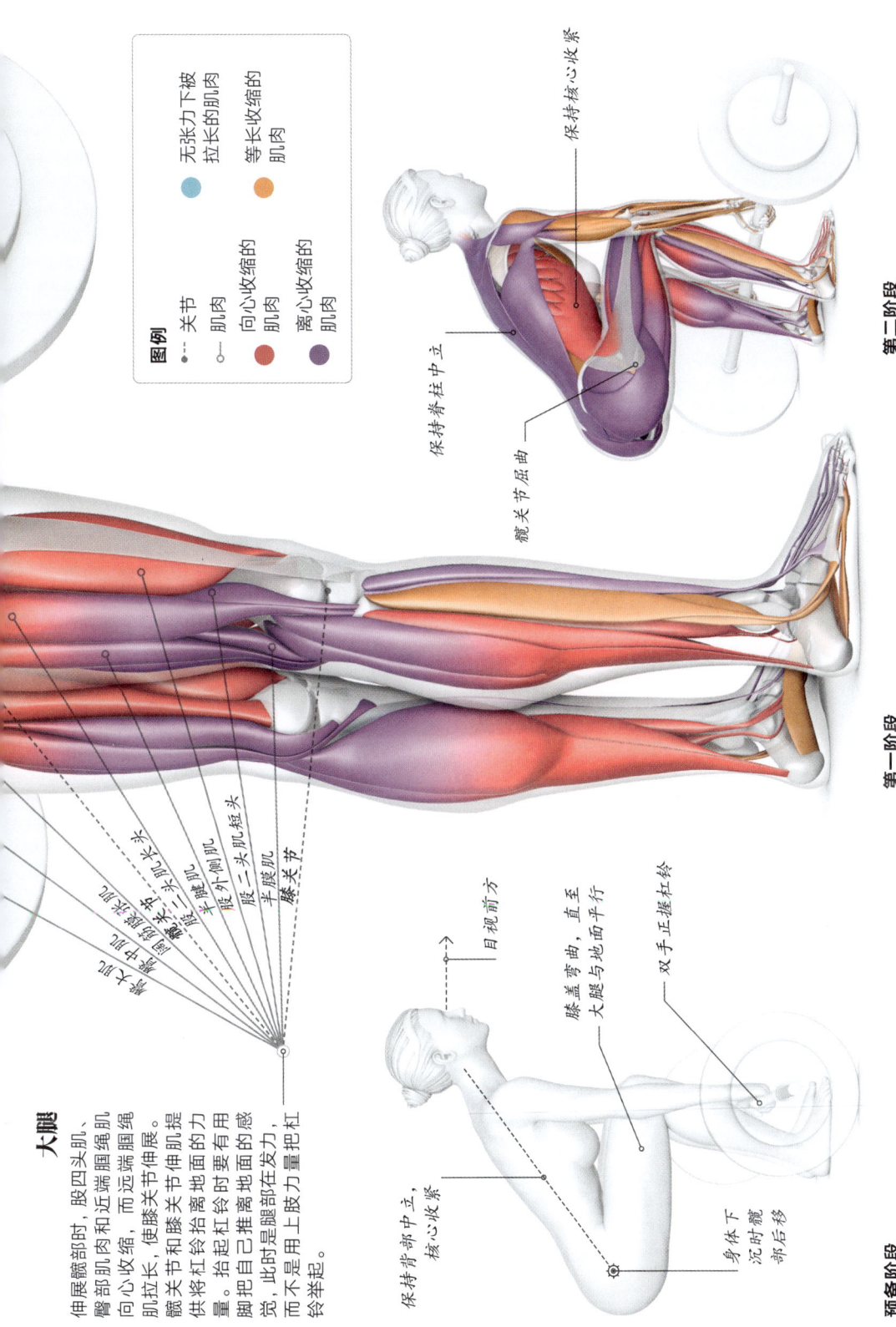

》变式动作

下列杠铃硬拉的变式动作同样重点锻炼臀部肌肉、股四头肌、竖脊肌以及上背部和躯干肌肉。硬拉动作能锻炼众多肌肉群，因此经常被纳入各种力量训练计划中。

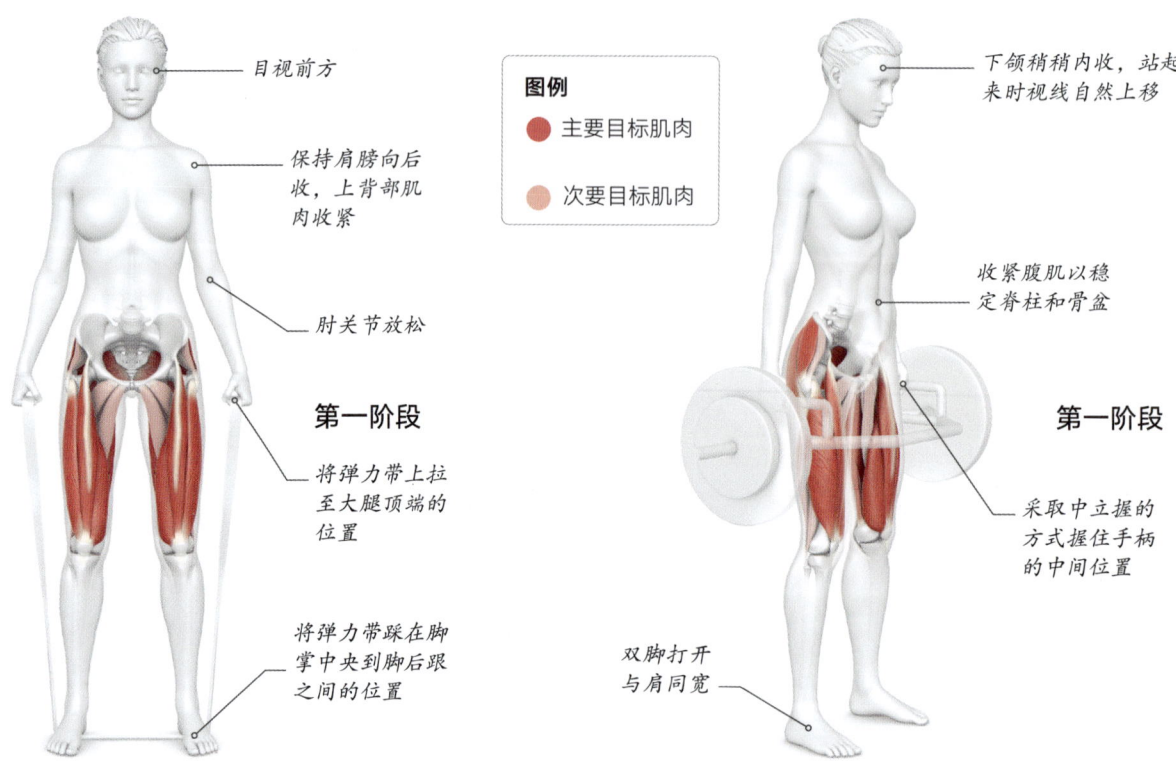

图例
- ● 主要目标肌肉
- ● 次要目标肌肉

弹力带硬拉

此变式动作锻炼的肌肉与杠铃硬拉相同，只是无须负重，而是利用弹力带的阻力进行硬拉动作。若想增加强度，可以同时抓握哑铃和弹力带。

预备阶段
选择合适的弹力带（见第41页）。双脚打开与肩同宽，踩稳弹力带。髋部和膝盖弯曲，将弹力带拉至与膝盖同高。

第一阶段
吸气，收紧核心。呼气，股四头肌发力蹬向地面，同时髋部前移，身体站直，将弹力带向上拉至大腿顶端的位置。

第二阶段
髋部弯曲，身体下沉至起始位置，眼睛始终注视前方，在此过程中发力抵抗弹力带的阻力。重复第一和第二阶段。

六角杠铃硬拉

使用六角杠铃能让力量更集中，使股四头肌受到更多刺激，同时又能锻炼到臀部肌肉。此动作对关节负担较小，难度也更低，对于想要锻炼股四头肌的初学者来说是极佳的选择。

预备阶段
设置好重量，站在六角杠铃的中心，双脚脚尖略微朝外。髋部向后移，膝盖弯曲，握住杠铃的手柄。

第一阶段
吸气，收紧核心。呼气的同时髋部向前移，身体站直。六角杠铃的移动路径要与地面垂直。

第二阶段
髋部向后移，下放杠铃至起始位置，全程保持肩部后收，目视前方。重复第一和第二阶段。

脊柱的正确位置

做任何硬拉动作都应保持脊柱处于中立位，既不下凹，也不过分拱起。运动期间应收紧腹肌，以稳定脊柱和骨盆，同时避免下背部拉伤或受伤。

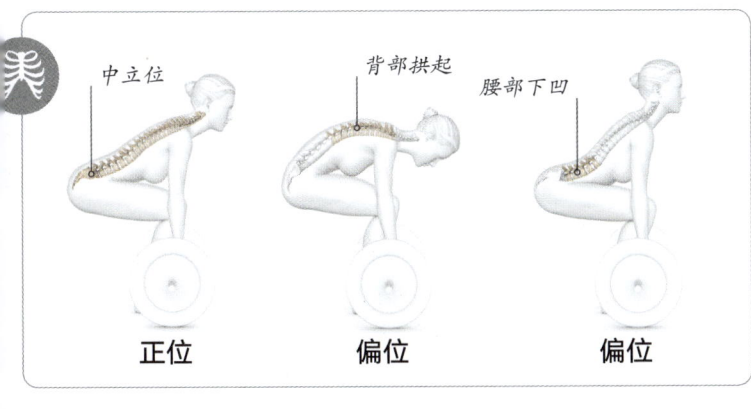

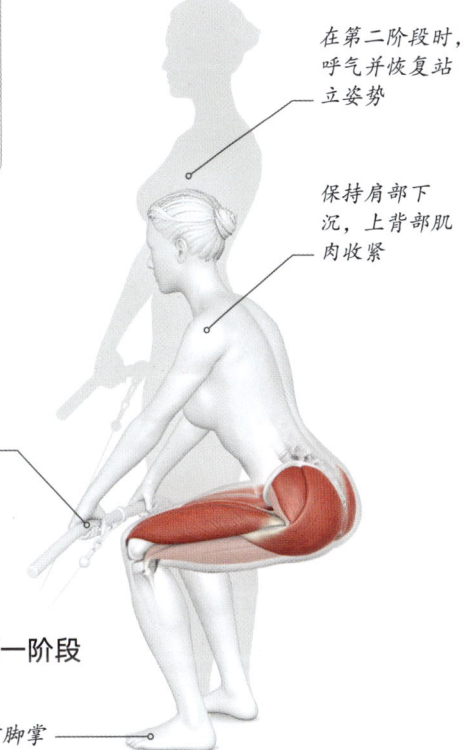

罗马尼亚硬拉

此变式动作的起始位置是站姿，然后下降至俯身姿势。腘绳肌和臀部肌肉作为主要的髋关节伸肌，控制躯干下移（髋关节屈曲）和上移（髋关节伸展），股四头肌是次要参与肌肉。

预备阶段
站在杠铃后方，双脚左右跨立，与肩同宽。按个人觉得舒适的间距握住杠铃。收紧核心，将杠铃抬离地面，身体站直。

第一阶段
吸气，驱动髋部后移至髋关节完全屈曲。身体下降的过程中要控制好速度，全程保持头部处于中立位，核心收紧。

第二阶段
呼气，同时双脚朝地面发力，驱动髋部前移，恢复起始站姿。重复第一和第二阶段。

绳索硬拉

使用绳索滑轮器械进行硬拉的感觉与使用杠铃稍有不同。绳索硬拉是从站姿转变成深蹲姿势。刚开始练习时应使用较小的重量，然后慢慢加大。

预备阶段
面朝绳索滑轮器械站立，拿起握把并后退。站立时双脚与肩同宽，脚尖略微向外，目视前方。

第一阶段
吸气，同时髋部向后移至髋关节完全屈曲，身体下移过程中要控制好速度。其间保持头部处于中立位，核心收紧。

第二阶段
呼气，同时双脚向地面发力，驱动髋部前移，身体从俯身姿势恢复至起始姿势。重复第一和第二阶段。

83

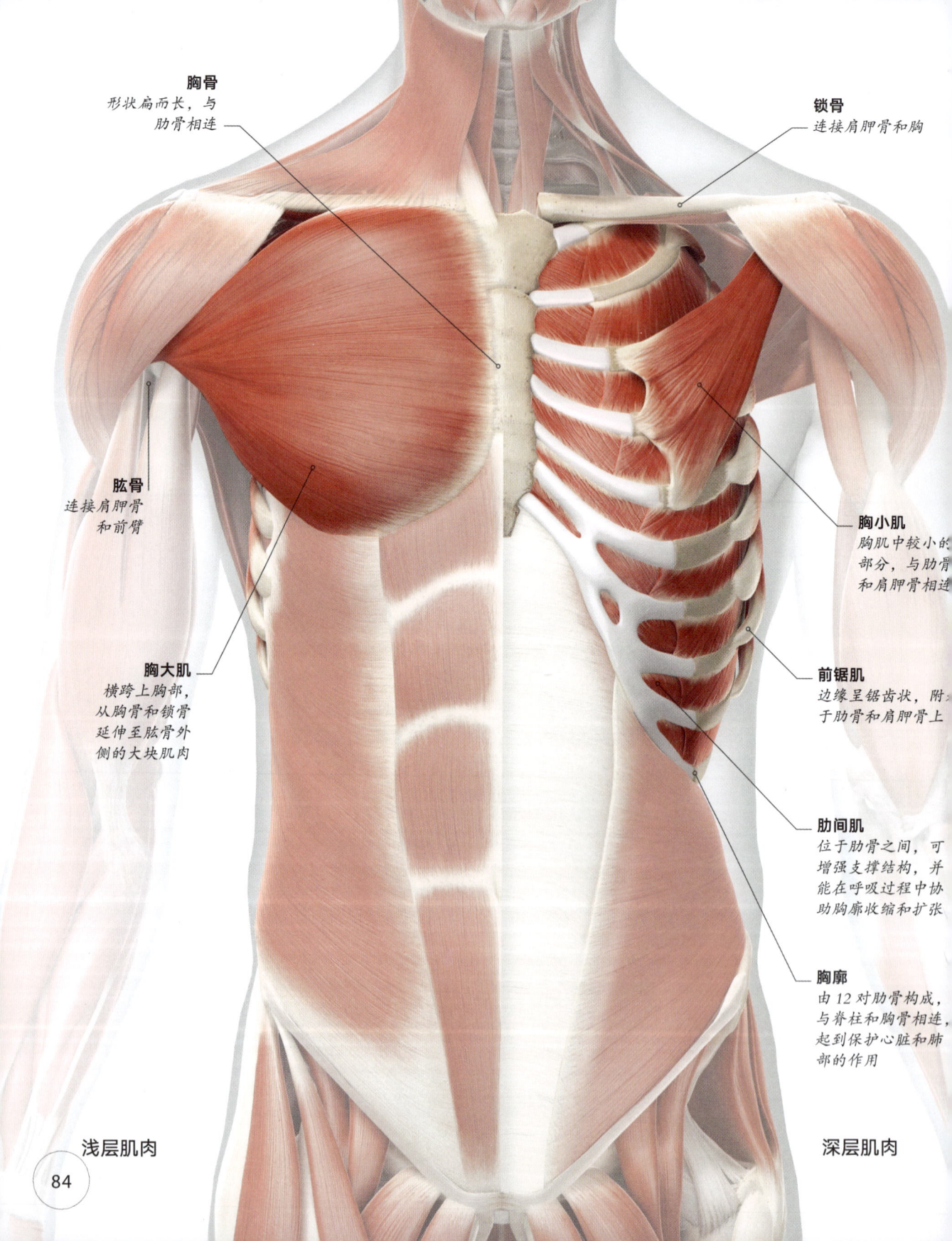

胸部训练

胸部主要负责运动的肌肉包括胸大肌、胸小肌和前锯肌。

胸大肌塑造了胸部的外观形状；胸小肌位于胸大肌的下层，附着于肩胛骨和肋骨上；前锯肌同样是深层肌肉，附着于肋骨和肩胛骨上。

胸大肌的主要功能是参与肩关节运动，使上半身能做出大幅度的动作。胸小肌和前锯肌在推举和飞鸟动作中协助肩膀前移。

胸肌在训练中的主要作用是牵引上臂从胸部两侧朝着身体中线移动。

- 做水平推举（如卧推）动作时，需要胸肌发力并与三角肌和肱三头肌配合完成整个动作。由此可见，动作重点不在于把负重推至动作的最高点，而应关注如何有效地驱动肌肉并正确完成推举动作。

- 进行飞鸟动作训练时，三角肌和肱三头肌也会协助发力，但不如推举动作的参与程度高。飞鸟动作的关注重点不是让绳索把手或哑铃向中间靠拢，而是专注于驱动上臂往内朝胸骨（胸部中间）方向移动。

在推举和飞鸟动作中，胸小肌主要在前锯肌的辅助下协助手臂前伸。做下拉动作时，胸小肌也会协助肩膀下沉。

本节内容	
杠铃卧推	86
变式动作：	88
窄距杠铃卧推	
上斜杠铃卧推	
俯卧撑	
哑铃卧推	90
变式动作：	92
单手哑铃卧推	
上斜哑铃卧推	
弹力带推胸	
高位绳索飞鸟	94
变式动作：	96
高位弹力带飞鸟	
中位绳索飞鸟	
低位绳索飞鸟	
器械飞鸟	98
哑铃飞鸟	100

胸部训练的重点不是简单地把负重推到最高点，而是在于上臂的驱动和推举动作。

杠铃卧推

这是胸部训练的经典动作，训练者采取仰卧姿势，在胸部上方推举杠铃。推举动作锻炼的是胸部和肩部肌肉以及肱三头肌。

动作点睛

杠铃架的位置对卧推来说非常重要。卧推时杠铃架应与杠铃相距15~20厘米，以方便杠铃的拿取和回放。杠铃架应设置为能使你顺利地将杠铃从挂钩上举起并移到起始位置的高度。

初学者可以从每组 8~10 次共4组开始做起。变式动作见第88~89页，其他针对性的训练组见训练计划第 195~208 页。

第一阶段

吸气，收紧腹肌以稳定核心。上背部肌肉发力，开始弯曲手肘，在杠铃朝胸部下移时要去抵抗负重。杠铃的移动轨迹是从胸部中央移向下胸骨部分，在可以轻触胸部时或在靠近胸部的位置停止。

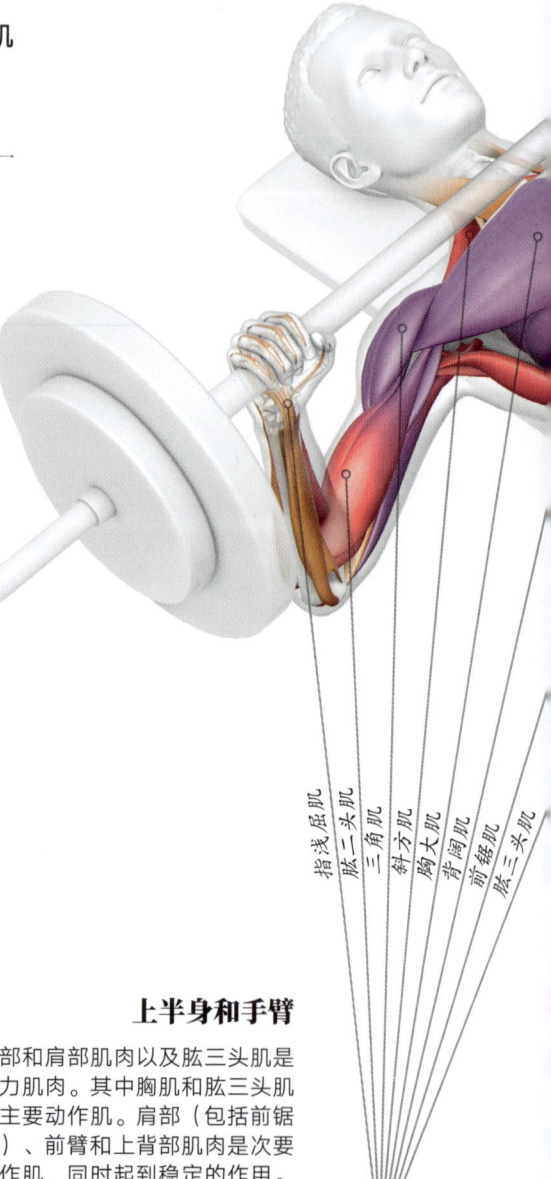

上半身和手臂

胸部和肩部肌肉以及肱三头肌是发力肌肉。其中胸肌和肱三头肌是主要动作肌。肩部（包括前锯肌）、前臂和上背部肌肉是次要动作肌，同时起到稳定的作用。此动作的要领是在上推和下放过程中，胸肌和肱三头肌始终维持张力。

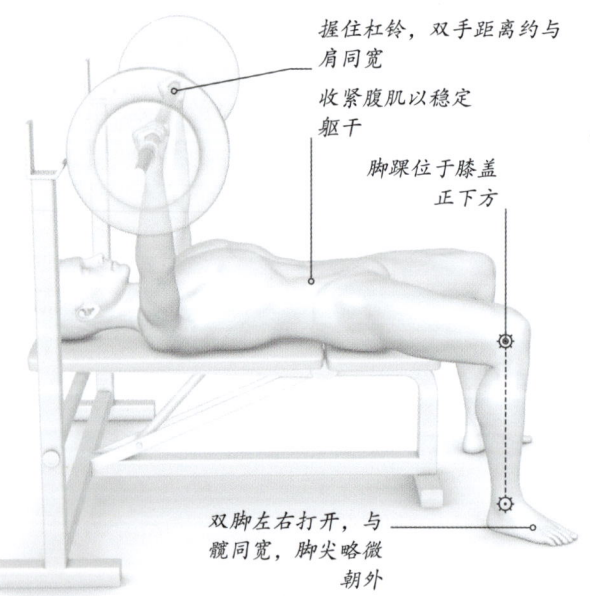

- 握住杠铃，双手距离约与肩同宽
- 收紧腹肌以稳定躯干
- 脚踝位于膝盖正下方
- 双脚左右打开，与髋同宽，脚尖略微朝外

预备阶段

设置好杠铃架后，平躺在卧推凳上，臀部贴紧卧推凳，双脚平放在地面上。双手正握杠铃，将其径直上举。始终保持头部处于中立位。

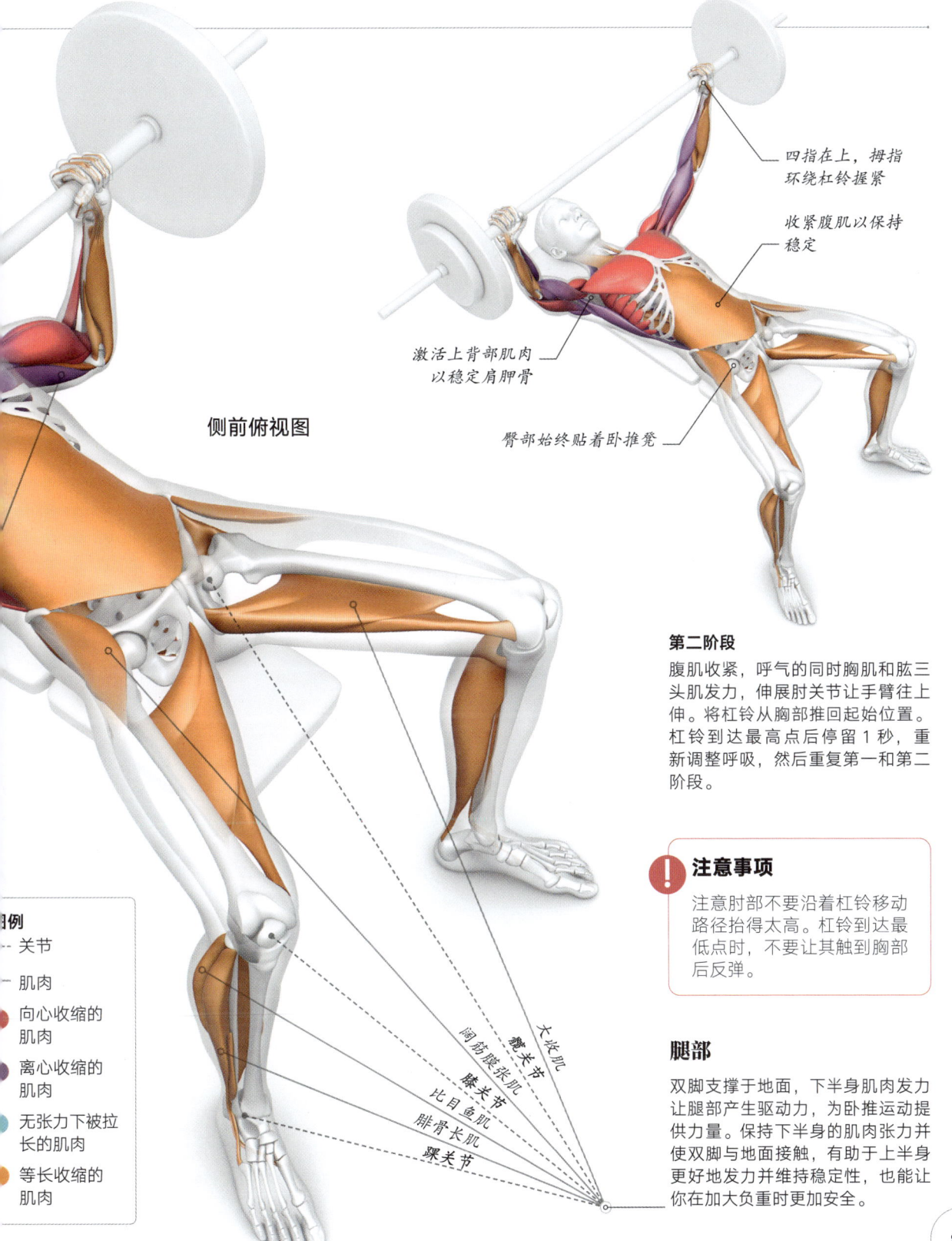

侧前俯视图

四指在上,拇指环绕杠铃握紧

收紧腹肌以保持稳定

激活上背部肌肉以稳定肩胛骨

臀部始终贴着卧推凳

第二阶段

腹肌收紧,呼气的同时胸肌和肱三头肌发力,伸展肘关节让手臂往上伸。将杠铃从胸部推回起始位置。杠铃到达最高点后停留1秒,重新调整呼吸,然后重复第一和第二阶段。

! 注意事项

注意肘部不要沿着杠铃移动路径抬得太高。杠铃到达最低点时,不要让其触到胸部后反弹。

腿部

双脚支撑于地面,下半身肌肉发力让腿部产生驱动力,为卧推运动提供力量。保持下半身的肌肉张力并使双脚与地面接触,有助于上半身更好地发力并维持稳定性,也能让你在加大负重时更加安全。

图例
- 关节
- 肌肉
- 向心收缩的肌肉
- 离心收缩的肌肉
- 无张力下被拉长的肌肉
- 等长收缩的肌肉

大腿肌
髋关节
阔筋膜张肌
膝关节
比目鱼肌
腓骨长肌
踝关节

87

》变式动作

卧推是广受欢迎的力量训练动作,能同时锻炼到多处肌肉(胸肌、三角肌和肱三头肌)。实际上,卧推是全身性的训练,因为核心肌群、背部和腿部肌肉也需要发力,以协助上半身和手臂肌肉的运动。增强上半身的肌肉力量对短跑、足球和网球等诸多运动都很有帮助。

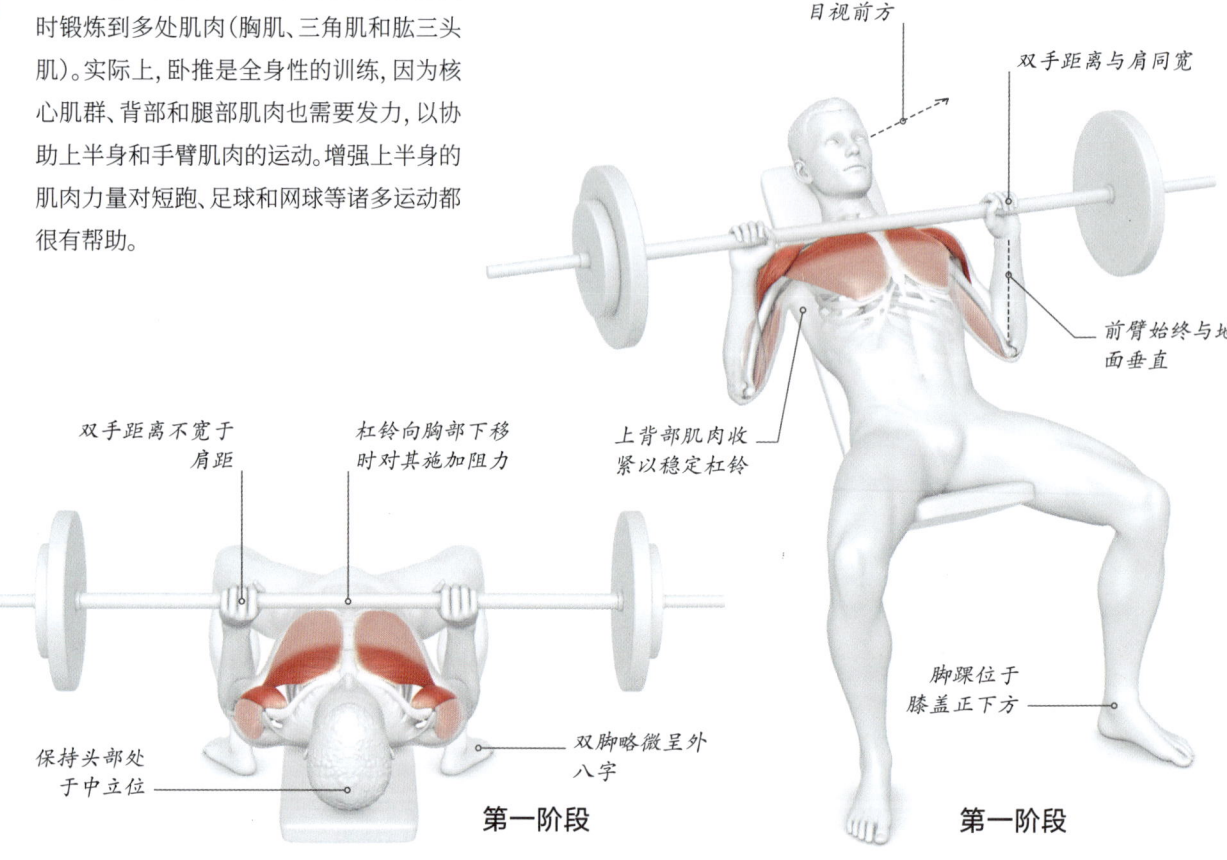

窄距杠铃卧推

窄距杠铃卧推与宽距杠铃卧推动作基本相似,但握距缩短后,此变式动作侧重于锻炼肱三头肌。如果训练中有任何关节不适的感觉,可尝试改做第90~91页的哑铃卧推。

预备阶段
如第86~87页所示躺在卧推凳上。正握杠铃,双手距离小于肩距,然后将杠铃举到眼睛正上方。

第一阶段
吸气,收紧腹肌,弯曲肘部,控制杠铃朝胸部下移的速度。到最低点时,杠铃可轻触胸部或在靠近胸部的位置停止。

第二阶段
呼气,同时胸肌和肱三头肌发力使肘部伸展,将杠铃推举到起始位置。重复第一和第二阶段。

上斜杠铃卧推

此变式动作与其他卧推动作相似,但上半身是倾斜而非平躺(卧推凳的倾斜角度约为45°),侧重于锻炼胸部的中上部分,同时也能锻炼到肩部肌肉和手臂肱三头肌。

预备阶段
背贴靠背坐在卧推凳上,杠铃横放在大腿上。把杠铃上抬至头部上方,手臂与地面垂直。

第一阶段
吸气,收紧腹肌和上背部肌肉,肘部弯曲,在杠铃朝胸部下移时施力抵抗负重。

第二阶段
呼气,同时胸肌和肱三头肌发力使肘部伸展,将杠铃推举到起始位置。重复第一和第二阶段。

训练强度

俯卧撑是效果很好的自重推举动作。双脚着地的常规俯卧撑，推举的负重相当于体重的64%。而将双脚置于高30厘米的箱子或凳子上，推举负重就能提高至体重的70%。因此，如果你想增加强度，把双脚抬高进行俯卧撑是简单又有效的进阶做法。

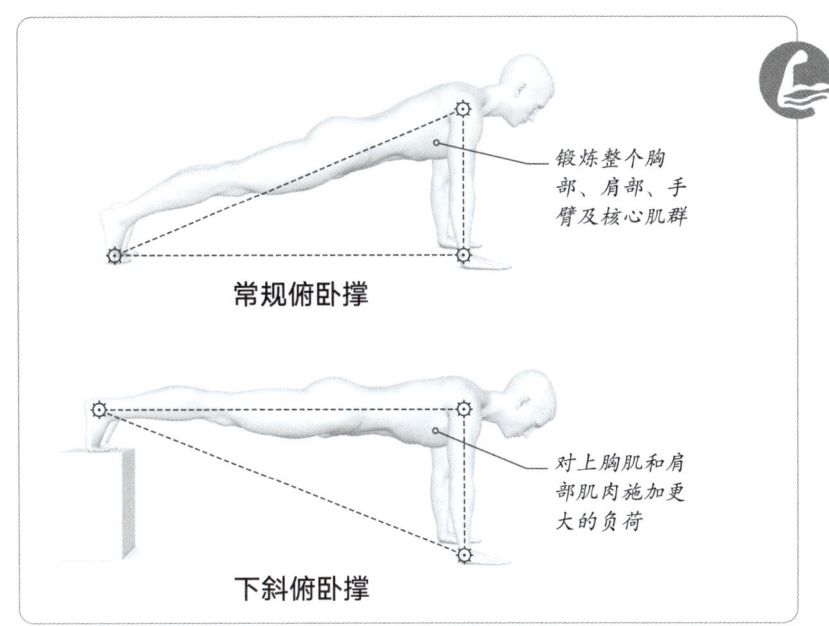

常规俯卧撑 — 锻炼整个胸部、肩部、手臂及核心肌群

下斜俯卧撑 — 对上胸肌和肩部肌肉施加更大的负荷

图例
- 主要目标肌肉
- 次要目标肌肉

俯卧撑

此变式动作的推举动作与杠铃卧推类似，两者锻炼的肌肉相同，差异在于此动作的负重是自身体重，采取俯卧姿势，且不需要器材，是随时随地都能做的训练动作。

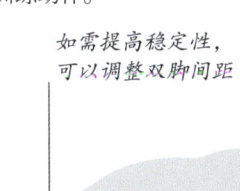

- 如需提高稳定性，可以调整双脚间距
- 全程收紧腹肌，不能塌腰
- 肱三头肌发力以伸展肘关节，伸直手臂
- 吸气的同时恢复至起始位置
- 目视地面，保持头部中立
- 肩部发力，使身体呈一条直线
- 双手平放在地面

第一阶段

预备阶段
俯卧在地面上，双脚打开与髋同宽，双手距离略大于肩距。头、髋、膝、脚呈一条直线，双手将身体撑离地面。

第一阶段
吸气，收紧腹肌和上背部肌肉。呼气，同时肘关节伸展，使手臂伸直，推动胸部和身体上移。

第二阶段
吸气，同时恢复到起始位置，控制身体下移的速度，整个过程中身体呈一条直线。重复第一和第二阶段。

哑铃卧推

这个动作可以锻炼胸部肌肉、肱三头肌和肩部肌肉。与使用杠铃相比，使用哑铃时手臂的位置可以放得更低，活动更为自然，因而能增加手臂的活动范围和肩部的伸展程度。

动作点睛

哑铃卧推和杠铃卧推（见第86~87页）一样采取仰卧姿势。由于哑铃处于身体上方，所以双手采用正握方式，四指在上，拇指在下。上下推举哑铃时，身体和腿部固定不动，保持稳定。

初学者可以从每组8~10次共4组开始做起。变式动作见第92~93页，其他针对性的训练组见训练计划第195~208页。

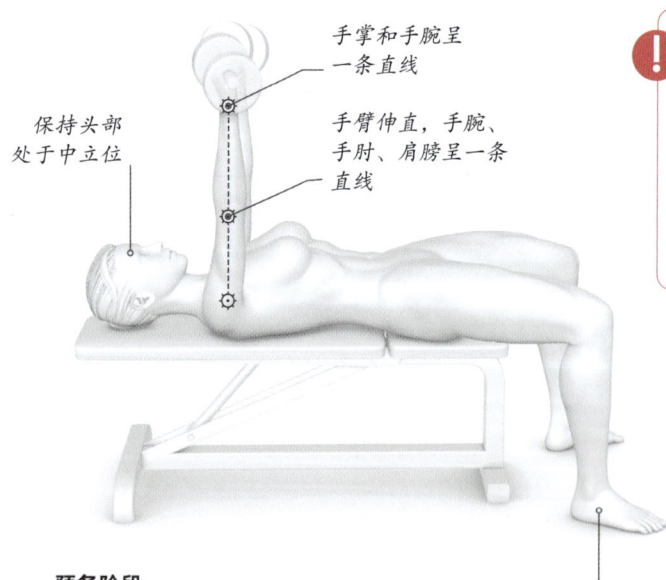

保持头部处于中立位

手掌和手腕呈一条直线

手臂伸直，手腕、手肘、肩膀呈一条直线

预备阶段
平躺在卧推凳上，臀部贴紧凳面。双脚平放在地面上。双手正握哑铃，置于双腿上。然后将哑铃举到肩部正上方，手腕和上臂处于同一条直线上。

双脚打开距离大于髋部宽度

⚠ 注意事项

这个动作容易拉伤肩部或肘关节，可通过增强胸部力量和采用正确的手臂移动路径来避免这种情况发生。

肱桡肌　肱三头肌　胸锁乳突肌　背阔肌　胸大肌　三角肌　腹横肌

上半身和手臂

胸部和肩部肌肉以及肱三头肌是发力肌肉。其中胸部肌肉和肱三头肌是主要动作肌。肩部（包括前锯肌）、前臂和上背部肌肉是次要动作肌，同时起到稳定的作用。注意推举和下放哑铃时胸肌和肱三头肌要维持张力。

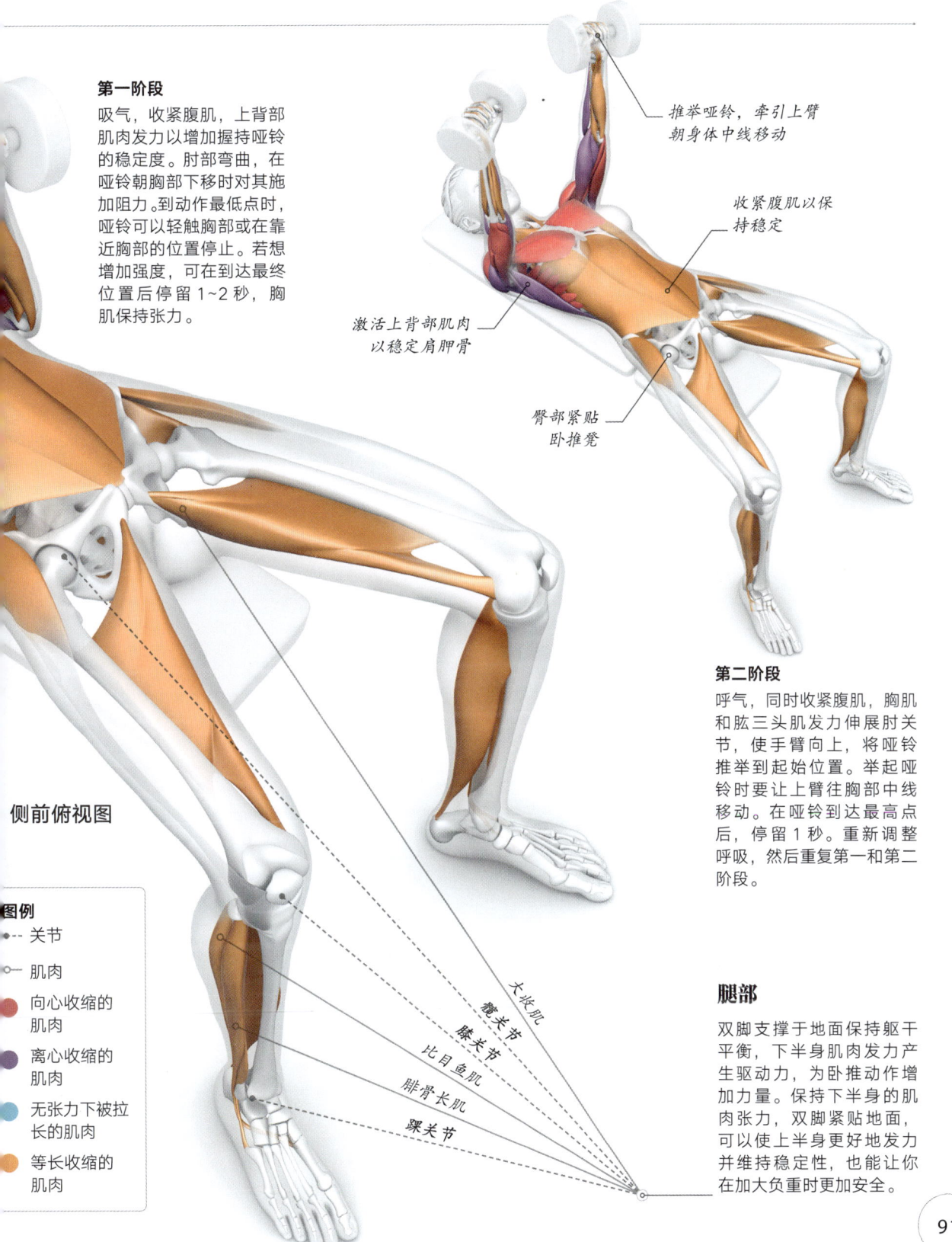

第一阶段

吸气，收紧腹肌，上背部肌肉发力以增加握持哑铃的稳定度。肘部弯曲，在哑铃朝胸部下移时对其施加阻力。到动作最低点时，哑铃可以轻触胸部或在靠近胸部的位置停止。若想增加强度，可在到达最终位置后停留1~2秒，胸肌保持张力。

推举哑铃，牵引上臂朝身体中线移动

收紧腹肌以保持稳定

激活上背部肌肉以稳定肩胛骨

臀部紧贴卧推凳

第二阶段

呼气，同时收紧腹肌，胸肌和肱三头肌发力伸展肘关节，使手臂向上，将哑铃推举到起始位置。举起哑铃时要让上臂往胸部中线移动。在哑铃到达最高点后，停留1秒。重新调整呼吸，然后重复第一和第二阶段。

腿部

双脚支撑于地面保持躯干平衡，下半身肌肉发力产生驱动力，为卧推动作增加力量。保持下半身的肌肉张力，双脚紧贴地面，可以使上半身更好地发力并维持稳定性，也能让你在加大负重时更加安全。

侧前俯视图

大收肌
髋关节
膝关节
比目鱼肌
腓骨长肌
踝关节

图例
- 关节
- 肌肉
- 向心收缩的肌肉
- 离心收缩的肌肉
- 无张力下被拉长的肌肉
- 等长收缩的肌肉

》变式动作

下列是采用卧姿、坐姿和站姿等各种姿势的哑铃卧推变式动作。如果是初次接触这项训练，采用站姿或单臂交替进行卧推会更易于掌握动作。

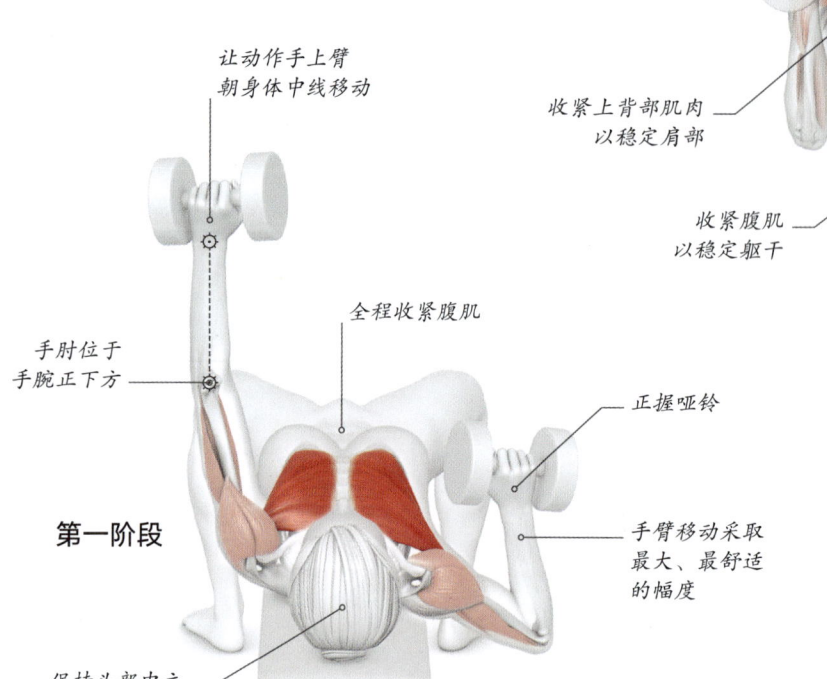

单手哑铃卧推

此变式动作采用卧姿，锻炼的部位是胸部肌肉、肩部肌肉和肱三头肌。单手训练增加了推举动作的变化性，但也对核心和髋部的稳定性提出了更高的要求。注意两只手臂应得到同等的锻炼。可让双臂交替进行动作，或者做完一边的次数后再换到另一边。

预备阶段
如第 90~91 页所示平躺在卧推凳上。双手正握哑铃，然后牵引上臂朝身体中线移动，将哑铃向上推。

第一阶段
吸气，收紧腹肌，上背部肌肉发力。动作手臂肘部弯曲，在哑铃下移时对其施加阻力。

第二阶段
呼气，同时收紧腹肌、肱三头肌和胸肌发力，伸展动作手臂，将哑铃上推。重复第一和第二阶段。

上斜哑铃卧推

此变式动作采用坐姿，与上斜杠铃卧推（见第88页）属于同类型的动作，但其通用性强，因为哑铃提供了比杠铃更大的自由度，可根据个人情况调整手臂移动路径。胸部的中上方区域、肩部肌肉和肱三头肌将得到更大程度的锻炼。

预备阶段
如第88页所示坐在卧推凳上，把哑铃放在腿上。正握哑铃将哑铃向上朝身体中线方向推高。

第一阶段
吸气，收紧腹肌，上背部肌肉发力。手臂肘部弯曲，在哑铃朝胸部下移时对其施加阻力。

第二阶段
呼气，同时收紧腹肌、肱三头肌和胸肌发力，伸展手臂，将哑铃向上推。重复第一和第二阶段。

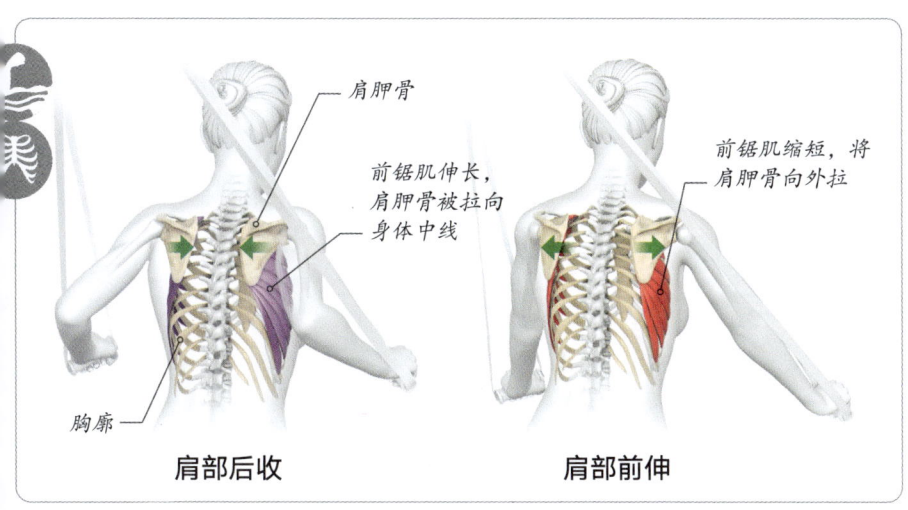

前锯肌的作用

前锯肌与前伸和击拳动作相关联,所以也被称为"拳击手的肌肉",它是深层的扇形肌肉,位于肩胛骨下层,附于胸廓之上。前锯肌具有固定肩胛骨的作用,因此在肩胛骨前伸和胸廓上抬动作中起到重要作用。在过顶推举动作中,前锯肌也扮演了稳定肩部的重要角色。

肩部后收 / 肩部前伸

弹力带推胸

这是一个可以练习推举动作的站姿变式动作。此动作的要领是利用上背部肌肉带动上臂向后方外侧移动,而胸部始终保持张力。

预备阶段
选择合适的弹力带(见第 41 页),固定在高处。采用前后跨步站姿,手握弹力带,肘部微屈。

第一阶段
吸气,收紧腹肌。上背部肌肉发力,抵抗弹力带的阻力,弯曲双肘将手臂往后拉。

第二阶段
呼气,同时肱三头肌和胸肌发力,手臂向前伸,朝身体中线方向靠近,将弹力带向前推。重复第一和第二阶段。

图例
- 主要目标肌肉
- 次要目标肌肉

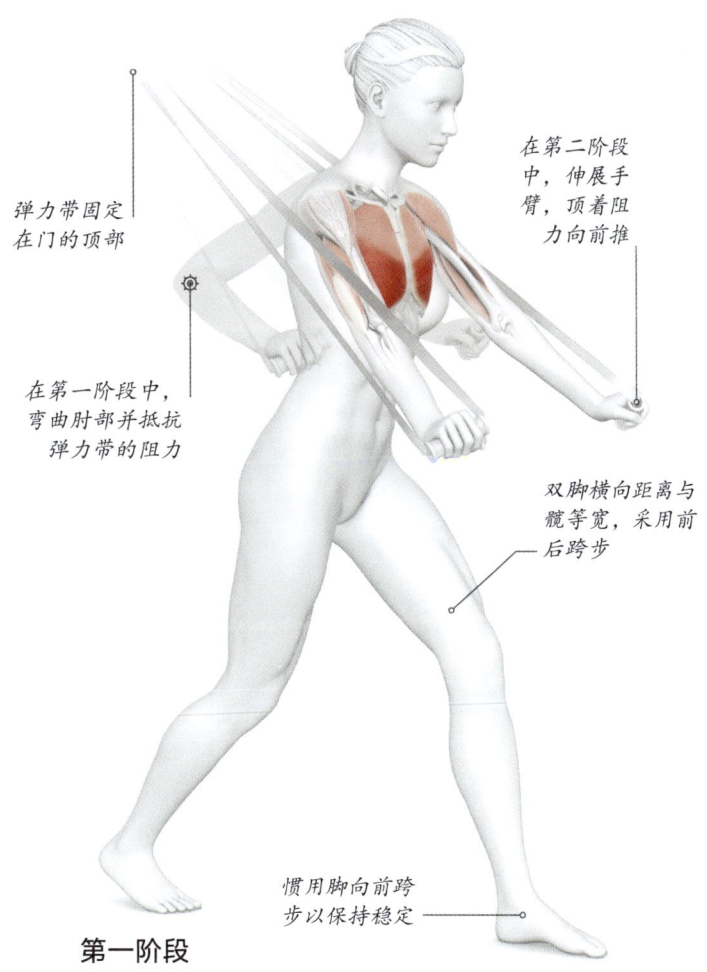

第一阶段

力量训练运动解剖学

高位
绳索飞鸟

这项训练采用由高到低拉动绳索的飞鸟动作来锻炼胸部和肩部的肌肉,尤其是前锯肌和胸小肌。绳索拉力器械可以根据个人手臂适合的移动路径进行调整。

动作点睛

此动作将绳索设定在高位,锻炼的部位是下胸肌。如果在训练中有任何关节不适的感觉,可以尝试调整绳索高度。绳索与手臂的移动路径应保持一致。

初学者可以从每组8~10次共4组开始做起。变式动作见第96~97页,其他针对性的训练组见训练计划第195~208页。

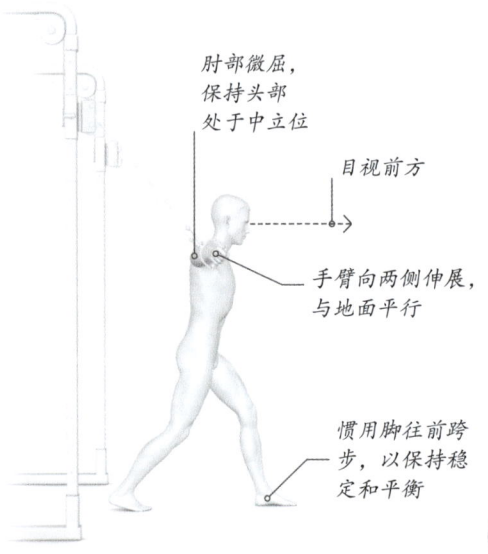

肘部微屈,保持头部处于中立位

目视前方

手臂向两侧伸展,与地面平行

惯用脚往前跨步,以保持稳定和平衡

预备阶段
调节负重和绳索高度。双手分别握住两侧手柄(也可以做单侧训练,每次只抓一个手柄),采取前后跨步站姿,背对机器中间位置,髋部两侧保持水平,收紧核心。

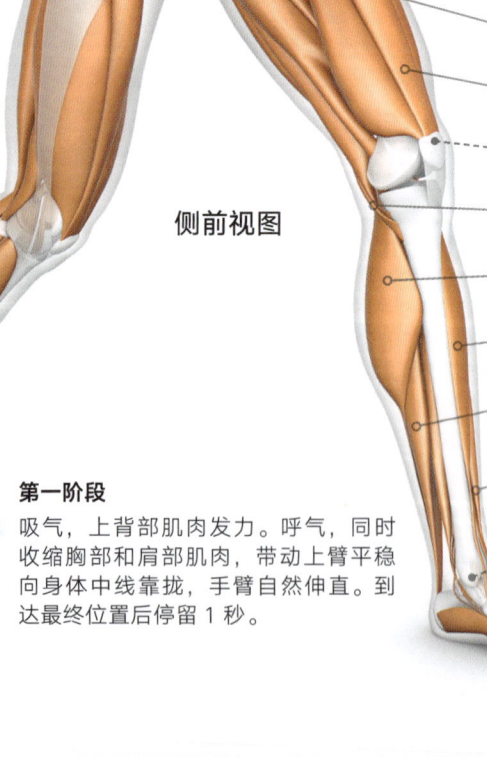

侧前视图

第一阶段
吸气,上背部肌肉发力。呼气,同时收缩胸部和肩部肌肉,带动上臂平稳向身体中线靠拢,手臂自然伸直。到达最终位置后停留1秒。

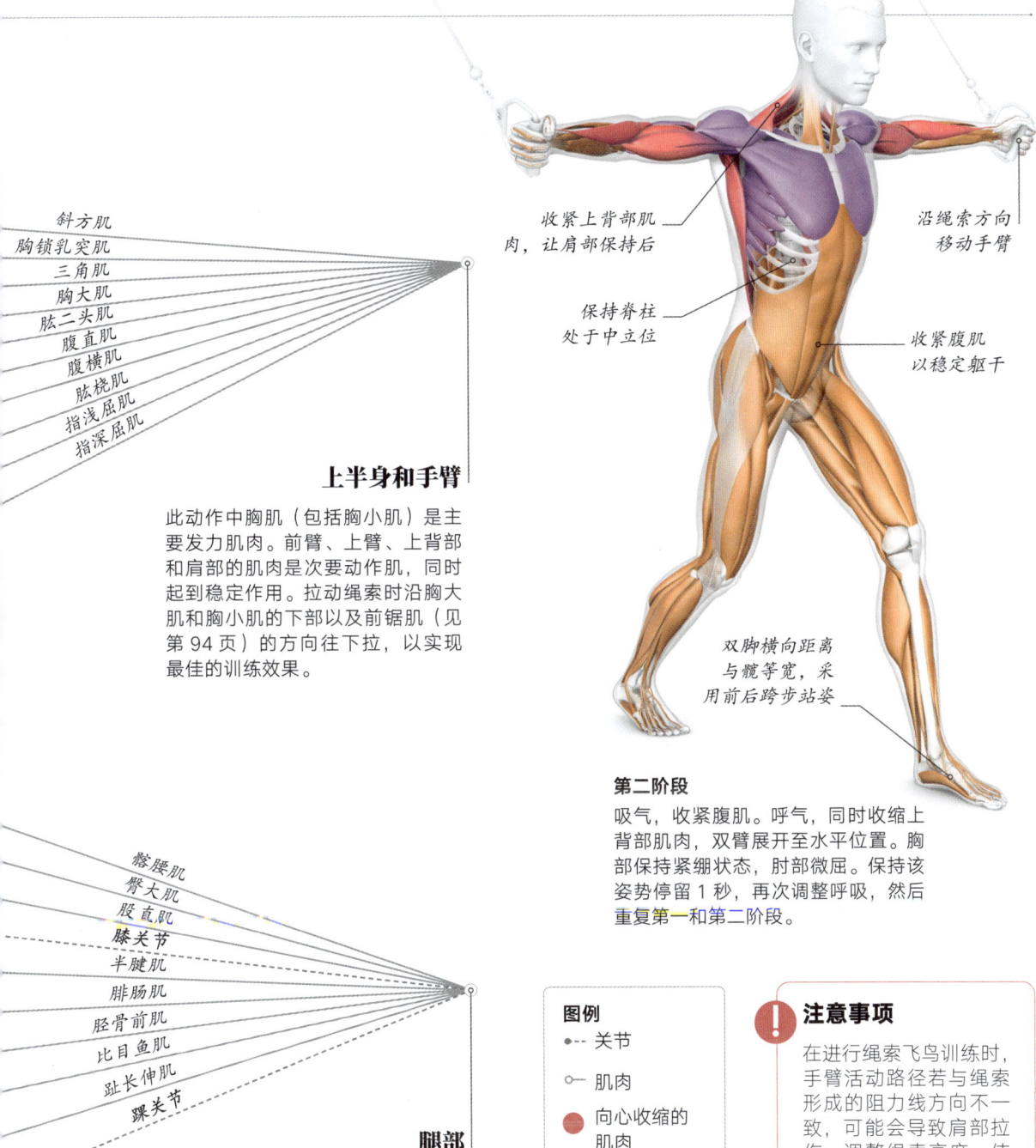

斜方肌
胸锁乳突肌
三角肌
胸大肌
肱二头肌
腹直肌
腹横肌
肱桡肌
指浅屈肌
指深屈肌

收紧上背部肌肉，让肩部保持后

沿绳索方向移动手臂

保持脊柱处于中立位

收紧腹肌以稳定躯干

双脚横向距离与髋等宽，采用前后跨步站姿

上半身和手臂

此动作中胸肌（包括胸小肌）是主要发力肌肉。前臂、上臂、上背部和肩部的肌肉是次要动作肌，同时起到稳定作用。拉动绳索时沿胸大肌和胸小肌的下部以及前锯肌（见第 94 页）的方向往下拉，以实现最佳的训练效果。

第二阶段

吸气，收紧腹肌。呼气，同时收缩上背部肌肉，双臂展开至水平位置。胸部保持紧绷状态，肘部微屈。保持该姿势停留 1 秒，再次调整呼吸，然后重复第一和第二阶段。

髂腰肌
臀大肌
股直肌
膝关节
半腱肌
腓肠肌
胫骨前肌
比目鱼肌
趾长伸肌
踝关节

腿部

下半身的肌肉在该动作中起支撑作用。身体保持稳定，能让目标肌肉产生更大的张力。前后跨步站姿（应把稳定性较强的腿置于前方）有助于维持动作的平衡和协调。

图例
- 关节
- 肌肉
- 向心收缩的肌肉
- 离心收缩的肌肉
- 无张力下被拉长的肌肉
- 等长收缩的肌肉

! 注意事项

在进行绳索飞鸟训练时，手臂活动路径若与绳索形成的阻力线方向不一致，可能会导致肩部拉伤。调整绳索高度，使阻力线方向与身体和手臂的移动路径更加契合，以降低受伤风险。

》变式动作

改变绳索的起点和终点位置,可以锻炼不同区域的肌肉。改变起始位置会影响手臂的位置,进而直接影响胸部的受力角度和部位。另外,高位飞鸟动作还可以选择采用弹力带代替绳索提供阻力,非常适合居家锻炼。

使用绳索拉力器械可以对胸肌进行安全有效的针对性训练,在进行上移和下拉动作时让胸肌全程保持张力。

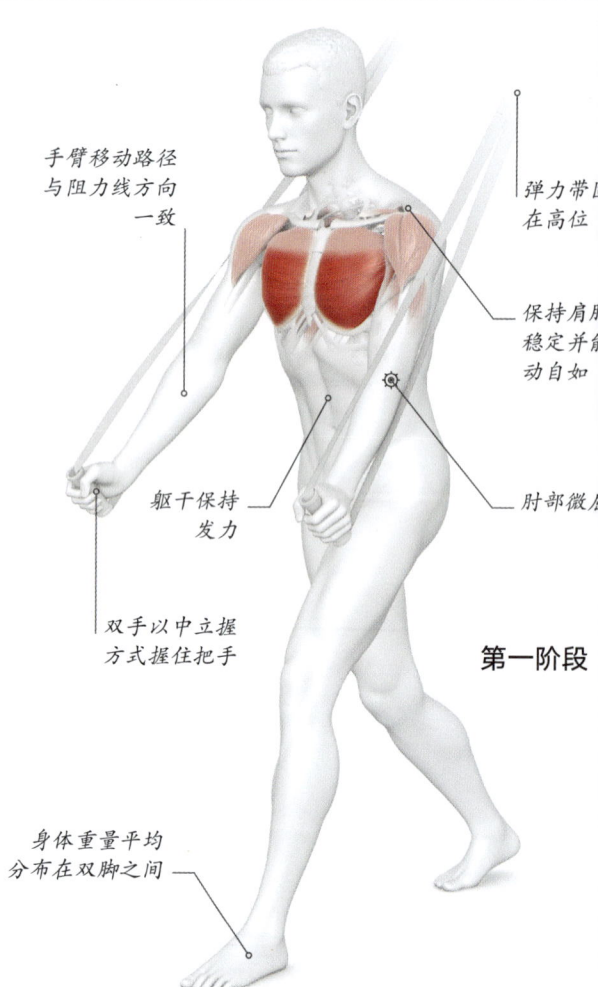

第一阶段

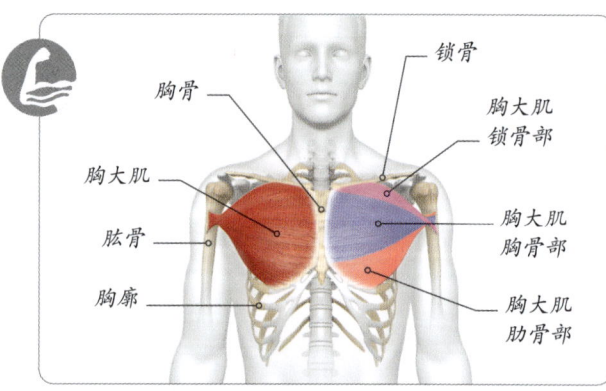

胸大肌的三个部分

胸大肌分为三大部分:肋骨部(下部)、胸骨部(中部)和锁骨部(上部)。在进行推举或飞鸟动作时,手臂移动路径和所用绳索或弹力带形成的阻力线将决定胸大肌哪个部位得到的锻炼最为集中。

高位弹力带飞鸟

此变式动作很适合居家锻炼,无须杠铃、哑铃或绳索拉力器械便可进行飞鸟动作训练。它比俯卧撑和推举更能有效地锻炼胸肌。

预备阶段
将两条弹力带固定在门的顶部或其他固定处。采取与第94~95页所示相同的起始姿势,惯用脚向前跨步,双手握住弹力带的把手。

第一阶段
吸气,收紧腹肌。呼气,同时牵引手臂沿着弹力带移动路径向下朝身体中线方向移动。到达最终位置后停留1秒。

第二阶段
吸气,收紧核心,然后呼气,同时收缩上背部肌肉,带动双臂向后,往远离身体中线的方向移动。重复第一和第二阶段。

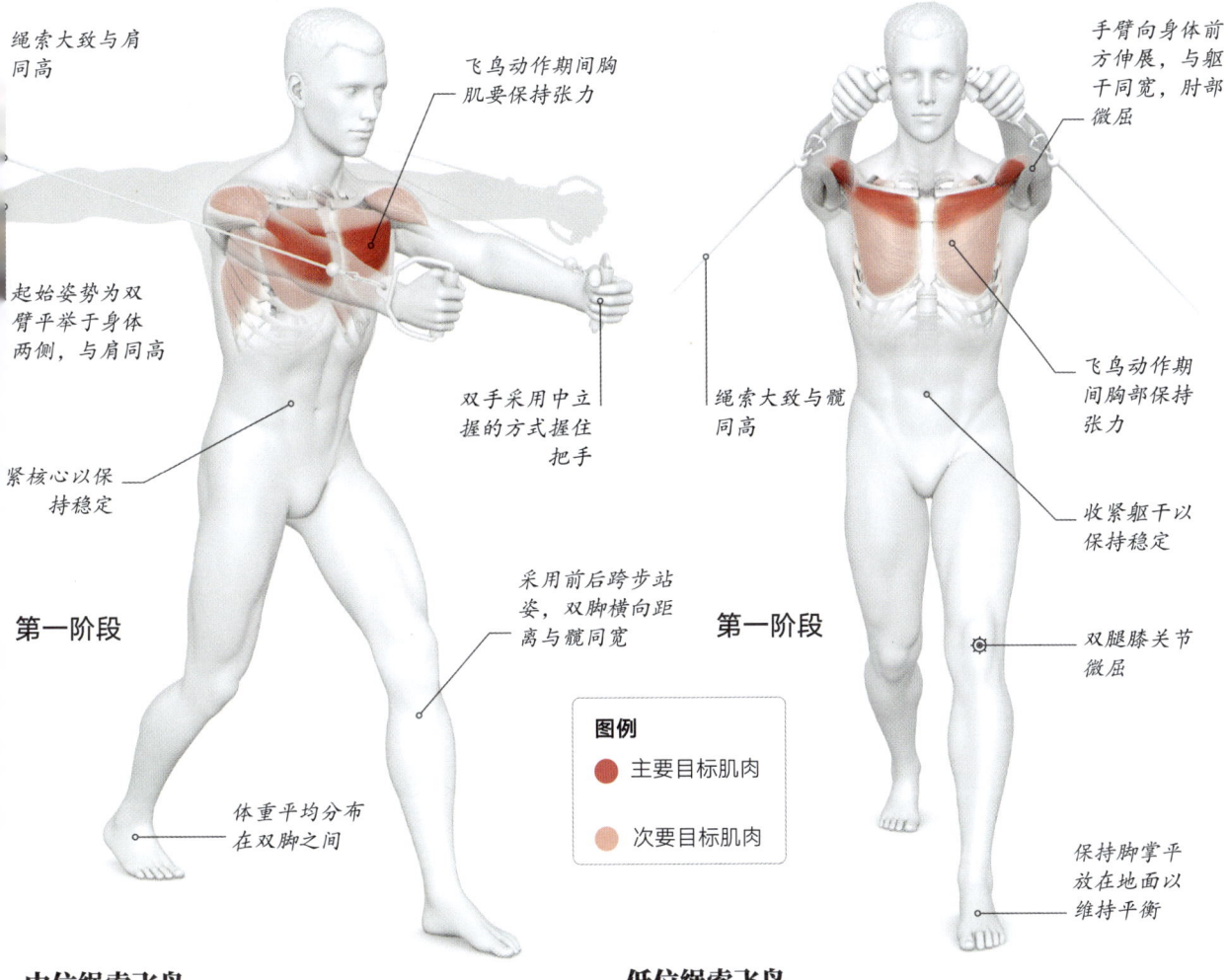

中位绳索飞鸟

练习此动作时注意保持肘部微屈，以减轻肱二头肌的负担。手臂移动路径应与绳索的阻力线方向一致。双臂向前做飞鸟动作时要避免圆肩。

预备阶段
把绳索高度调为与肩同高，并采取与第 94~95 页所示相同的起始姿势。双臂平举于身体两侧。

第一阶段
吸气，收紧核心，然后呼气，同时牵引手臂内收，朝身体中线移动，直至双臂呈平行朝前平举。

第二阶段
吸气，收紧核心，然后呼气，同时双臂展开，恢复到起始位置，肘部微屈。重复第一和第二阶段。

低位绳索飞鸟

此变式动作重点锻炼上胸肌和三角肌前束。训练过程中，上背部收紧以保持肩胛骨稳定，并能转动自如。

预备阶段
把绳索高度调至与髋同高或略低一些的位置，采取与第 94~95 页所示相同的起始姿势，双臂置于身体两侧。

第一阶段
吸气，收紧核心，然后呼气，同时上胸肌和三角肌前束发力，牵引手臂向上并朝身体中线移动。

第二阶段
吸气，收紧核心，稳定身体，然后呼气，同时上背部肌肉发力，带动手臂下摆，回到起始位置。重复第一和第二阶段。

力量训练运动解剖学

器械飞鸟

该动作又称为"蝴蝶机飞鸟",能够锻炼胸部和肩部肌肉。使用器械可以让你在更安全有效的训练环境下练习飞鸟动作。

动作点睛

根据自身的身体结构和手臂移动路径,将座椅调整到最合适的位置,这样能充分减少训练时肩膀的不适感。在进行飞鸟动作过程中,手臂应与地面平行,且能在身体中线和两侧之间轻松移动。

初学者可以从每组8~10次共4组开始做起。其他针对性的训练组见训练计划第195~208页。

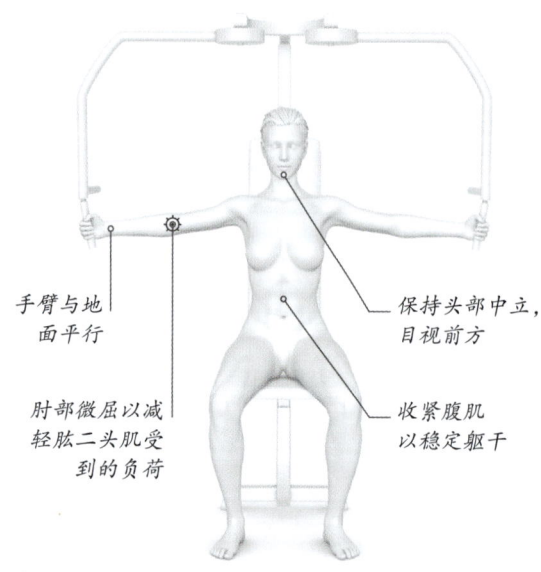

手臂与地面平行

肘部微屈以减轻肱二头肌受到的负荷

保持头部中立,目视前方

收紧腹肌以稳定躯干

预备阶段
设置好重量并调整座椅高度。在座椅上采取稳定、舒适的坐姿,双脚平放在地面上,背部紧贴靠背。双臂向两侧伸出,握住手柄(如肩膀不适,可做单侧练习,每次只抓一个手柄)。

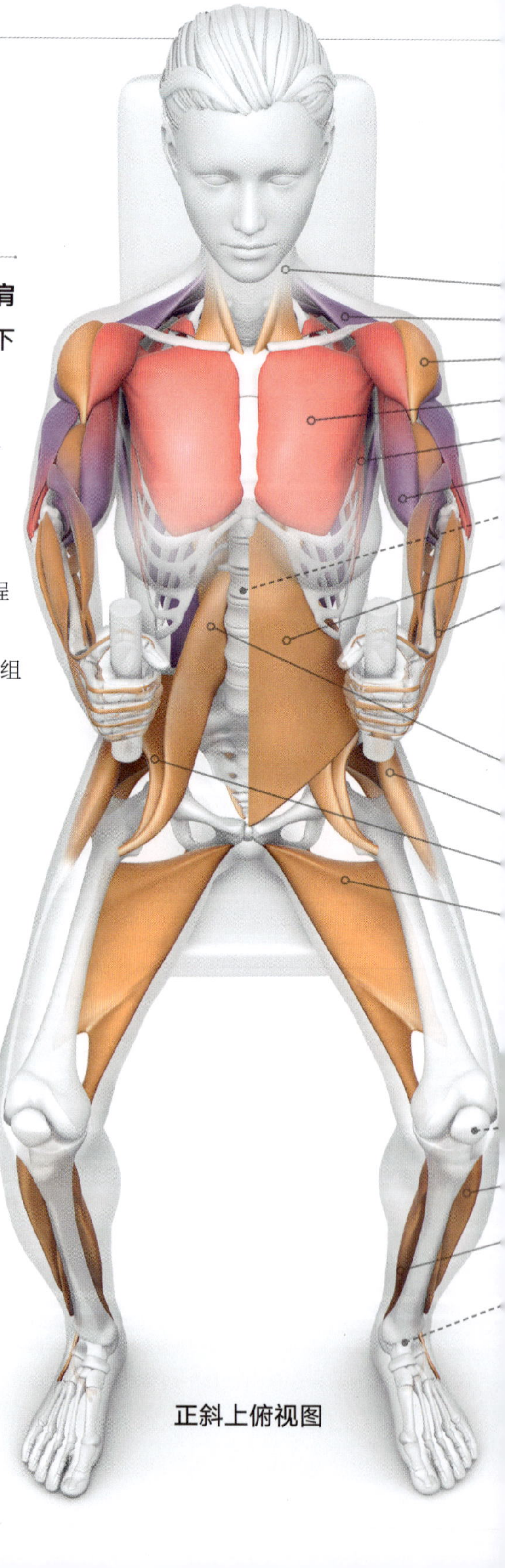

正斜上俯视图

第一阶段

吸气，收紧腹肌和上背部肌肉。呼气，同时胸部和肩部肌肉收缩，牵引身体两侧的上臂向胸骨方向靠拢，手臂自然伸直。为增加强度，到达最终位置后可以停留1~2秒，胸部肌肉保持张力。

- 胸锁乳突肌
- 斜方肌
- 三角肌
- 胸大肌
- 前锯肌
- 肱二头肌
- 脊柱
- 腹横肌
- 指伸肌

图例

- ●-- 关节
- ○— 肌肉
- ● 向心收缩的肌肉
- ● 离心收缩的肌肉
- ● 无张力下被拉长的肌肉
- ● 等长收缩的肌肉

注意事项

常见问题是没有按手臂移动路径调节器械导致肩关节受到牵拉。做动作时不要想着让手柄或双手靠拢，应专注于牵引上臂靠近身体中线，这样才能正确地锻炼到目标肌肉。

上半身和手臂

此动作中胸肌是主要发力肌肉。手臂、上背部和肩部肌肉（包括前锯肌）是次要动作肌，同时起稳定作用。动作要领是将上臂拉向身体中线，尽可能让胸部肌肉承受更大张力。

- 腰大肌
- 阔筋膜张肌
- 髂肌
- 大收肌

- 膝关节
- 腓骨长肌
- 比目鱼肌
- 踝关节

收紧上背部肌肉，让肩部保持后缩

背部挺直，贴着靠背

第二阶段

吸气，收紧腹肌。呼气，同时收缩上背部肌肉，协助手臂展开，此时肘部微屈，胸部肌肉保持张力，上背部肌肉收紧。重新调整呼吸，然后重复第一和第二阶段。

双脚平放在地面上，重量平均分布在两个脚掌之间

腿部

下半身的肌肉在该动作中起稳定支撑作用。身体保持稳定，才能让目标肌肉产生更大的张力。如果双脚无法够到地面，可以在脚下垫一块踏板或一个小箱子，确保双脚在训练过程中与地面接触。

哑铃飞鸟

第一阶段

吸气，收紧核心和上背部肌肉以保持稳定。呼气，同时双臂向两侧展开，胸部和肩部肌肉保持张力。哑铃应与躯干平行。为增加强度，到达最终位置后停留1~2秒。

这个动作可以独立锻炼胸部肌肉和三角肌前束。将哑铃向远离身体中线的方向移动后，重力能通过杠杆系统发挥更大的作用，因此与其他变式动作相比，肌肉离心收缩（对应哑铃下移阶段）承受的负荷更大。

动作点睛

相比之前的坐姿器械飞鸟，采用卧姿进行飞鸟动作难度更大。为避免受伤，掌握正确的动作很重要。哑铃下降至最低点时应注意减速，以免肌肉或关节拉伤。如果在训练中有任何关节不适的感觉，可改做高位绳索飞鸟或器械飞鸟(见第94~95页和第98~99页)。

初学者可以从每组8~10次共4组开始做起。其他针对性的训练组见训练计划第 195~208 页。

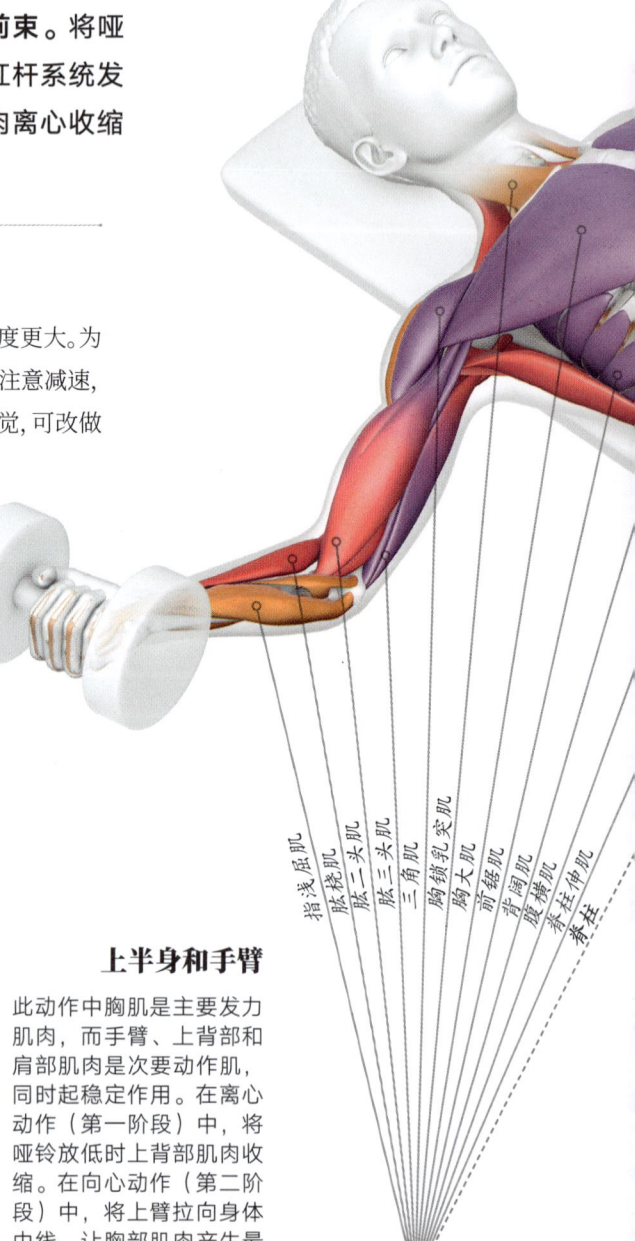

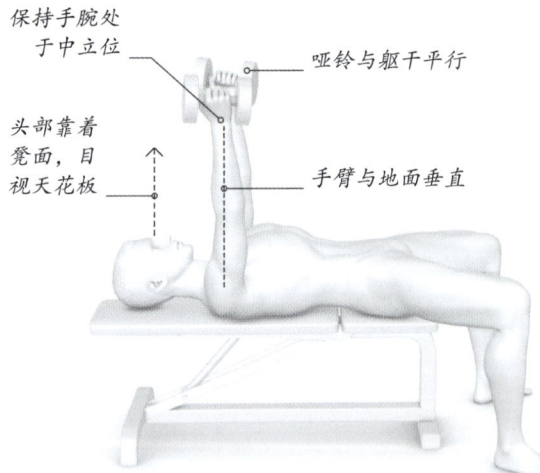

预备阶段

平躺在卧推凳上，臀部与凳面充分接触，双脚平放在地面上，两脚间的距离大于髋部宽度。双手握住哑铃，置于身体两侧。然后将哑铃举到胸部上方，保持头部处于中立位。

上半身和手臂

此动作中胸肌是主要发力肌肉，而手臂、上背部和肩部肌肉是次要动作肌，同时起稳定作用。在离心动作（第一阶段）中，将哑铃放低时上背部肌肉收缩。在向心动作（第二阶段）中，将上臂拉向身体中线，让胸部肌肉产生最大张力。

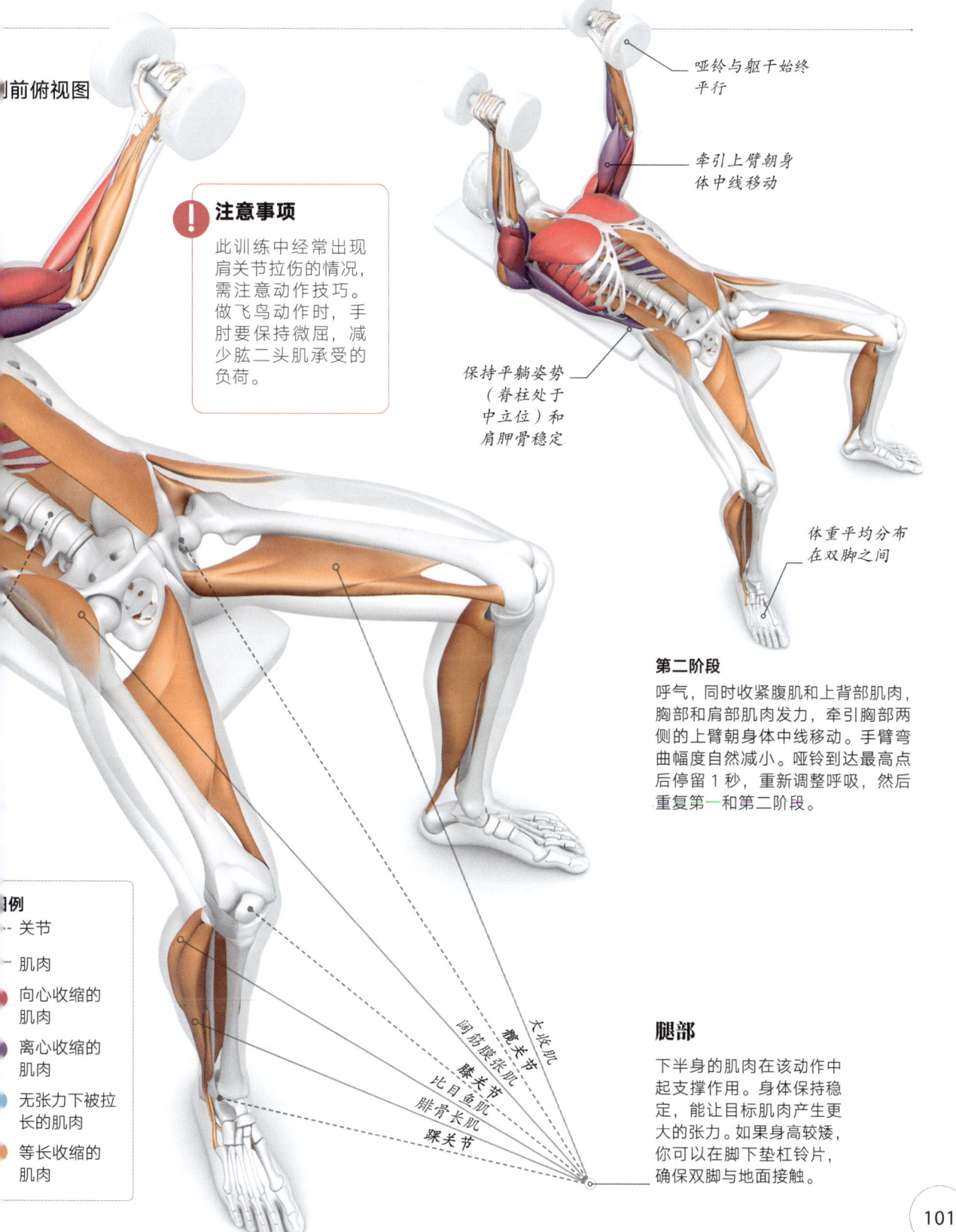

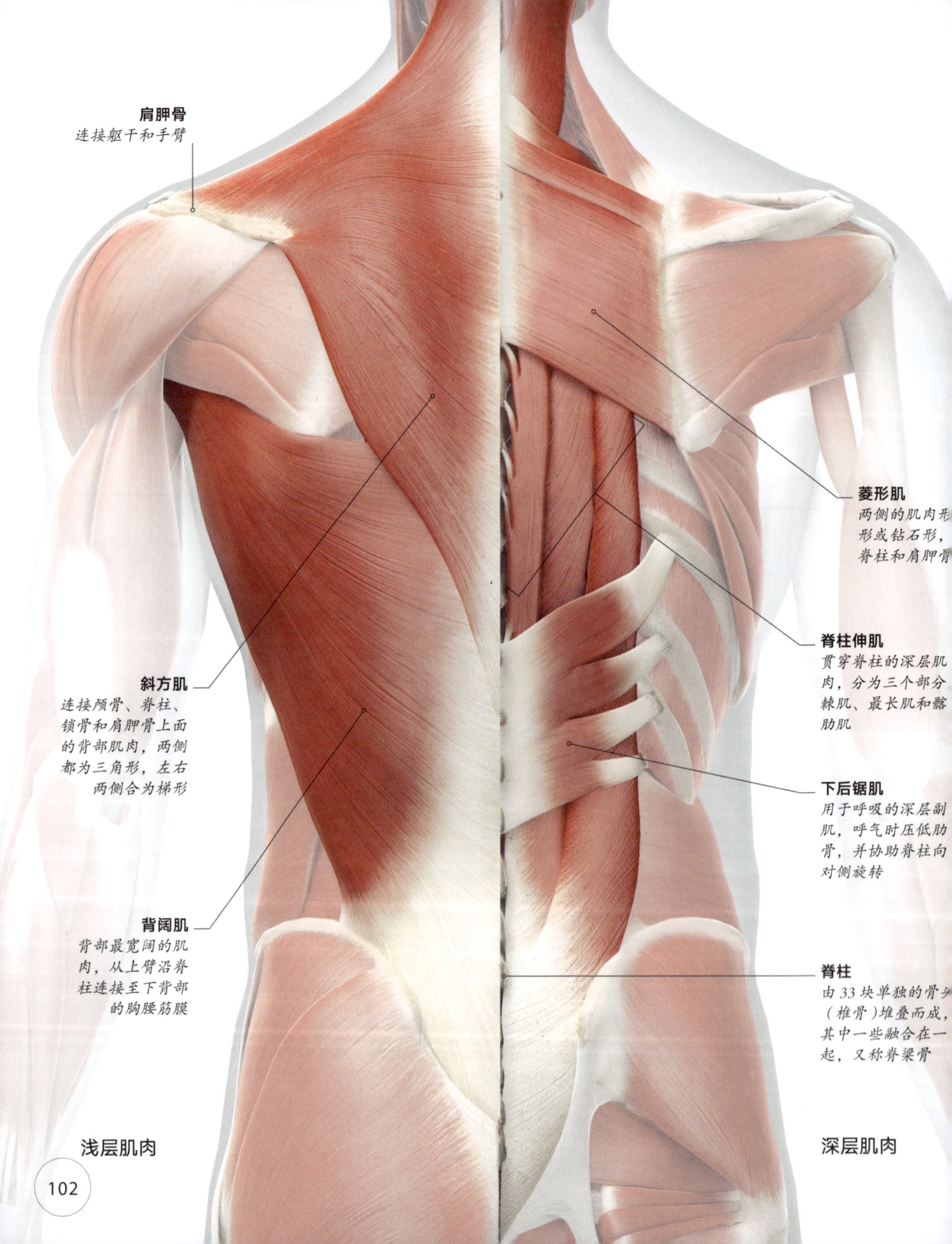

肩胛骨
连接躯干和手臂

菱形肌
两侧的肌肉形[成菱]形或钻石形，[连接]脊柱和肩胛骨

脊柱伸肌
贯穿脊柱的深层肌肉，分为三个部分：棘肌、最长肌和髂肋肌

斜方肌
连接颅骨、脊柱、锁骨和肩胛骨上面的背部肌肉，两侧都为三角形，左右两侧合为梯形

下后锯肌
用于呼吸的深层副肌，呼气时压低肋骨，并协助脊柱向对侧旋转

背阔肌
背部最宽阔的肌肉，从上臂沿脊柱连接至下背部的胸腰筋膜

脊柱
由33块单独的骨头（椎骨）堆叠而成，其中一些融合在一起，又称脊梁骨

浅层肌肉　　　　　　　　　　深层肌肉

背部训练

负责背部运动的主要肌肉有：浅层肌肉中的最大块肌肉——背阔肌，另一块主要的浅层肌肉——斜方肌，位于斜方肌下方的深层肌肉——菱形肌，以及位于菱形肌下方深处的脊柱伸肌。

背阔肌附着在上臂和下背部周围的结缔组织上，斜方肌和菱形肌附着在肩胛骨和上背部的脊柱上，脊柱伸肌则与骨盆、脊柱和肋骨相连。

背部肌肉可执行肩部的伸展、垂直和水平内收、下沉和后收，以及脊柱的伸展和侧屈等动作。在进行深蹲和硬拉训练时，背部肌肉是胸部和躯干肌肉的拮抗肌，能协助稳定和保护脊柱。

- 在进行划船动作的训练时，肌肉纤维以水平排列为主的肌肉，如斜方肌中束和背阔肌上束，能协助双臂往后，朝身体中线移动。

- 在进行下拉动作的训练时，肌肉纤维以纵向排列为主的肌肉，如背阔肌下束、斜方肌上束和斜方肌下束，能协助双臂往下、往后朝身体中线移动。

在做任何以背部肌肉为目标的训练动作时，都会同时使用多块肌肉来完成整个动作，同时还会使用到肩部和手臂的肌肉。

本节内容	
宽握高位下拉	104
变式动作：	106
对握高位下拉	
器械高位下拉	
反握引体向上	
对握水平划船	108
变式动作：	110
器械水平划船	
哑铃俯身划船	
杠铃俯身划船	
哑铃耸肩	112
变式动作：	114
弹力带站姿划船	
绳索站姿划船	
绳索耸肩	

强健的背部肌肉能实现各种运动模式的完美协调。

宽握高位下拉

高位下拉是维持良好体姿并提高身体整体灵活性的绝佳训练。这一动作使用宽握方式，能重点锻炼上背部肌肉和背阔肌，同时也能锻炼到上臂的肱二头肌和肩部的后三角肌。

动作点睛

采用宽握的方式主要锻炼的是上背部肌肉，而采用对握则能让背阔肌和肱二头肌获得更多锻炼。欲了解不同握法对肌肉训练效果的影响，请参见第106~107页。若在训练中感到关节不适，可以在第二阶段中调整动作幅度，以缓解肩关节的压力。

初学者可以从每组8~10次共4组开始做起。可在家练习的变式动作见第106~107页，其他针对性的训练组见训练计划第195~208页。

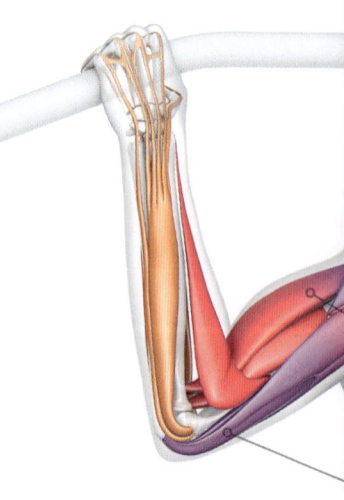

侧后视图

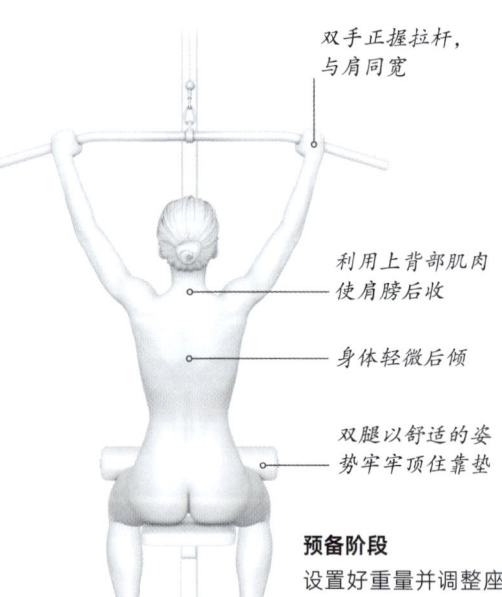

双手正握拉杆，与肩同宽

利用上背部肌肉使肩膀后收

身体轻微后倾

双腿以舒适的姿势牢牢顶住靠垫

预备阶段
设置好重量并调整座椅高度。入座时将双腿置于腿部靠垫下方，膝盖弯曲，双脚踩实地面。双手握住拉杆，躯干稍稍后倾，并轻微伸展上背部。

第一阶段
吸气，收紧腹部以稳定核心。呼气时弯曲肘部，收缩上背部和中背部肌肉，肘部自然向外张开，保持挺胸，将拉杆下拉至胸骨顶部（不必触碰身体）。

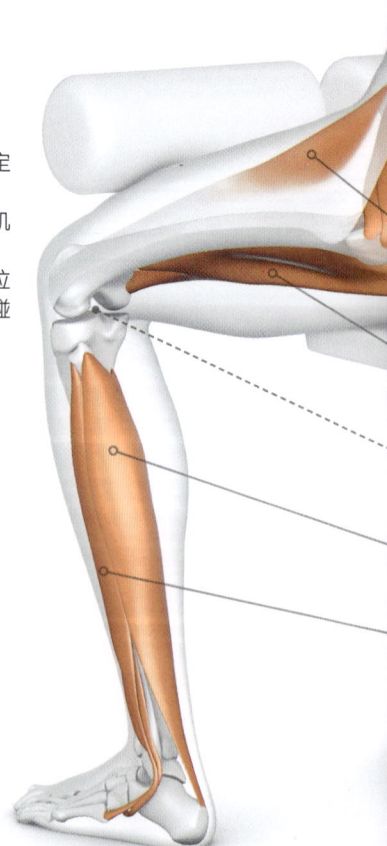

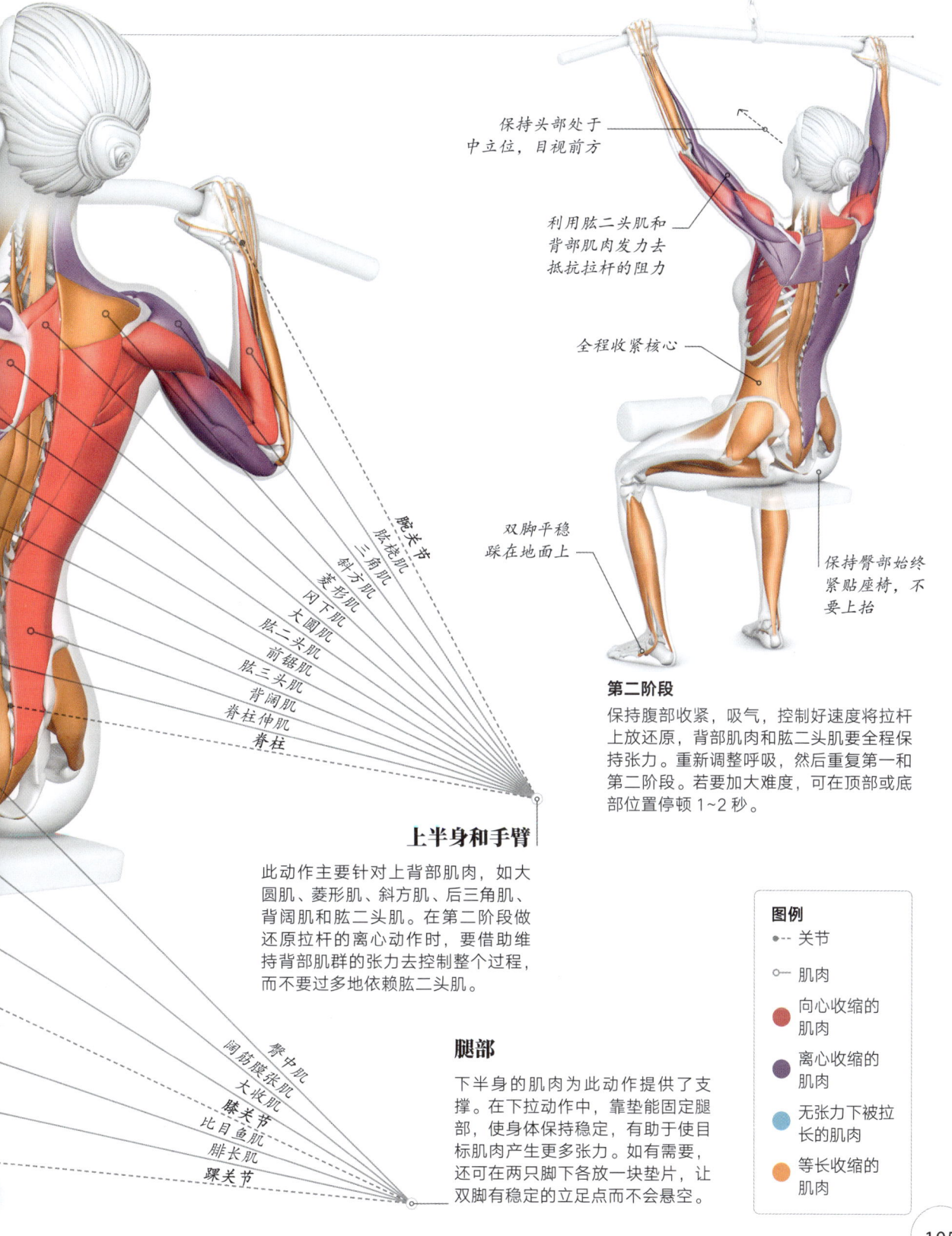

第二阶段

保持腹部收紧，吸气，控制好速度将拉杆上放还原，背部肌肉和肱二头肌要全程保持张力。重新调整呼吸，然后重复第一和第二阶段。若要加大难度，可在顶部或底部位置停顿 1~2 秒。

上半身和手臂

此动作主要针对上背部肌肉，如大圆肌、菱形肌、斜方肌、后三角肌、背阔肌和肱二头肌。在第二阶段做还原拉杆的离心动作时，要借助维持背部肌群的张力去控制整个过程，而不要过多地依赖肱二头肌。

腿部

下半身的肌肉为此动作提供了支撑。在下拉动作中，靠垫能固定腿部，使身体保持稳定，有助于使目标肌肉产生更多张力。如有需要，还可在两只脚下各放一块垫片，让双脚有稳定的立足点而不会悬空。

图例
- 关节
- 肌肉
- 向心收缩的肌肉
- 离心收缩的肌肉
- 无张力下被拉长的肌肉
- 等长收缩的肌肉

105

》变式动作

高位下拉可利用不同器械进行训练。调整握法可改变训练的目标肌肉，包括背阔肌、斜方肌和三角肌。同样要注意的是，在这些动作中不要给肩关节施加过多的压力。

图例
● 主要目标肌肉　● 次要目标肌肉

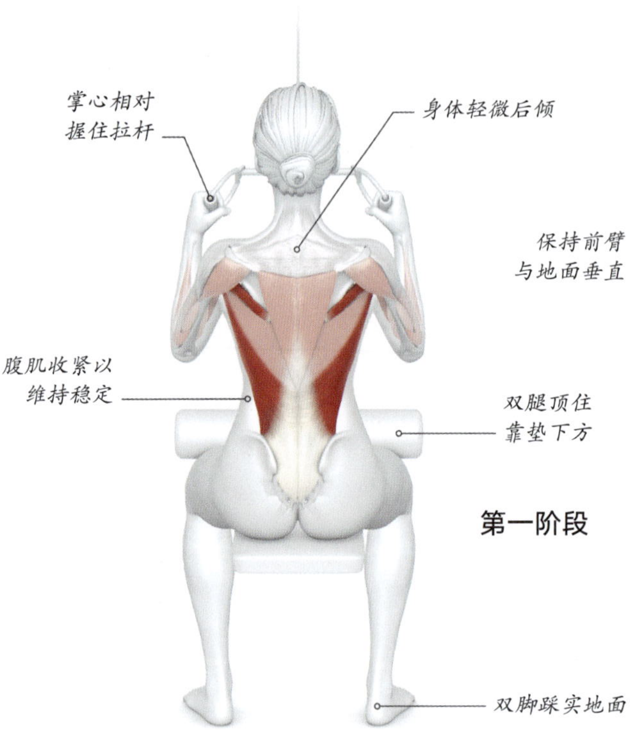

掌心相对握住拉杆

身体轻微后倾

腹肌收紧以维持稳定

双腿顶住靠垫下方

第一阶段

双脚踩实地面

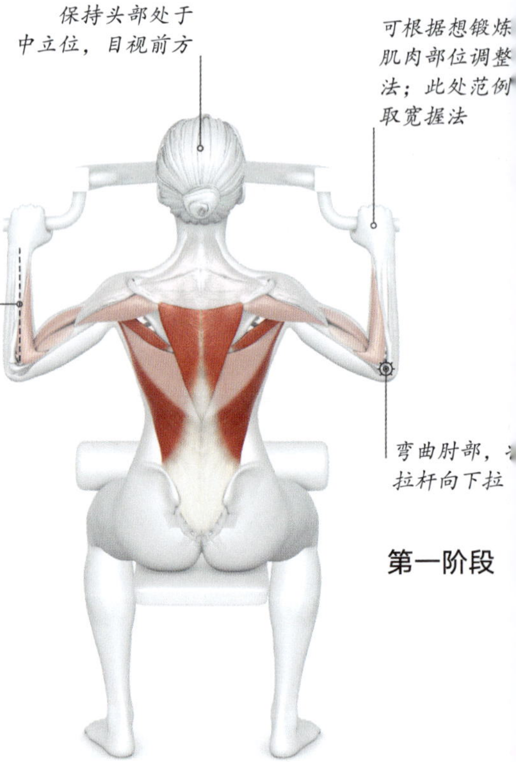

保持头部处于中立位，目视前方

可根据想锻炼肌肉部位调整握法；此处范例取宽握法

保持前臂与地面垂直

弯曲肘部，拉杆向下拉

第一阶段

对握高位下拉

宽握高位下拉所使用的宽距正握的握法主要锻炼上背部肌肉，而此变式动作中掌心相对的握法，则侧重于锻炼背阔肌。

预备阶段
身体姿势与宽握下拉的姿势相同。双手对握拉杆，距离与肩同宽。躯干略微后倾。

第一阶段
吸气，收紧腹肌。呼气，同时弯曲肘部，收缩背阔肌，将拉杆向下拉。

第二阶段
再次吸气，收紧腹肌，将拉杆还原，并控制好速度。重复第一和第二阶段。

器械高位下拉

此变式动作既可以采用宽距正握法，也可以采用对握法，双臂沿着固定路径向下拉。相比对握，宽握能更多地刺激斜方肌。

预备阶段
调整好器械，坐在座椅上，将双腿顶住靠垫下方，膝盖弯曲，双脚平贴地面。按照自己倾向的握法握住拉杆。

第一阶段
吸气，收紧腹肌。呼气，收缩上背部和中背部肌肉，将拉杆往下拉。

第二阶段
再次吸气，收紧核心。呼气，将拉杆还原，并控制好返回速度。重复第一和第二阶段。

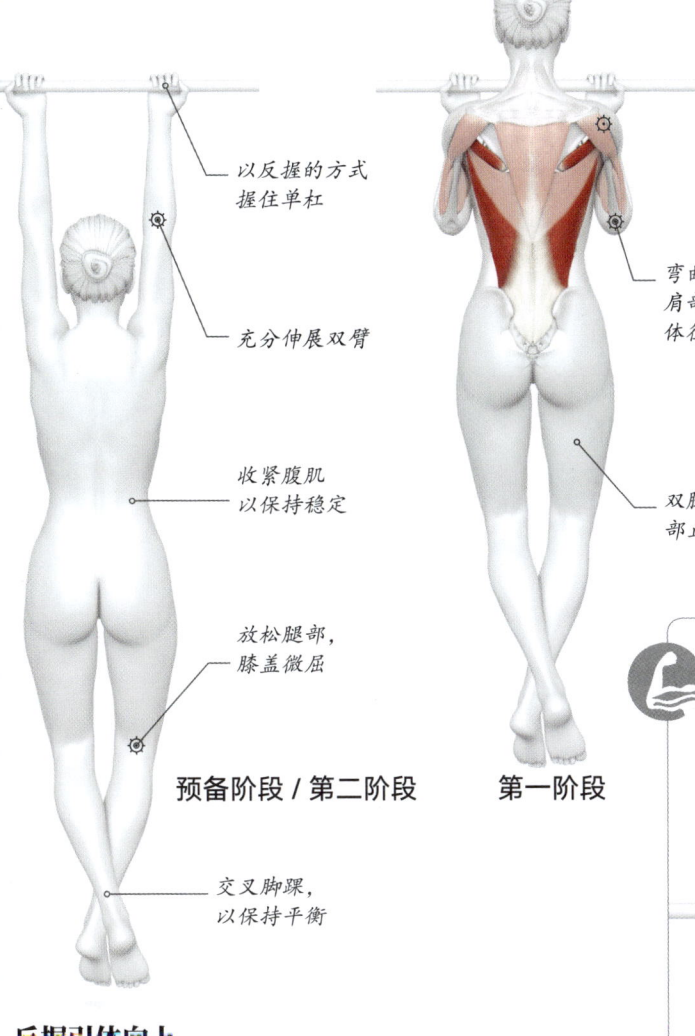

预备阶段 / 第二阶段　　第一阶段

在下拉动作的不同变式中，握法不同会影响肌群的受刺激程度。

反握引体向上

此动作的训练目标肌群为上背部肌肉、背阔肌和肱二头肌。以自身体重为负荷进行垂直牵拉的这一动作很适合纳入力量训练计划之中。此变式动作采用反握法，在每一次引体向上时都能锻炼到背部的大部分肌肉。

预备阶段
保持核心稳定，悬挂于单杠下。可将双脚于脚踝处交叉，以维持平衡，保持身体协调。

第一阶段
呼气，弯曲肘部，将身体往上拉。若要增加难度，可在这一位置停顿1~2秒。

第二阶段
吸气，伸展肘部让身体下降，全程收紧核心。不要通过摇摆产生惯性。重复第一和第二阶段。

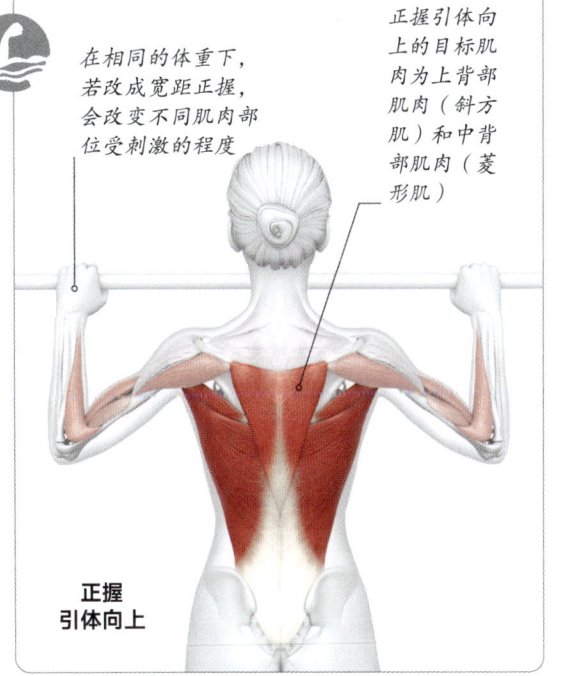

正握引体向上

关于握法

进行双手较靠拢的对握、半对握或反握引体向上时，背阔肌和肱二头肌的参与程度会大于上背部肌肉。进行宽握距的正握引体向上时，上背部肌肉会获得较多的刺激，同时也能锻炼到肱二头肌，但对背阔肌的刺激较少。

力量训练运动解剖学

对握
水平划船

水平划船的动作非常适合纳入各种力量训练计划中。这里介绍的对握水平划船动作能有效锻炼背阔肌、肱二头肌和上背部的大部分肌肉。为确保有足够的活动空间，应以正确的姿势和适当的距离坐在座椅上，不要离器械太近。

动作点睛

将双脚放在踏板靠下的位置，让髋部有更大的活动范围。若感到肩部不适，可以在第二阶段中调整动作幅度。

初学者可以从每组8~10次共4组开始做起。变式动作见第110~111页，其他针对性的训练组见训练计划第195~208页。

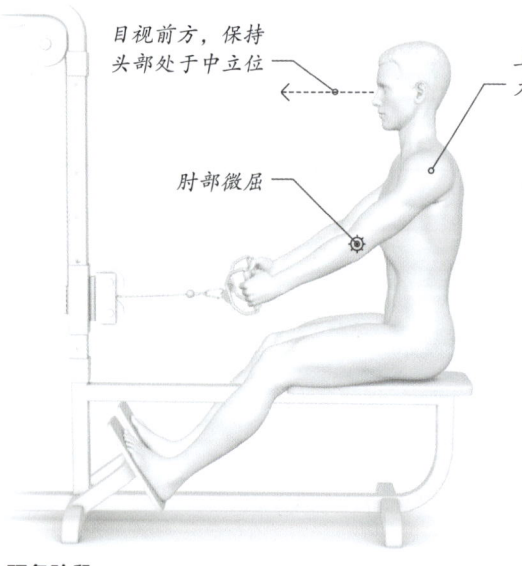

目视前方，保持头部处于中立位

上背部肌肉发力，让肩部后收

肘部微屈

! 注意事项

很多人会犯这样的错误：通过髋部和躯干来产生惯性，这会导致你身体后仰，而不是向后滑动。需要始终保持核心处于稳定的状态。

预备阶段

设置好重量，调整座椅高度，然后面对器械坐在椅上。双脚应放在踏板靠下的位置，膝盖微微弯曲。双手握住把手，距离与肩同宽，伸展手臂并挺直背部。

第一阶段

吸气，收紧腹肌。呼气时弯曲肘部，收缩上背部和中背部肌肉，将把手往后朝上腹部方向拉，肘部自然向后越过身体。在肩膀即将开始出现圆肩现象时停下来。

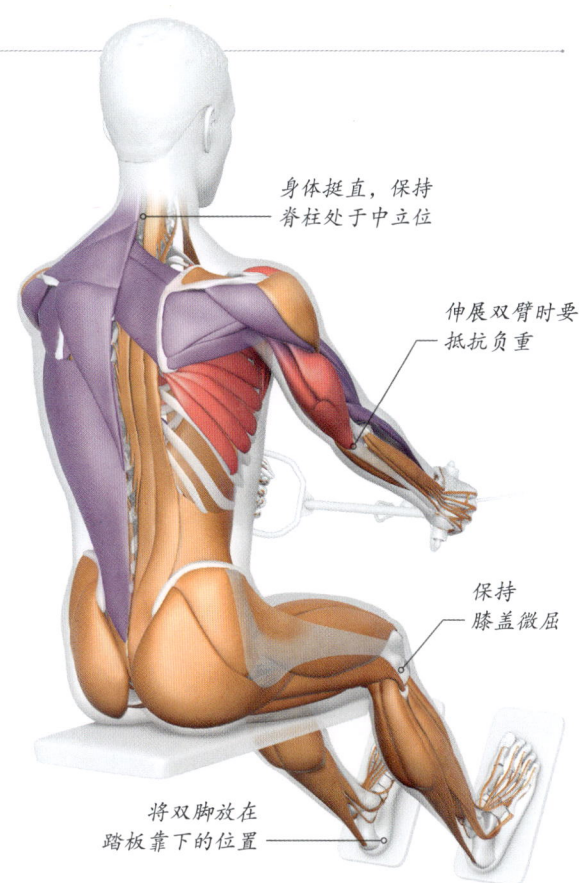

侧后视图

- 头半棘肌
- 斜方肌
- 胸锁乳突肌
- 菱形肌
- 冈上肌
- 冈下肌
- 大圆肌
- 背阔肌
- 三角肌
- 肱三头肌
- 肱二头肌
- 脊柱伸肌
- 腹横肌
- 肱桡肌

身体挺直，保持脊柱处于中立位

伸展双臂时要抵抗负重

保持膝盖微屈

将双脚放在踏板靠下的位置

上半身和手臂

划船动作主要锻炼背阔肌和负责屈肘动作的肱二头肌。上背部肌肉，如大圆肌、菱形肌、斜方肌和后三角肌也起到辅助作用。在第二阶段做离心动作时，要借助维持背部肌群的张力去控制整个过程，而不要过多地依赖肱二头肌。

第二阶段

收紧腹肌，吸气，控制动作的速度并抵抗负重，将把手返回初始位置。背部肌肉和肱二头肌要全程保持张力。重新调整呼吸，重复第一和第二阶段。若要增加强度，可在该阶段或第一阶段的末端位置停留1秒。

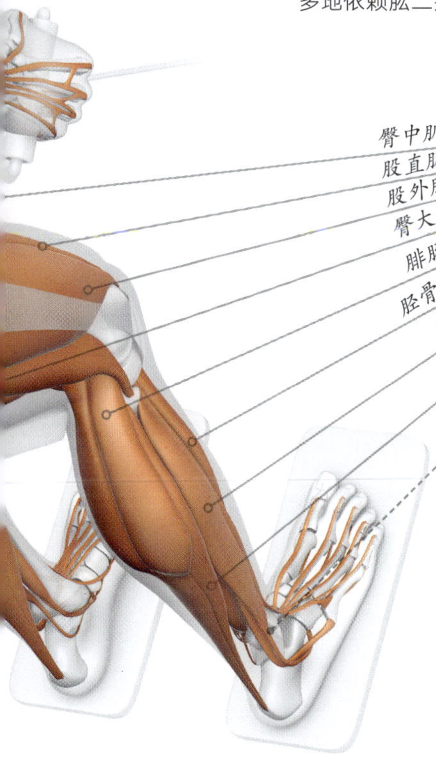

- 臀中肌
- 股直肌
- 股外肌
- 臀大肌
- 腓肠肌
- 胫骨前肌
- 腓长肌
- 比目鱼肌
- 踝关节

腿部

下半身的肌肉为该动作提供了支撑基础。在划船动作中，双脚接触踏板可以提供稳定性，这样能让目标肌肉更好地发力。如有需要，还可在两只脚下各放一块垫板，确保整个锻炼过程中双脚都有稳定的立足点。

图例

- •-- 关节
- ○ 肌肉
- ● 向心收缩的肌肉
- ● 离心收缩的肌肉
- ● 无张力下被拉长的肌肉
- ● 等长收缩的肌肉

» 变式动作

划船动作主要锻炼背阔肌、背部其他肌肉和肱二头肌,该动作可根据不同器械调整训练方式。注意躯干要全程保持稳定,肩膀后收,手臂往后拉的动作要连贯流畅,一气呵成。

图例
● 主要目标肌肉　● 次要目标肌肉

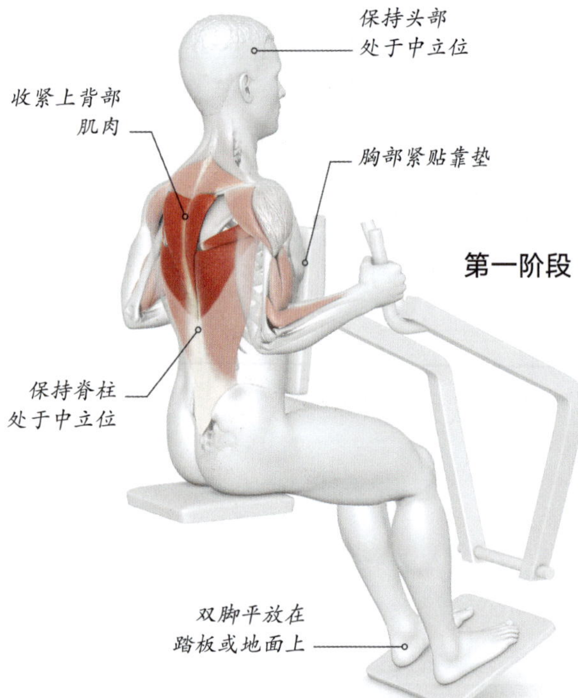

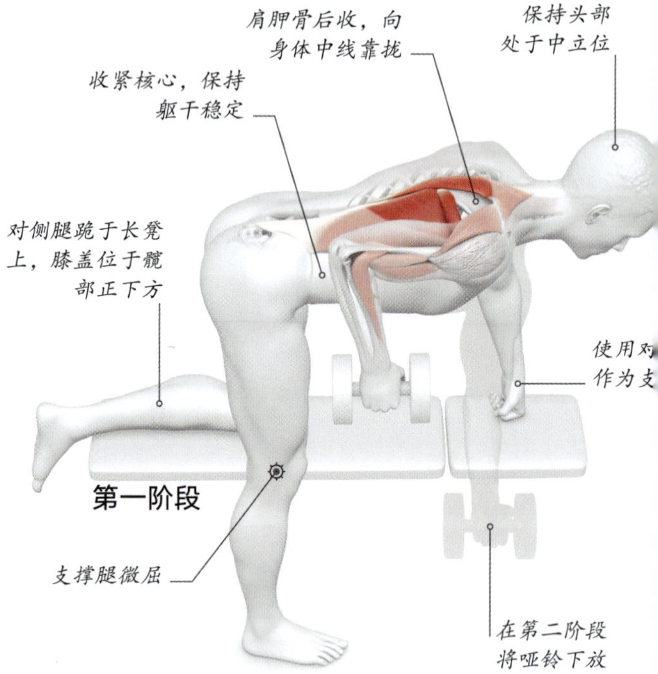

器械水平划船

这个使用器械的变式动作可以锻炼上背部和中背部肌肉。器械为胸部提供支撑,能确保训练的稳定和安全。若要增加强度,可在动作顶部位置停留1~2秒。

预备阶段
在座椅上坐好,如有踏板,可将双脚放在踏板上。身体前倾,胸部紧贴靠垫。

第一阶段
吸气,收紧腹肌。呼气,肩膀后收,双臂往后将把手往自己的身体方向拉,整个过程要连贯流畅。

第二阶段
吸气,将把手返回起始位置,并控制好速度。重复第一和第二阶段。

哑铃俯身划船

这一动作使用哑铃,你可以单侧(如图所示单腿支撑在长凳上)或双侧(双腿屈膝站立,髋部弯曲呈90°)进行划船动作。若想增加强度,可在动作顶部位置停留1~2秒。

预备阶段
动作手的对侧膝盖跪于长凳上,另一条腿站立于地面,膝盖位于髋部正下方。躯干打平往前倾斜至约与地面平行。吸气并收紧核心。

第一阶段
呼气,肩胛骨后收,抬起手臂,肘部弯曲角度30°~75°。角度改变,受刺激的肌肉部位也会跟着改变。

第二阶段
吸气,将哑铃下放还原,控制好下放的速度,并全程保持腹肌收紧。重复第一和第二阶段。

杠铃俯身划船

这一变式动作很受欢迎,除了能锻炼上背部和中背部肌肉外,该动作还能锻炼到核心肌群。注意由于躯干保持前倾,身体的活动范围较小。与其他变式动作一样,若想增加强度,可在动作顶部位置停留1~2秒。

收紧核心,保持躯干稳定

保持头部处于中立位,收起下巴

部向后移,至完全屈髋

膝盖屈曲

双脚分开,与肩同宽

用适量的垫片将杠铃垫高,以便在抓握杠铃时背部能保持挺直

手臂角度应在45°左右

上抬杠铃时要保持脊柱中立

预备阶段 / 第二阶段

第一阶段

预备阶段
面对杠铃站立,髋部后移,俯身向前,双手正握杠铃,保持脊柱处于中立位。

第一阶段
吸气以稳定核心,呼气时向上做出划船动作,将杠铃往胸部的方向抬高,同时肘部自然向后。

第二阶段
吸气时将杠铃下放至初始位置,利用手臂、肩膀、背部和核心肌群的力量控制杠铃下放的速度。重复第一和第二阶段。

脊柱伸肌

浅层的脊柱伸肌(竖脊肌)肌群沿脊柱纵向排列,由胸棘肌、胸最长肌和髂肋肌三个部分组成。深层的脊柱伸肌肌群(包括脊柱旋转肌)支持竖脊肌的运动,对稳定脊柱和骨盆起着至关重要的作用。这些肌肉共同运作,可防止身体向前倾倒,并有助于维持良好的身体姿势。

浅层肌肉 / **深层肌肉**

- 头半棘肌
- 胸棘肌
- 胸最长肌
- 髂肋肌

后视图

脊柱旋转肌群
- 胸半棘肌
- 腰方肌
- 多裂肌

哑铃耸肩

这个动作能安全有效地锻炼斜方肌上束。利用两个哑铃增加负荷能让肌肉受到更多刺激。

动作点睛

用哑铃替换杠铃能消除杠身的限制，让你可以根据个人身体条件和活动能力来调整动作形式。如果有器械条件，绳索器械的变式动作可实现最大程度的个性化调整，并提供最适当的阻力。

初学者可以从每组8~10次共4组开始做起。变式动作见第114~115页，其他针对性的训练组见训练计划195~208页。若在训练过程中感到不适，可尝试改用绳索滑轮器械或弹力带。

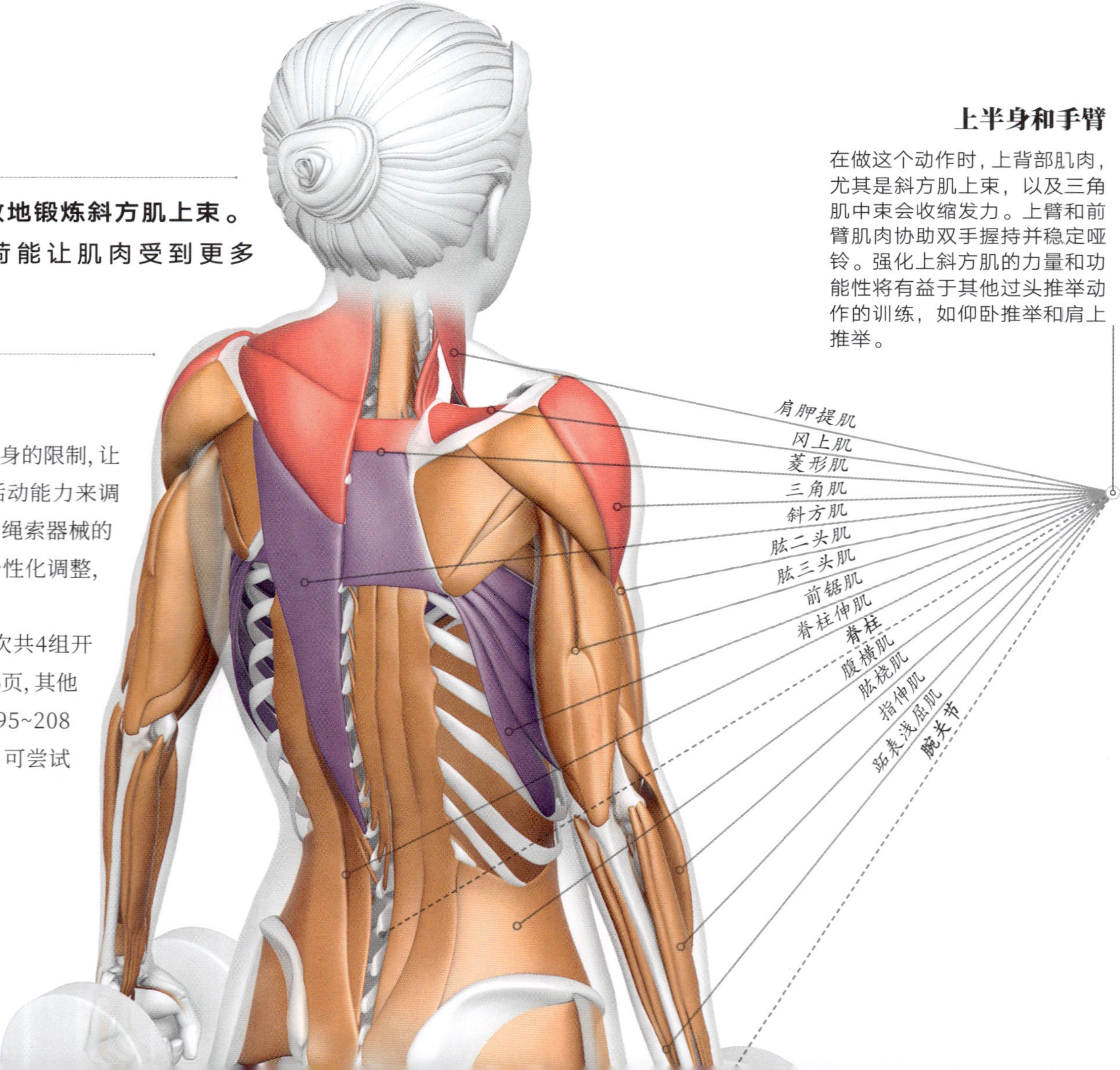
肩胛提肌
冈上肌
菱形肌
三角肌
斜方肌
肱二头肌
肱三头肌
前锯肌
脊柱伸肌
脊柱
腹横肌
肱桡肌
指伸肌
趾表浅屈肌
腕关节

上半身和手臂

在做这个动作时，上背部肌肉，尤其是斜方肌上束，以及三角肌中束会收缩发力。上臂和前臂肌肉协助双手握持并稳定哑铃。强化上斜方肌的力量和功能性将有益于其他过头推举动作的训练，如仰卧推举和肩上推举。

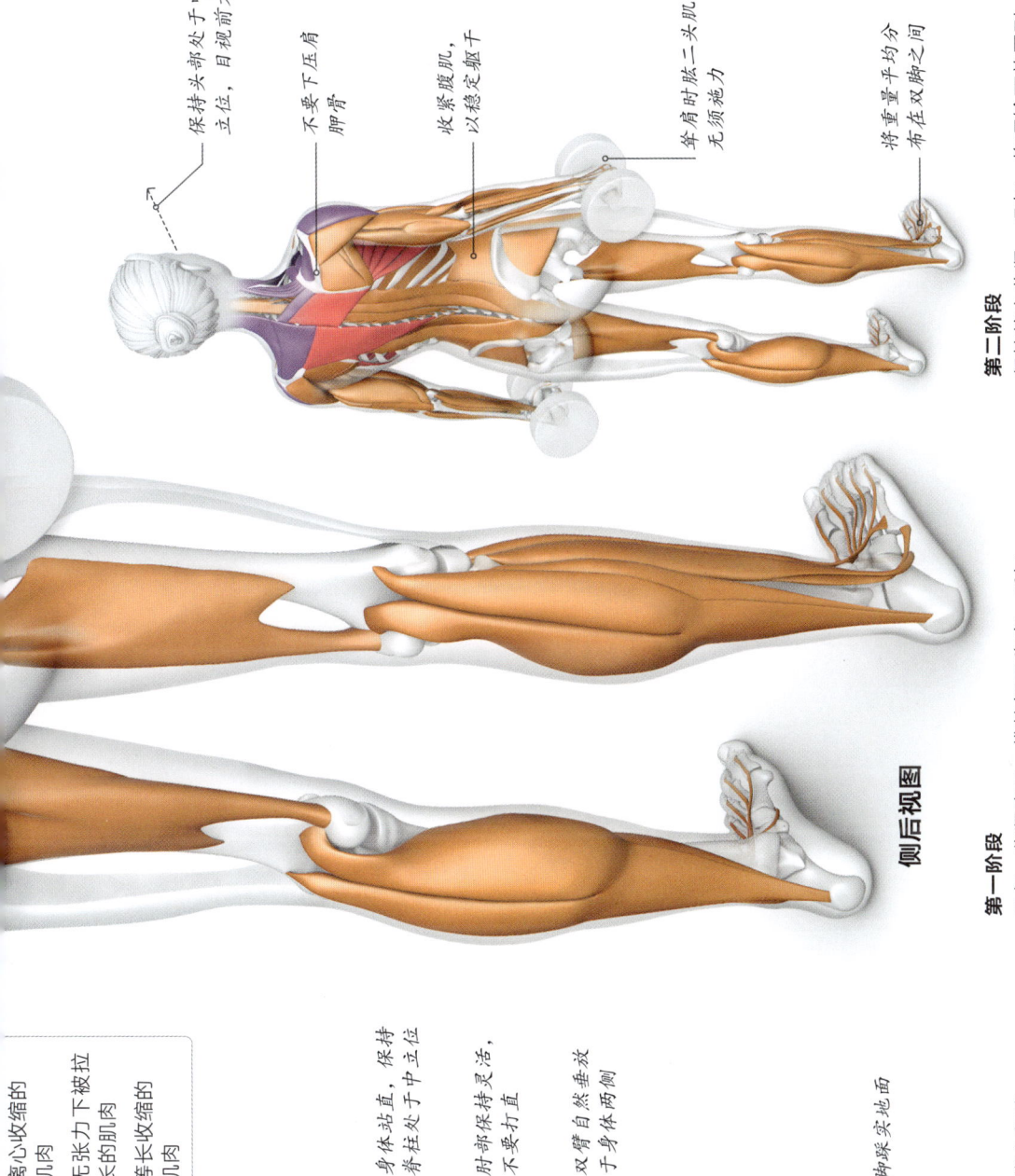

保持头部处于中立位，目视前方

不要下压肩胛骨

收紧腹肌，以稳定躯干

耸肩时肱二头肌无须拖力

将重量平均分布在双脚之间

第二阶段
保持核心收紧，吸气，将哑铃放回到起始位置。利用上斜方肌抵抗哑铃下降的阻力，重新调整呼吸，然后重复第一和第二阶段。

第一阶段
吸气，收紧腹肌，维持躯干稳定。呼气，耸肩，往耳朵方向靠近，顺势带动两个哑铃往上抬高。髋部和躯干保持不动，哑铃往上抬高。停留 1~2 秒。

侧后视图

身体站直，保持脊柱处于中立位，双臂自然垂放于身体两侧

肘部保持灵活，不要打直

双臂自然垂放于身体两侧

双脚踩实地面

预备阶段
双脚打开，与肩同宽。双手掌心朝内，以侧握握方式握住哑铃，手腕处于中立位，双臂自然垂放于身体两侧。保持头部中立，目视前方。

- - - 关节
- ○ 肌肉
- ● 向心收缩的肌肉
- ● 离心收缩的肌肉
- ● 无张力下被拉长的肌肉
- ● 等长收缩的肌肉

113

» 变式动作

下列这些耸肩变式动作都是以斜方肌上束和三角肌中束为锻炼目标,使用绳索或弹力带对头部和肱二头肌而言会比较轻松。使用绳索时也可依照个人需求去调整动作。

弹力带站姿划船

此变式动作使用弹力带训练斜方肌上束和肩部肌肉。若想增加强度,可在动作顶端位置停留1~2秒。

锻炼斜方肌上束

斜方肌上束能够平衡三角肌中束作用于肩胛骨的力量,使得耸肩这一动作可同时有效训练到这两处肌肉。

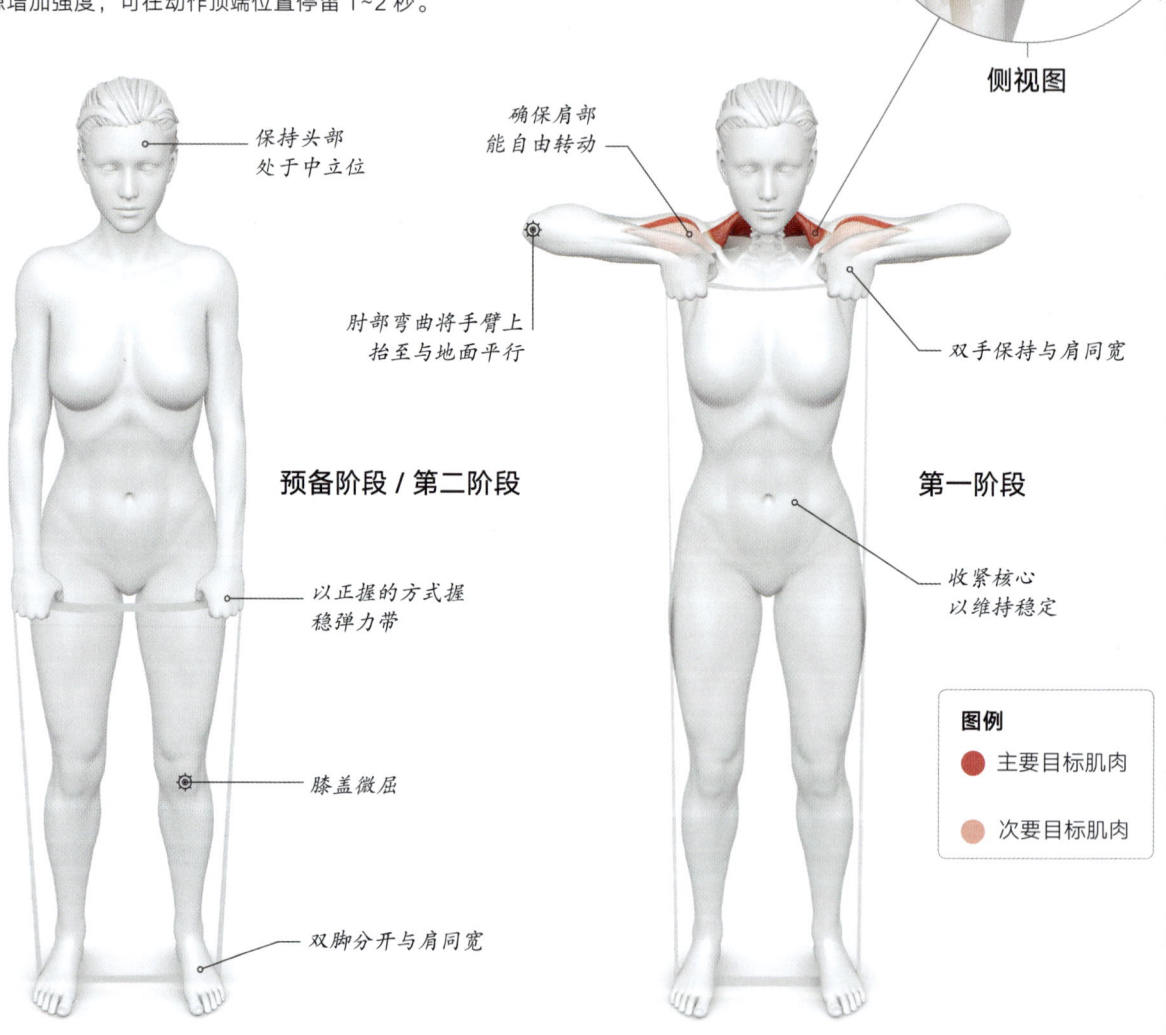

侧视图

预备阶段 / 第二阶段
- 保持头部处于中立位
- 以正握的方式握稳弹力带
- 膝盖微屈
- 双脚分开与肩同宽

第一阶段
- 确保肩部能自由转动
- 肘部弯曲将手臂上抬至与地面平行
- 双手保持与肩同宽
- 收紧核心以维持稳定

图例
- ● 主要目标肌肉
- ● 次要目标肌肉

预备阶段
双脚踩住弹力带,双手与肩同宽,以正握的方式握住弹力带。身体站直,保持肩膀放松。

第一阶段
吸气,收紧核心。呼气,双肩上抬,肘部弯曲,用双手将弹力带往上拉。

第二阶段
吸气,肩部下沉,手臂伸展将弹力带下放回起始位置,并控制手臂下放的速度。重复第一和第二阶段。

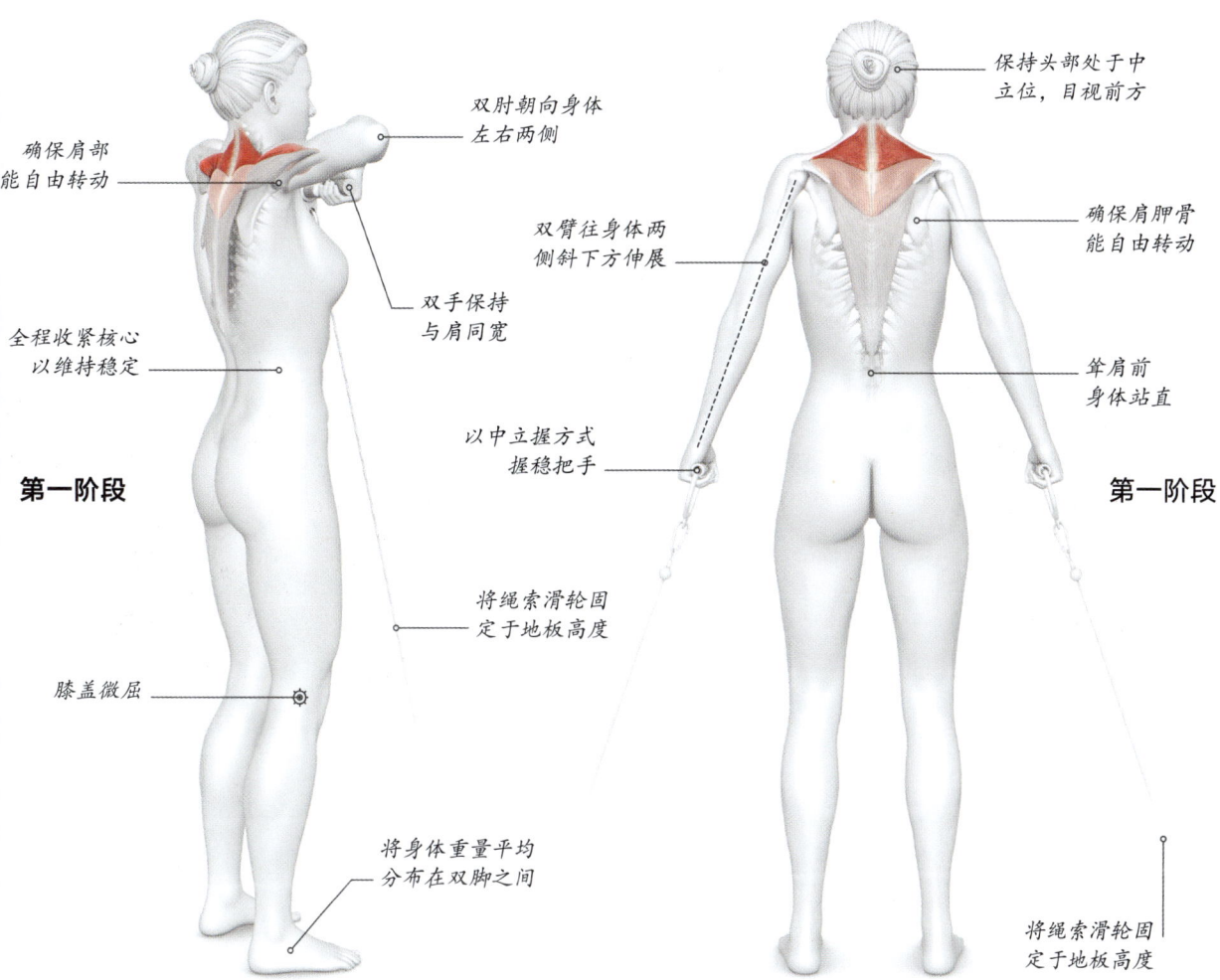

绳索站姿划船

这种基于绳索的变式动作主要锻炼斜方肌上束和肩部肌肉。绳索能让肩部肌肉维持张力。若要增加训练强度，可将绳索把手上拉至下巴高度并停留1~2秒。

预备阶段
身体站直，双脚打开与肩同宽，膝盖微屈。双手以正握方式握住绳索把手。

第一阶段
吸气，收紧核心。呼气，将把手拉高至下巴高度，肘部弯曲且朝向身体外侧，让双臂与地面平行。

第二阶段
吸气时将把手下放回起始位置，并控制下放的速度，全程要维持肩膀的肌肉张力。重复第一和第二阶段。

绳索耸肩

此变式动作使用两条绳索，可以很好地训练斜方肌上束。在这个动作中，斜方肌上束的肌肉纤维方向与绳索的路径一致。若想增加强度，可在动作顶端位置停留1~2秒。

预备阶段
身体站直，双脚与肩同宽，膝盖微屈。俯身握住绳索把手，然后挺身站直。

第一阶段
吸气，收紧核心。呼气，耸肩，肩膀朝耳朵方向靠近，确保肩膀不要向前或向后转动。

第二阶段
吸气，控制速度将肩膀下沉至起始位置，全程要维持核心肌群和斜方肌的张力。重复第一和第二阶段。

冈上肌
冈上肌位于斜方肌之下，附着于肩胛骨和肱骨上，其功能是稳定肩膀，协助双臂执行外展动作

锁骨
锁骨连接肩胛骨和胸骨

三角肌
由三个部分构成的三角形肌肉，附着于锁骨、肩胛骨和肱骨

肩胛骨
肩胛骨连接躯干和手臂

冈下肌
附着于肩胛骨和肱骨的三角形肌肉，能让手臂向身体中线旋转，并具有稳定肩部的作用

肱骨
属于上臂骨，连接着肩胛骨和前臂

小圆肌
附着于肩胛骨和肱骨的肌肉，能让手臂外旋和伸展，并具有稳定肩部的作用

喙肱肌
从肩胛骨延伸到肱骨的上臂肌肉，能让手臂从肩关节处屈曲和内收

大圆肌
附着于肩胛骨和肱骨的肌肉，能让手臂内旋和伸展，并具有稳定肩部的作用

肩胛下肌
附着于肩胛骨和肱骨的三角形肌肉，能让手臂执行内旋动作并具有稳定肩部的作用

后视图

前视图

肩部
训练

三角肌是负责肩膀活动的主要肌肉，它从前到后包裹着肩部，是构成肩部形状的重要部分。此外，大圆肌、小圆肌、冈上肌和肩胛下肌等肌肉对于稳定肩关节也至关重要。

在训练中，三角肌（或称为肩三角肌）的主要作用是协助抬起或伸展手臂。它有三个主要分束：三角肌前束（前侧）可以让手臂弯曲，即将手臂向前抬起；三角肌中束（外侧）能够让手臂向外伸展，即将手臂举起并向身体外侧伸展；三角肌后束（后侧）可以让手臂伸展，即将手臂向身后旋转。

在日常生活及训练中会频繁使用到三角肌，因此，选择不同的负重方式和重复次数来进行锻炼至关重要。

- 在做推举动作时，肩部肌肉与肱三头肌、上背部肌肉配合，共同向上推高负重，同时三角肌带动手臂往身体中线移动。
- 在做平举动作时，除了斜方肌提供少许辅助外，肩部肌肉几乎都是独立工作的。在平举过程中，不要只考虑把负重举到某个特定位置，还应记住想要锻炼的三角肌的功能和构造，让负重以正确的方式在整个活动范围内移动。

推举和平举动作对于训练三角肌前束和三角肌中束很有帮助，而划船和飞鸟动作则可以训练三角肌后束。

本节内容	
杠铃肩推	**118**
变式动作：	**120**
坐姿器械肩推	
弹力带肩推	
哑铃肩推	
哑铃侧平举	**122**
变式动作：	**124**
弹力带侧平举	
单臂绳索侧平举	
哑铃前平举	**126**
变式动作：	**128**
弹力带前平举	
绳索前平举	
坐姿哑铃肩推	
俯身哑铃反向飞鸟	**130**
变式动作：	**132**
坐姿器械反向飞鸟	
上斜俯卧哑铃提拉	
坐姿弹力带划船	

拥有强壮的上半身，可以改善体态，增加关节灵活性和肌肉柔韧性，拓展关节活动性。

力量训练运动解剖学

杠铃
肩推

这一垂直向上推举的动作可以训练肩部肌肉及手臂肱三头肌，同时也能锻炼上背部肌群并挑战核心稳定性。杠铃肩推动作可选择坐姿或站姿进行，训练时杠铃应保持平衡并维持良好的动作控制。

动作点睛

以坐姿进行肩推动作时，膝关节应屈曲呈90°，因此要调整好器械的座椅高度。大多数器械将杠铃置于头部后侧斜上方的位置，以便训练者可以轻松抬起杠铃并将其移动到预备位置。如果在训练过程中感到关节不适，可以尝试使用哑铃的变式动作（见第121页）。

初学者可以从每组 8~10 次共 4 组开始做起。变式动作见第 120~121 页，其他针对性的训练组见训练计划第195~208页。

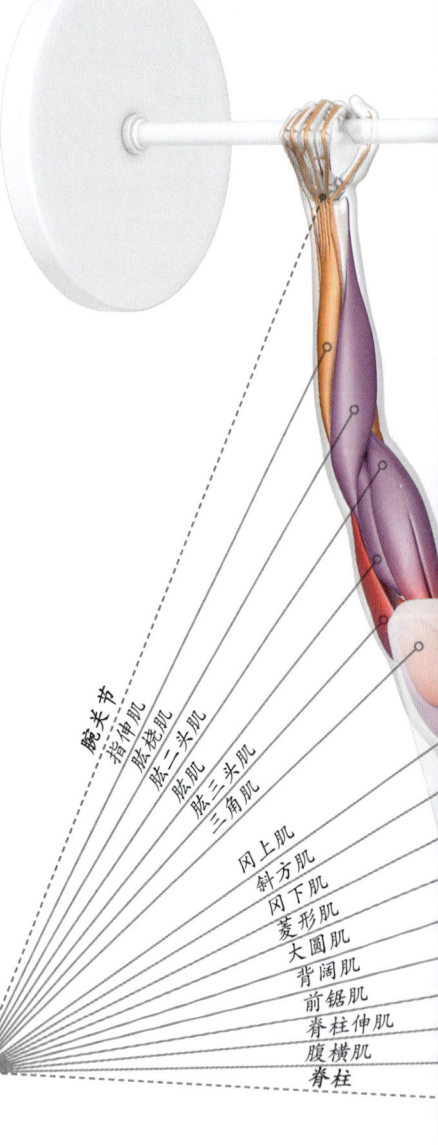

腕关节・指伸肌・肱桡肌・肱二头肌・肱肌・肱三头肌・三角肌・冈上肌・斜方肌・冈下肌・菱形肌・大圆肌・背阔肌・前锯肌・脊柱伸肌・腹横肌・脊柱

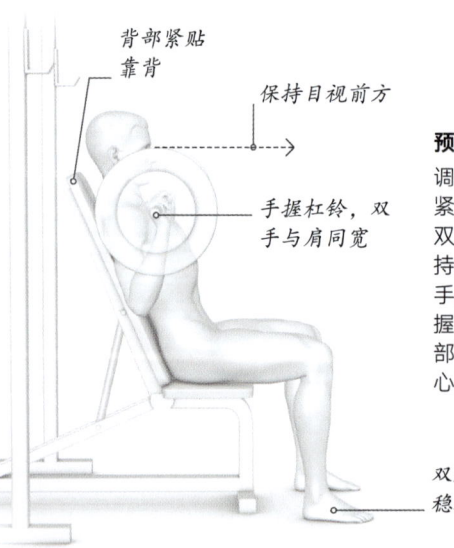

背部紧贴靠背

保持目视前方

手握杠铃，双手与肩同宽

双脚平行，平稳踩在地面上

预备阶段

调整器械并坐下，背部紧贴靠垫，膝关节屈曲，双脚打开与肩同宽。保持头部处于中立位。双手正握杠铃，将杠铃抓握于下巴下方，靠近胸部。收紧臀部肌肉和核心以稳定上半身。

上半身与手臂

此动作能有效刺激肩前部和中部肌肉，以及肱三头肌。保持核心收紧十分重要，能确保躯干和骨盆的稳定，从而预防脊柱或下背部的损伤。下背部要全程紧贴靠背，防止拉伤。

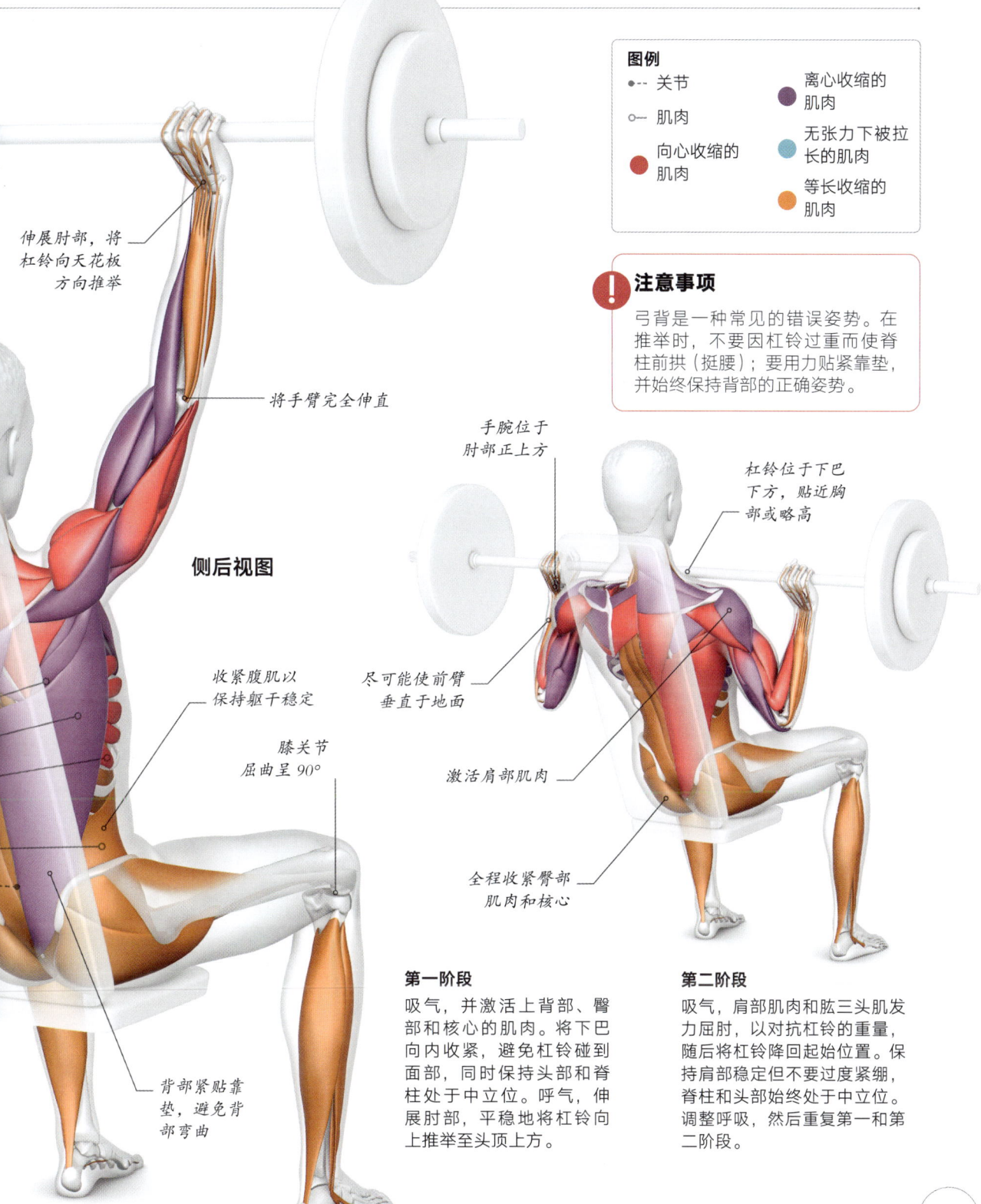

变式动作

以下介绍使用不同器械进行肩推动作的方法。下列三种变式动作都能有效训练三角肌和肱三头肌，且能让肩胛骨自由转动，从而缓解肩膀所承受的压力。其中，采用站姿推举会更加锻炼核心。

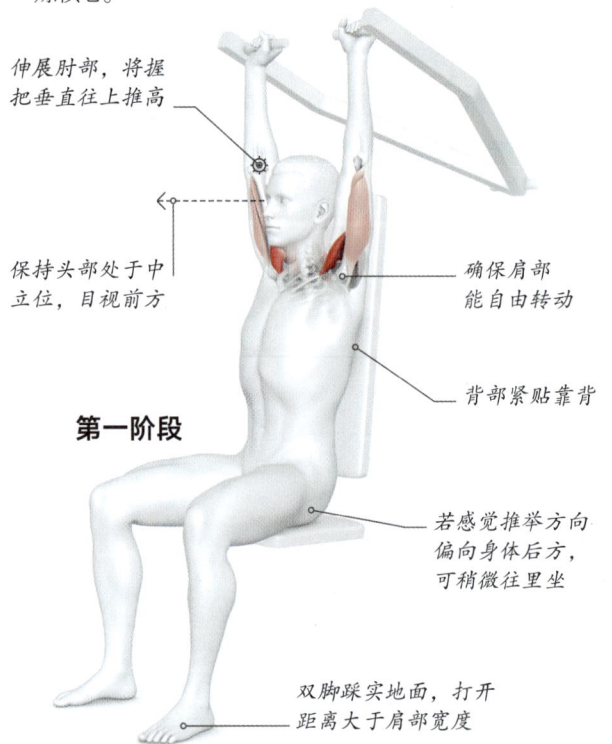

伸展肘部，将握把垂直往上推高

保持头部处于中立位，目视前方

第一阶段

确保肩部能自由转动

背部紧贴靠背

若感觉推举方向偏向身体后方，可稍微往里坐

双脚踩实地面，打开距离大于肩部宽度

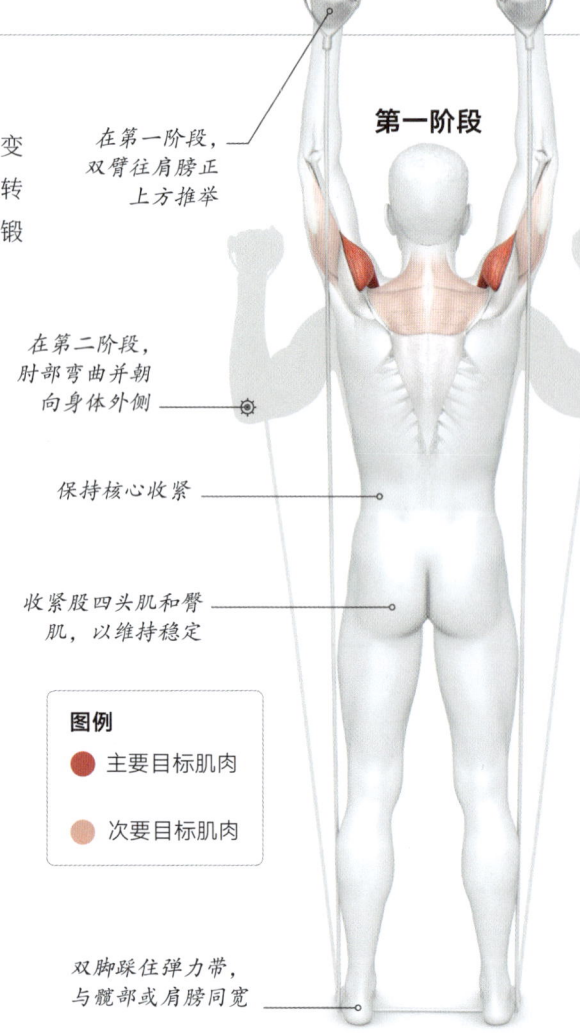

在第一阶段，双臂往肩膀正上方推举

第一阶段

在第二阶段，肘部弯曲并朝向身体外侧

保持核心收紧

收紧股四头肌和臀肌，以维持稳定

双脚踩住弹力带，与髋部或肩膀同宽

图例
- ● 主要目标肌肉
- ● 次要目标肌肉

坐姿器械肩推

这种基于器械的变式动作能为肩部训练增添变化性，既可作为单独的练习，又可以和其他动作组合训练。器械所提供的固定轨迹为垂直推举提供了一个安全有效的环境。

预备阶段
调整座椅高度后入座，双手以正握方式握住器械握把，肘部弯曲朝向身体外侧。

第一阶段
吸气，收紧核心。呼气时伸展肘部，将手臂向上举高，尽力使上臂贴近耳部。

第二阶段
吸气，手臂下放，将握把带回起始位置，并控制手臂下放的速度。如有需要可重新调整姿势。重复第一和第二阶段。

弹力带肩推

这种基于弹力带的变式动作一样能够训练垂直推举动作，并且能根据肩部活动性和个人喜好进行灵活调整。双臂向上伸展的路径取决于肩部的活动性。

预备阶段
双脚踩住弹力带，双手以正握方式握住弹力带把手。身体站直，手臂弯曲，双手与耳朵齐平。

第一阶段
吸气，收紧核心。呼气时向上伸展双臂，尽力使上臂贴近耳部。

第二阶段
吸气，弯曲肘部，双臂下放，回到起始位置，并控制手臂下放的速度。重复第一和第二阶段。

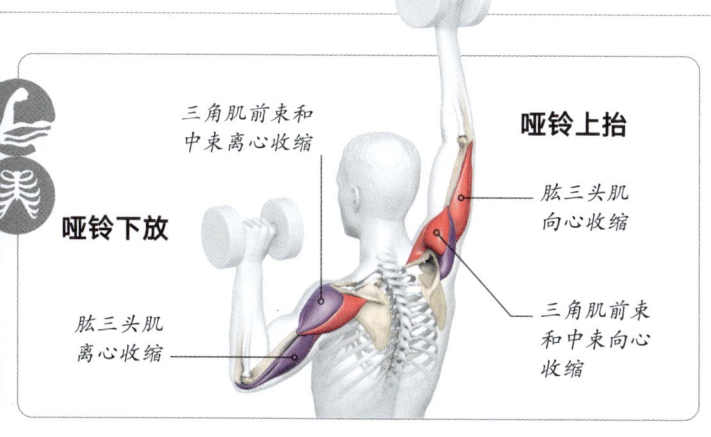

共同发力

不同肌肉会相互协作以完成动作。如图所示，在做垂直推肩动作时，肱三头肌会与三角肌前束和中束共同发力让哑铃实现上抬和下放。

哑铃下放
- 肱三头肌离心收缩
- 三角肌前束和中束离心收缩

哑铃上抬
- 肱三头肌向心收缩
- 三角肌前束和中束向心收缩

哑铃肩推

这个变式动作同样可根据肩部活动性和个人喜好来进行个性化调整，肩部活动性将影响哑铃的角度和手臂的上抬路径。此动作能提高核心参与度，并缓解对肩膀的压力。

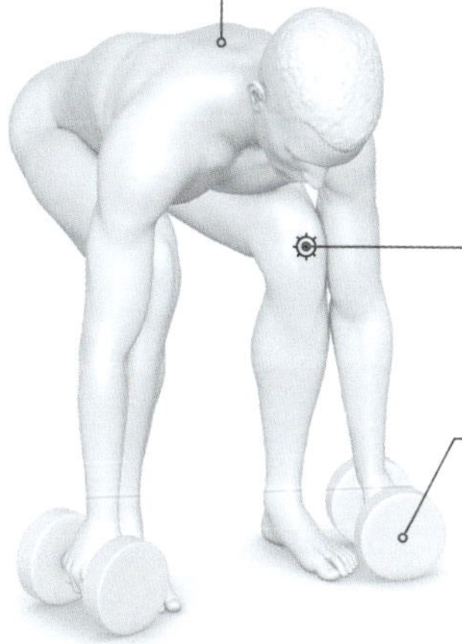

- 根据肩部活动性灵活调整握法
- 保持哑铃与地面平行
- 上臂尽量贴近耳朵
- 全程收紧核心
- 全程保持脊柱处于中立位
- 收紧臀肌和股四头肌以稳定下半身
- 膝关节屈至90°
- 根据自己的肩部活动性调整哑铃的位置
- 在每个重复动作中保持膝关节微屈
- 双脚踩实地面

安全地拾起哑铃
双脚打开，与髋部或肩膀同宽。膝关节和髋关节屈曲，让双手能够拾起摆放在双脚外侧的哑铃。

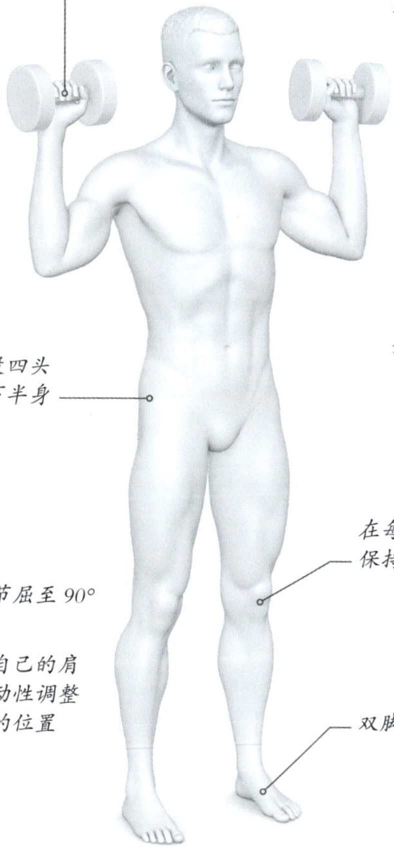

预备阶段/第二阶段
膝关节伸直使身体站立，肘部屈曲，将哑铃举至高于肩膀的位置。收紧核心，准备将哑铃向上推举。

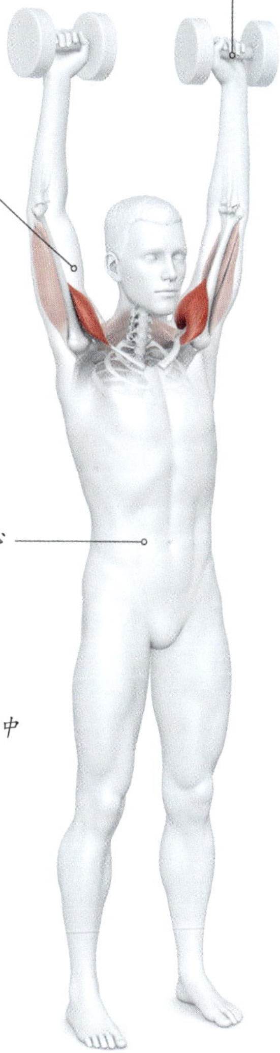

第一阶段
吸气，收紧腹肌。呼气，将哑铃向上推举。再次吸气回到第二阶段。重复第一和第二阶段。

哑铃侧平举

力量训练运动解剖学

这个动作主要锻炼三角肌中束,同时也能锻炼到冈上肌和斜方肌上束,这些肌肉有助于稳定肩胛骨。侧平举是一个安全有效的肩部训练动作,仅需简单的器械便可完成。

> **注意事项**
>
> 若训练过程中发现难以维持下半身稳定且膝盖会因发力而弯曲,可能是因为哑铃过重。下放哑铃时要避免速度过快,否则会失去离心收缩的良好训练效果。

动作点睛

将哑铃从身体两侧横向上抬和下放,能独立训练三角肌中束。训练过程中要保持动作的连贯性和可控性,不要猛然地抬起或下放。

初学者可以从每组8~10次共4组开始做起。变式动作见第124~125页,其他针对性的训练组见训练计划第195~208页。

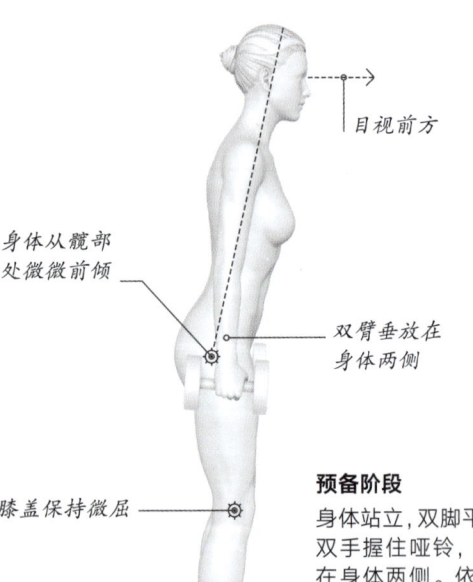

预备阶段

身体站立,双脚平行与肩同宽,双手握住哑铃,双臂自然垂放在身体两侧。依据个人身体结构,你可能需要将哑铃稍向内旋转,以便更好地刺激三角肌中束。

- 身体从髋部处微微前倾
- 目视前方
- 双臂垂放在身体两侧
- 膝盖保持微屈

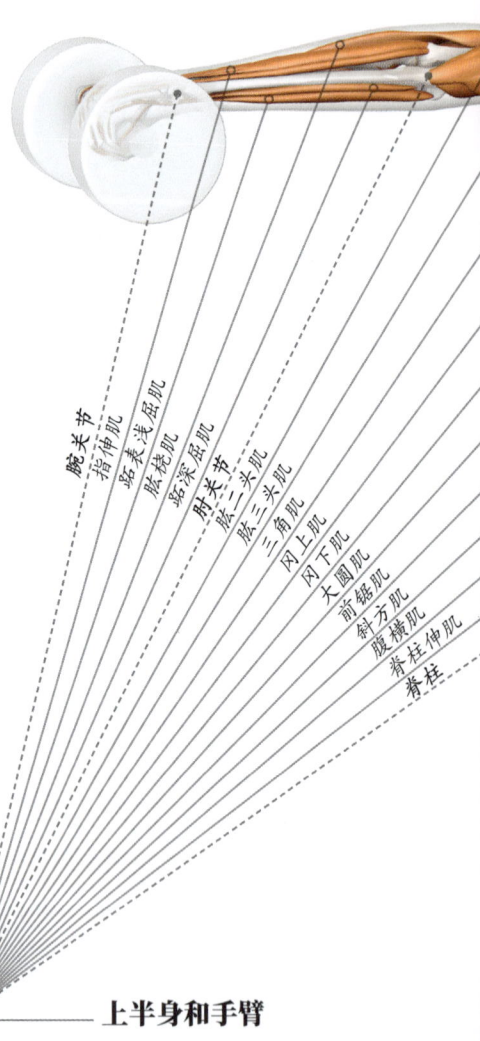

腕关节 / 指伸肌 / 肱桡肌 / 肘关节 / 肱二头肌 / 三角肌 / 冈上肌 / 冈下肌 / 大圆肌 / 前锯肌 / 斜方肌 / 腹横肌 / 脊柱伸肌 / 脊柱

上半身和手臂

冈上肌能协助肩膀外展,使手臂向身体两侧举高,而具有稳定肩胛骨作用的三角肌前束和斜方肌上束也会参与动作的完成。在向心收缩阶段(第一阶段),在手臂向上举高的过程中,要想着将哑铃或拳头往身体外侧推出去。

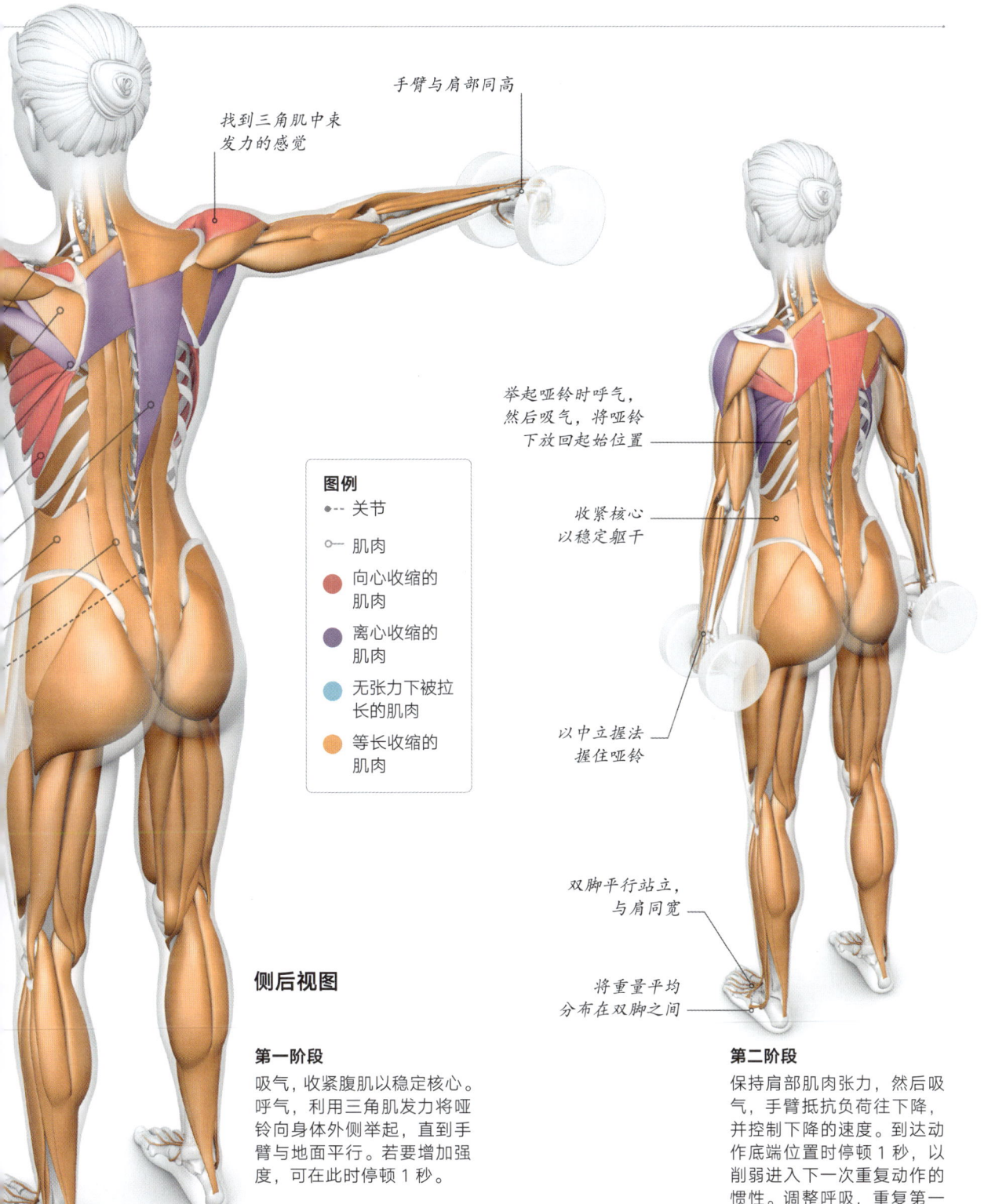

›› 变式动作

使用弹力带或绳索能改变这些针对三角肌的训练的阻力负荷。弹力带提供的阻力会随着带子的拉长而增大,并在动作的顶部位置达到最大,而绳索提供的阻力则较为均匀。

这些变式动作能更集中地刺激三角肌,增强其张力效果。

弹力带侧平举

在该变式动作中,手臂越接近动作的顶端,弹力带所产生的阻力就越大。双脚之间的距离也会影响训练的难度:脚距越宽,弹力带产生的阻力就越强。

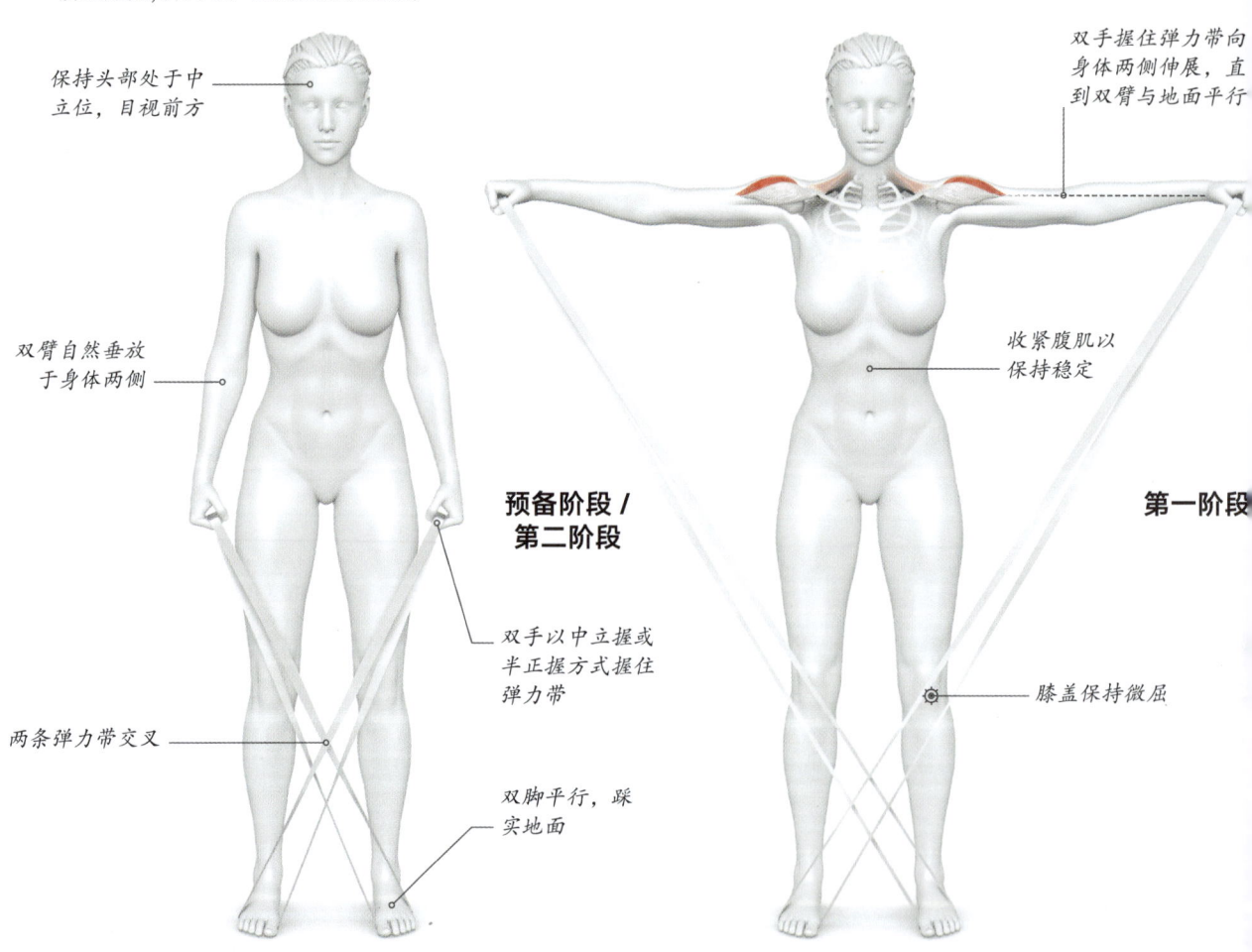

- 保持头部处于中立位,目视前方
- 双臂自然垂放于身体两侧
- 两条弹力带交叉
- 双手握住弹力带向身体两侧伸展,直到双臂与地面平行
- 收紧腹肌以保持稳定
- 膝盖保持微屈
- 双手以中立握或半正握方式握住弹力带
- 双脚平行,踩实地面

预备阶段 / 第二阶段

第一阶段

预备阶段
双脚各踩一条弹力带,并用对侧手将其抓稳。躯干微微前倾,使三角肌与阻力方向对齐。

第一阶段
吸气,收紧核心。呼气,将双臂伸展至与肩同高,肘关节全程保持伸展。若想增加强度,可在最高点停留1~2秒。

第二阶段
吸气,将手臂下放,并控制下放的速度。手臂放回至起始位置,并保持肘关节的伸展。重复第一和第二阶段。

单臂绳索侧平举

这一变式动作使用到了龙门架,其能在上举过程中持续提供阻力。此动作能对身体一侧进行针对性训练,为肩部训练提供多样化的选择。

预备阶段
身体站直,躯干微微前倾,使三角肌与阻力方向对齐。动作手握住绳索把手,置于身体外侧。

第一阶段
吸气,收紧核心。呼气,将手臂上举至与肩同高,并保持肘关节伸展。若想增加强度,可在最高点停留1~2秒。

第二阶段
吸气,保持肩膀肌肉张力,控制下放速度,让手臂下放,回到起始位置。重复第一和第二阶段。

图例
● 主要目标肌肉　● 次要目标肌肉

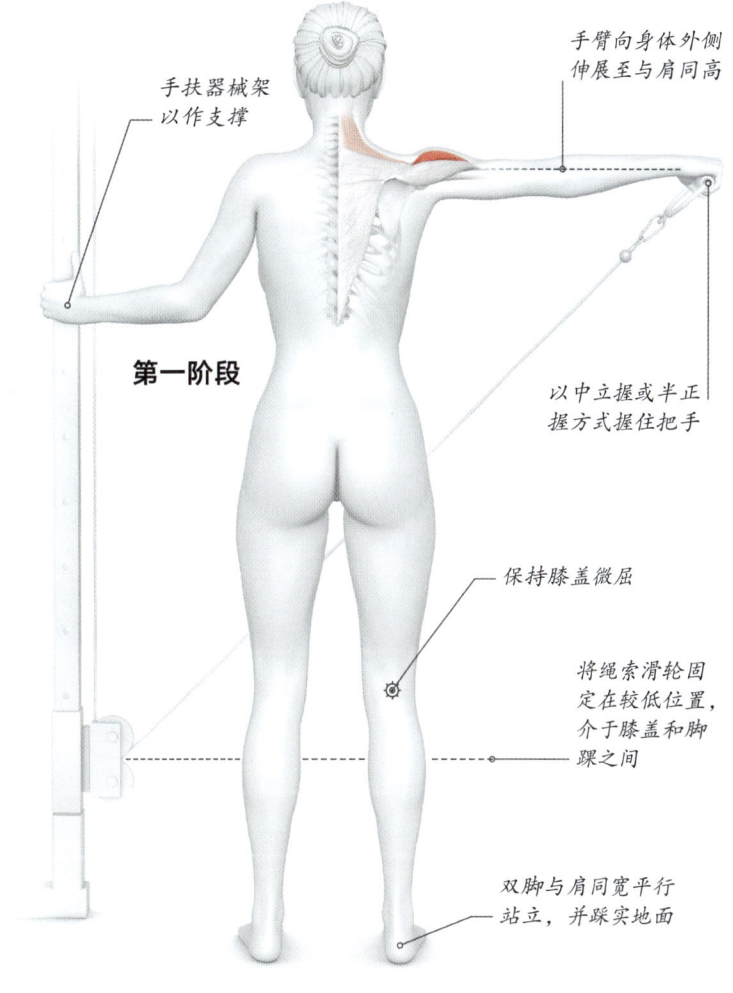

手扶器械架以作支撑

手臂向身体外侧伸展至与肩同高

第一阶段

以中立握或半正握方式握住把手

保持膝盖微屈

将绳索滑轮固定在较低位置,介于膝盖和脚踝之间

双脚与肩同宽平行站立,并踩实地面

三角肌后束 — 手臂向身体后侧上举
三角肌中束 — 手臂横向上举（侧平举）
三角肌前束 — 手臂向身体前侧上举

针对三角肌不同部位进行训练

三角肌分为三角肌前束、三角肌中束和三角肌后束三个部分。各部位分别执行不同的肌肉动作并拥有不同的拉力线。因此在训练不同部位时,要选择能让该部位获得最佳锻炼效果的练习。推举和拉伸动作往往能同时锻炼到三角肌前束和后束,而三角肌中束则需要通过侧平举等动作进行集中锻炼。

哑铃前平举

这个动作的目标肌肉为三角肌前束。与哑铃侧平举（见第122~123页）类似，这个动作也可以使用绳索或弹力带进行练习（见第128~129页）。

动作点睛

将哑铃朝身体正前方上举和下放能有效锻炼三角肌前束。动作全程要保持连贯流畅并控制好速度，不要猛然举起或下放哑铃。在上举过程中，手臂自然地稍向内移动，以匹配三角肌前束的收缩方向。训练过程中若感到肩部不适，可尝试改做绳索或弹力带的变式动作（见第128~129页）。

初学者可以从每组8~10次共4组开始做起。变式动作见第128~129页，其他针对性的训练组见训练计划第195~208页所建议的其他目标组数。

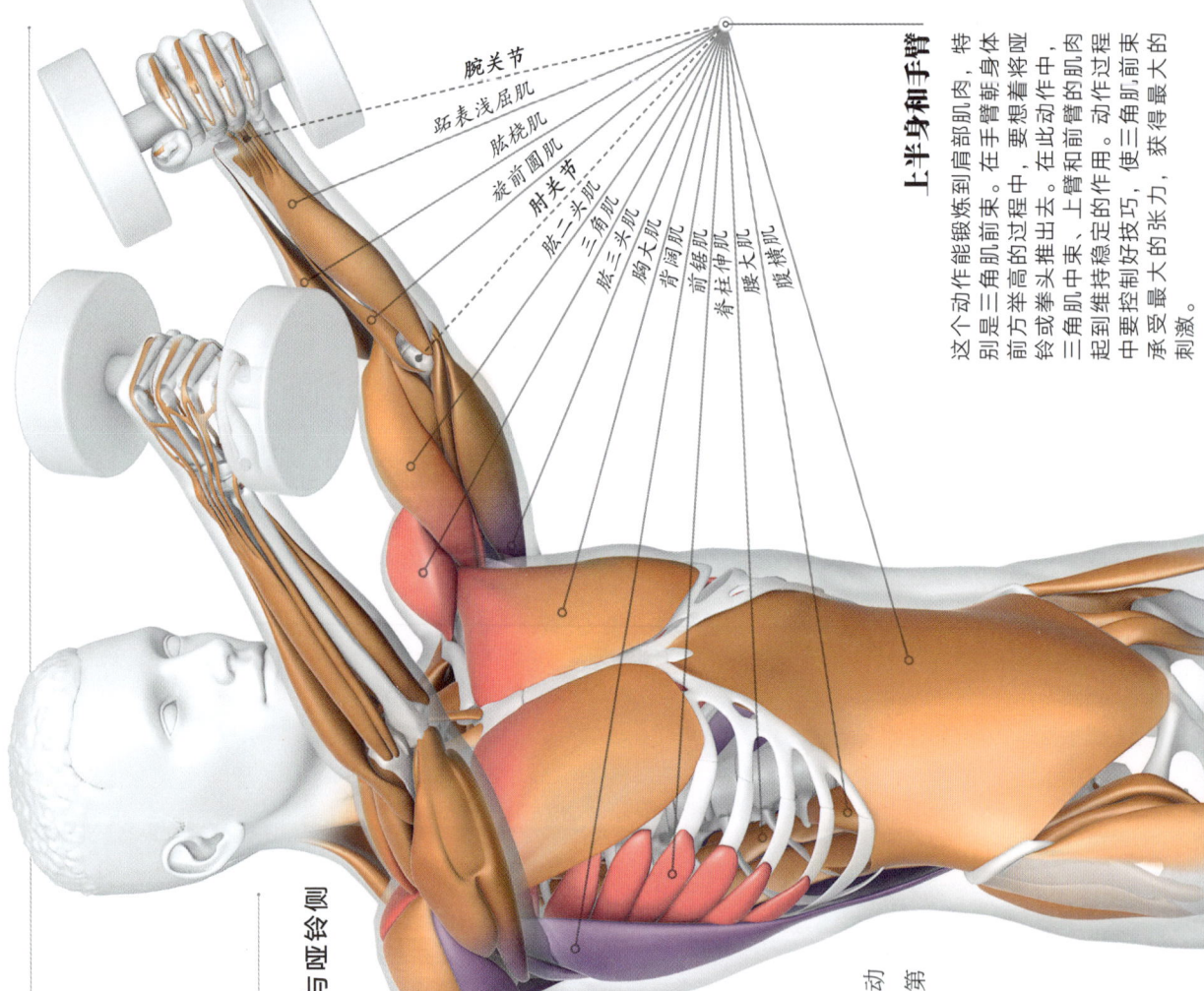

腕关节
指浅屈肌
肱桡肌
旋前圆肌
肘关节
肱二头肌
肱三头肌
胸大肌
背阔肌
前锯肌
脊柱伸肌
腰大肌
腹横肌

上半身和手臂

这个动作能锻炼到肩部肌肉，特别是三角肌前束。在手臂带动身体前方举起的过程中，要想着将哑铃或拳头推出去。在此动作中，三角肌中束、上臂和前臂的肌肉起到维持稳定的作用，使三角肌前束在动作过程中要控制好技巧，承受最大的张力，获得最大的刺激。

注意事项

若将哑铃举得太高，目标肌肉会变为上斜方肌；若举得太低，则三角肌前束无法充分收缩。此外，

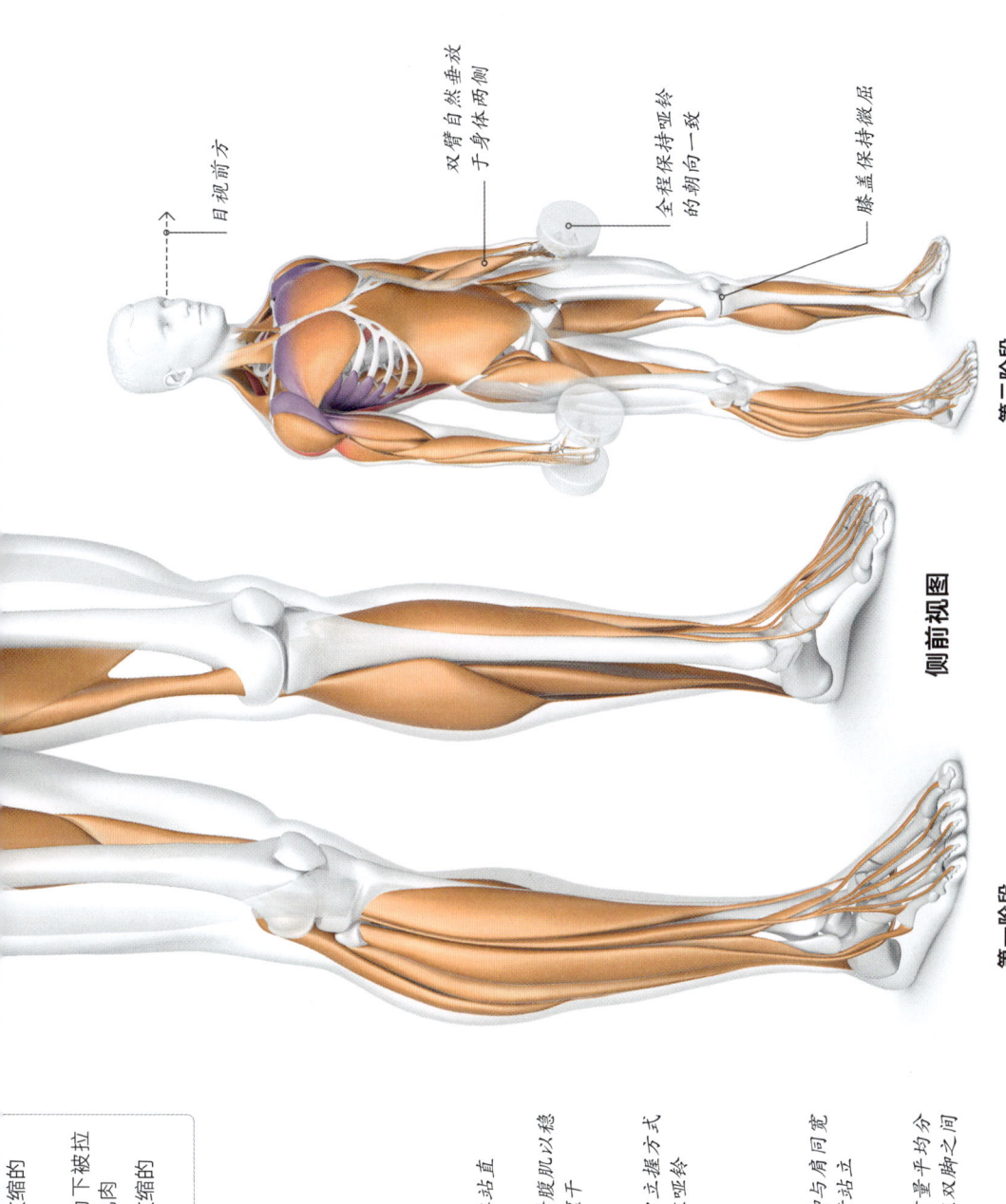

侧前视图

第一阶段

吸气，收紧核心。呼气，肩关节屈曲，利用三角肌前束施力，将哑铃从身体前方向上举起，直到双臂与地面平行或略高于平行位置。若想增加强度，可在最高点停留1秒。

第二阶段

肩部肌肉保持张力，然后吸气，手臂抵抗负荷往下降，并控制好速度，到达动作底端位置时停顿1秒，以消除进入下一组重复动作时的惯性。重新调整呼吸，然后重复第一和第二阶段。

预备阶段

双脚与肩同宽平行站立。双手握稳哑铃，双臂自然垂放于身体两侧，确保头部处于中立位。

- 身体站直
- 收紧腹肌以稳定躯干
- 以中立握方式握住哑铃
- 双脚与肩同宽平行站立
- 将重量平均分布在双脚之间

标注：
- 双臂自然垂放于身体两侧
- 全程保持哑铃的朝向一致
- 膝盖保持微屈
- 目视前方

图例：
- 关节
- 肌肉
- 向心收缩的肌肉
- 离心收缩的肌肉
- 无张力下被拉长的肌肉
- 等长收缩的肌肉

127

》变式动作

使用弹力带或绳索的前平举变式是哑铃前平举的良好替代方案,而针对三角肌前束的坐姿推肩是练习推举动作的有效方法。与哑铃前平举类似,手臂上抬和下放时同样要保持动作的连贯并控制好速度,使用绳索滑轮器械能较好地做到这一点。

图例
- 主要目标肌肉
- 次要目标肌肉

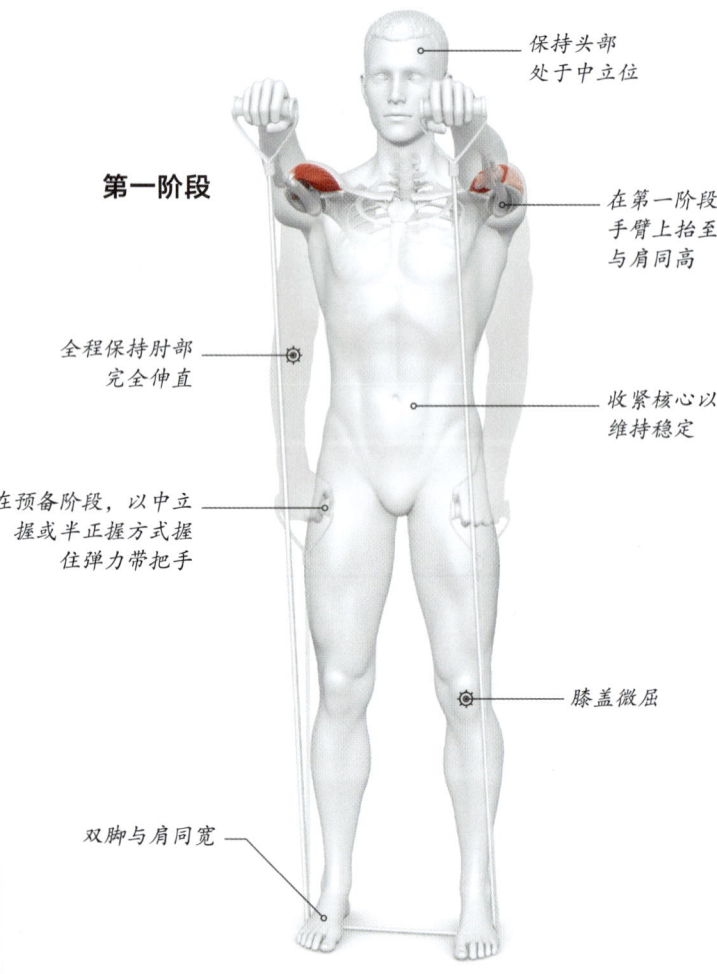

第一阶段

保持头部处于中立位

在第一阶段,手臂上抬至与肩同高

全程保持肘部完全伸直

收紧核心以维持稳定

在预备阶段,以中立握或半正握方式握住弹力带把手

膝盖微屈

双脚与肩同宽

阻力的差异

每一种运动器材锻炼和刺激到的肌肉都会有所差异。哑铃受重力影响,因此能在运动范围的最底部对肌肉施加最大的张力。弹力带提供的阻力会随着拉伸长度的增加而加大,并在动作幅度的最顶部达到最大。绳索提供的阻力则最为均匀。

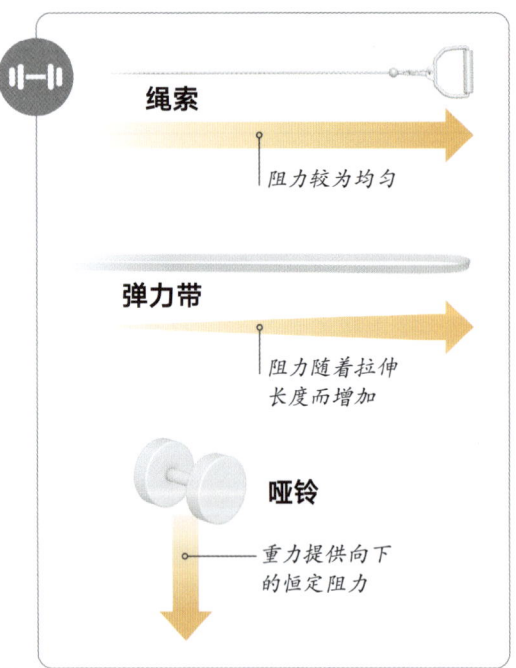

绳索 — 阻力较为均匀

弹力带 — 阻力随着拉伸长度而增加

哑铃 — 重力提供向下的恒定阻力

弹力带前平举

在进行哑铃前平举时若感到肩部不适,可以尝试改做这个使用弹力带的变式动作。若要增加强度,可在动作顶点停留1~2秒。

预备阶段
双脚踩住弹力带,双手握住把手。身体站直,双臂自然垂放于身体两侧。

第一阶段
吸气,收紧腹肌。呼气,肩关节屈曲,双臂伸直朝身体前方向上举。

第二阶段
吸气,双臂下放回起始位置,并控制手臂下放的速度。重复第一和第二阶段。

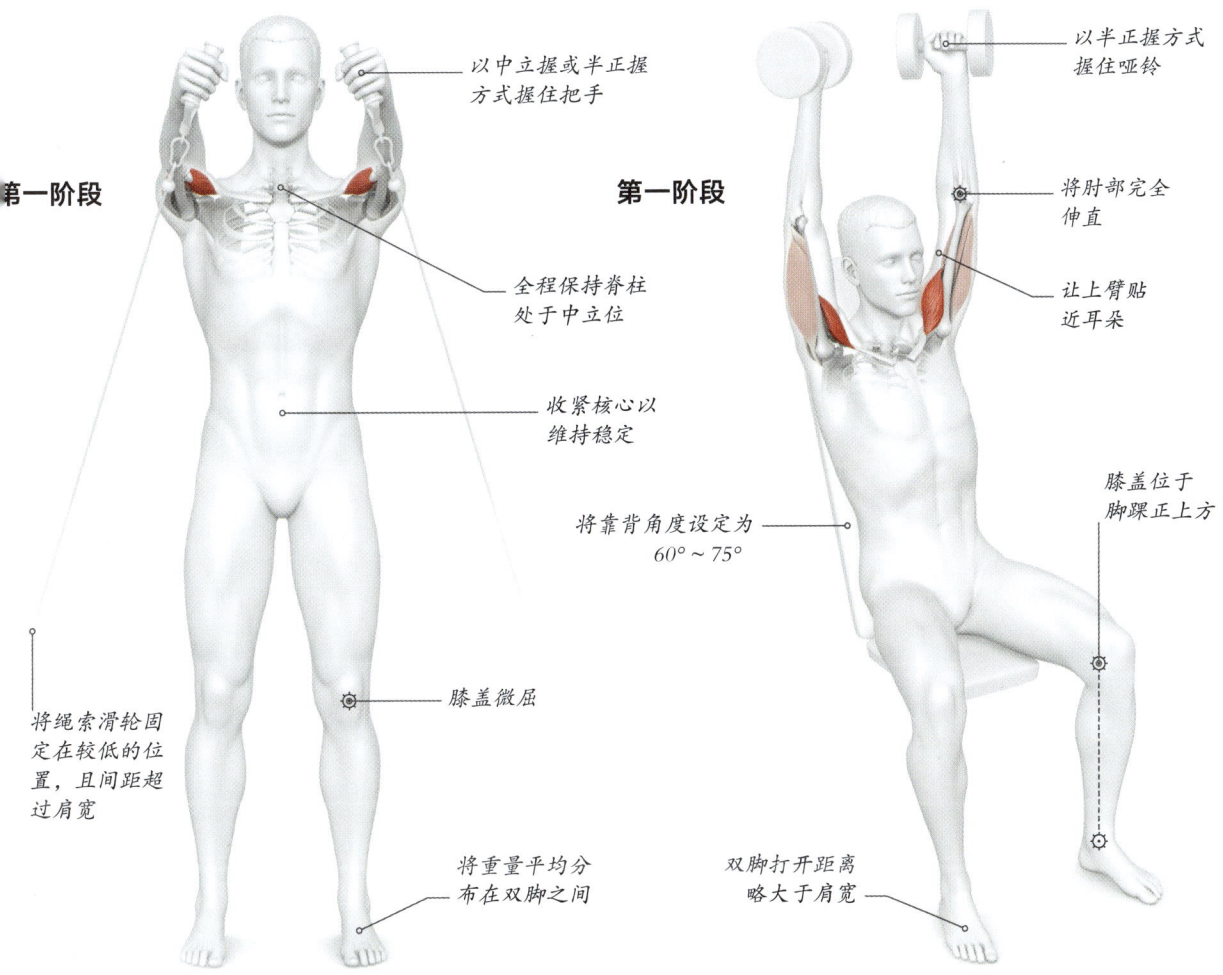

绳索前平举

龙门架能提供较为稳定均匀的阻力,训练前要确保三角肌前束的肌拉力线与绳索的阻力方向一致。若要增加强度,可在动作顶点停留1~2秒。

预备阶段

双脚打开与肩同宽。也可采取双脚一前一后的站姿以增加稳定性。双手握住把手,肩膀放松,双臂自然垂放于身体两侧。

第一阶段

吸气,收紧核心。呼气,保持肘关节伸直,将双臂往上抬高,直到双手与耳部齐平。

第二阶段

吸气,将手臂下放,回到起始位置,控制好下放速度,并保持手臂全程伸直。重复第一和第二阶段。

坐姿哑铃肩推

这个训练垂直推举动作的变式动作能锻炼到肱三头肌、肘屈肌群和三角肌前束。相较于杠铃肩推(见第118~119页),这个变式动作的阻力方向与三角肌前束的肌拉力线会更一致。

预备阶段

在训练椅上坐好,双手以半正握方式握住哑铃,肘关节屈曲,将哑铃上举至略高于肩部的位置。

第一阶段

吸气,收紧核心。呼气时伸展手臂,将哑铃向上举过头顶,手腕位于肘部正上方。

第二阶段

吸气,将手臂下放,回到起始位置,控制好下放速度。重复第一和第二阶段。

俯身哑铃反向飞鸟

> **注意事项**
>
> 哑铃太重容易导致动作变形，若加大训练强度，增加动作组数是优选择。三角肌后束较小，需要集中注意力才能使其得到有效锻炼。

俯身哑铃反向飞鸟能同时锻炼三角肌后束和上背部肌肉。此动作与哑铃前平举（见第126~127页）一样，也可以使用绳索或弹力带（见第132~133页）代替哑铃。

动作点睛

在飞鸟动作中，哑铃由低到高、从身前到两侧往复移动，能对三角肌后束进行针对性锻炼。训练时应控制哑铃的移动，不能握着哑铃向外甩起，然后任其自由下落。如果在训练过程中肩部有任何不适的感觉，可改练使用绳索或弹力带的变式动作（见第132~133页）。

初学者可以从每组8~10次共4组开始做起。变式动作见第132~133页，其他针对性的训练组见训练计划第195~208页。

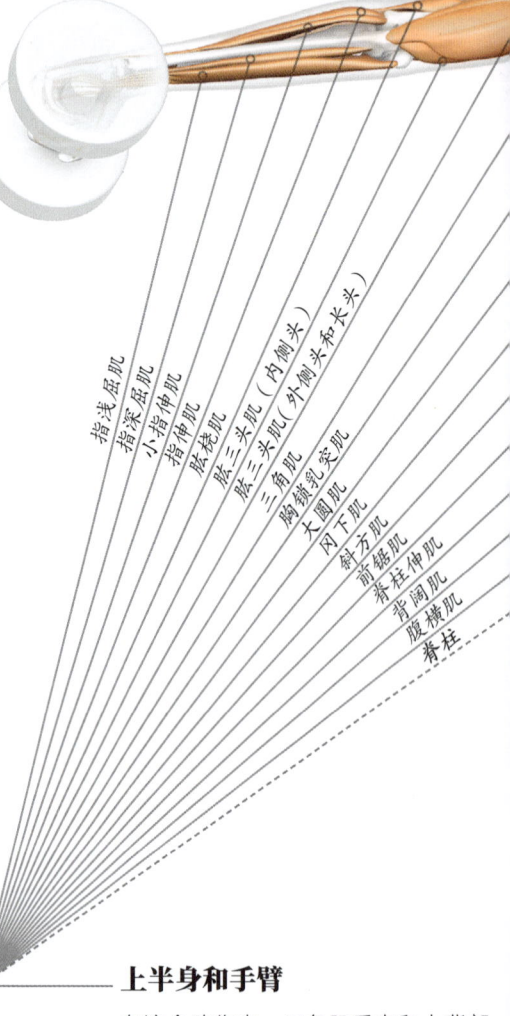

指浅屈肌
指深屈肌
小指伸肌
指伸肌
肱桡肌
肱三头肌（内侧头）
肱三头肌（外侧头和长头）
三角肌
胸锁乳突肌
大圆肌
冈下肌
斜方肌
前锯肌
脊柱伸肌
背阔肌
腹横肌
脊柱

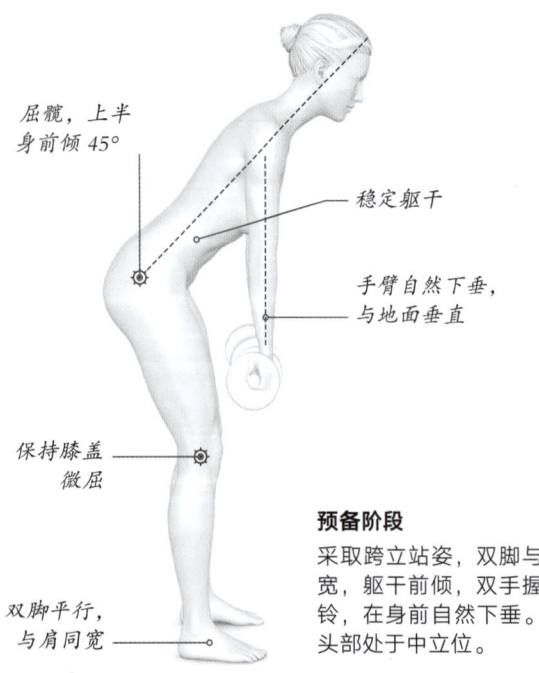

屈髋，上半身前倾45°

稳定躯干

手臂自然下垂，与地面垂直

保持膝盖微屈

双脚平行，与肩同宽

预备阶段

采取跨立站姿，双脚与肩同宽，躯干前倾，双手握紧哑铃，在身前自然下垂。确保头部处于中立位。

上半身和手臂

在这个动作中，三角肌后束和上背部肌肉（如斜方肌）是主要发力肌肉。核心肌肉和脊柱伸肌起到稳定躯干和脊柱的重要作用。此动作的手臂上举阶段挑战性最大，因此务必使用重量适中的哑铃，以确保能良好地控制动作和正确发力。

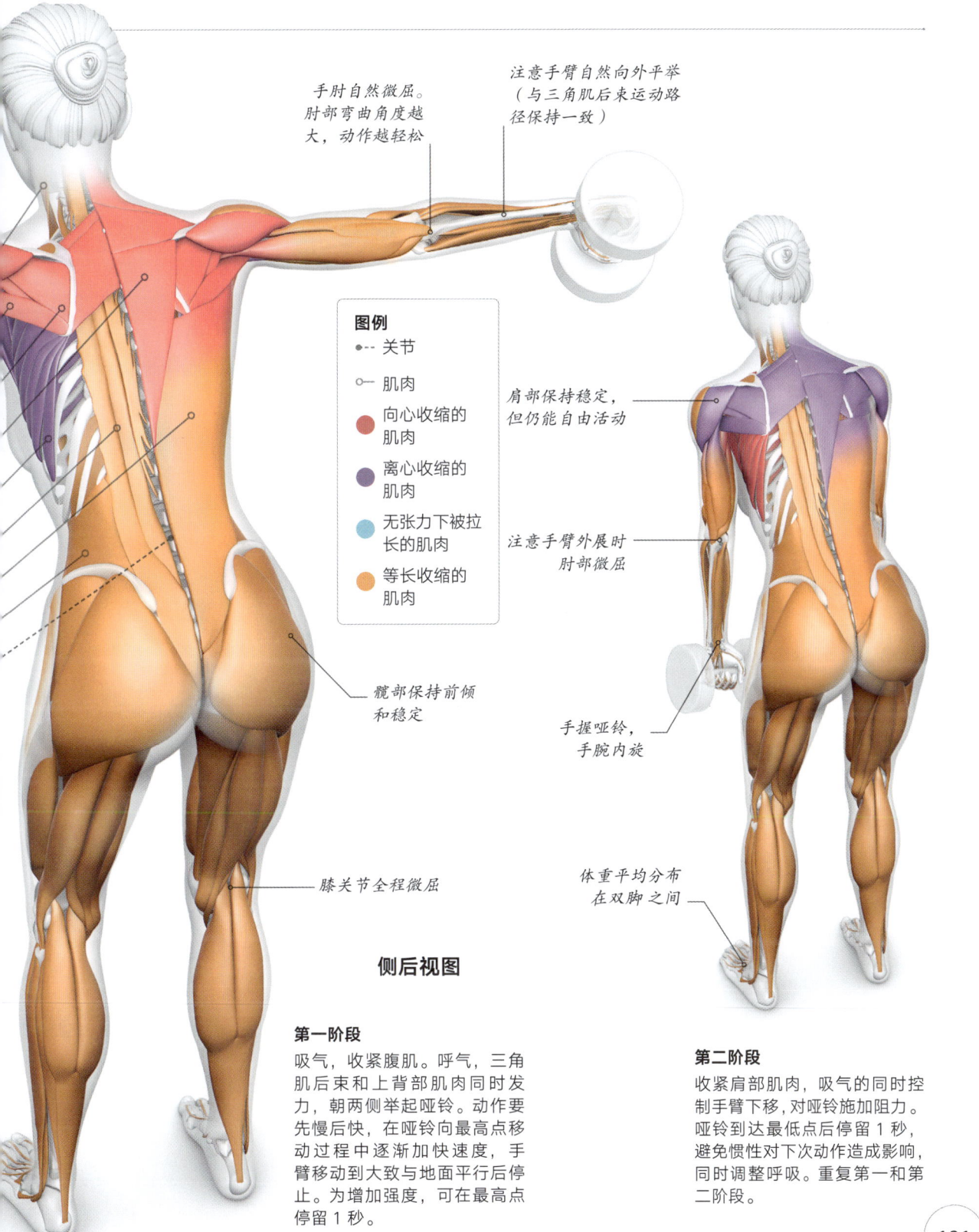

手肘自然微屈。肘部弯曲角度越大，动作越轻松

注意手臂自然向外平举（与三角肌后束运动路径保持一致）

图例
- --●-- 关节
- --○-- 肌肉
- ● 向心收缩的肌肉
- ● 离心收缩的肌肉
- ● 无张力下被拉长的肌肉
- ● 等长收缩的肌肉

肩部保持稳定，但仍能自由活动

注意手臂外展时肘部微屈

髋部保持前倾和稳定

手握哑铃，手腕内旋

膝关节全程微屈

体重平均分布在双脚之间

侧后视图

第一阶段
吸气，收紧腹肌。呼气，三角肌后束和上背部肌肉同时发力，朝两侧举起哑铃。动作要先慢后快，在哑铃向最高点移动过程中逐渐加快速度，手臂移动到大致与地面平行后停止。为增加强度，可在最高点停留1秒。

第二阶段
收紧肩部肌肉，吸气的同时控制手臂下移，对哑铃施加阻力。哑铃到达最低点后停留1秒，避免惯性对下次动作造成影响，同时调整呼吸。重复第一和第二阶段。

变式动作

若在做俯身哑铃反向飞鸟的过程中感到肩部不适,下列变式动作是非常实用的替代动作。上斜俯卧哑铃提拉和坐姿弹力带划船能让阻力线与三角肌后束的移动路径更加契合。在这两个动作中,手臂运动幅度约45°,斜方肌辅助发力。

图例
● 主要目标肌肉　● 次要目标肌肉

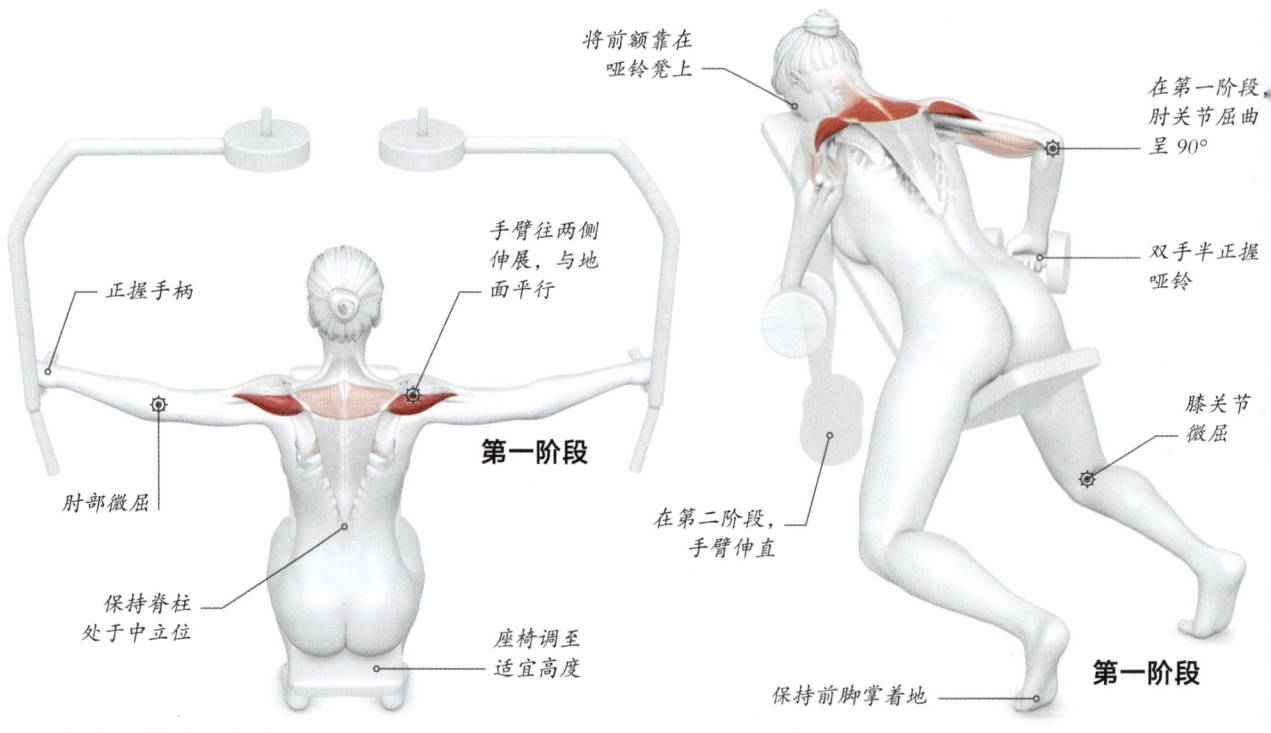

坐姿器械反向飞鸟

此变式动作是使用器械的高效动作。在飞鸟动作中,负重不能过大,肩胛骨不能后收,否则发力部位会从三角肌偏移到菱形肌和斜方肌。为增加强度,手臂到达最终位置后可停留1~2秒。

预备阶段
采取坐姿,胸部和腹部紧贴靠背。手臂在肩部正前方,握住手柄。

第一阶段
吸气,收紧核心,呼气的同时手臂向两侧展开。保持肘部微屈,手臂与地面平行。

第二阶段
吸气,同时控制手臂平稳恢复到起始位置。重复第一和第二阶段。

上斜俯卧哑铃提拉

俯卧姿势可在进行提拉动作时提供反作用力,帮助提高身体的稳定性,并举起更大的负重。为增加强度,手臂达最高点后可停留1~2秒。

预备阶段
在上斜凳上采取俯卧姿势,双脚前脚掌着地,间距大于肩宽。双臂垂于肩部下方,手握哑铃。

第一阶段
吸气,收紧腹肌。呼气,双臂往身体后侧拉,肘部保持微屈,肩胛骨后缩,将哑铃上抬至腰部高度。

第二阶段
吸气,同时控制哑铃下移到起始位置,手臂再次伸直。重复第一和第二阶段。

与反向飞鸟相比，划船动作和上斜俯卧提拉能通过更大的动作幅度来锻炼三角肌后束。

针对三角肌后束

尽管绳索或弹力带划船经常用于锻炼上背部肌肉，但其对三角肌后束的针对性训练效果更为显著。与反向飞鸟相比，划船动作和上斜俯卧哑铃提拉的手臂移动路径与三角肌的拉力线更加契合。

坐姿弹力带划船

此变式动作使用弹力带，可锻炼三角肌后束和上背部肌肉，无须借助自由重量。为增加强度，手臂到达最终位置后停留1~2秒。

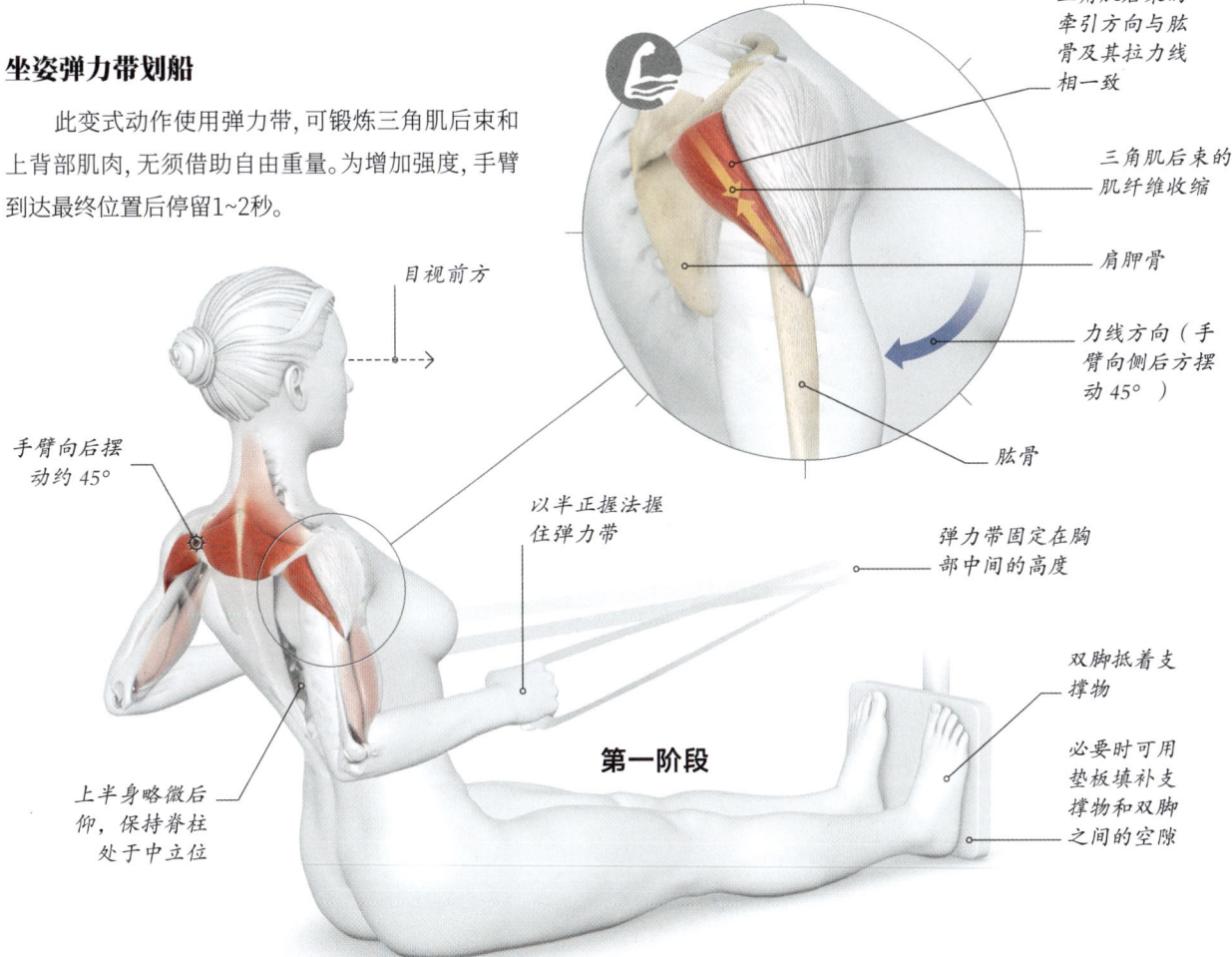

预备阶段
双腿伸直坐在地面上，双脚抵着稳定的支撑物或平面，上半身略微后仰。双手在身前伸直，握住弹力带一端。

第一阶段
吸气，收紧核心。呼气的同时肘部弯曲并向侧后方移动，带动双臂将弹力带向后拉，保持脊柱固定。

第二阶段
吸气，控制速度和力度，让手臂回到起始位置。重复第一和第二阶段。

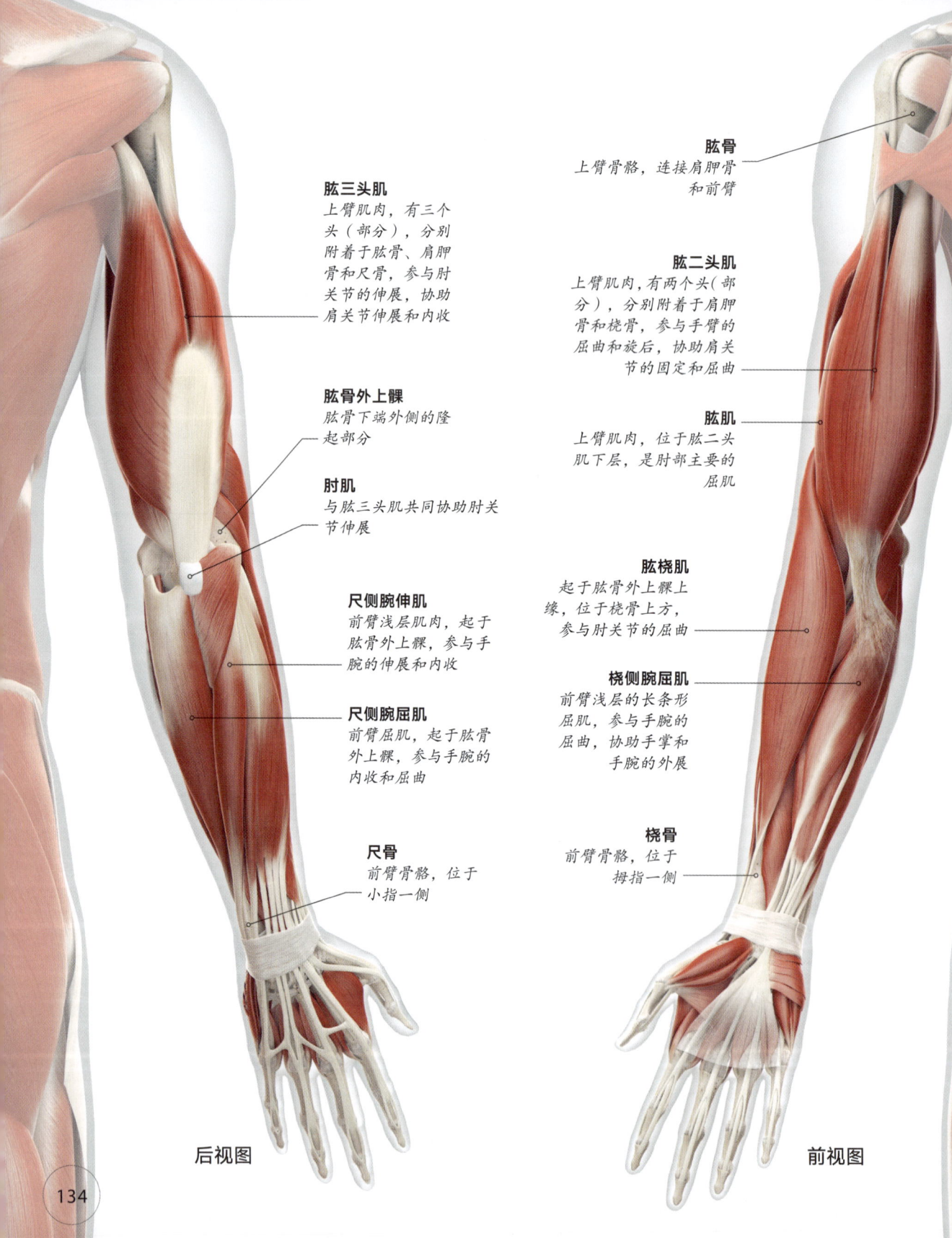

手臂训练

手臂运动用到的肌肉主要有位于上臂前侧的肱二头肌,位于上臂后侧的肱三头肌以及前臂肌肉。前臂肌肉能协助手部抓握物体,并能控制抓握的姿势和动作。

肱二头肌和肱三头肌附着于前臂、肱骨和肩胛骨上。肱二头肌负责肘关节的屈曲和旋后,以及让肩关节保持固定。它也能让肘关节和肩关节在运动过程中保持稳定不动。肱三头肌能协助肘关节的伸展,并在推举动作中起到支撑胸部和肩部的重要作用。

做大幅度动作时,肱肌和肱桡肌等肘部屈肌会协助肱二头肌完成肘关节的屈曲。

- 进行屈伸动作训练时,应保持肘部和肩部姿势固定。这样做可以增强目标肌肉的张力,同时也有助于减小肘关节或肩关节承受的负荷。

本节内容	
坐姿哑铃弯举	**136**
变式动作:	**138**
器械弯举	
弹力带弯举	
杠铃弯举	
哑铃锤式弯举	
仰卧哑铃臂屈伸	**140**
变式动作:	**142**
仰卧单臂哑铃臂屈伸	
单臂弹力带臂屈伸	
窄距俯卧撑	
绳索下拉	**144**
变式动作:	**146**
弹力带臂屈伸	
单臂绳索下拉	
交叉绳索下拉	

手臂力量与腿部力量同样重要,增强手臂力量有助于在其他训练中承受更大的负重。

坐姿哑铃弯举

这个动作采取坐姿，可安全地锻炼肱二头肌和其他肘部屈肌。使用哑铃而非杠铃，能更好地适应个人的动作习惯，也可以换成绳索或弹力带进行训练（见第138~139页）。

动作点睛

哑铃弯举是以肘关节为轴上下移动哑铃进行训练的经典动作。相比站姿，坐在上斜凳或者可调节靠背的椅子上进行训练可以产生更大幅度的动作，对肌肉训练的针对性更强。如果在训练过程中手腕、肘部或肩部有不适的感觉，可改练使用绳索或弹力带的变式动作（见第138~139页）。初学者可以从每组8~10次共4组开始做起。变式动作见第138~139页，其他针对性的训练组见训练计划第195~208页。

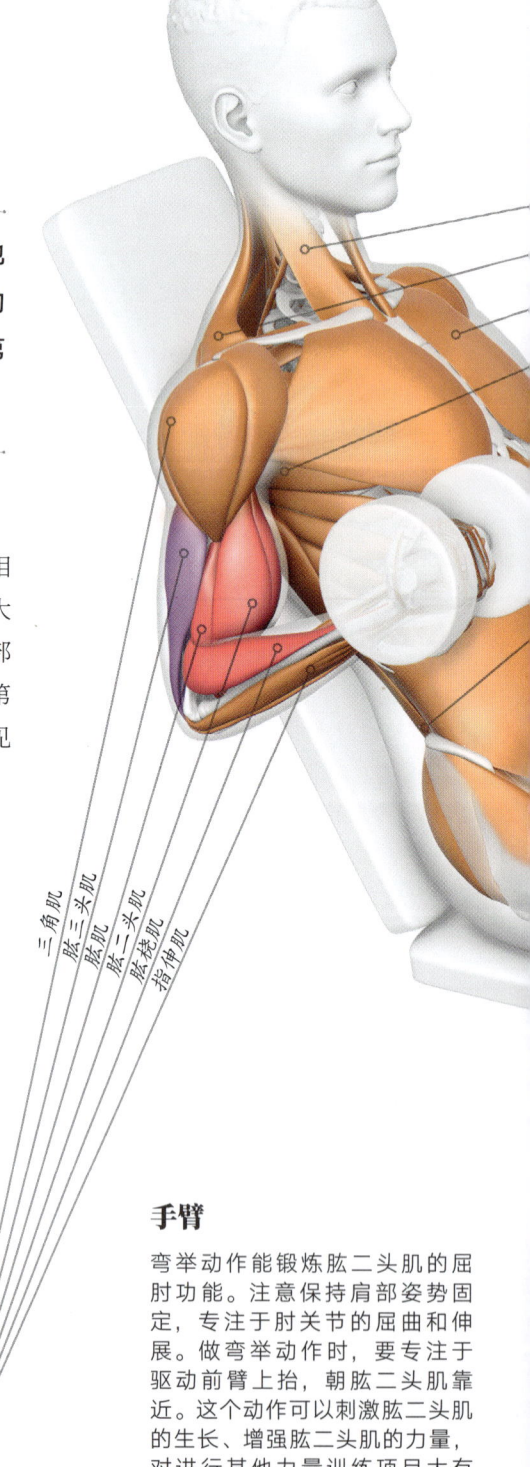

三角肌　肱三头肌　肱二头肌　肱桡肌　指伸肌

手臂

弯举动作能锻炼肱二头肌的屈肘功能。注意保持肩部姿势固定，专注于肘关节的屈曲和伸展。做弯举动作时，要专注于驱动前臂上抬，朝肱二头肌靠近。这个动作可以刺激肱二头肌的生长、增强肱二头肌的力量，对进行其他力量训练项目大有益处。

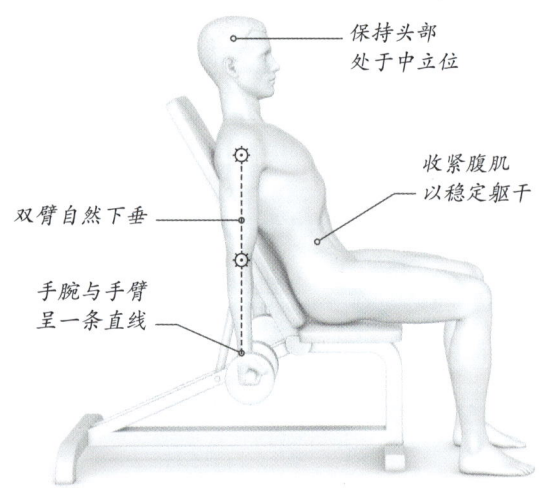

保持头部处于中立位
收紧腹肌以稳定躯干
双臂自然下垂
手腕与手臂呈一条直线

预备阶段

贴着靠背坐在上斜凳上，双脚平放于地面上，间距与肩同宽。反握哑铃，手臂下垂。手腕与上臂处于同一条直线上。

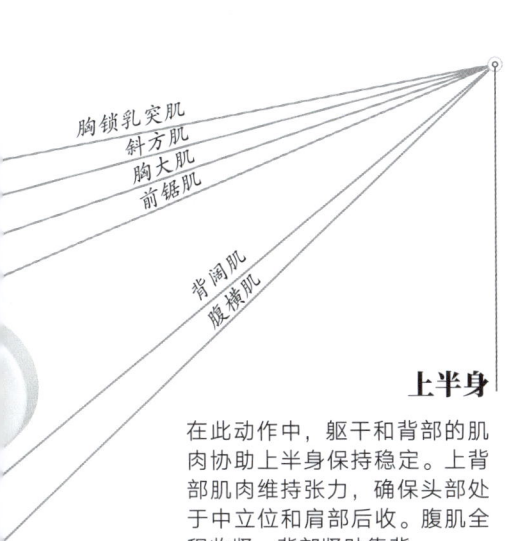

胸锁乳突肌
斜方肌
胸大肌
前锯肌

背阔肌
腹横肌

上半身

在此动作中，躯干和背部的肌肉协助上半身保持稳定。上背部肌肉维持张力，确保头部处于中立位和肩部后收。腹肌全程收紧，背部紧贴靠背。

侧前视图

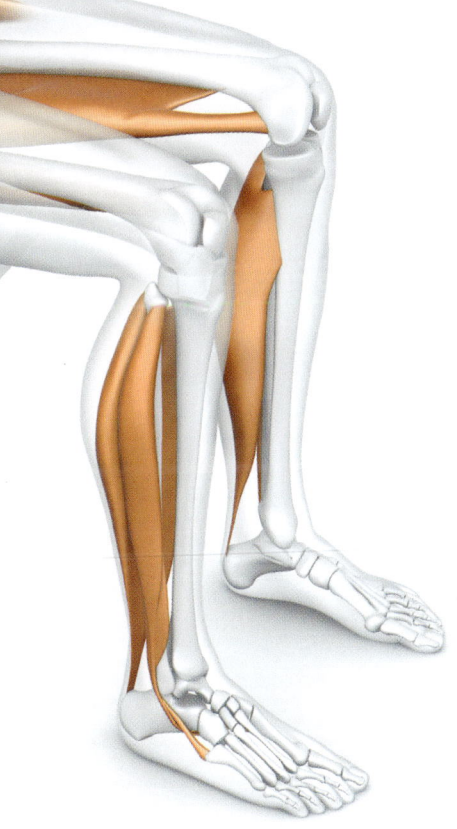

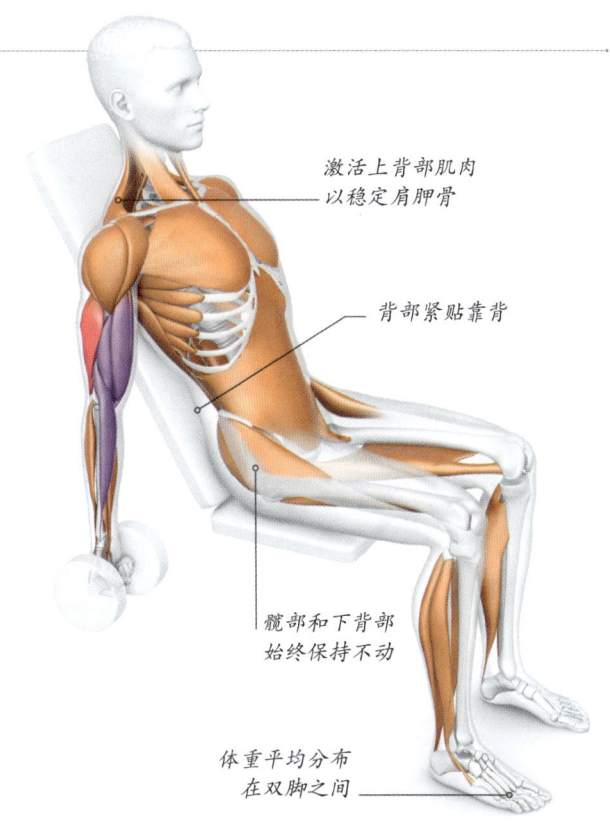

激活上背部肌肉以稳定肩胛骨

背部紧贴靠背

髋部和下背部始终保持不动

体重平均分布在双脚之间

图例
- •— 关节
- ○— 肌肉
- ● 向心收缩的肌肉
- ● 离心收缩的肌肉
- ● 无张力下被拉长的肌肉
- ● 等长收缩的肌肉

第一阶段

吸气，收紧腹肌以稳定核心。呼气，同时肘关节屈曲，将哑铃朝肩部上举，其间肩部保持不动。双脚平放在地面上，髋部和躯干固定不动。

第二阶段

保持核心收紧、肘部位置不变，呼气，让哑铃回落至起始位置，肱二头肌对哑铃施加阻力。调整呼吸，重复第一和第二阶段。

❗ 注意事项

如果肩部、髋部或下背部不稳，会导致其他肌肉（如三角肌前束）参与哑铃的上举和下移，因此保持肌肉稳定至关重要。刚开始使用的哑铃不宜过重，应从较小的重量入手，待掌握动作要领后，再逐步增加重量。

》变式动作

肱二头肌弯举可以灵活使用不同的器材来进行。在进行弯举动作时,上背部肌肉需全程收紧并避免圆肩,以降低肩部受伤风险,也能让肱二头肌和肘部屈肌更好地发力。

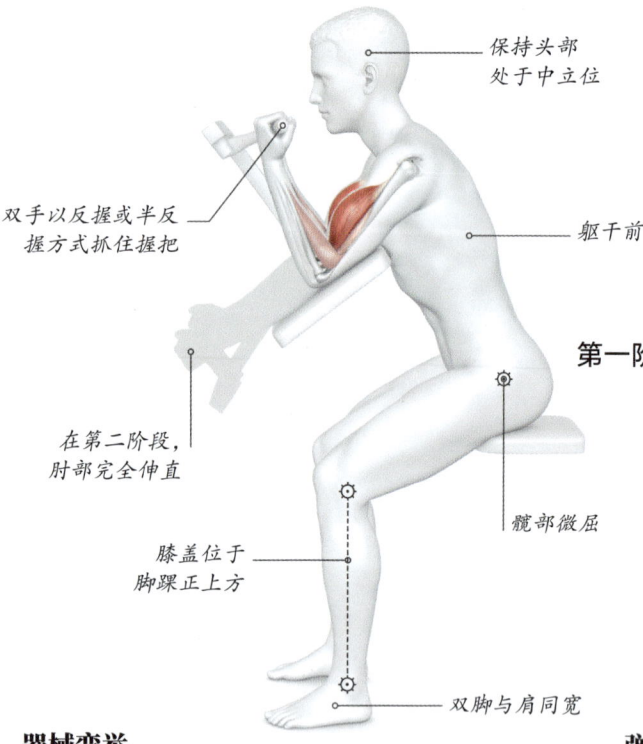

- 保持头部处于中立位
- 双手以反握或半反握方式抓住握把
- 在第二阶段,肘部完全伸直
- 膝盖位于脚踝正上方
- 躯干前倾
- 第一阶段
- 髋部微屈
- 双脚与肩同宽

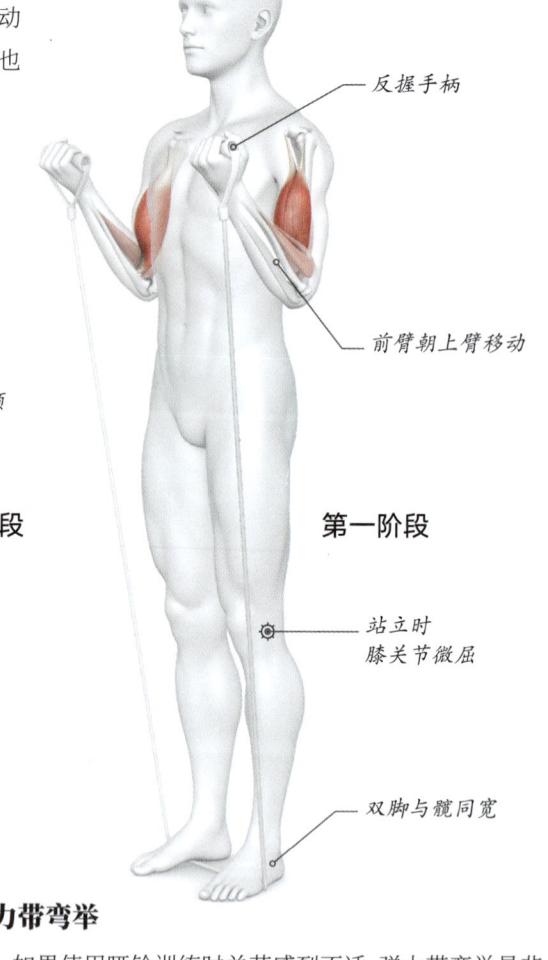

- 反握手柄
- 前臂朝上臂移动
- 第一阶段
- 站立时膝关节微屈
- 双脚与髋同宽

器械弯举

利用器械进行弯举训练可以保持手臂运动路径固定,这是非常有效的弯举练习动作。器械弯举既可以作为一项独立训练,又可搭配其他动作训练。

预备阶段
采取坐姿,上半身略微前倾,手臂靠在垫板上,双手握住握把(不同器械垫板的倾斜度和双腿弯曲的角度会有差异)。

第一阶段
吸气,收紧核心。呼气,同时进行弯举动作,上臂抵着垫板,避免圆肩。

第二阶段
吸气,同时手臂下落,肘部完全伸直。全程收紧核心,保持脊柱处于中立位。重复第一和第二阶段。

弹力带弯举

如果使用哑铃训练时关节感到不适,弹力带弯举是非常实用的替代动作。弹力带有助于在训练中保持动作的顺畅、平稳。

预备阶段
双脚踩在弹力带的中间位置,双手握住手柄,放在髋部前方。

第一阶段
吸气,收紧核心。呼气的同时进行弯举动作,上背部保持一定的张力,避免圆肩。

第二阶段
吸气,同时控制手臂下移至起始位置,回到髋部前方。重复第一和第二阶段。

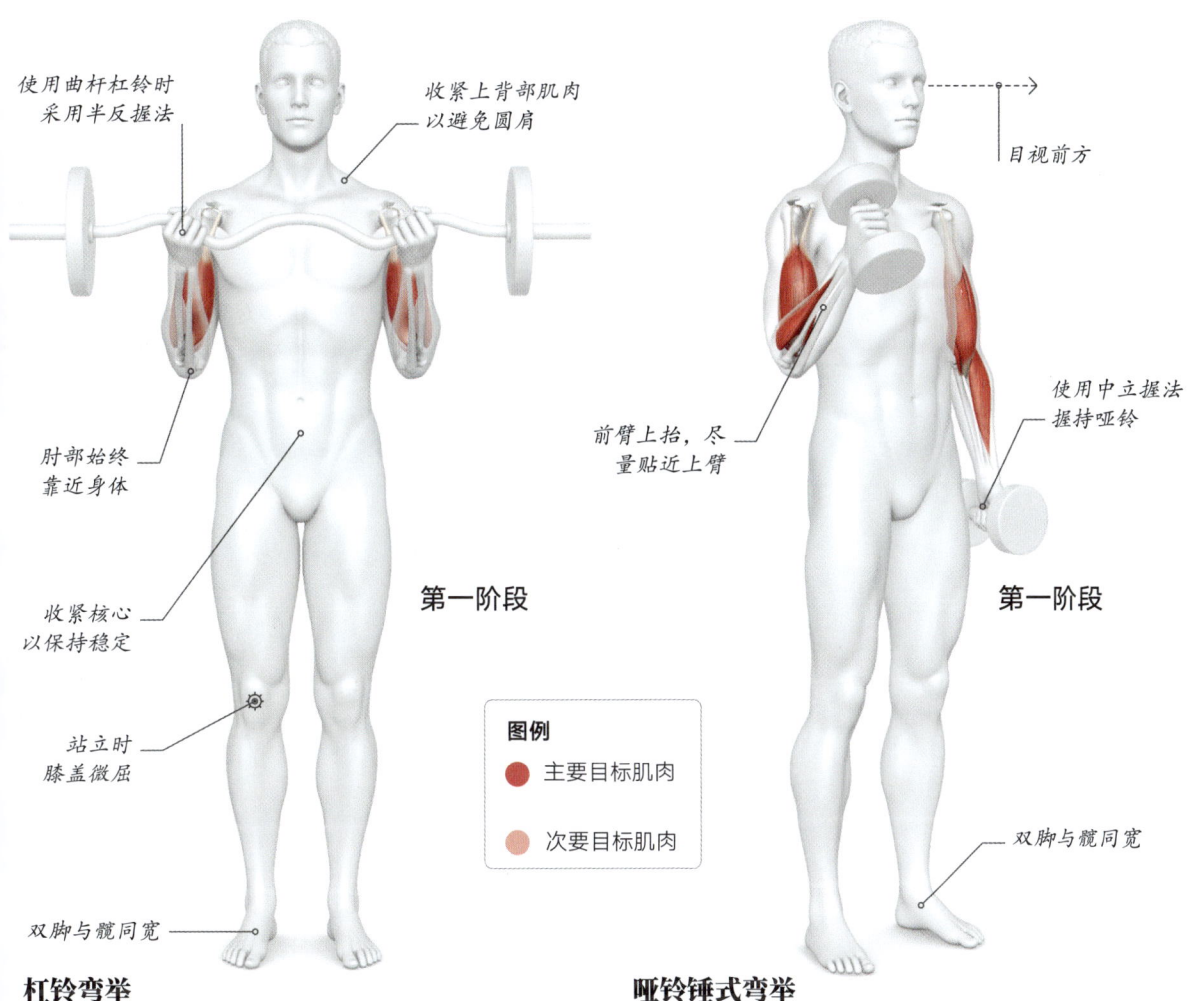

杠铃弯举

曲杆杠铃是一种带有波浪形杆身的杠铃,可在训练时减轻手腕的负荷,也可以使用直杆杠铃。为增加难度,可在杠铃到达最高点后停留1~2秒。

预备阶段
双手握住杠铃,置于身前,肘部完全伸直。采用半反握法握持曲杆杠铃,若使用的是直杆杠铃,则采用标准反握法。

第一阶段
吸气,收紧核心。呼气,同时进行弯举动作。肘部应靠近身体,位置固定不变。

第二阶段
吸气,同时将杠铃下移,保持核心收紧。手臂回到起始位置。重复第一和第二阶段。

哑铃锤式弯举

此变式动作的优点是能锻炼肱桡肌和肱肌等其他肘部屈肌。哑铃锤式弯举既可做双臂训练,又可做单臂训练。为增加强度,可在哑铃到达最高点后停留1~2秒。

预备阶段
身体站直,双手各握一个哑铃,垂于身体两侧。保持手腕处于中立位。

第一阶段
吸气,收紧核心。呼气,同时进行弯举动作(单臂或双臂),肘部弯曲,把哑铃举到最高点。

第二阶段
吸气,同时手臂下放。重复第一和第二阶段,如果是单臂训练,则确保两只手臂得到相同程度的锻炼。

仰卧哑铃臂屈伸

此动作又被称为"碎颅式",能刺激肱三头肌生长,增强肱三头肌的力量,对进行其他力量训练也大有裨益。这一动作可在卧推凳或地上进行,而且只需要一对哑铃就可以进行训练。

动作点睛

屈肘带动哑铃在头部上方移动时,核心和双腿固定不动,保持稳定。由于哑铃在头部上方,最好采取较为安全的中立握法。如果训练中有任何关节不适的感觉,可尝试改练使用绳索或弹力带的变式动作。

初学者可以从每组8~10次共4组开始做起。变式动作见第142~143页,其他针对性的训练组见训练计划第195~208页。

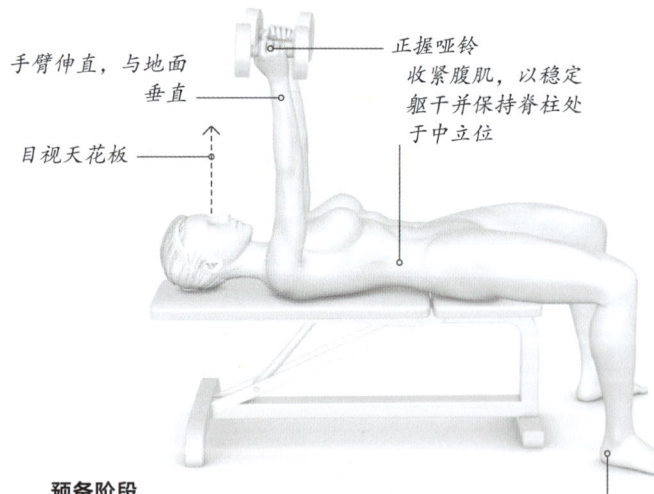

手臂伸直,与地面垂直
目视天花板
正握哑铃
收紧腹肌,以稳定躯干并保持脊柱处于中立位
上臂位置保持不动
哑铃下落至耳边或凳面
指伸肌
指浅屈肌
肱桡肌
肱三头肌
肱二头肌
胸大肌
脊柱
腹横肌

预备阶段
平躺在卧推凳上,臀部和头部与凳面充分接触,双脚平放在地面上,间距大于髋部宽度。如果是躺在地面上训练,可以弯曲双膝以提高稳定性。手握哑铃,置于大腿上方,然后将其举到肩部上方。

体重平均分布在双脚之间

上半身和手臂
在这个动作中,肱三头肌是主要发力部位。肩部和躯干肌肉维持肩关节和上半身的稳定,前臂肌肉协助握住哑铃。此动作的要领是在进行肘部屈伸动作时保持肩部位置不变。

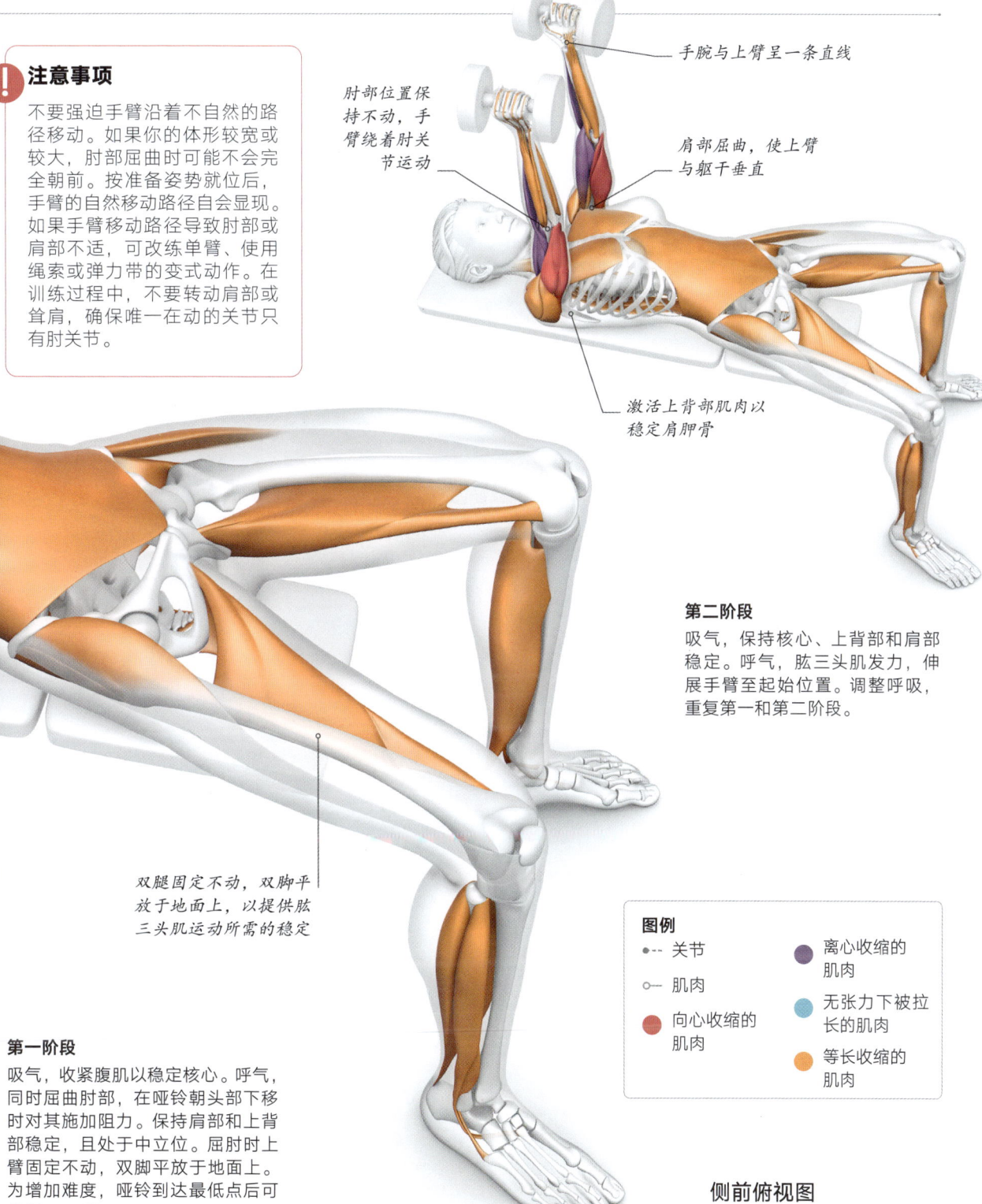

注意事项

不要强迫手臂沿着不自然的路径移动。如果你的体形较宽或较大,肘部屈曲时可能不会完全朝前。按准备姿势就位后,手臂的自然移动路径自会显现。如果手臂移动路径导致肘部或肩部不适,可改练单臂、使用绳索或弹力带的变式动作。在训练过程中,不要转动肩部或耸肩,确保唯一在动的关节只有肘关节。

手腕与上臂呈一条直线

肘部位置保持不动,手臂绕着肘关节运动

肩部屈曲,使上臂与躯干垂直

激活上背部肌肉以稳定肩胛骨

第二阶段

吸气,保持核心、上背部和肩部稳定。呼气,肱三头肌发力,伸展手臂至起始位置。调整呼吸,重复第一和第二阶段。

双腿固定不动,双脚平放于地面上,以提供肱三头肌运动所需的稳定

第一阶段

吸气,收紧腹肌以稳定核心。呼气,同时屈曲肘部,在哑铃朝头部下移时对其施加阻力。保持肩部和上背部稳定,且处于中立位。屈肘时上臂固定不动,双脚平放于地面上。为增加难度,哑铃到达最低点后可停留1~2秒。

图例
- ●-- 关节
- ○ 肌肉
- ● 向心收缩的肌肉
- ● 离心收缩的肌肉
- ● 无张力下被拉长的肌肉
- ● 等长收缩的肌肉

侧前俯视图

》变式动作

下列变式动作对臂屈伸的初学者而言非常实用。虽然做法看起来有所差异,但锻炼的目标肌肉都是肱三头肌。注意做单臂训练时,应保持两条手臂的练习次数相同,以得到均衡的锻炼。

图例
- 主要目标肌肉
- 次要目标肌肉

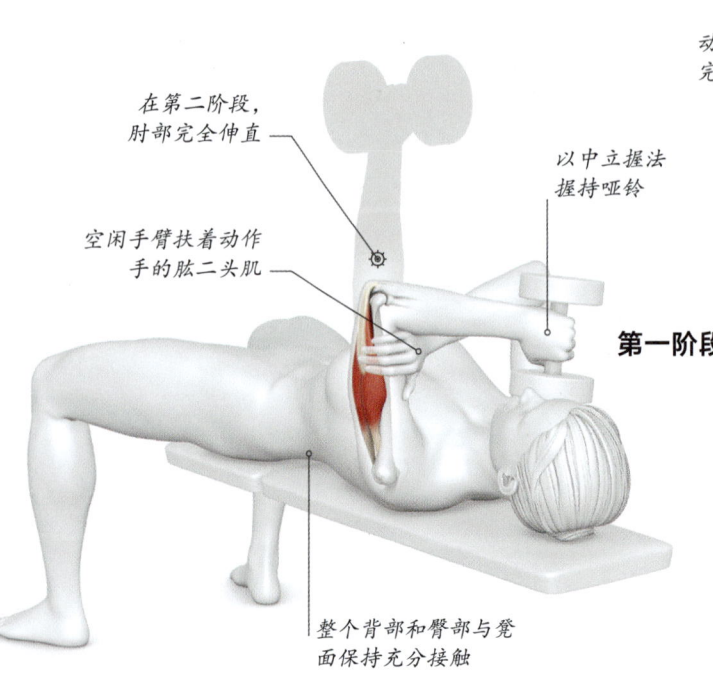

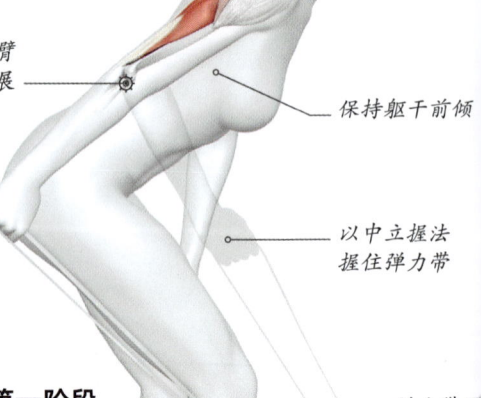

仰卧单臂哑铃臂屈伸

如果双臂训练时肘部感到不适,则可以练习更简单的仰卧单臂哑铃臂屈伸。此变式动作对于体形较大者也非常有效。

预备阶段
仰卧在卧推凳上,双脚平放于地面上,呈外八字。动作手握住哑铃,肘部伸直,另一只手扶住动作手臂。

第一阶段
吸气,收紧核心。呼气,同时肘部弯曲,牵引哑铃朝胸部另一侧下移。

第二阶段
吸气并将手臂上抬至起始位置。重复第一和第二阶段,然后换另一侧手臂训练。

单臂弹力带臂屈伸

此变式动作是单臂训练,常被称为"俯身臂屈伸"。肩部做好准备姿势后,手臂向后伸展。

预备阶段
采用前后跨步站姿,两脚横向距离与髋同宽,膝盖微屈,上半身前倾,前倾角度约为45°。动作手肘部微屈,握住弹力带。

第一阶段
吸气,收紧核心。呼气,将弹力带往后拉,直到肘部完全伸展。上背部肌肉保持一定的张力,以避免圆肩。

第二阶段
吸气,控制好速度和力度,让手臂回到起始位置。重复第一和第二阶段,然后换另一侧手臂训练,注意调换双腿的前后位置。

窄距俯卧撑

窄距俯卧撑的手掌位置和手臂移动路径与普通俯卧撑有所不同,锻炼的部位是胸部肌肉、肱三头肌和肩部肌肉。此变式动作属于自重训练,是仰卧臂屈伸的实用替代动作,也能达到相似的锻炼效果。

预备阶段
采取俯卧姿势,手臂位于身前,双手距离等于或小于肩宽。肘部微屈。

第一阶段
收紧核心,吸气,同时肘部弯曲,身体朝地面下移,手臂紧靠着胸廓。

第二阶段
呼气,同时将身体上推,直至肘部几乎完全伸展,回到起始位置。重复第一和第二阶段。

> 学习更多肱三头肌的解剖学知识,有助于理解某个具体动作能锻炼肱三头肌的哪几个部位。

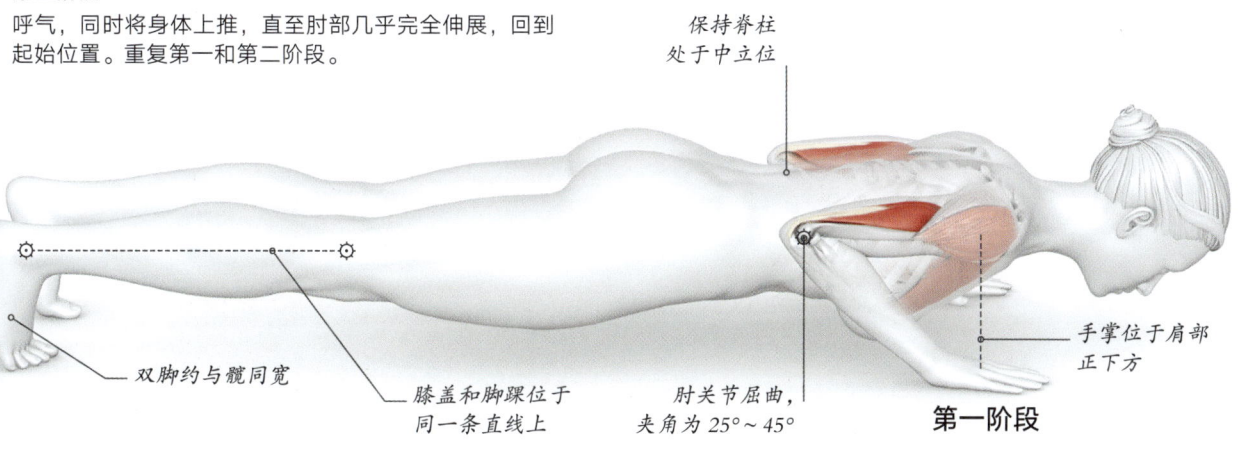

保持脊柱处于中立位 | 手掌位于肩部正下方 | 肘关节屈曲,夹角为25°~45° | 膝盖和脚踝位于同一条直线上 | 双脚约与髋同宽

第一阶段

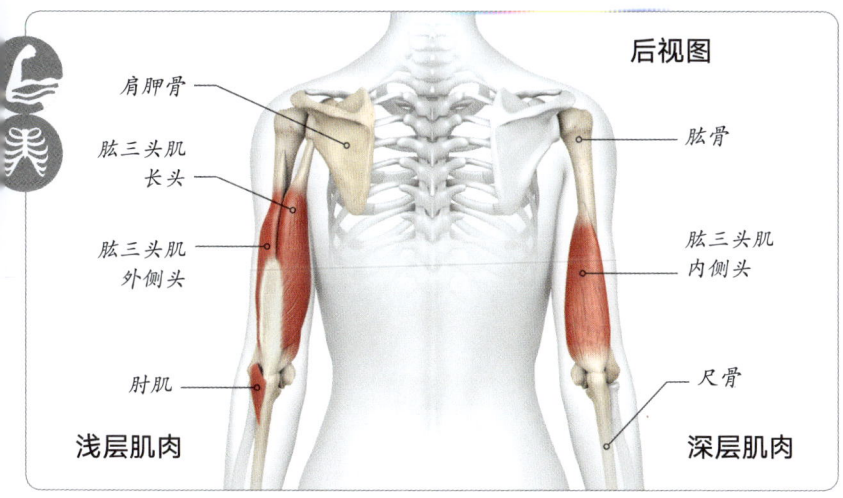

后视图 — 肩胛骨、肱三头肌长头、肱三头肌外侧头、肘肌、肱骨、肱三头肌内侧头、尺骨

浅层肌肉 | 深层肌肉

细看肱三头肌构造

肱三头肌的特别之处在于它有三个头:外侧头和内侧头与肱骨和肘关节相连,长头则与肩胛骨相连。有些动作能同时锻炼肱三头肌的三个头,有些动作只锻炼其中一个或两个头。通过改变肩部姿势,可在不影响外侧头和内侧头的情况下,让长头承担更大的负荷。了解更多肱三头肌的解剖学知识、每个头的附着点及其如何与阻力在同一条直线上对抗,有助于理解为何某一项训练优于另一项。交叉绳索下拉是同时锻炼肱三头肌三个头的最佳动作范例。

力量训练运动解剖学

绳索下拉

绳索下拉可以锻炼位于上臂后侧的肱三头肌。此动作使用绳索滑轮器械,握把可用双头绳而不是横杠或固定握把,这样可更好地适应不同人的身体结构和活动性。

动作点睛

确保姿势正确和手臂肘关节运动,是绳索下拉产生效果的关键。调节负重,把双头绳接到绳索滑轮器械上,滑轮调到最高位置。如果在训练中有任何关节不适的感觉,可改练其他绳索变式或使用弹力带的变式动作(见第146~147页)。

初学者可以从每组8~10次共4组开始做起。变式动作见第146~147页,其他针对性的训练组练计划见第195~208页。

上半身和手臂

肱三头肌是这个动作的重点锻炼部位,肩部、上背部和躯干的肌肉协助肩关节和上半身保持稳定。双头绳没有直杠或固定握把那样的限制,手臂移动路径可任意调整。动作要领是肘关节进行屈伸动作,同时肩部位置保持不变。增加肱三头肌的肌肉和力量对进行其他力量训练也有益处。

半棘肌
胸锁乳突肌
斜方肌
三角肌
肱二头肌
背阔肌
前锯肌
肱三头肌
腹横肌
胸棱肌
指浅屈肌

图例
····· 关节
○ 肌肉
● 向心收缩的肌肉
● 离心收缩的肌肉
● 无张力下被拉长的肌肉
● 等长收缩的肌肉

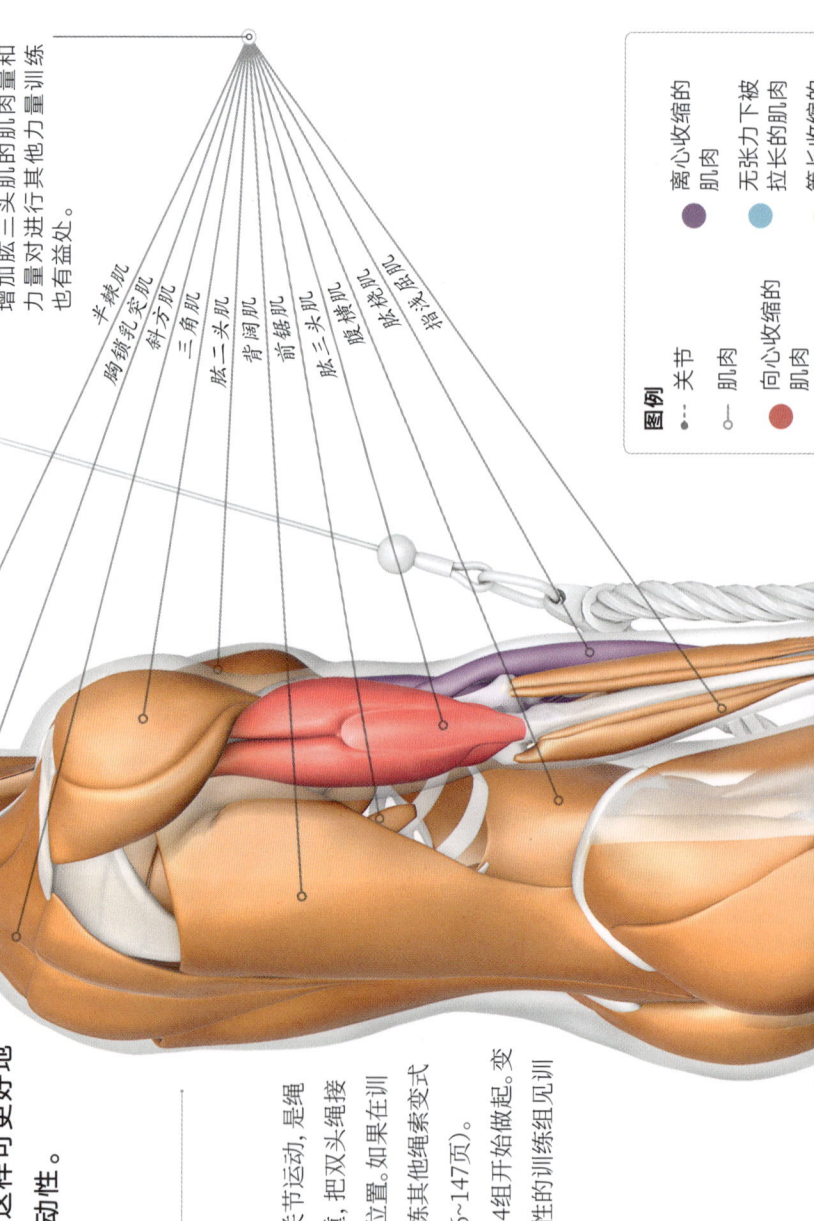

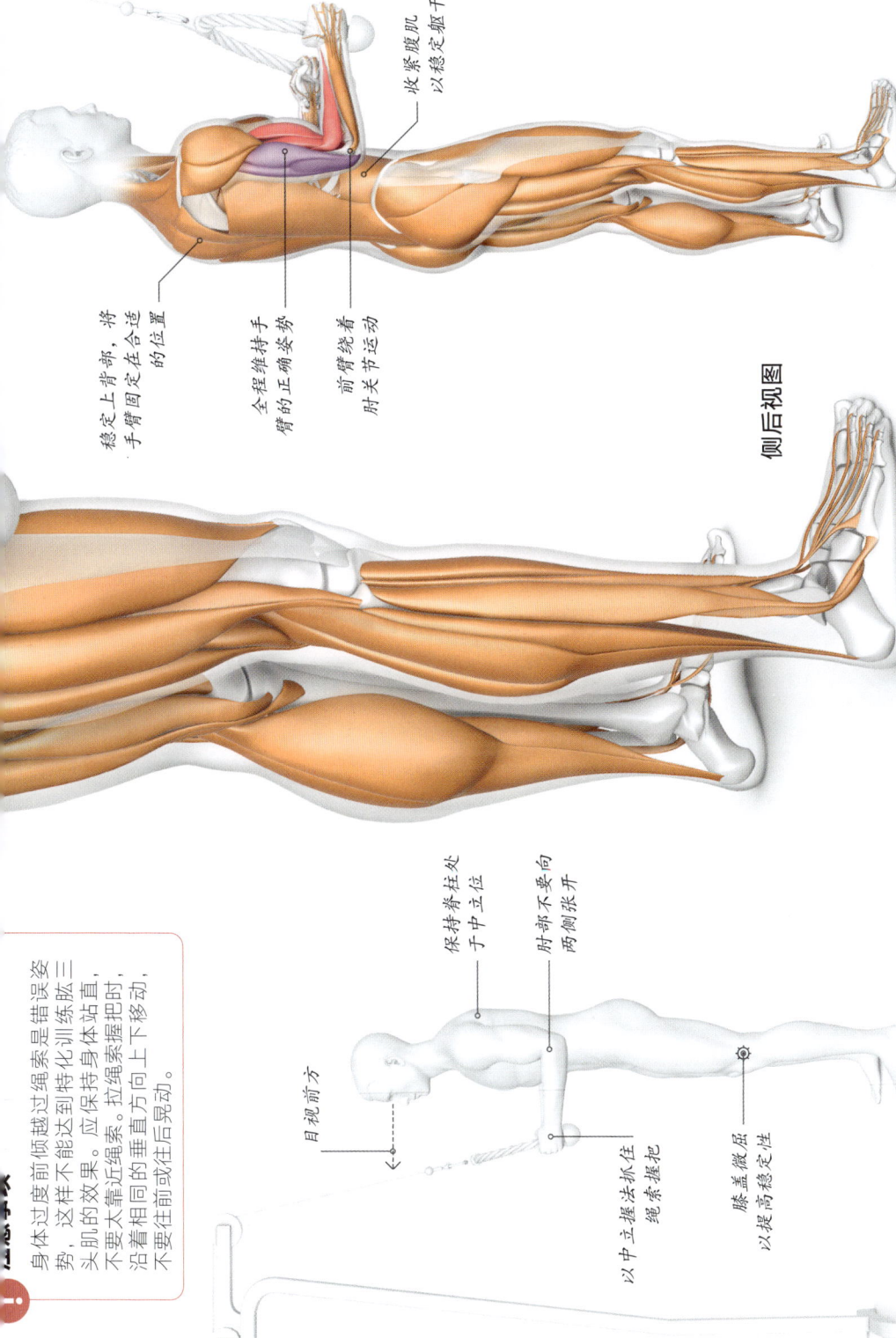

收紧腹肌
以稳定躯干

稳定上背部，将
手臂固定在合适
的位置

全程保持手
臂的正确姿势

前臂绕着
肘关节运动

侧后视图

保持脊柱处
于中立位

肘部不要向
两侧张开

目视前方

以中立握法抓住
绳索末端握把

膝盖微屈
以提高稳定性

预备阶段

设置好器械，握住双头绳末端。面对
器械后退1~2步，身体站直，双脚与
肩同宽。上背部肌肉收紧以维持稳定，
肘关节屈曲的角度为65~75°。

第一阶段

吸气，收紧腹肌。呼气并伸展肘部，肱
三头肌发力，将绳索往下拉。注意到达
最低点时不能圆肩，为增加强度，到达
最低点后可停留1~2秒。

第二阶段

保持核心、上背部和肩部稳定，呼气
的同时肱三头肌发力，在绳索上升至
起始位置的过程中对其施加阻力。调
整呼吸，重复第一和第二阶段。

身体过度前倾越过绳索是错误姿势，这样不能达到特化训练肱三头肌的效果。应保持身体站直，不要太靠近绳索。拉绳索握把时，沿着相同的垂直方向上下移动，不要往前方或往后晃动。

》变式动作

在做绳索下拉的任何变式动作时，都应确保肩部姿势正确，且不能圆肩。如果在绳索下拉过程中有关节不适的感觉，下列变式动作是锻炼肱三头肌的极佳替代动作。

弹力带臂屈伸

如果没有机会使用专业器械，弹力带臂屈伸是非常实用的变式动作。弹力带搭在肩上可确保阻力线与手臂移动路径相一致。

> 将阻力（绳索或弹力带）的路径与手臂移动路径保持一致，可降低关节受伤的风险。

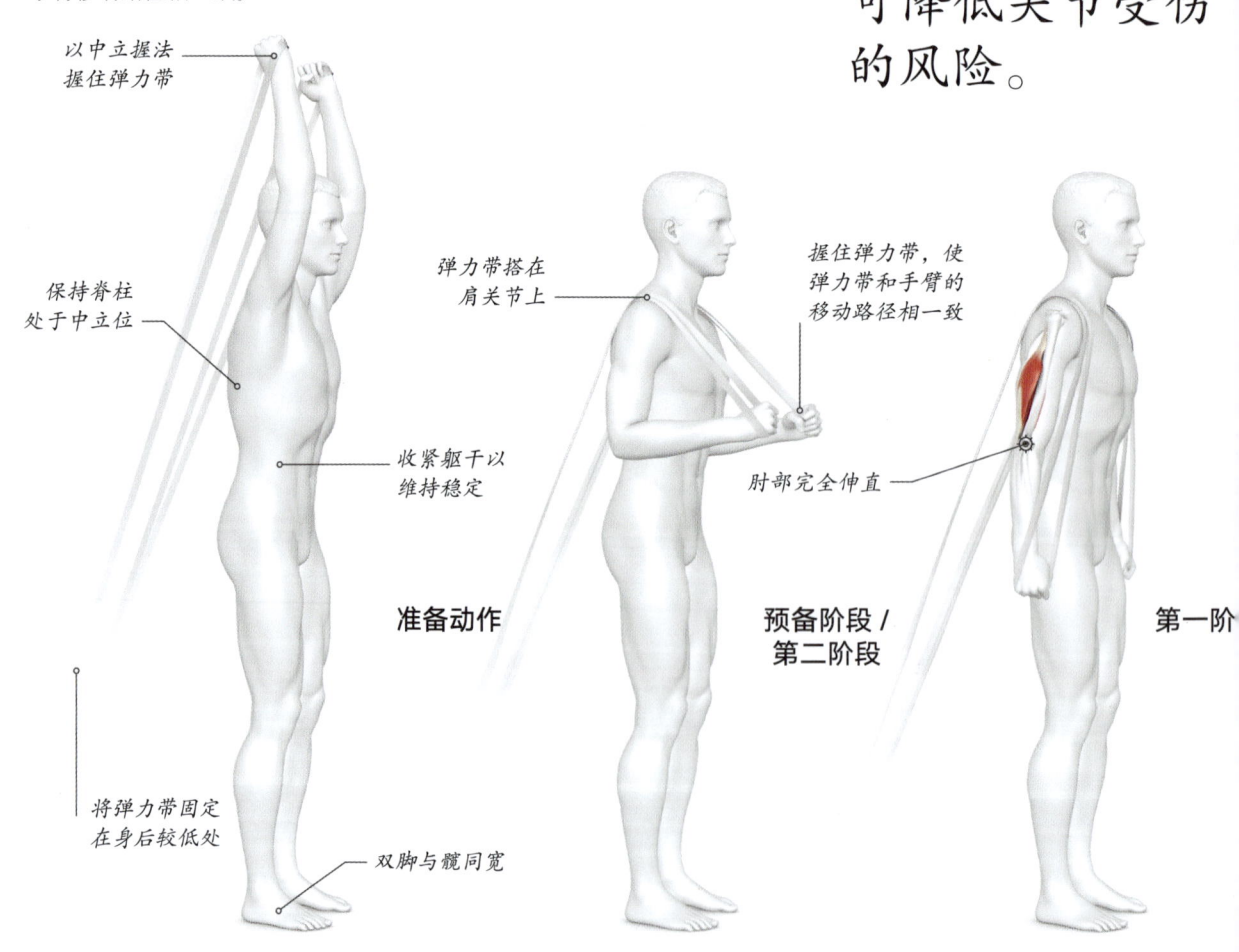

准备动作
将弹力带固定在低位，背对弹力带站立，膝关节微屈。双手分别握住一条弹力带。高举手臂。

预备阶段
手臂前伸，把弹力带搭在肩上。肘关节屈曲，双手握着弹力带，位于身体的前方。

第一阶段
吸气，收紧腹肌。呼气，同时肘关节完全伸展，肩部后收，上臂与躯干处于同一条直线上。

第二阶段
吸气，同时肘关节屈曲，控制弹力带上移，手臂回到起始位置。重复第一和第二阶段。

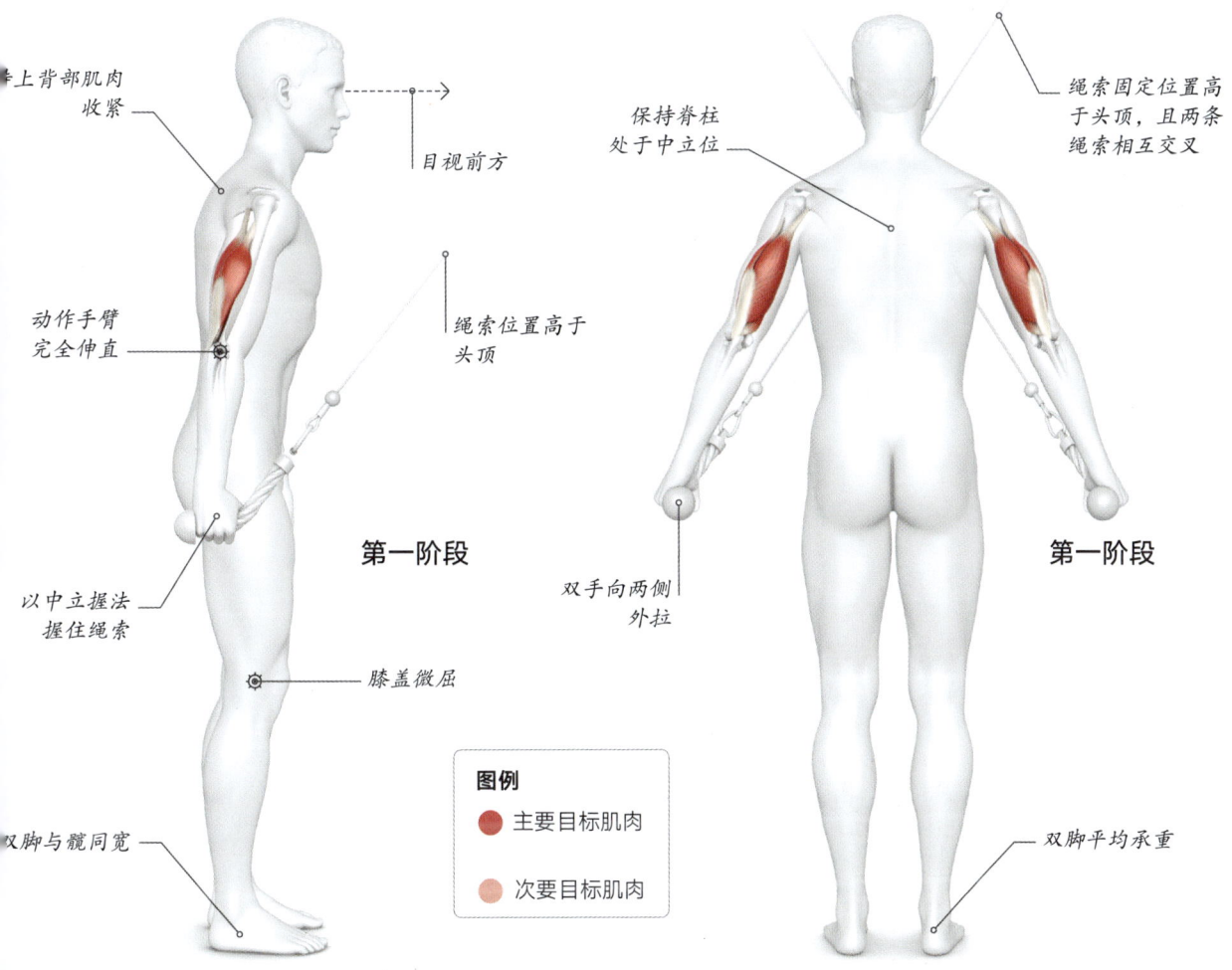

单臂绳索下拉

此变式动作只需要一条绳索,每次只练一侧手臂。手臂下拉之前应确保肩部姿势正确。

预备阶段
身体站直,然后髋部微屈,上半身前倾靠近阻力线。对绳索采取中立握,手臂微屈。

第一阶段
吸气,收紧核心。呼气,同时动作手臂完全伸直。手臂移动路径应与阻力线保持一致。

第二阶段
呼气,同时控制手臂回到起始位置。重复第一和第二阶段,然后换另一侧手臂进行训练。

交叉绳索下拉

此变式动作要用到两条绳索,可同时锻炼双臂的肱三头肌。训练过程中,上背部保持张力,避免圆肩。

预备阶段
身体站直,双脚与髋同宽,且髋部微屈。双手分别握住一条绳索,采取中立握,肘关节屈曲。

第一阶段
吸气,收紧核心。呼气,同时手臂沿着绳索形成的阻力线向下拉。

第二阶段
呼气,同时肘部弯曲,带动手臂平稳顺畅地回到起始位置。重复第一和第二阶段。

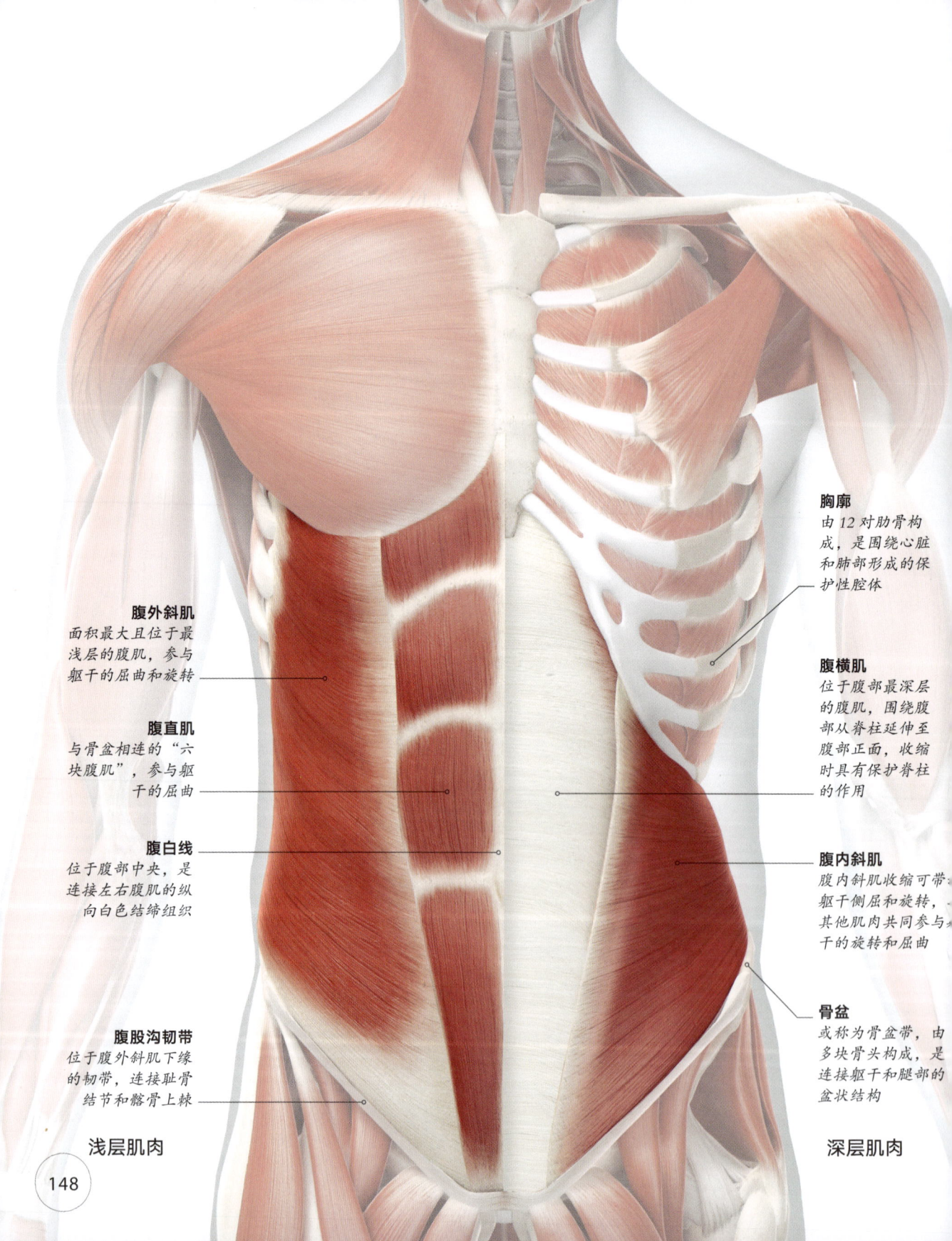

胸廓
由12对肋骨构成，是围绕心脏和肺部形成的保护性腔体

腹外斜肌
面积最大且位于最浅层的腹肌，参与躯干的屈曲和旋转

腹直肌
与骨盆相连的"六块腹肌"，参与躯干的屈曲

腹白线
位于腹部中央，是连接左右腹肌的纵向白色结缔组织

腹横肌
位于腹部最深层的腹肌，围绕腹部从脊柱延伸至腹部正面，收缩时具有保护脊柱的作用

腹内斜肌
腹内斜肌收缩可带躯干侧屈和旋转，其他肌肉共同参与干的旋转和屈曲

骨盆
或称为骨盆带，由多块骨头构成，是连接躯干和腿部的盆状结构

腹股沟韧带
位于腹外斜肌下缘的韧带，连接耻骨结节和髂骨上棘

浅层肌肉　　　　　　　　　　　　　　深层肌肉

腹部训练

负责腹部运动的主要肌肉包括腹直肌（即俗称的"六块腹肌"），位于躯干两侧的腹外斜肌和腹内斜肌，以及位于腹部最深层的腹横肌。

腹直肌与胸骨以及肋骨和骨盆的结缔组织相连。腹外斜肌和腹内斜肌均与肋骨、骨盆和腹白线（腹壁中线的结缔组织）相连。腹横肌与骨盆、肋骨、腹白线及下背部结缔组织相连。

- 躯干向前弯曲时，是腹直肌在起作用，在此动作中，腹直肌也为其他腹肌提供支撑。腹直肌可通过自重或负重训练加以锻炼，如卷腹或悬垂举腿。

- 腹斜肌除了能让躯干侧向弯曲，还能让躯干前屈和旋转。此外，腹斜肌还能对抗躯干的旋转和伸展，从而提高躯干的稳定性，保护脊柱。

腹横肌相当于体内的"举重腰带"，能提供压力或束缚力，稳定躯干和保护脊柱。

这些肌肉都具有辅助呼吸的功能，为躯干提供活动所需力量和结构支撑。

本节内容

平板支撑对侧提膝	150
侧支撑转髋	152
健身球卷腹	154
变式动作：	156
猫牛式卷腹	
健身球平板转肘	
死虫式	
悬垂举腿	158
变式动作：	160
跪姿绳索卷腹	
站姿绳索卷腹	
下斜卷腹	
站姿绳索转体	162
变式动作：	164
杠铃片俄罗斯转体	
自行车卷腹	
"V"字交替卷腹	

强有力的腹肌有助于打造健康的核心，能保护脊柱并降低下背部受伤的风险。

平板支撑对侧提膝

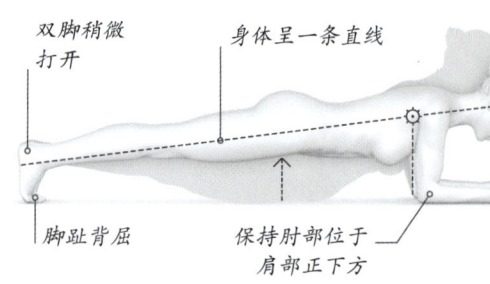

预备阶段
俯卧在地面上,前臂撑地,支撑上半身。髋部抬高,使头部到踝关节呈一条直线,进入起始姿势。

这个动作也被很多人称为"登山式",能同时锻炼腿部、核心和手臂的肌肉,而且提高动作频率后,可达到有氧运动的效果。对侧提膝动作能强化核心肌肉,特别是腹斜肌。

动作点睛

这个动作要求在平板支撑的姿势下提起单侧膝盖,并在左右转髋时保持身体始终呈一条直线。手臂、上背部、躯干和下半身肌肉保持张力,有助于稳定下背部,避免下背部受伤。

初学者可以从每组8~10次共4组开始做起。其他针对性的训练组见训练计划第195~208页。如果觉得训练难度太大,可尝试只保持平板支撑,不进行对侧提膝。

图例
- 关节
- 肌肉
- 向心收缩的肌肉
- 离心收缩的肌肉
- 无张力下被拉长的肌肉
- 等长收缩的肌肉

腿部
支撑腿的股四头肌收紧,帮助身体保持稳定,以便髋关节屈曲,带动膝关节运动。髋部屈肌牵引膝关节朝身体的另一侧移动。

阔筋膜张肌 股外侧肌 股内侧肌 股直肌 髋关节 腓肠肌

! **注意事项**
脖子不能前倾,眼睛注视地面,保持头部处于中立位。确保肩部位于肘部正上方。

侧前视图

核心和手臂

膝关节朝身体另一侧提起时，与支撑腿同侧的腹外斜肌向心收缩，牵引躯干转动，另一侧的腹外斜肌离心收缩。手臂和肩部肌肉收紧，协助维持上半身的姿势。下背部的竖脊肌确保脊柱处于中立位，同时避免脊柱拱起。

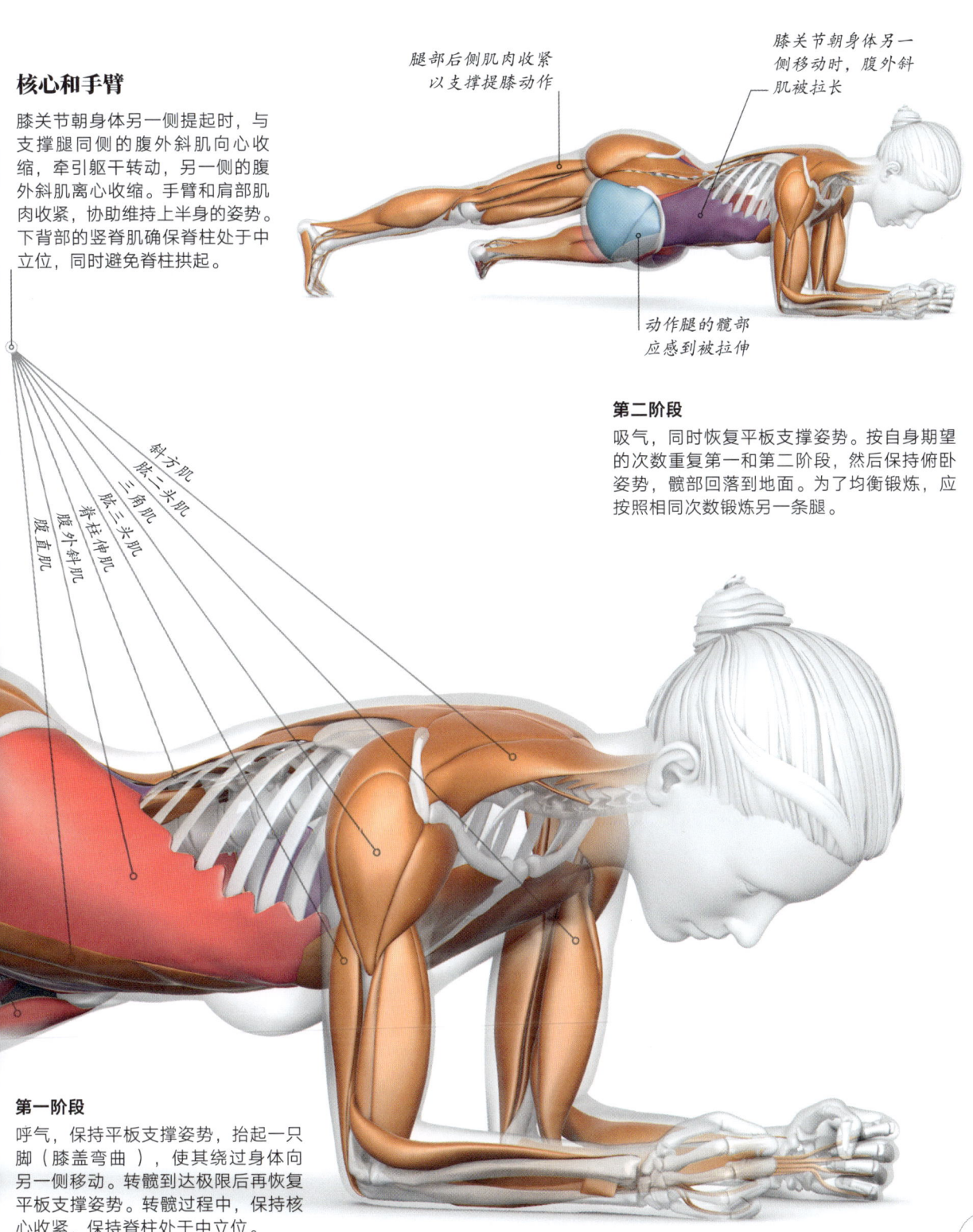

腿部后侧肌肉收紧以支撑提膝动作

膝关节朝身体另一侧移动时，腹外斜肌被拉长

动作腿的髋部应感到被拉伸

斜方肌
肱二头肌
三角肌
肱三头肌
脊柱伸肌
腹外斜肌
腹直肌

第二阶段

吸气，同时恢复平板支撑姿势。按自身期望的次数重复第一和第二阶段，然后保持俯卧姿势，髋部回落到地面。为了均衡锻炼，应按照相同次数锻炼另一条腿。

第一阶段

呼气，保持平板支撑姿势，抬起一只脚（膝盖弯曲），使其绕过身体向另一侧移动。转髋到达极限后再恢复平板支撑姿势。转髋过程中，保持核心收紧，保持脊柱处于中立位。

151

侧支撑转髋

力量训练运动解剖学

> **注意事项**
> 若姿势错误（身体呈一条直线至关重要）和髋部下塌，便无法从头到脚保持张力。髋部应抬离地面。

这是一个在家也方便易做的动作，可锻炼躯干两侧的腹斜肌，从而强化核心，使腰部肌肉更加强壮。训练时要放慢呼吸，先练一侧，再练另一侧。

动作点睛

和平板支撑对侧提膝（见第150~151页）一样，侧支撑转髋要求身体呈一条直线，腹肌全程收紧，而这个动作是交替在身体两侧采取侧卧姿势。膝关节和胸部始终面向身体前方，只转动髋部。初学者可以从每组8~10次共4组开始做起。其他针对性的训练见训练计划第195~208页。

髋部
在此动作中，髋屈肌、内收肌和外展肌保持下半身的姿势，协助维持脊柱处于中立位。

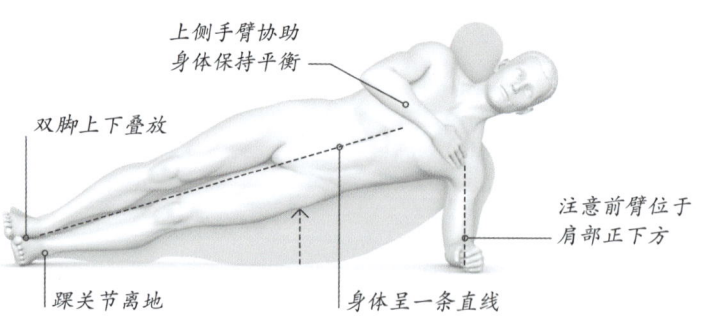

- 双脚上下叠放
- 上侧手臂协助身体保持平衡
- 注意前臂位于肩部正下方
- 踝关节离地
- 身体呈一条直线

阔筋膜张肌
髋关节
臀大肌
臀中肌
髂腰肌
大收肌

预备阶段
采取侧卧姿势，双脚并拢，下侧手臂的前臂撑地，支撑上半身。上侧手臂屈肘，横放在胸前。将髋部抬离地面，头部到踝关节呈一条直线。

前视图

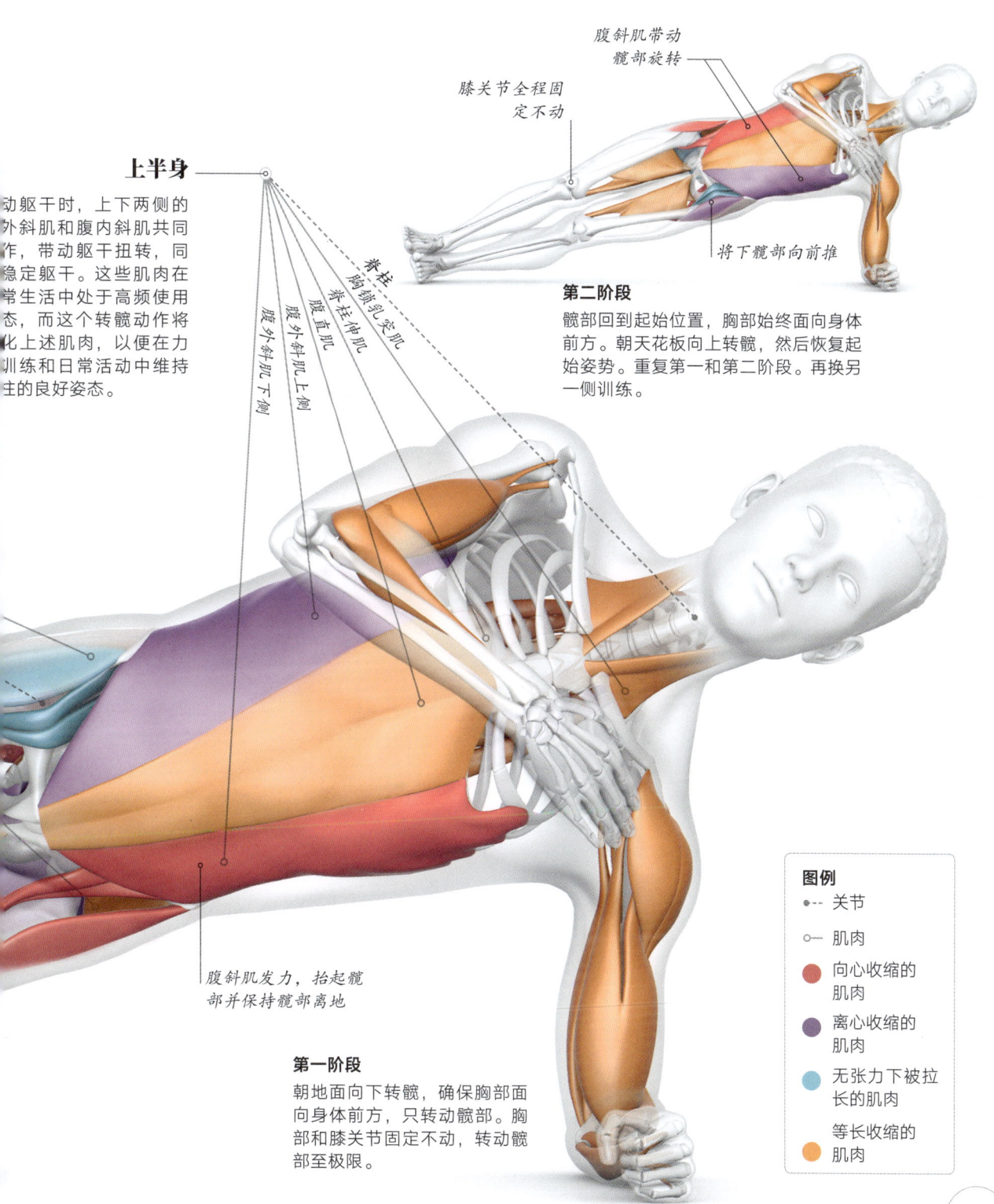

力量训练运动解剖学

健身球
卷腹

这个动作可安全地锻炼核心,重点针对腹横肌和腹直肌。腹横肌是深层肌肉,腹直肌是靠近浅层的肌肉。

动作点睛

这个卷腹动作需要一颗直径为55~65厘米的健身球,动作内容是核心肌肉发力,牵引上半身上抬和下移。训练期间,双手贴着腹部,将感到腹肌的收缩和舒展。

初学者可以从每组8~10次共4组开始做起。变式动作见第156~157页,其他针对性的训练组见训练计划第195~208页。

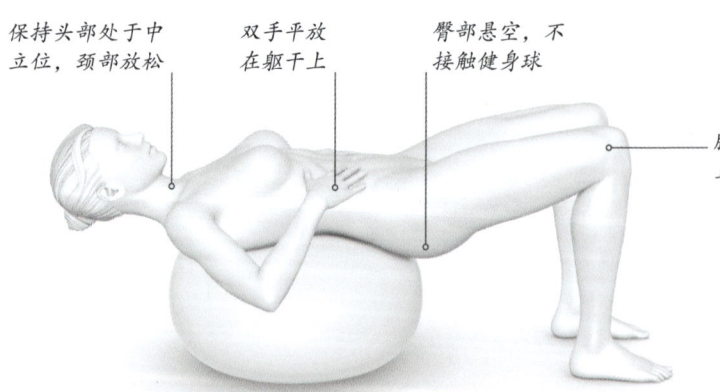

保持头部处于中立位,颈部放松

双手平放在躯干上

臀部悬空,不接触健身球

膝盖位于脚踝正上方

预备阶段
坐在健身球上,双脚平放在地面上,与肩同宽。双脚往前移动,直至仅有下背部与健身球接触,然后上半身躺倒,成仰卧姿势。

第一阶段
吸气,收紧腹肌以稳定核心。呼气,同时开始卷腹,腹肌发力,牵引脊柱前屈。卷腹时,想象腰部"向内蜷缩"。当腹肌充分收缩,呼气完成时,动作到达终点。此时不要通过屈髋进一步抬起上半身。若要增加强度,可在最高点停留1秒。

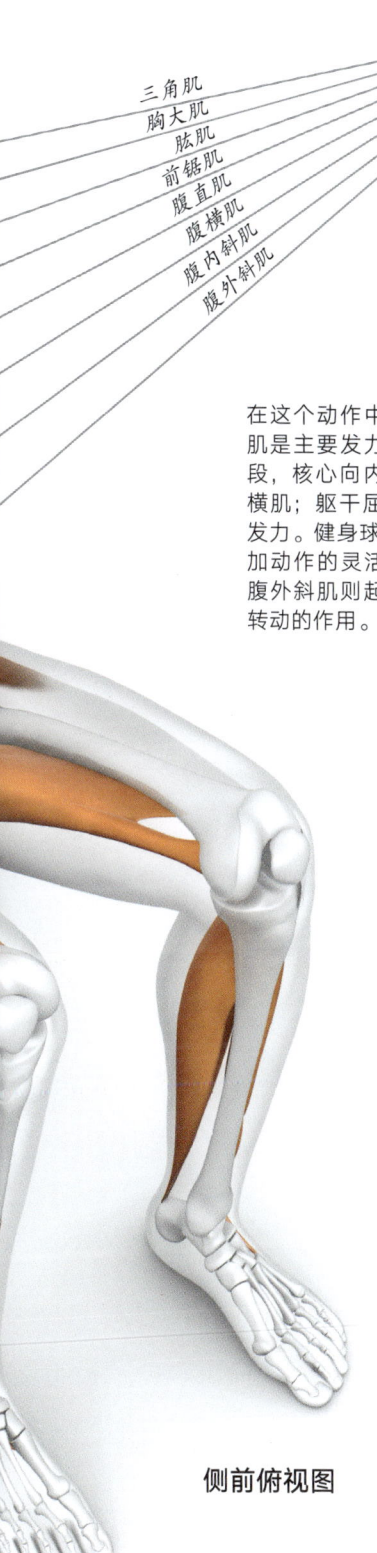

三角肌
胸大肌
肱肌
前锯肌
腹直肌
腹横肌
腹内斜肌
腹外斜肌

上半身和手臂

在这个动作中，腹横肌和腹直肌是主要发力肌肉。在第一阶段，核心向内蜷缩，可锻炼腹横肌；躯干屈曲亦需要腹直肌发力。健身球让身体离地，增加动作的灵活性。腹内斜肌和腹外斜肌则起到防止身体左右转动的作用。

⚠ 注意事项

若训练时呼吸方式不正确，会削弱此动作对核心的锻炼效果，并使发力部位偏移。为防止受伤并发挥动作的最大效果，必须控制呼吸。

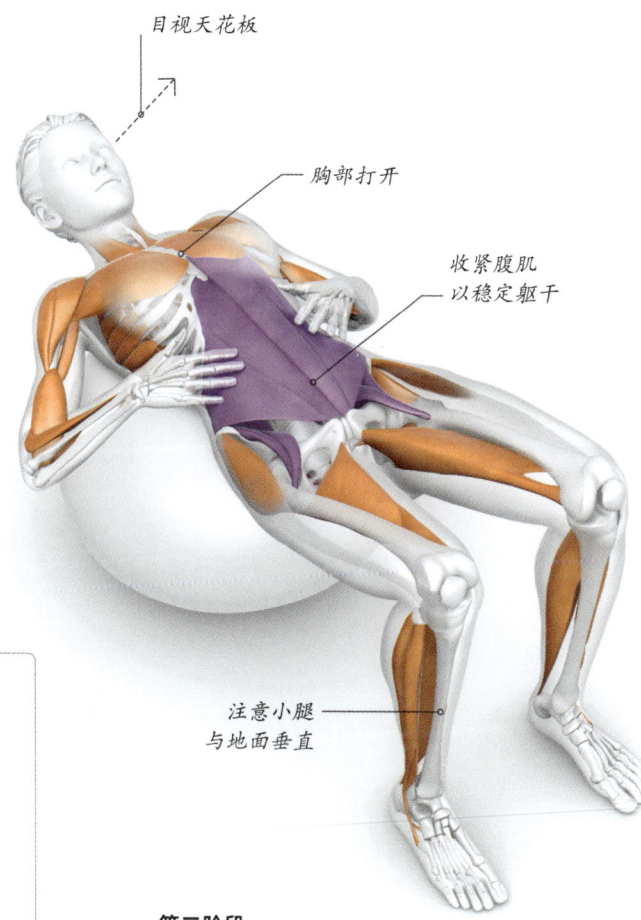

目视天花板

胸部打开

收紧腹肌以稳定躯干

注意小腿与地面垂直

侧前俯视图

图例
- ●-- 关节
- ○— 肌肉
- ● 向心收缩的肌肉
- ● 离心收缩的肌肉
- ● 无张力下被拉长的肌肉
- ● 等长收缩的肌肉

第二阶段

保持核心稳定，吸气的同时伸展脊柱，控制腹部展开，恢复起始姿势。调整呼吸，重复第一和第二阶段。

变式动作

下列变式动作都是以腹肌为锻炼的目标部位，包括腹横肌和腹直肌。训练时应专注于核心发力和呼吸控制，而不是追求速度。

猫牛式卷腹

这个从瑜伽运动衍生而来的动作通常被称为"猫牛式"，主要针对上半身（包括手臂、肩部和背部）的肌肉，同时锻炼腹肌。

预备阶段 / 第二阶段

- 第二阶段（牛式）时颈部伸展，目视前方
- 背部交替弓起和下凹
- 臀部肌肉收紧以维持稳定
- 第一阶段
- 髋部位于膝盖正上方，大腿与地面垂直
- 第一阶段（猫式）时颈部向身体方向屈曲
- 脚背贴着地面
- 双手平放在地面上

预备阶段（牛式）
双手撑地跪在地面上，双脚在膝关节正后方，与髋同宽。胫部应贴着地面。手掌在肩部正下方。

第一阶段（猫式）
吸气，收紧核心。呼气，同时腹横肌收缩，使腰部上抬，腹直肌收缩，使脊柱屈曲，从而使背部弓起。

第二阶段（牛式）
吸气，同时背部下凹，竖脊肌和上背部肌肉收缩，使胸部打开，腹肌伸长。重复第一和第二阶段。

健身球平板转肘

这个动作模仿生活中搅锅的动作，能将核心、髋部和下背部联系起来，同时提高核心和下背部的力量和耐力。

- 保持脊柱处于中立位，上背部不要弓起
- 保持头部处于中立位
- 先从小圈开始
- 手肘的位置
- 再进阶到大圈
- 俯视图
- 双脚平均承重
-
- 臀部肌肉全程收紧
- 第一阶段

放慢动作
这个动作难度大，应从画小圈开始，用弯曲的肘部缓慢画圈。身体变得更加强壮后，就能在保持平板姿势的同时，用肘部画大的圈。

预备阶段
采取平板支撑的姿势，双脚与髋同宽，前臂稳定地撑在健身球上，肘部位于肩部正下方，抵着健身球。腹肌和臀部肌肉收紧，膝关节伸展。

第一阶段
控制呼吸，肘部抵着健身球，进行小圆周绕圈动作，带动健身球移动。保持髋部固定不动。掌握动作要领后可以绕大圈，以提高训练难度。

死虫式

这个名称奇特的腹部训练动作能锻炼腹横肌和腹直肌,提高在保持核心收紧、维持脊柱和骨盆处于中立位的同时协调身体两侧运动的能力,这一能力限制着双臂和双腿向外伸展的幅度。

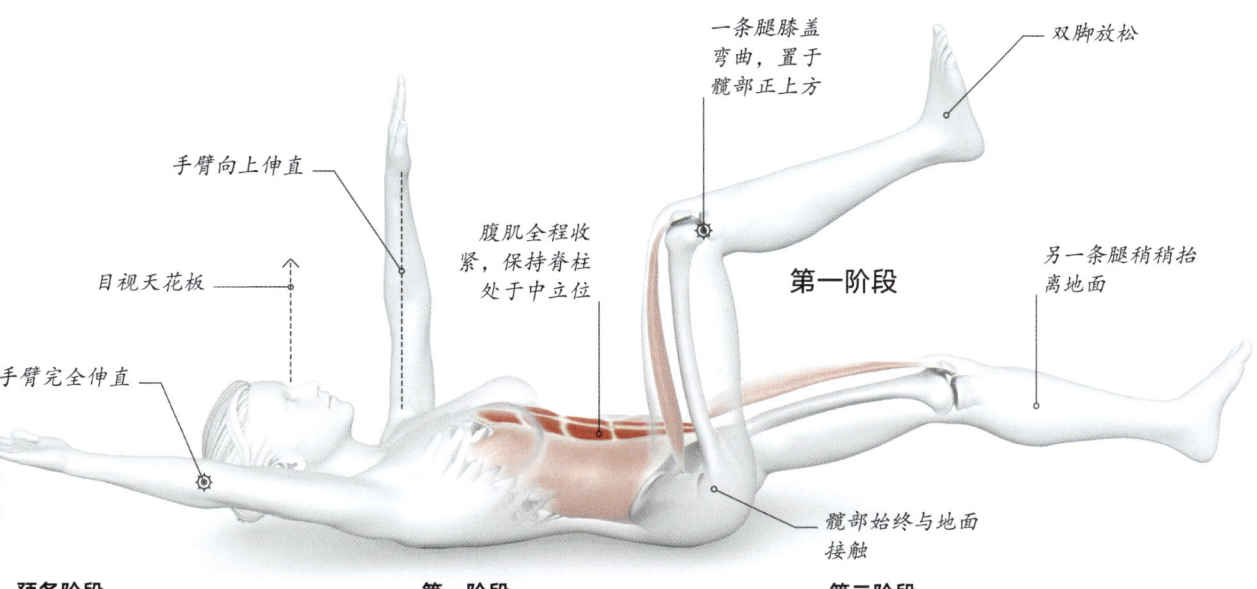

预备阶段
采取仰卧姿势,肩关节屈曲使手臂前伸,髋关节和膝关节屈曲使双腿抬起,头部离地并处于中立位。

第一阶段
吸气,收紧腹肌。呼气,右臂向后落下,同时左腿伸直,髋部始终与地面接触。

第二阶段
吸气,恢复起始姿势,然后躯干屈曲,使腹直肌收紧。换对侧手脚进行训练。

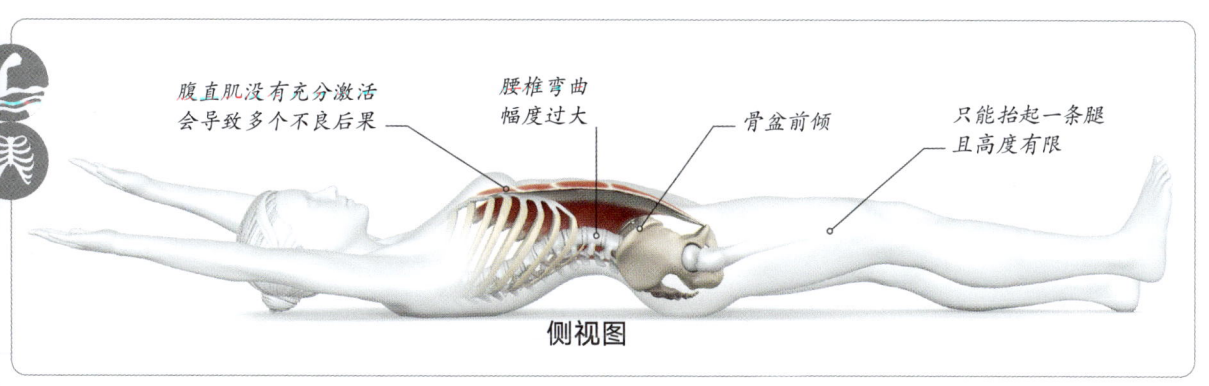

没有充分激活腹肌的不良后果

在许多动作中,腹肌发力是稳定骨盆和保护脊柱的关键。如上图所示,训练者没有激活腹肌,只能艰难抬起一条腿,因此无法开始死虫式的第一阶段。训练者的骨盆开始前倾,导致骨盆不稳,增加了下背部受伤的风险。

力量训练运动解剖学

悬垂举腿

这个动作能锻炼对髋部和腹部的控制力和协调能力，有助于提高身体觉知能力。此动作的主要锻炼目标是髋部屈肌和腹直肌，单是自身体重已能提供足够的训练负重。

动作点睛

这个动作看似简单，实则需要多加练习。悬挂在单杠上可以利用髋部和腹部肌肉的力量使髋部和脊柱屈曲，将膝盖尽可能抬高。收缩腹肌使脊柱处于中立位并保持稳定。使用弹力带可提供额外支撑力，有助于专注腹肌发力。

初学者可以从每组8~10次共4组开始做起。变式动作见第160~161页，其他针对性的训练组见训练计划第195~208页。

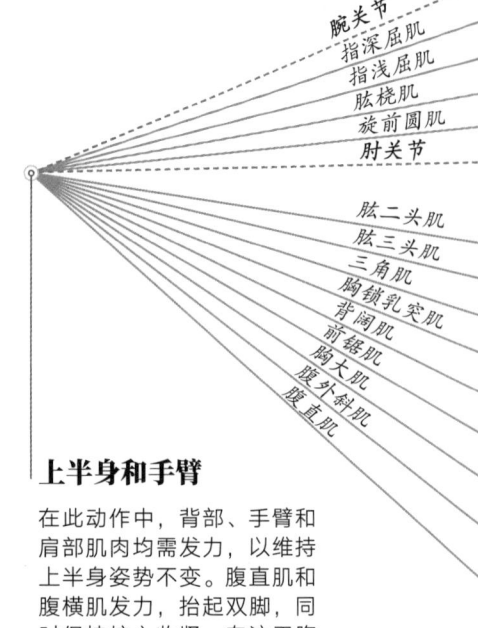

上半身和手臂

在此动作中，背部、手臂和肩部肌肉均需发力，以维持上半身姿势不变。腹直肌和腹横肌发力，抬起双脚，同时保持核心收紧，专注于腹肌收缩。

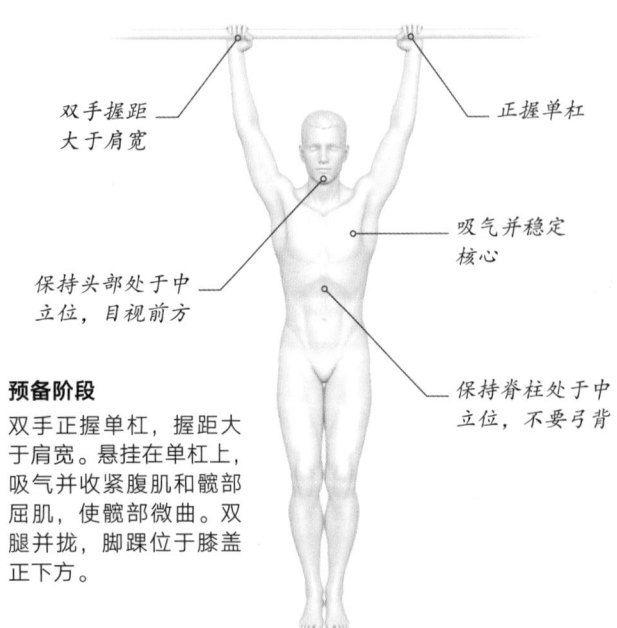

预备阶段
双手正握单杠，握距大于肩宽。悬挂在单杠上，吸气并收紧腹肌和髋部屈肌，使髋部微曲。双腿并拢，脚踝位于膝盖正下方。

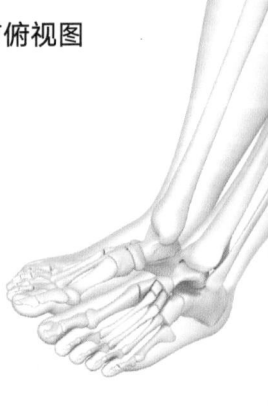

侧前俯视图

第一阶段
慢慢呼气，同时提膝。髋部抬高并屈曲时，腹肌收缩并缩短，在此动作中，骨盆收在躯干下方，上方的腹肌蜷缩，带动膝关节朝身体移动。保持对动作的控制，避免身体摇摆。若想增加强度，可在提膝到最高点后停留1~2秒。

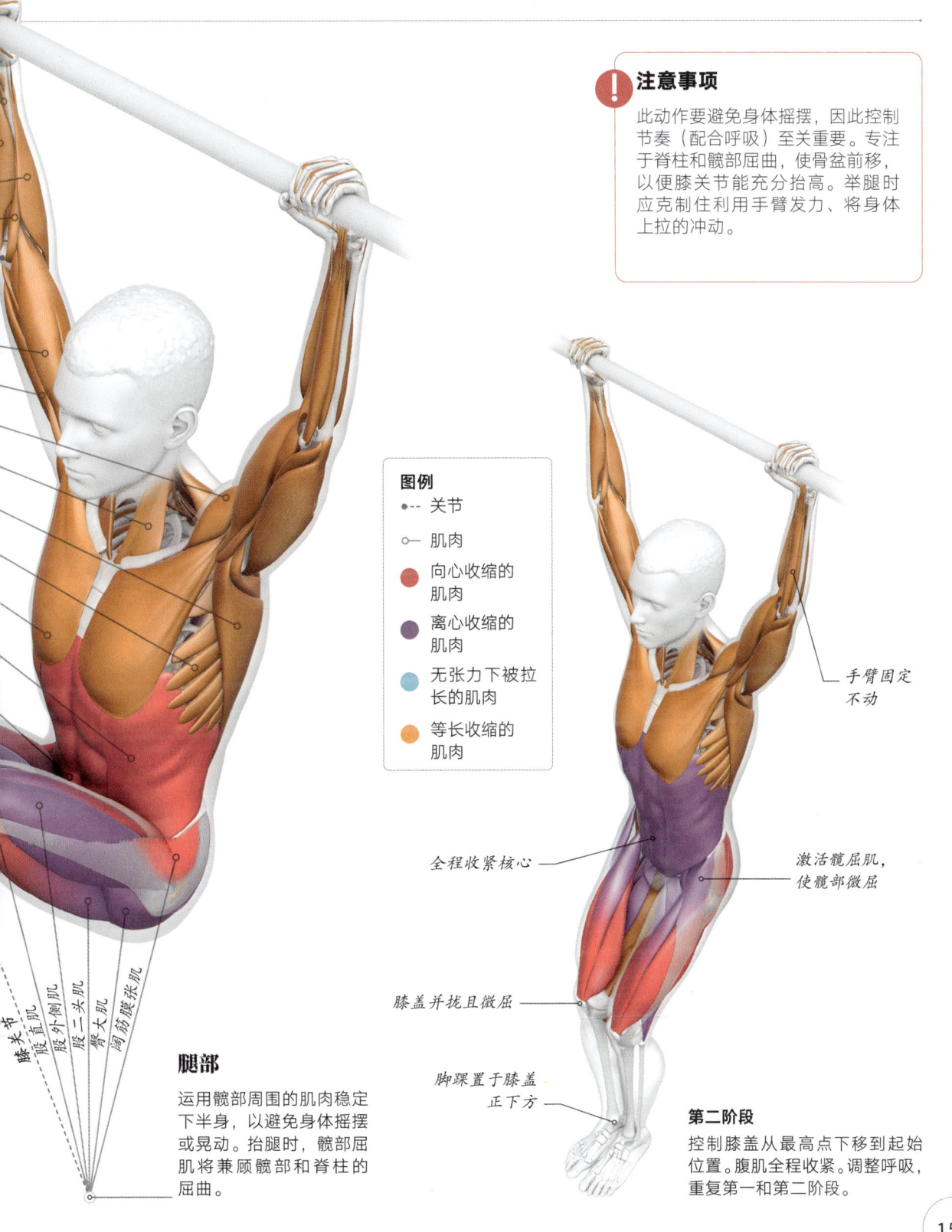

》变式动作

下列变式动作能有效锻炼浅层腹肌。一个常见的错误是过分关注从预备阶段到第一阶段的移动动作。躯干屈曲时持续吐气，直到动作终点。

以中立握的方式抓握把手

头部在起始位置时处于中立位

在预备阶段和第二阶段，使躯干与阻力线方向一致

双脚和膝盖均打开与髋同宽

在预备阶段和第二阶段，身体站直

双手抓住握把，置于颈部两侧

手臂姿势固定不变

手肘朝外张开以保持稳定

弯腰时颈部也向下屈曲

手臂姿势全程保持不变

第一阶段

站立时膝盖微屈

双脚距离与髋同宽

第一阶段

跪姿绳索卷腹

此动作通过将腹肌收缩至极限来达到锻炼腹肌的效果。训练时，专注于让胸骨和骨盆相互靠近，髋部位置固定不动，由腹肌完成这个动作。若想增加强度，可以在第一阶段的动作最低端位置停留1~2秒。

预备阶段
面朝绳索拉力器械，双手握住绳索握把、"V"形握把或带有织带的手柄。采取跪姿，躯干前倾。

第一阶段
吸气，收紧核心。呼气，同时腹直肌收缩，带动躯干屈曲。手臂姿势固定不变。

第二阶段
吸气，身体上抬，竖脊肌主动收缩，将身体往上拉，同时腹肌伸展。重复第一和第二阶段。

站姿绳索卷腹

在此变式动作中，腹肌运动处在收缩和伸展之间。训练动作同样是让胸骨和骨盆相互靠近。若想增加强度，可以在完成第一阶段的动作时停留1~2秒。

预备阶段
背朝绳索拉力器械站立，双手握住绳索握把、"V"形握把或带有织带的手柄，置于颈部的两侧。

第一阶段
吸气，收紧核心。呼气，同时腹直肌和腹横肌收缩，带动躯干向前屈曲。

第二阶段
吸气，恢复起始姿势，其间竖脊肌收缩，将身体往上拉，同时腹肌伸展。重复第一和第二阶段。

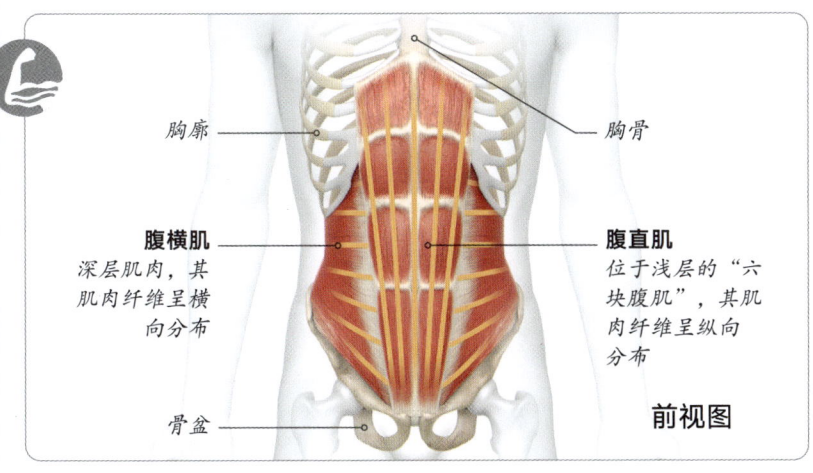

胸廓 — **胸骨**

腹横肌
深层肌肉，其肌肉纤维呈横向分布

腹直肌
位于浅层的"六块腹肌"，其肌肉纤维呈纵向分布

骨盆

前视图

核心肌肉

腹肌协助移动、控制和支撑脊柱及骨盆。每一层腹肌的肌肉纤维（见第164页）的走向各不相同，使核心肌群能够抵抗所有活动平面的动作产生的力，同时提供力量。在力量训练、运动和日常生活中，核心肌群为需要高协调性的动作提供稳定性和动力。

下斜卷腹

此变式动作在下斜凳上进行，利用体重锻炼核心。动作开始时，不要利用惯性将躯干抬至最高点，这会导致腹肌发力不足。

图例
● 主要目标肌肉 ● 次要目标肌肉

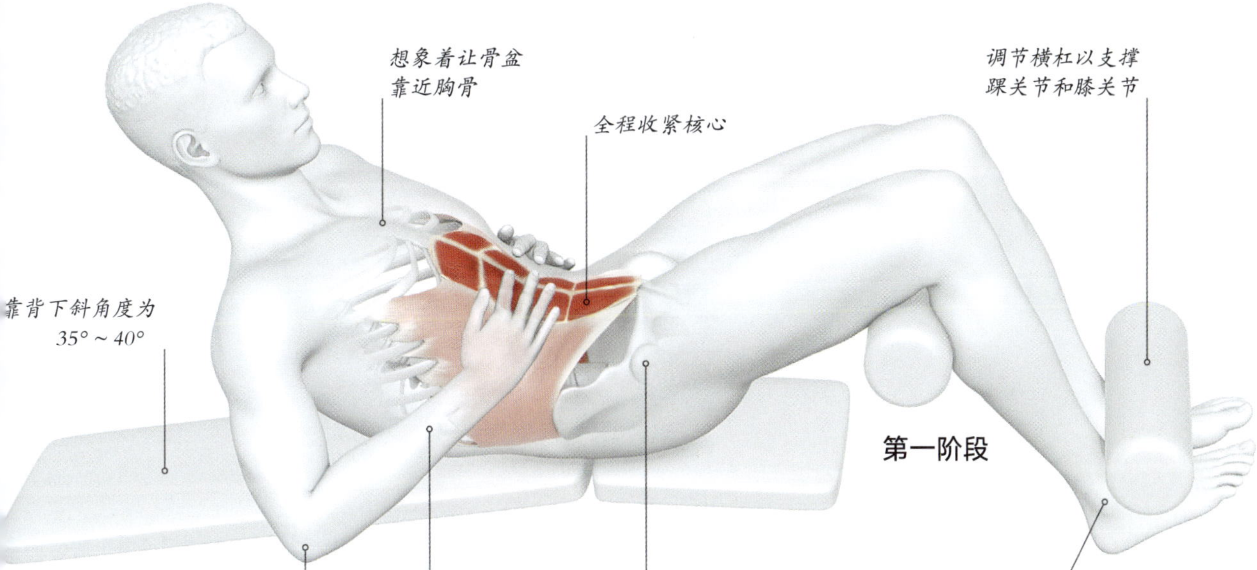

想象着让骨盆靠近胸骨

全程收紧核心

调节横杠以支撑踝关节和膝关节

靠背下斜角度为 35°～40°

第一阶段

手肘向外张开以保持稳定

手臂采取适宜姿势并固定不变

髋部屈曲

双脚和脚踝保持放松

预备阶段
仰卧在下斜凳上，双脚和踝关节抵着横杠，双手放在腹部或者头部两侧。

第一阶段
吸气，收紧核心。呼气，同时躯干屈曲，向上卷腹。注意不要用把手头部往上拉。

第二阶段
吸气，同时恢复起始姿势，其间控制离心收缩动作，腹肌保持张力。重复第一和第二阶段。

站姿 绳索转体

这一转体运动将锻炼躯干两侧的腹外斜肌和腹内斜肌。提升这两处肌肉的力量和耐力有助于保护脊柱,也能提升屈体和转体动作的表现。训练动作是从低位到高位,也可改成横向水平拉,或由高位到低位。

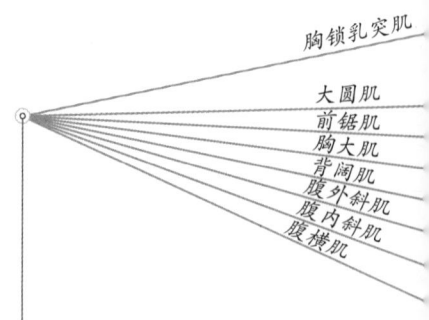

上半身

背部和躯干肌肉协助控制绳索由下到上平稳移动。腹内斜肌和腹外斜肌同时发力,使发力部位从躯干的一侧切换到另一侧。手柄从身前绕过时,腹直肌协助腹斜肌控制负荷。

动作点睛

由低位到高位的转体动作可增强核心肌肉的力量,从而提升日常生活的活动能力。这个动作的幅度比其他训练项目小,因此受伤的风险更低。设置训练负重,调节绳索高度,往绳索上接一个手柄。初次尝试这个动作,可减轻负重,先熟悉身体各个部位的协调运动。

初学者可以从每组8~10次共4组开始做起。变式动作见第164~165页,其他针对性的训练组见训练计划第195~208页。

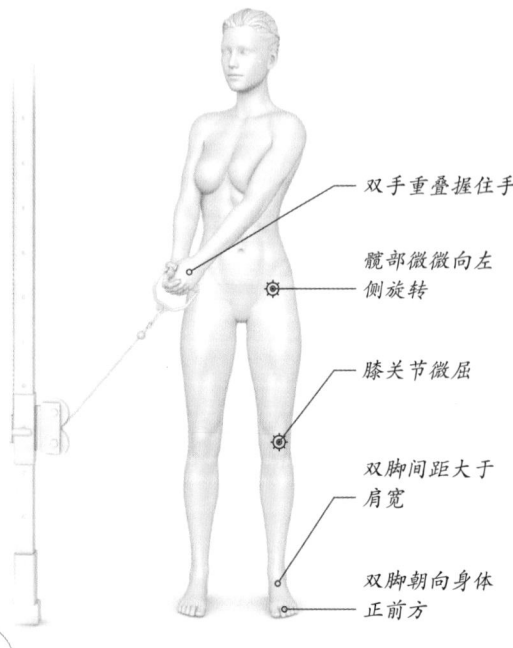

- 双手重叠握住手柄
- 髋部微微向左侧旋转
- 膝关节微屈
- 双脚间距大于肩宽
- 双脚朝向身体正前方

预备阶段

设置好器械,采取站姿,身体右侧对着绳索滑轮。向左横跨一大步,再后退一步,使绳索能畅通无阻地移动。双手抓住手柄,靠近滑轮的手臂微屈,另一只手臂从身前绕过,此时身体微微侧旋。

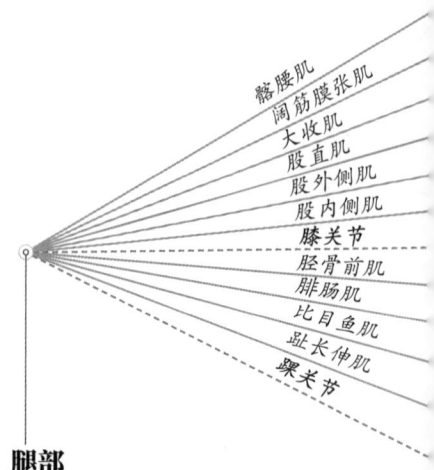

腿部

整个下半身肌肉保持张力,运用股四头肌、臀部肌肉、腘绳肌和小腿肌肉提供支撑。双脚着地才能保持身体稳定,以便目标肌肉更好地发力。

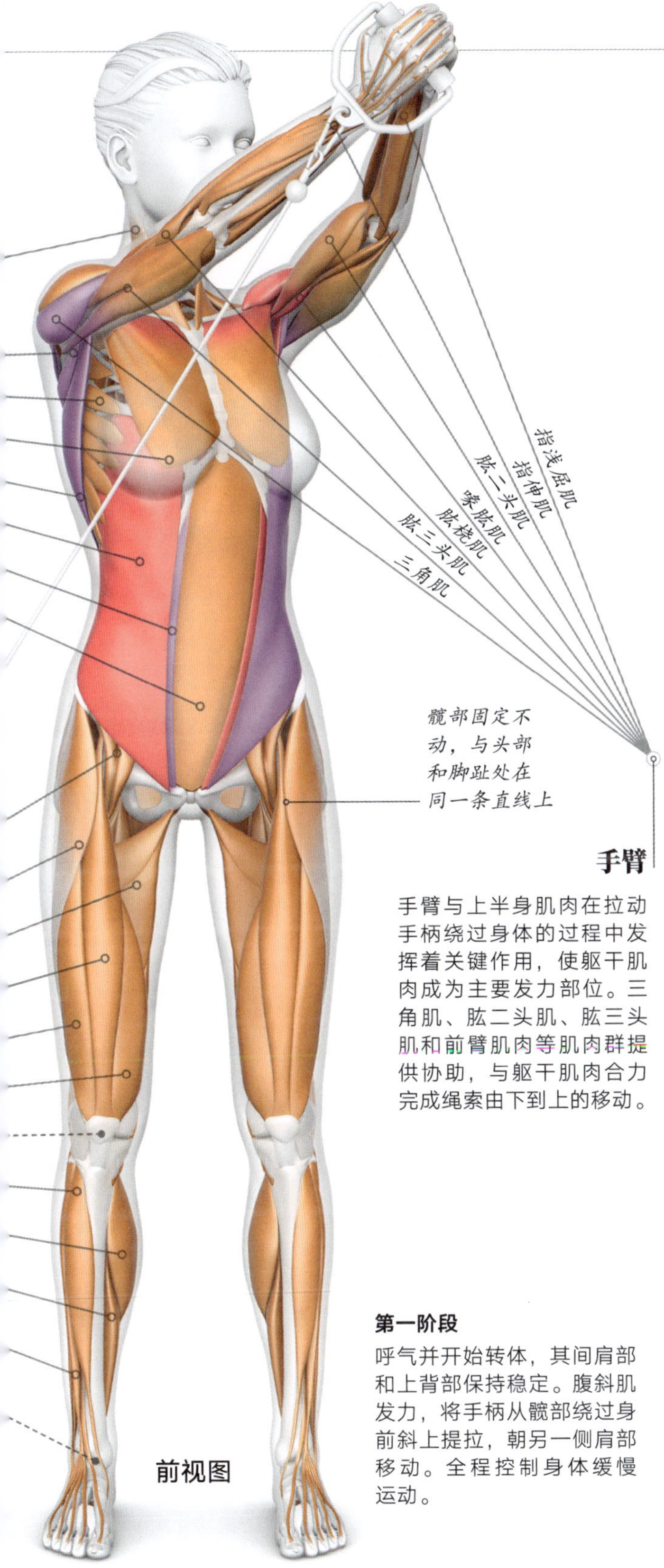

图例
- • 关节
- ○ 肌肉
- ● 向心收缩的肌肉
- ● 离心收缩的肌肉
- ● 无张力下被拉长的肌肉
- ● 等长收缩的肌肉

指浅屈肌
指伸肌
肱二头肌
肱桡肌
肱三头肌
三角肌

髋部固定不动，与头部和脚趾处在同一条直线上

手臂

手臂与上半身肌肉在拉动手柄绕过身体的过程中发挥着关键作用，使躯干肌肉成为主要发力部位。三角肌、肱二头肌、肱三头肌和前臂肌肉等肌肉群提供协助，与躯干肌肉合力完成绳索由下到上的移动。

目视前方

稳定肩部，以便其随着手臂移动而转动

上半身绷直，保持脊柱处于中立位

收紧腹肌以稳定核心

前视图

第一阶段
呼气并开始转体，其间肩部和上背部保持稳定。腹斜肌发力，将手柄从髋部绕过身前斜上提拉，朝另一侧肩部移动。全程控制身体缓慢运动。

第二阶段
保持核心、上背部和肩部稳定，吸气的同时腹肌发力，抵抗绳索产生的负荷，恢复起始姿势。调整呼吸，重复第一和第二阶段。然后转身180°，换另一侧进行相同练习。

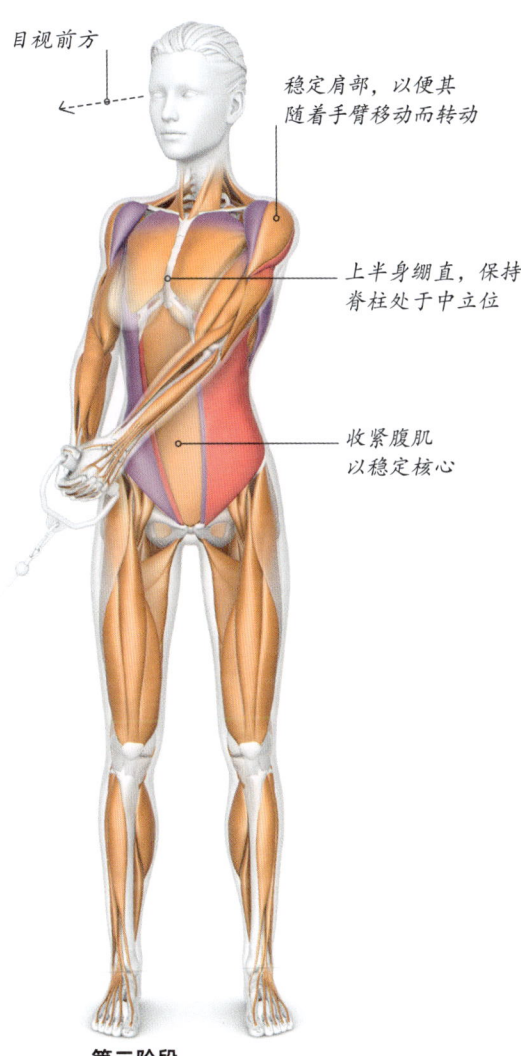

163

变式动作

下列转体兼卷腹的变式动作会同时运用腹横肌、腹直肌、腹内斜肌和腹外斜肌。练习这些动作时,注意让身体两侧得到均衡的锻炼。每个动作都要注意呼吸,在下降和转体阶段,动作要流畅连贯,控制好速度和节奏。

腹内斜肌和腹外斜肌
两者的肌肉纤维相互垂直,其在躯干两侧共同协作,实现转动动作。

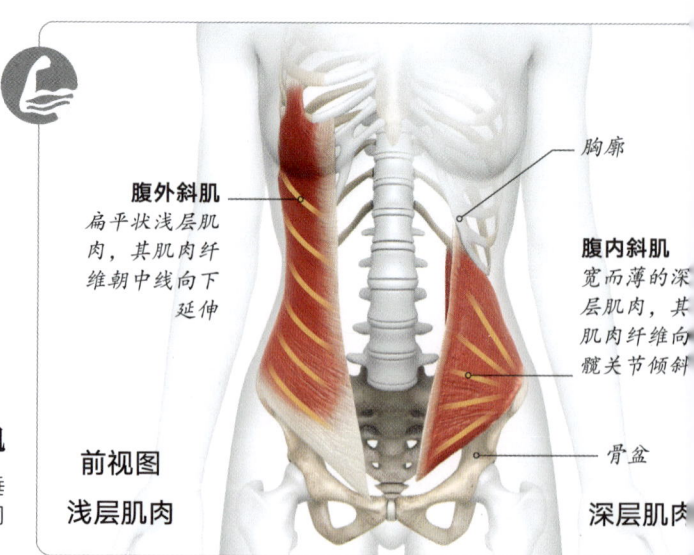

- 腹外斜肌:扁平状浅层肌肉,其肌肉纤维朝中线向下延伸
- 胸廓
- 腹内斜肌:宽而薄的深层肌肉,其肌肉纤维向髋关节倾斜
- 骨盆

前视图 浅层肌肉 / 深层肌肉

杠铃片俄罗斯转体

此动作主要用到腹内斜肌和腹外斜肌,同时腹部肌群维持稳定。若想加大难度,可在一组动作内,全程抬起双腿。

图例
● 主要目标肌肉   ● 次要目标肌肉

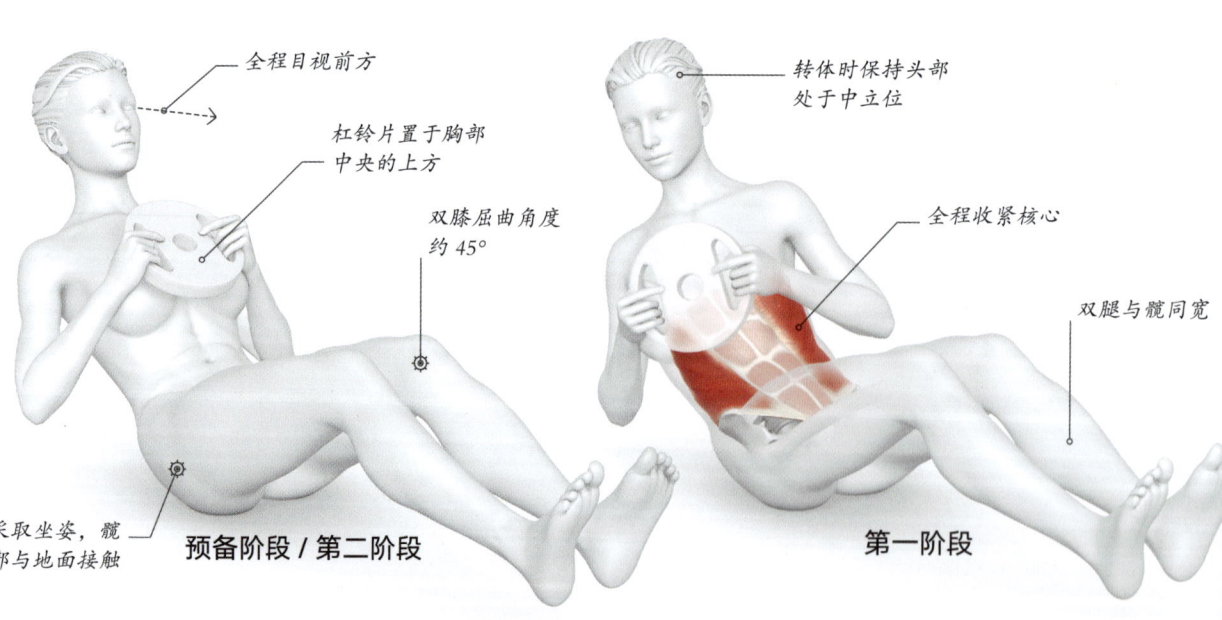

预备阶段 / 第二阶段:
- 全程目视前方
- 杠铃片置于胸部中央的上方
- 双膝屈曲角度约45°
- 采取坐姿,髋部与地面接触

第一阶段:
- 转体时保持头部处于中立位
- 全程收紧核心
- 双腿与髋同宽

预备阶段
采取坐姿,躯干后仰,髋关节和膝关节屈曲,使躯干和大腿呈"V"字形。握住杠铃片,置于胸部上方。

第一阶段
吸气,收紧核心。呼气,同时上半身向一侧转动,双腿固定不动,核心肌肉保持张力。

第二阶段
吸气,同时控制身体恢复起始姿势。重复第一和第二阶段,朝另一侧转体,完成既定次数后,两侧交替重复动作。

自行车卷腹

此变式动作模仿蹬自行车的动作,可作为难度更大的"V"字交替卷腹的替代动作。为增加强度,到达动作最高点后可以停留1秒,且在做每组动作的过程中,全程双脚离地。

卷腹时,动作腿的膝盖进一步弯曲

转体时手肘向外张开

双手放在脑后

第一阶段

双腿离地,间距大约与髋同宽

躯干先屈曲后旋转

预备阶段
采取平躺仰卧姿势,双手放在脑后,髋关节和膝关节微屈。头部稍稍抬离地面。

第一阶段
吸气,收紧核心。呼气,同时抬起左膝,右肘靠近左膝。躯干屈曲,上半身朝左腿转动。

第二阶段
吸气,同时控制身体恢复起始姿势。重复进行动作,抬起异侧的腿和肘,确保身体两侧的动作次数相同。

"V"字交替卷腹

这个动作要求在维持脊柱和骨盆处于中立位的同时,协调平稳地进行身体对侧交替动作。为增加强度,到达动作最高点后可以停留1秒,且在做每组动作的过程中,全程双腿离地。

预备阶段
采取平躺仰卧姿势,肩关节完全伸展,手臂向后伸直,双腿也伸直。头部稍稍抬离地面。

第一阶段
吸气,收紧核心。呼气,同时抬起左腿,右臂朝左腿前伸,然后躯干屈曲,使上半身向左脚转动。

第二阶段
吸气,同时控制身体恢复起始姿势。重复进行动作,抬起异侧的手臂和腿,确保身体两侧的动作次数相同。

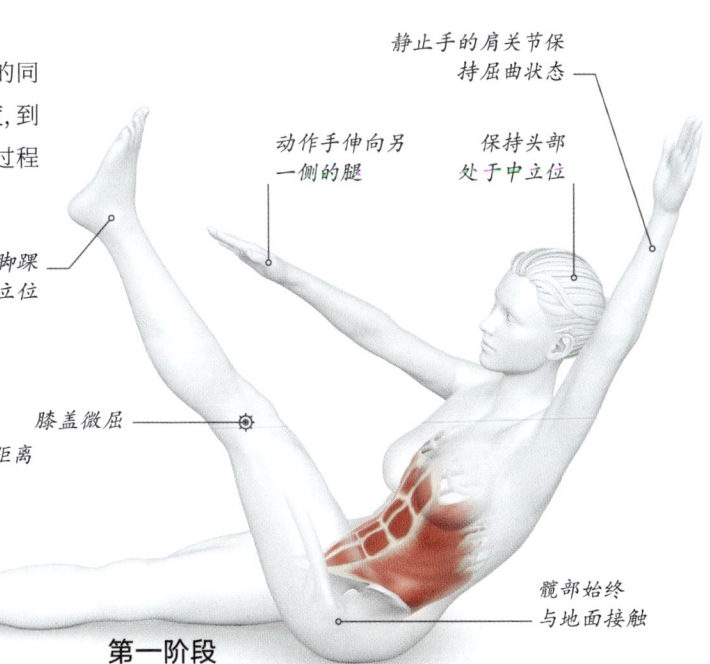

静止手的肩关节保持屈曲状态

动作手伸向另一侧的腿

保持头部处于中立位

保持脚踝处于中立位

膝盖微屈

双脚横向距离与髋同宽

髋部始终与地面接触

第一阶段

165

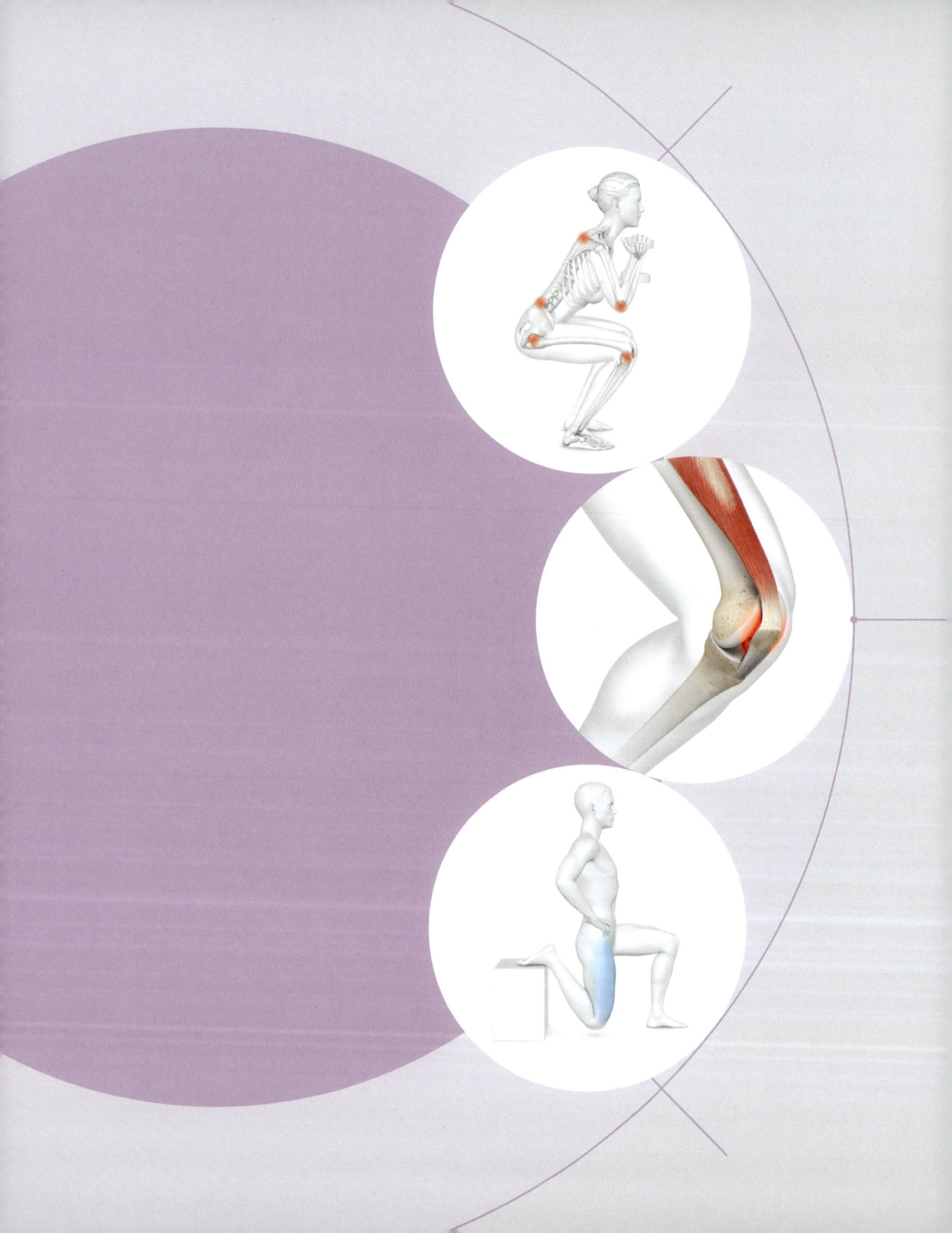

运动损伤的预防

虽然力量训练是一种很安全的训练方式,但并非毫无受伤的风险。因此了解可能导致损伤的行为有助于预防受伤。首要的预防措施是在训练时确保动作正确。此外,训练前的热身运动和训练后的冷身运动同样重要。

运动损伤的风险

力量训练是一种安全、有效的训练方式,可以提高健康水平、刺激肌肉生长并改善体态。但是,力量训练也存在一定程度的受伤风险。通过坚持规律训练、遵循合理的训练流程和保持动作的规范性,可以有效降低受伤风险。

扭伤(韧带损伤)和拉伤(肌腱或肌肉拉伸过度或撕裂)占运动损伤的 **46%**。

循序渐进的训练计划

循序渐进的训练计划能确保身体有足够的时间去适应训练、强化力量和增长肌肉。因此,坚持不懈是关键。只有持续不断地训练,才能真正获得力量训练带来的益处。根据训练计划(见第195页)规划的每周训练次数,你可以在一周当中选出几天作为训练日。如果力量训练的时间间隔过长,已有的训练效果将会消减,所以坚持训练计划、养成运动习惯才是成功之道,也能降低受伤风险。同时,要持续记录训练进展,检视自己的训练成效。

准备活动

很多人之所以受伤,是因为没有热身或活动关节,就直接进行力量训练。因此,准备活动是避免受伤的关键。不管是何种训练,仅仅完成目标次数和组数是不够的,保证训练动作的正确性也很重要。我们建议每次训练都按照如下所示的流程进行规划并执行,这样做既能取得锻炼效果,又能充分降低受伤风险。

 安全训练流程
为了充分提高每次训练的安全性并降低受伤风险,请参照右侧框架定制个人的训练流程。

热身
任何训练前都要做热身活动(有氧运动或动态拉伸),以让身体为接下来的训练做好准备(见第180页)。

训练要点

力量训练的风险源于训练时身体以不稳定的姿势承受负荷。随着灵活性和总体力量逐渐增强，身体的稳定性也会提升。良好的训练技能包括了解正确的动作和姿势，了解各个动作会锻炼到哪些部位，保持专注，正确呼吸和收紧核心，以及控制动作节奏。训练技能需要反复练习才能得以提升。

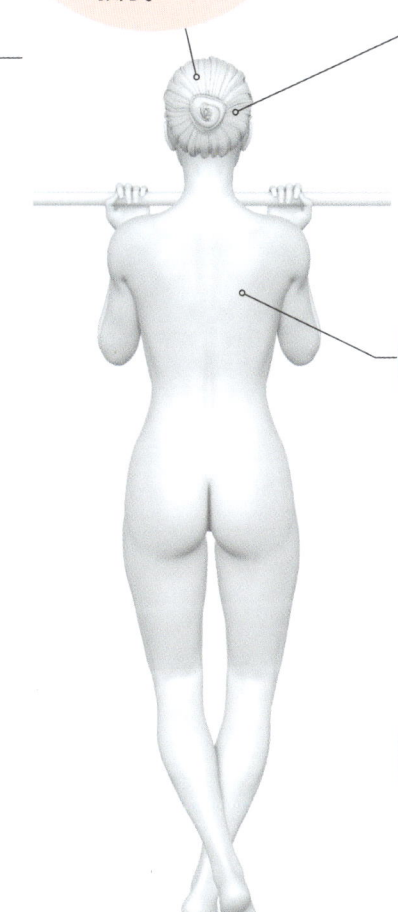

认知
训练前要了解该训练动作需要哪些肌肉的参与。本书中的每个训练动作都搭配图例（见第 48~165 页），说明执行动作的两个阶段，并在解剖图上标示出是哪些部位的肌肉产生张力。

专注
训练时如不专注于正确和安全地执行动作，就容易出现失误并导致受伤。专注于当下的训练，有助于建立大脑与肌肉的连接（见第 33 页），提升训练成效。

正确呼吸和收紧核心
训练每个动作时，应掌握正确的呼吸节奏，吸气和呼气分别对应着特定的动作。收紧核心可稳定躯干，以便将注意力放在目标肌肉上。

反复练习
力量训练需要反复练习，才能提高动作的总体效果和降低受伤风险。动作规范可增强目标肌肉的机械张力，同时确保身体以安全、受控制的方式运动。

动作的节奏要稳定
每一次动作重复都要让目标肌肉承受负荷产生张力。这要求注意力的集中以防止受伤。每组动作的最后一个重复都要像第一个那样控制好节奏、幅度和发力方式。

活动性练习
热身完毕后进行活动性练习，观察身体的表现（观察哪些部位较为僵硬）。训练之前需特别活动相应部位（见第 180 页）。

→

力量训练
按照计划进行训练，确保自己专注于动作的正确性，并持续记录训练进展（见第 43 页）。

→

冷却拉伸
拉伸 5~10 分钟（见第 181 页）。短时间（5~30 秒）静态拉伸可提高肌肉灵活性，释放肌肉压力，也是训练后的一种放松方式。

延迟性肌肉酸痛

延迟性肌肉酸痛（DOMS）是指在训练结束的几天后肌肉出现疼痛和僵硬，其间，训练部位的肌肉虚弱乏力，运动表现下降。尽管延迟性肌肉酸痛有诸多不利影响，但它是肌肉经过高强度锻炼后的正常反应。

肌肉酸痛是正常现象吗？

正常。出现肌肉酸痛是训练强度、频率、时长和负荷（见第192~193页）增加的缘故。例如，开始新的训练计划，这样的训练会造成机械张力、代谢压力和肌肉损伤（见第12~15页），所有这些都会刺激你的身体，迫使其适应新的挑战，生长出更多肌肉，变得更强壮。一旦身体适应现有的训练强度后，便不会出现肌肉酸痛，除非你继续加大挑战。

什么水平的肌肉酸痛是合理的？

记录训练后的肌肉酸痛程度，它能反映目标肌肉是否得到充分锻炼，但你需要学会分辨正常的肌肉酸痛和损伤的疼痛。右表可以帮你评估自己的酸痛感是延迟性肌肉酸痛还是由损伤引起的疼痛。

延迟性肌肉酸痛与潜在损伤的区别

延迟性肌肉酸痛	潜在损伤
肌肉触感柔软	肌肉或关节附近感到刺痛和剧痛
肌肉远比平时更易疲劳	日常活动中持续感到不适，难以完成简单任务
肌肉力量或机能下降	关节或肌肉活动范围减小、力量和机能下降
不适感在 24~96 小时后减轻，随着时间的推移逐渐消退	不适感持续 48~96 小时后仍无好转迹象
延迟性肌肉酸痛是对肌肉活动范围或机能造成限制，但无长期影响的不适症状。随着肌肉的恢复，不适感会消退	**损伤**是持续不退且妨碍健身锻炼或日常活动的不适或疼痛，应向理疗医师寻求医疗指导

延迟性肌肉酸痛何时出现？

了解延迟性肌肉酸痛发生的时间，有助于你在开启新的训练计划或完成高强度训练之后妥善应对肌肉酸痛。唯有时间才能消除延迟性肌肉酸痛，因此在训练计划中一定要安排休息时间。

训练日

高强度的力量训练会刺激肌肉分解和恢复，最终促使肌肉增长。以高于平常水平的强度训练，身体被强迫去适应，从而变得更加强壮。

有些酸痛

训练完后的第一天早上，通常感到肌肉有些许酸痛。

训练当天 → 训练后第一天

如何有效减轻延迟性肌肉酸痛？

切忌出现肌肉酸痛后仍进行高强度的训练，应当遵循设计合理、循序渐进的训练计划，并且注意训练前的身体状态。肌肉损伤过度有害无利，会妨碍提升进步。所以，如果你考虑每周训练数次，则一定要合理分配，每次训练应锻炼不同的肌肉群（参考第195页每周训练3次、4次或5次的训练方法）。

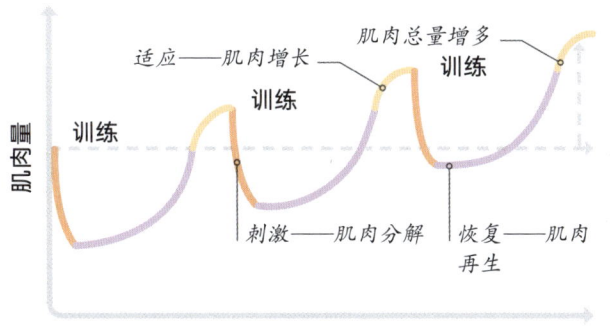

合理的训练流程和休息周期

训练过后，肌肉在短时间内发生分解，之后受损肌肉纤维将恢复和再生。在适应训练期间，高强度训练将刺激肌肉纤维增长。这样的训练周期将促使肌肉总量增多。

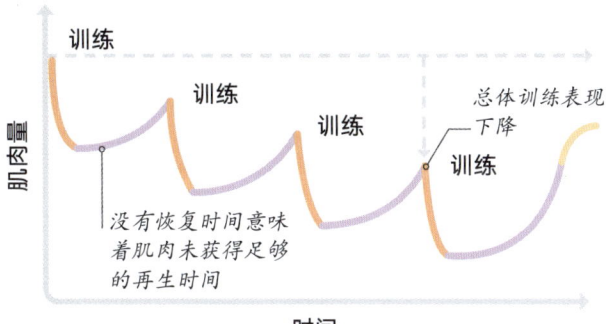

训练频率过高

如果未获得足够的恢复时间，受损肌肉便无法再生，更不要说适应训练后长出新的肌肉纤维。即便肌肉训练量增多，但这样的训练周期将导致肌肉总量和训练表现下降。

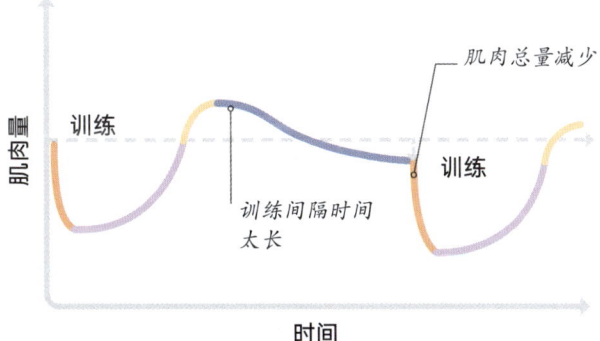

训练频率过低

若一段时间内训练次数不足，身体适应训练的效果就会消失。这样的训练周期无法刺激肌肉生长，肌肉总量和训练表现都会降低。

图例
- 肌肉分解
- 肌肉再生
- 肌肉增长

酸痛达到峰值

初学者和资深训练者大概在第二天经历最强烈的延迟性肌肉酸痛。主动休息是肌肉恢复的关键，若想继续锻炼，应选择低强度的活动，如散步和游泳。

酸痛减轻

肌肉酸痛大概在第三天开始缓解。保持适度活动可缓解延迟性肌肉酸痛，注意心态要放松。主动休息能留出恢复的时间，让肌肉再生。

酸痛消失

到第四天，目标肌肉群的酸痛感将完全或几乎完全消失。

第二天 → 第三天 → 第四天

常见的运动损伤

无论经验或体能水平如何,任何人在进行力量训练时都有可能受伤——肌肉拉伤或过度使用性损伤。了解常见损伤的征兆和症状,有助于降低受伤风险以及帮助伤后恢复。

损伤自救措施

力量训练虽然相对安全,但仍存在受伤的风险。若不幸受伤,可采取"POLICE"应对措施:保护(protection),即保护受伤部位;适度负荷(optimal loading),即不要训练过度,但坚持锻炼;冰(ice),即通过冰敷缓解疼痛;加压(compress),即缠绕弹性绷带;抬高(elevation),即抬高受伤部位,减轻肿胀。

损伤类型

力量训练最常见的两种损伤是过度使用性损伤和肌肉拉伤。受伤原因包括:没有适当热身;肌肉过度拉伸,超出其活动范围;对肌肉的要求超过其能力范围(用力过度)。

过度使用性损伤

肌腱炎是由于负重过大或突然运动,肌肉-肌腱单元超负荷运作,继而引发的肌腱发炎和微小撕裂。它是肌腱长时间过度使用但缺少足够的恢复时间所造成的肌腱退化。

肌肉损伤

肌肉受到张力可能导致肌肉纤维过度拉伸,也可能导致肌肉与肌腱连接处附近出现撕裂(见第6~7页和第15页)。

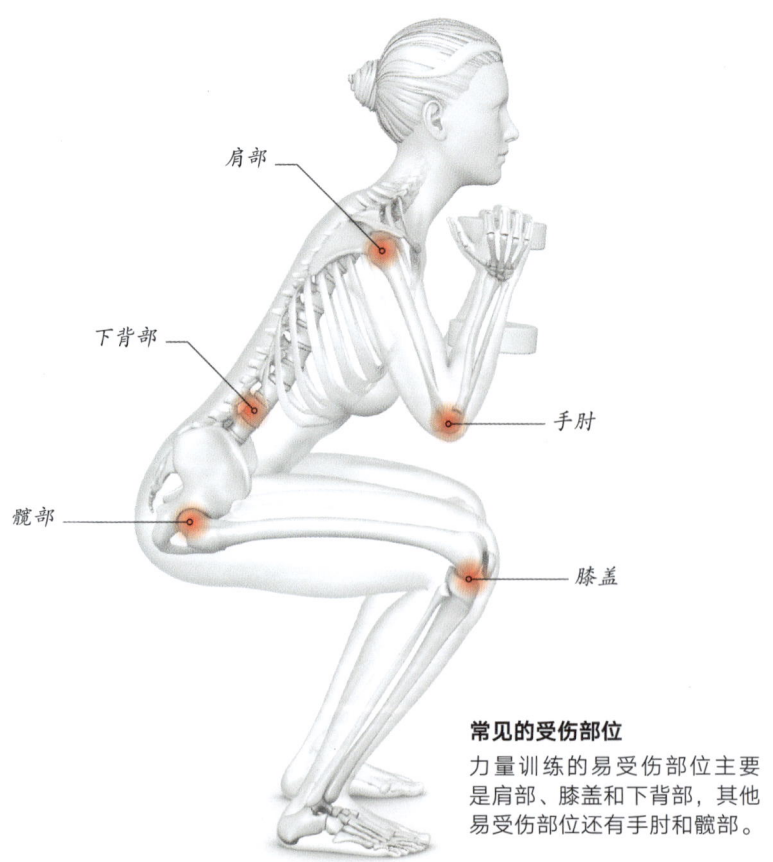

常见的受伤部位
力量训练的易受伤部位主要是肩部、膝盖和下背部,其他易受伤部位还有手肘和髋部。

》肩部损伤

肩部是一个复杂的球窝关节,由肌肉和支撑结构组成,形成一个整合的运动系统。由于力量训练的大部分动作都有肩部的参与,因此肩部是很常见的受伤部位。

原因和症状

肩部的盂肱关节有很大的活动性,但也因此稳定性较差,必须依靠肩袖等周围组织的支撑。频繁使用、猛烈动作和动作不规范都是肩部受伤的常见原因,其他原因包括:

- 撕裂:肌腱或肌肉微小撕裂或肌肉-肌腱单元严重撕裂
- 肌腱炎:关节急性炎症
- 肌腱变性:长期过度使用造成的肌腱退化
- 肩关节撞击综合征:肩袖位置的肌腱受到挤压

症状包括:

- 关节及其周边出现疼痛
- 发炎

预防受伤

合理规划训练和注意动作规范可防止肩袖受伤。肩关节受伤大多是因为过度使用,所以必须控制训练频率(见第194页),并留出足够的休息时间,让肌肉和肌腱完全恢复。

恢复训练

受伤之后,宜用4~8周的时间逐步提高训练量和频率(见第192页)。训练过快或过量反而会拖慢恢复进度。可利用活动性练习(见第183~185页)来强化肩关节和肩袖。

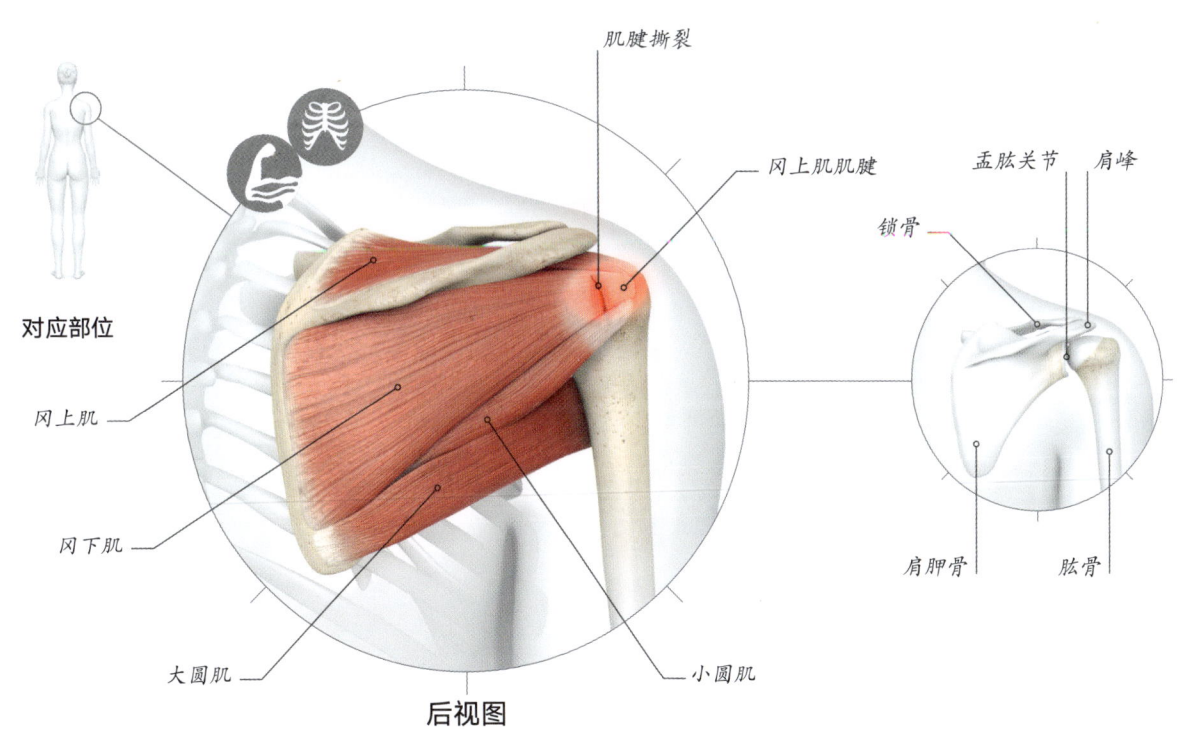

对应部位

冈上肌
冈下肌
大圆肌
小圆肌
后视图

肌腱撕裂
冈上肌肌腱

盂肱关节
肩峰
锁骨
肩胛骨
肱骨

》手肘损伤

肘关节属于屈戌关节（类似门的合页），仅在单一平面内活动。肘关节是常见受伤部位，因为大部分上半身运动都需要肘关节参与。

原因和症状

力量训练中最常见的肘关节损伤是"网球肘"（肱骨外上髁炎）。常见原因包括：

- 频繁或过少使用前臂伸肌
- 训练动作不正确
- 频繁使用杠铃（对肘关节产生较大负担）

症状包括：

- 肱骨外上髁位置（肘关节处的骨头隆起）疼痛
- 腕关节和肘关节参与负重或抗阻训练时疼痛

预防受伤

选择合适的训练动作，将肘关节参与的训练动作做到规范和增强前臂伸肌的力量，可降低受伤的风险。肘关节受伤大多是因为过度使用，所以必须控制训练频率（训练肘关节的次数），并留出足够的休息时间，让肌肉和肌腱完全恢复。

恢复训练

受伤之后，宜用4~8周的时间逐步提高训练量和频率（见第192页和第194页）。训练过快或过量反而会拖慢恢复进度，从而导致伤情反复。可利用活动性练习增强前臂和肘关节伸肌的力量和稳定性。拉伸前臂伸肌对恢复训练也有帮助。

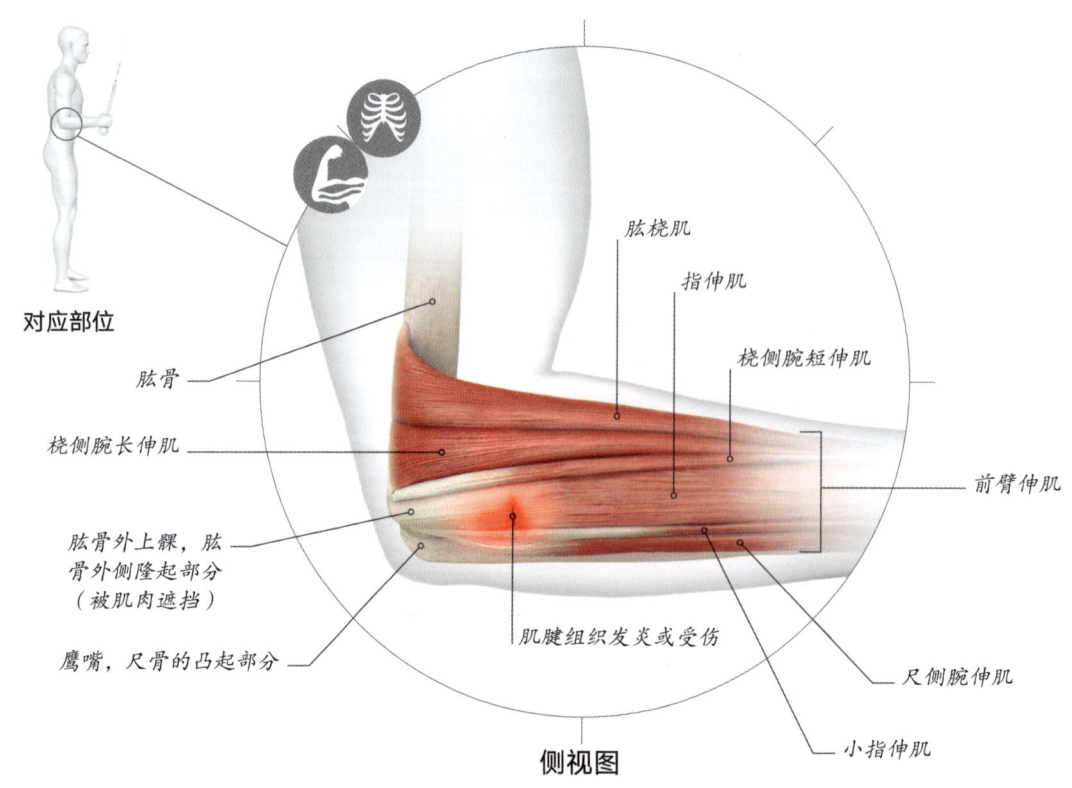

对应部位

肱骨
桡侧腕长伸肌
肱骨外上髁，肱骨外侧隆起部分（被肌肉遮挡）
鹰嘴，尺骨的凸起部分

肱桡肌
指伸肌
桡侧腕短伸肌
前臂伸肌
肌腱组织发炎或受伤
尺侧腕伸肌
小指伸肌

侧视图

》下背部损伤

由于臀部和躯干肌肉在调控和稳定下半身运动中起着关键作用,下背部也是力量训练中除了肩关节之外最常见的受伤部位之一。

原因和症状

肌肉拉伤是下背部最常见的损伤之一,通常是因为没有控制好骨盆或未能与腹肌协调配合。其他原因包括:

- 频繁使用
- 训练期间脊柱偏移
- 负荷过大且缺少支撑或控制

症状包括:

- 剧痛
- 僵硬
- 发炎
- 关节整体不适

预防受伤

保持动作规范可防止下背部肌肉拉伤,同时也需要增强腹肌和核心力量。避免负荷过大和频繁练习容易加重背部疼痛的动作。

恢复训练

受伤之后,宜用4~8周的时间逐步提高训练量和频率(见第192页和第194页)。训练过快或过量反而会拖慢恢复进度。可利用活动性练习(见第183页和第185页)增强下背部肌肉的力量和稳定性。这些练习能够舒缓疼痛,并通过调整训练强度来减轻下背部的负担。

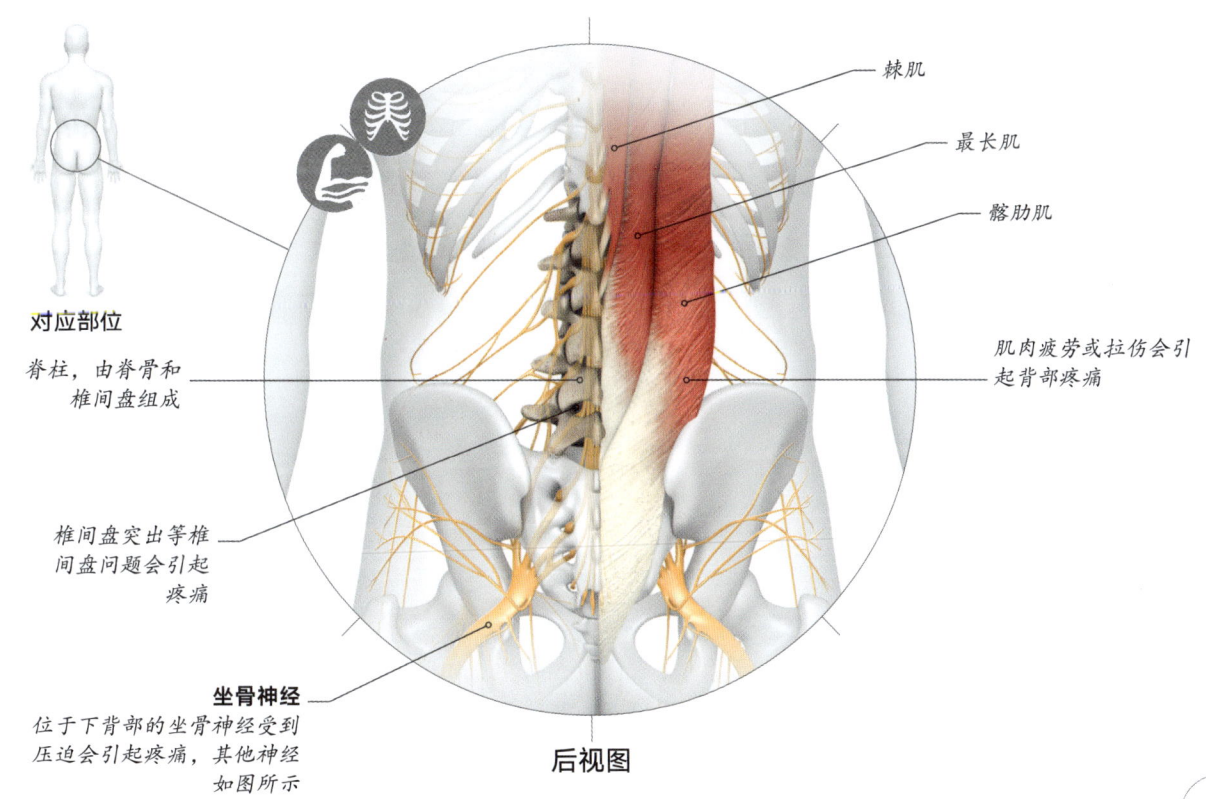

对应部位
脊柱,由脊骨和椎间盘组成

椎间盘突出等椎间盘问题会引起疼痛

坐骨神经
位于下背部的坐骨神经受到压迫会引起疼痛,其他神经如图所示

后视图

棘肌

最长肌

髂肋肌

肌肉疲劳或拉伤会引起背部疼痛

髋关节损伤

髋关节在多个平面都有很大的活动性(见第44页),并与支撑结构和(与髋关节、膝关节和躯干相连的)肌肉组成复杂的系统,因此很多动作都有可能导致髋关节受伤。

原因和症状

力量训练最常见的损伤之一是臀肌腱病(或称大转子疼痛综合征或髋关节旋转袖综合征)。常见原因包括:

- 臀中肌和臀小肌的肌腱连接处频繁承受压力
- 髋关节滑囊炎(滑囊是对关节附近的肌肉、骨头和肌腱起到缓冲保护作用的充液小囊)

症状包括:

- 髋关节疼痛
- 行走、尝试锻炼甚至坐卧都有不适感

预防受伤

选择合适的训练动作和保持动作规范可预防臀肌腱病。避免负荷过大或频繁练习某种动作,如髋关节外展动作,或者"弹力带侧向走"(弹力带绕着双腿)。过度进行活动性练习会加重髋关节的负担,导致不适感加重和受伤的风险上升。

恢复训练

受伤之后,宜用4~8周的时间逐步提高训练量和频率(见第192页和第194页)。训练过快或过量反而会拖慢恢复进度。可利用活动性练习(见第185~187页)增强臀部和髋关节肌肉的力量和稳定性。

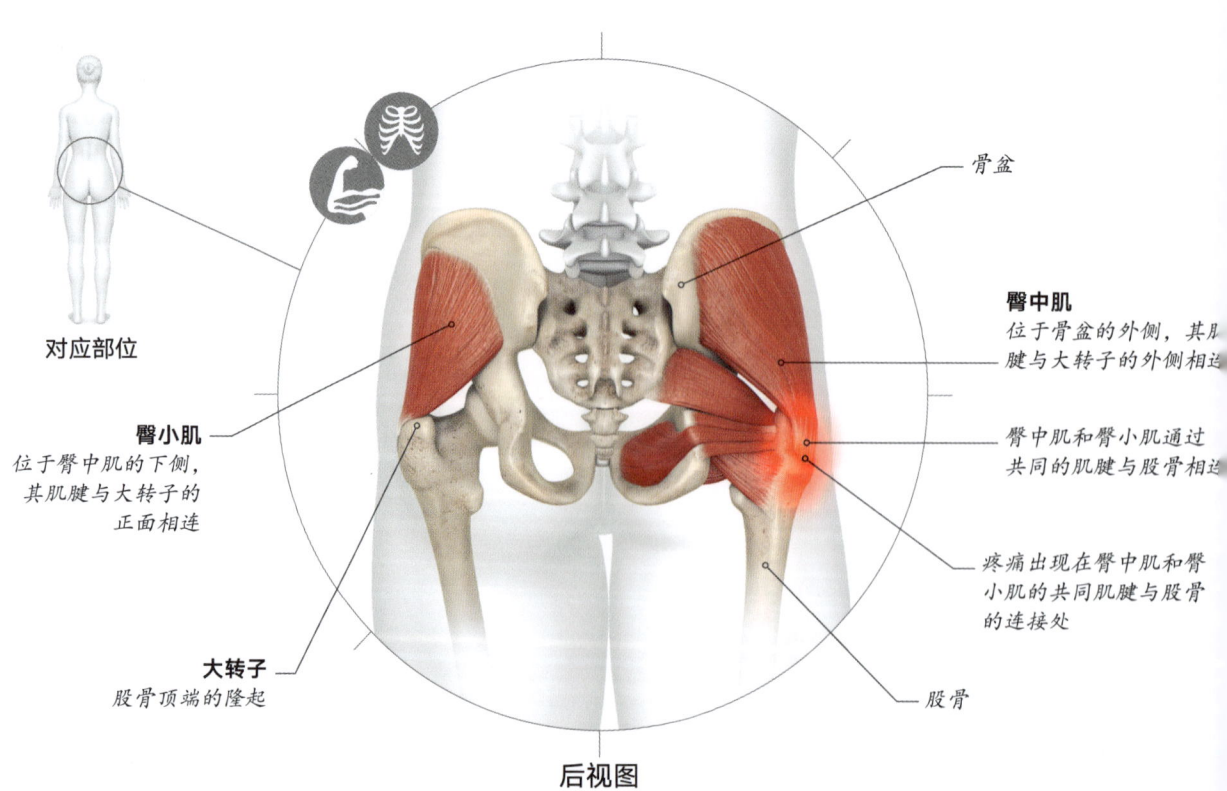

对应部位

臀小肌
位于臀中肌的下侧,其肌腱与大转子的正面相连

大转子
股骨顶端的隆起

后视图

骨盆

臀中肌
位于骨盆的外侧,其肌腱与大转子的外侧相连

臀中肌和臀小肌通过共同的肌腱与股骨相连

疼痛出现在臀中肌和臀小肌的共同肌腱与股骨的连接处

股骨

膝关节损伤

膝关节是常见的受伤部位,因为许多力量训练需要膝关节负重屈曲和伸展,如颈后深蹲、箭步蹲和腿屈伸。

原因和症状

髌骨(膝盖骨)周围、背面和下侧疼痛常被称为"跑步膝",正式名称是髌股疼痛综合征。训练者膝关节前侧疼痛往往就是髌股疼痛综合征引起的。常见原因包括:

- 过度使用(最普遍)
- 下肢和(或)髌骨没有正确对齐
- 下肢肌肉大小不均匀
- 训练负荷不合理

症状包括:

- 膝关节前侧的周围、背面和下侧出现疼痛
- 膝关节负重屈曲训练会加剧疼痛

预防受伤

做到动作规范,以及增强股四头肌、腘绳肌和小腿肌肉的力量(这些肌肉负责稳定膝关节),有助于预防膝关节受伤。膝关节没有正确对齐或移动方向错误会加重疼痛症状,应避免这些情况发生。避免负荷过大,也不要频繁练习容易加重伤势的动作。

恢复训练

受伤之后,宜用4~8周的时间逐步提高训练量和频率(见第192页和第194页)。训练过快或过量反而会拖慢恢复进度。通过合适的动作节奏和训练动作(避开对膝关节产生负担的动作),避免膝关节承受过大的负荷。

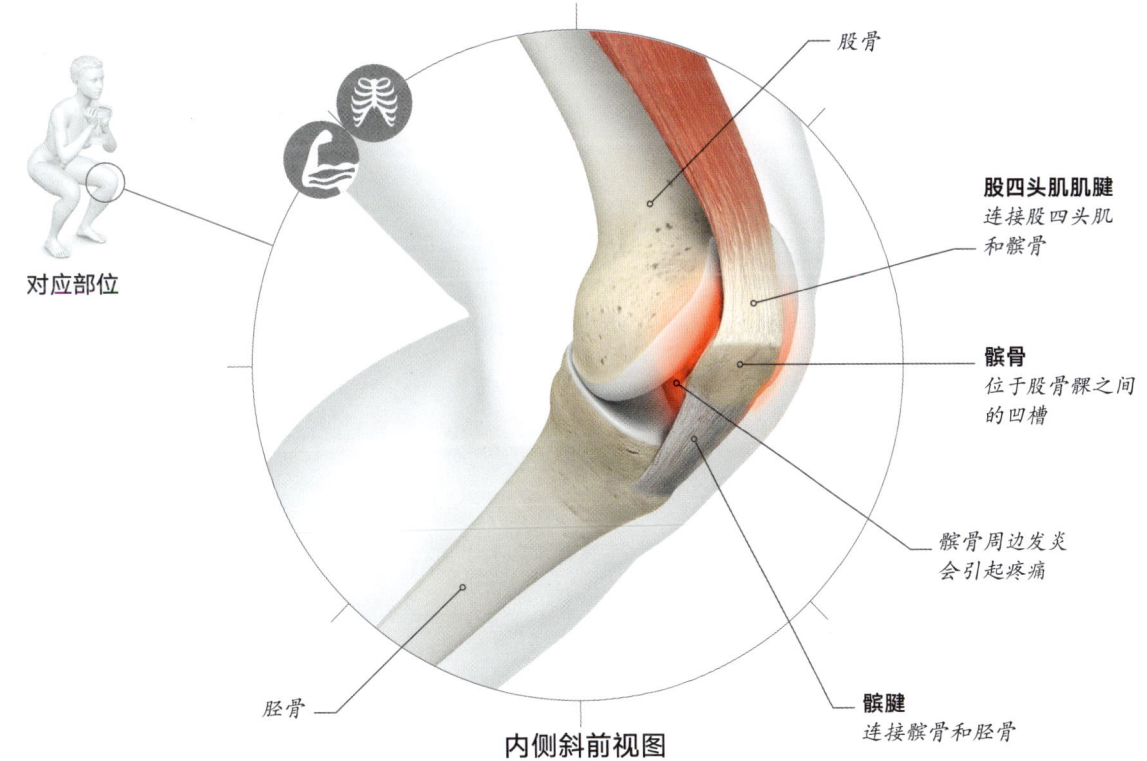

对应部位

股骨

股四头肌肌腱
连接股四头肌和髌骨

髌骨
位于股骨髁之间的凹槽

髌骨周边发炎会引起疼痛

胫骨

髌腱
连接髌骨和胫骨

内侧斜前视图

伤后恢复训练

受伤之后重返常态训练是一段艰辛的过程。你很可能急切地想恢复到受伤前的最佳状态，但刚开始训练时却表现不佳，因而产生挫败感。以下是一些复健策略，你可以从中选择适合自己的方法来进行恢复。

> 多种策略并用，可缩短恢复训练的时间，帮助你尽快恢复之前的训练水平。

恢复策略

能否恢复活动性、机能及整体力量和训练表现，取决于你在恢复期间能否保持耐心、遵循策略并倾听身体的感受。再次受伤或伤势加重的最常见原因之一是训练过度，操之过急。

对于恢复力量训练，下列几种策略可帮助你安全地启动训练，恢复力量和训练表现。

修改训练计划

适当调整训练计划，如降低不适或受伤部位的训练量和强度。注意调整训练的潜在变量（不适部位的训练负荷、容量和频率），同时避免负荷过大或过度使用，以免加重伤势或不适。只要减少特定肌肉群或关节的训练量和强度，你就可以继续正常锻炼其他肌肉和关节。例如，肱二头肌受伤后，只要不直接影响伤势恢复，你可以继续进行下肢的力量训练。

调整训练姿势

练习训练动作的变式动作或调整训练姿势，以避开不适部位进行锻炼。有条件的话可使用绳索或器械，两者能营造安全的训练环境和控制运动范围。改变训练的运动范围，有助于锻炼特定部位，同时避开受伤或不适部位。

例如，按完整的动作幅度练习腿屈伸，膝盖仍会感到疼痛或不适（见第179页的调整运动范围部分），在这种情况下，你可以调整运动范围，在不会引起不适的范围内锻炼，如腿屈伸运动范围上侧的三分之二。

调整动作节奏

通过改变动作节奏（离心和向心运动的时间，见第198页），避开受伤的肌肉或不适的肌腱进行训练。

继续以腿屈伸为例，如果关节不适导致训练不能加大负荷，可改变动

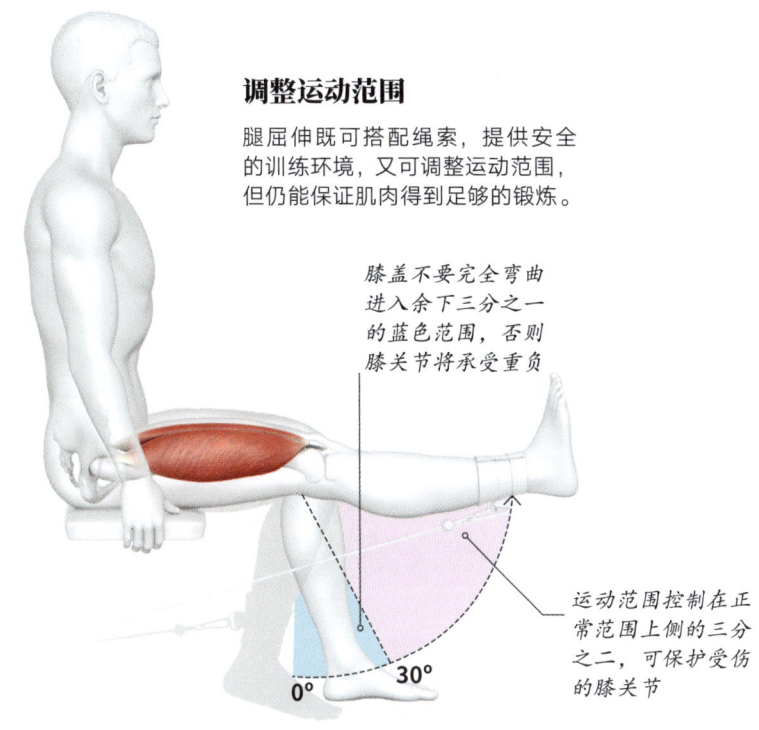

调整运动范围

腿屈伸既可搭配绳索，提供安全的训练环境，又可调整运动范围，但仍能保证肌肉得到足够的锻炼。

膝盖不要完全弯曲进入余下三分之一的蓝色范围，否则膝关节将承受重负

运动范围控制在正常范围上侧的三分之二，可保护受伤的膝关节

侧面

作节奏来延长股四头肌发力的时间，保证训练产生足够的刺激。例如，抬腿至最高点后停留2~4秒，其间股四头肌收缩发力。离心运动也一样，可以通过延长屈腿的时间，增加肌肉发力时间。

针对性训练

选择那些能孤立锻炼特定肌肉群或关节的训练。如果膝关节疼痛，可继续练习腿屈伸（而不是杠铃颈后深蹲）来锻炼股四头肌，同时调整动作节奏。

恢复训练不能急于求成

伤后恢复训练要保持良好的心态。先通过练习建立信心，然后逐渐恢复到伤前的训练负荷或训练表现，具体视受伤严重程度而定。不要心急，"没有付出就没有回报"并不适用于恢复训练。如果感到不适，就调整训练计划、用药治疗或咨询专业医生，妥善处理。

血流限制训练

加压训练法是20世纪70年代日本的佐藤义昭博士发明并已取得专利的训练方法，其具体做法是用特制的束带阻止血液流向特定的手臂和腿。血流限制训练是加压训练法的变体，能有效避开受伤部位进行训练。血流限制训练需要在动作手或腿与躯干连接处附近绑上束带（如下图所示）。束带会阻碍动脉血流动（血液流向肌肉），大幅或完全阻断静脉血回流（从锻炼部位的肌肉流出）。

血流限制训练的作用包括：
- 避开受伤部位进行训练。
- 促进伤势恢复。
- 充分减轻训练时的疼痛感。
- 增强低负荷（低至1-RM的20%~30%）训练的效果。与高负荷（推荐负荷为1-RM的70%~85%，也可更低）训练相比，血流限制训练能用更低的负荷持续有效地训练。血流限制训练还能刺激肌肉生长（肌肥大）、防止肌肉损耗（肌萎缩）以及提升肌肉力量和机能。

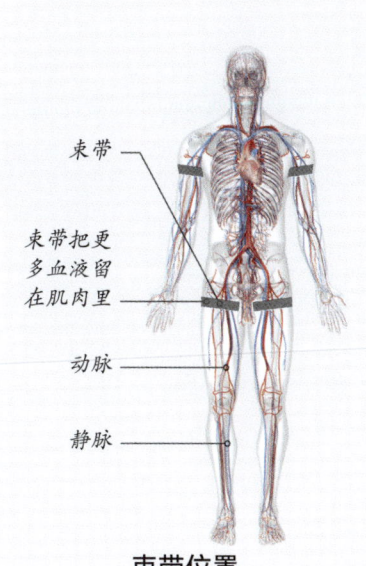

束带

束带把更多血液留在肌肉里

动脉

静脉

束带位置

训练流程的规划设计

安全有效的训练是预防运动伤害的关键。在力量训练之前坚持热身和活动身体，能让身体做好训练准备。以冷却拉伸结束训练，从而使身体和精神恢复到日常状态。

5~30 秒的静态拉伸可减少肌肉与肌腱连接处的损伤（见第 172 页）。

热身运动

合理热身能降低受伤风险，让身体做好训练准备，而不会使你感到疲累。

热身还有以下目的：
- 提高心率和血液流速
- 使体温升高
- 激活神经系统
- 为体力活动做准备
- 让大脑做好迎接各种脑力挑战的准备（即做到动作规范、掌握训练技能和协调整体动作）

拉伸类型

静态拉伸，即拉伸姿势会保持一段时间，不是热身的必要部分。只有短时间拉伸（少于 45 秒）的话，对力量和训练表现不会有影响。

动态拉伸，即手臂或腿在正常运动平面主动从中立位移动至活动范围的终点，是进行力量训练之前最推荐的拉伸类型。动态拉伸要在给定时间或动作次数内，平稳、受控、有节奏地完成一系列动作。

力量训练流程的要素

养成良好的训练习惯，每次训练都遵循特定的框架，有助于避免受伤。训练之前应唤醒身体，做好训练准备，并通过一系列活动性练习，观察身体的运动状态。随着训练内容和重点锻炼部位的变化，力量训练流程的时长也应做相应调整，但训练结尾必须进行冷身运动，不管是被动冷身、主动冷身还是双管齐下。

热身

只要 5 分钟的激烈体力活动，便能让身体做好训练准备。你可以选择喜欢的热身动作，搭配一些动态拉伸，让血液流速和心率加快。

5~10 分钟

活动性练习

热身完毕后，身体运动会变得更为轻松。可先做简单的屈颈动作，然后活动计划锻炼的部位。注意僵硬部位。

10~15 分钟

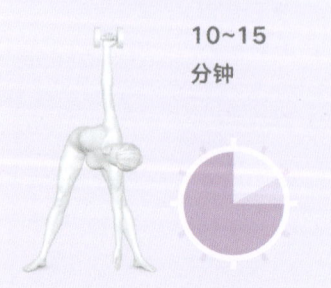

活动性练习

活动性是指身体在特定范围内自由运动的能力。

选择练习动作

热身之后最好进行活动性练习，通过活动性练习，你能观察当天身体的运动能力和感觉是否良好。身体的活动性可能每天都会发生变化，取决于此前的训练内容或压力源。

活动性练习应根据当天训练对身体的要求来决定。例如，如果当天要锻炼上半身，活动性练习应让肩部和上半身做好训练准备。如果当天重点锻炼下肢，则进行下肢活动性练习。

滚泡沫轴

训练前和训练后都可以通过滚泡沫轴来放松筋膜。撑着身体慢慢在泡沫轴上滚动，找到疼痛部位，然后针对该位置来回滚动，直至其变得柔软或放松。在训练前滚泡沫轴，这种自我按摩（肌筋膜放松）可短暂提高灵活性，而不会降低肌肉功能。在训练后滚泡沫轴，可缓解肌肉疼痛感，加快恢复。这些效果的生理机制尚不明确。不过，人们认为滚泡沫轴的正面效果中包含很大比例的安慰剂效应。

冷身运动

常用的冷身运动方法有两种，选择适合你的方法，将冷身时间控制在30分钟之内。被动冷身包括静坐休息、按摩或缓慢而有节奏地呼吸。主动冷身包括一系列低强度的活动，如游泳和散步。

冷身运动有以下目的：

- 消除血液和肌肉累积的乳酸（见第22页）
- 防止免疫细胞数量减少
- 加快呼吸和循环系统的恢复
- 降低受伤风险
- 改善情绪
- 舒缓训练的紧绷状态

力量训练

不管每周是训练3次、4次还是5次，都应遵循训练计划，以实现最佳的锻炼效果。如果想立即开始训练，这里有几个现成的训练计划（见第195~207页）可供选择。有些计划适合初学者，有些则是进阶计划，适合已有训练经验的人士。

腿部 （见第46~47页）	胸部 （见第84~85页）	背部 （见第102~103页）
肩部 （见第116~117页）	手臂 （见第134~135页）	腹部 （见第148~149页）

冷却拉伸

一定要留出足够的时间，让心率恢复到正常水平，让精神从训练状态中松弛下来，享受拉伸时间。

5~10 分钟

》活动性练习动作

活动性练习能让你了解当天身体的感觉和活动状况是否良好。接下来介绍的练习将从颈部开始,再由肩关节、髋关节和腿部依次向下进行,你也可以采用自己喜欢的顺序。

图例
● 目标肌肉部位

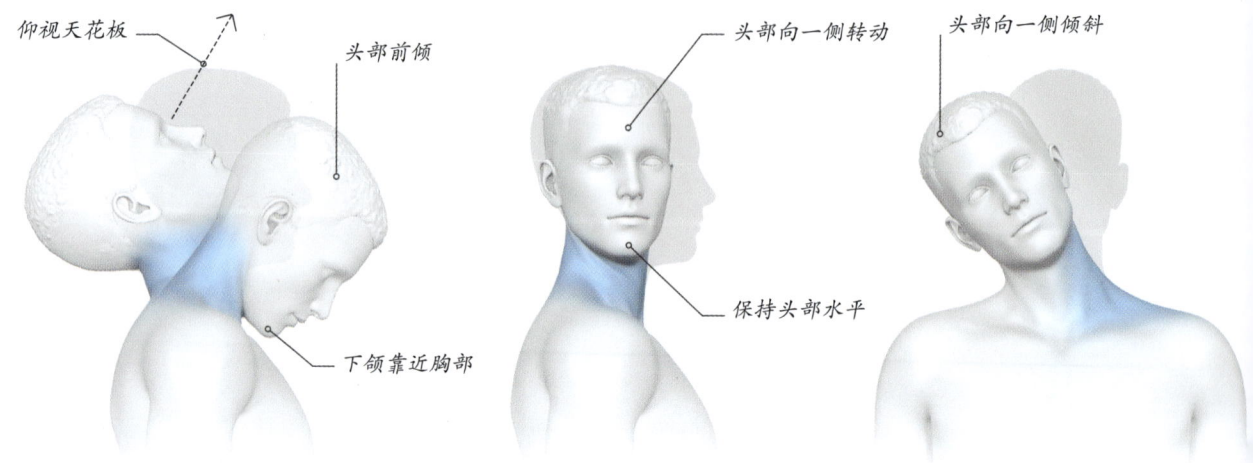

仰视天花板　头部前倾　头部向一侧转动　头部向一侧倾斜
下颌靠近胸部　保持头部水平

颈部前屈和后伸

由于现代人每天大部分时间都在低头看手机,因此有必要先让颈部在活动范围内热身,让颈部和上背部肌肉做好训练准备。

预备阶段
跨立站直,双脚与肩同宽,核心肌肉收紧。

第一阶段
颈部向前屈曲,下颌靠近胸部,拉伸上背部和颈部背面的肌肉。然后头部恢复中立位。

第二阶段
头部后仰,望向天花板,拉伸颈部正面的肌肉,保持在舒适范围内活动。头部恢复中立位。重复5~10次。

颈部旋转

电脑和手机让人们习惯于视线长时间朝向前方,较少有转动头部的机会。这项练习能让颈部和上背部肌肉做好训练准备。

预备阶段
跨立站直,双脚与肩同宽,核心肌肉收紧。

第一阶段
头部向右转动,感到颈部肌肉被轻轻拉伸,以在正式训练之前消除紧绷或僵硬感。

第二阶段
头部恢复中立位(面朝前方),然后向左转动,感到颈部肌肉被轻轻拉伸。分别朝两侧转动5~10次。

颈部侧屈

颈部活动范围内以头部为中心的动作还有一项,就是颈部侧屈。这项简单的练习有助于避免训练时颈部和上背部肌肉受伤(常见伤害)。

预备阶段
跨立站直,双脚与肩同宽,核心肌肉收紧。

第一阶段
颈部向一侧屈曲,感到斜方肌上半部和颈部肌肉被轻轻拉伸——在保持舒适的前提下,尽可能让耳朵靠近肩膀。

第二阶段
头部恢复中立位,然后颈部向另一侧屈曲。分别朝两侧屈曲5~10次。

哑铃风车式

这个动作可提高肩关节的活动性和稳定性,也可锻炼扩胸动作和转体稳定性。这项肩关节活动性练习能让上半身做好训练时承受阻力的准备。

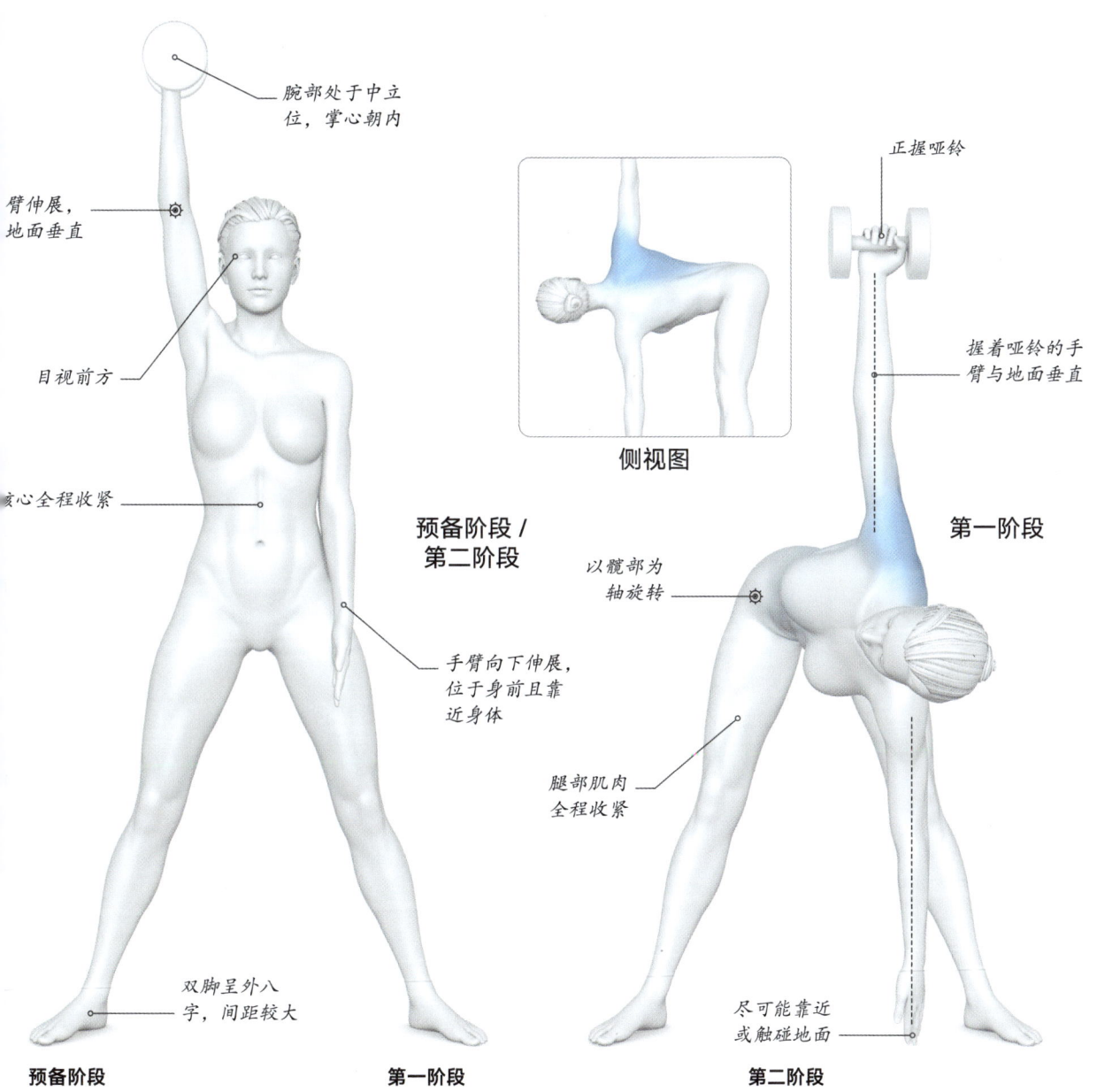

预备阶段
单手握着哑铃(或壶铃)举至肩部位置。然后,将哑铃径直上举至肩部正上方,另一条手臂向下伸直,位于身体前方。

第一阶段
转动握着哑铃的手,使掌心朝前,同时转动身体,另一只手下移触到地面。

第二阶段
转动身体,恢复起始姿势,握着哑铃的手臂向上伸直。重复第一和第二阶段5~10次,然后换另一侧进行练习。

哑铃过头推肩

这项练习将锻炼肩袖在承受外部阻力时稳定肩部的能力。提高过头动作的活动性和所能推举的重量可增强肩袖肌肉的稳定性和力量，并有助于提高肩部在将较大重量举过头顶时保持稳定的能力。若想充分加大难度，可将哑铃换成壶铃，两者产生的阻力有所不同。

图例
- 目标肌肉部位

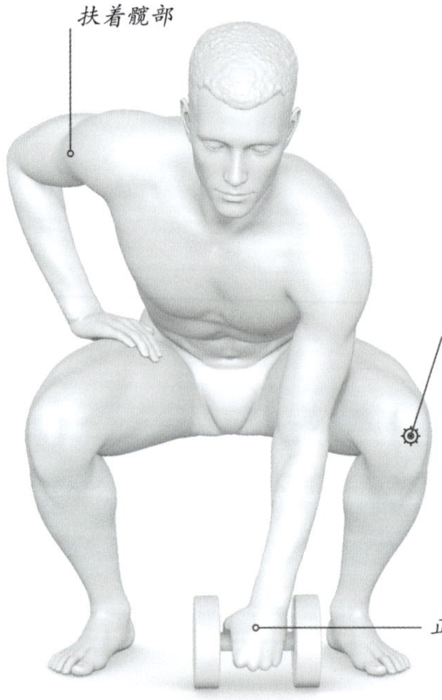

头部处于中立位

第一阶段时手握哑铃，手掌心朝内

第二阶段时上举并转动哑铃

后视图

核心全程收紧，维持身体稳定

另一只手扶着髋部

膝关节屈曲，手臂下移触到哑铃

正握哑铃

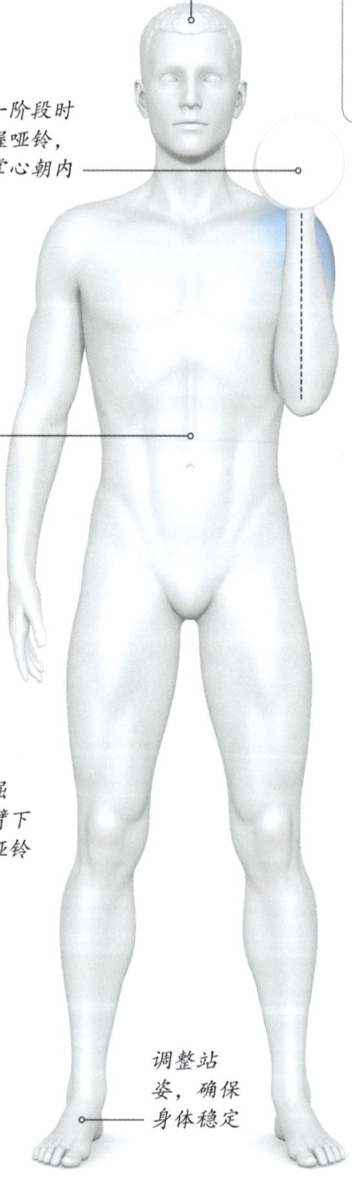

调整站姿，确保身体稳定

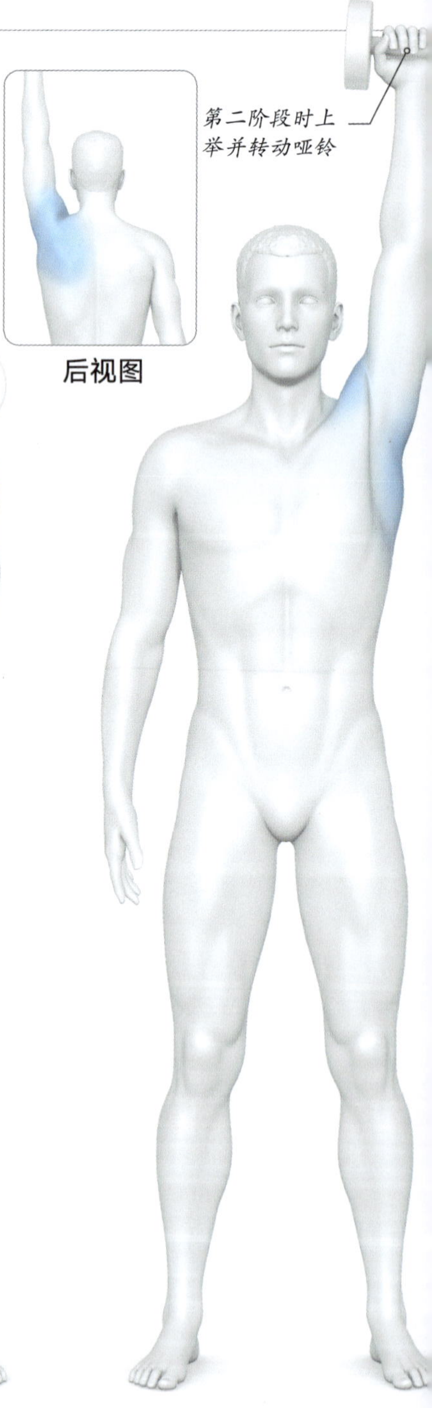

预备阶段
将哑铃置于地面，面朝哑铃跨立，双脚间距等于或大于髋部宽度。单手往下伸，握住哑铃——进入第一阶段后可调整站姿。

第一阶段
双腿发力，帮助身体将哑铃上举至肩部位置。哑铃与手腕对齐，前臂与地面垂直。

第二阶段
将哑铃上举，同时转动手腕，使掌心朝前。恢复第一阶段的姿势，重复第一和第二阶段5~10次。换另一条手臂进行练习。

弹力带肩外旋

肩袖负责稳定肩部,是提高肩关节活动性和稳定性的关键肌肉群。很多人做过顶推举动作时都出现了肩关节外旋不足的问题。这项练习将锻炼肩关节外旋肌的稳定性和力量。

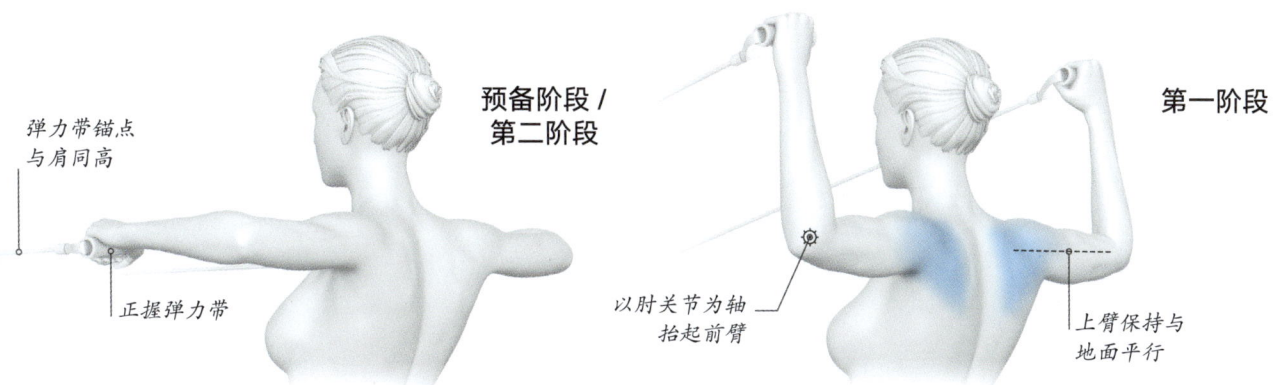

预备阶段
将低阻力弹力带固定在肩部高度,身体站直,双脚与肩同宽,脊柱处于中立位。面朝弹力带,屈肘使上臂与地面平行。

第一阶段
肘关节外旋,移动前臂直至其与地面垂直,上臂保持水平。肘关节始终与肩关节对齐。

第二阶段
控制手臂,使其顶着弹力带的阻力转动,恢复中立位。重复第一和第二阶段 5~10 次。

尺蠖式

这是一项极佳的全身热身练习,具体动作是双脚和双手交替前移。这项练习能够刺激全身主要关节的肌肉组织,使身体做好训练准备。

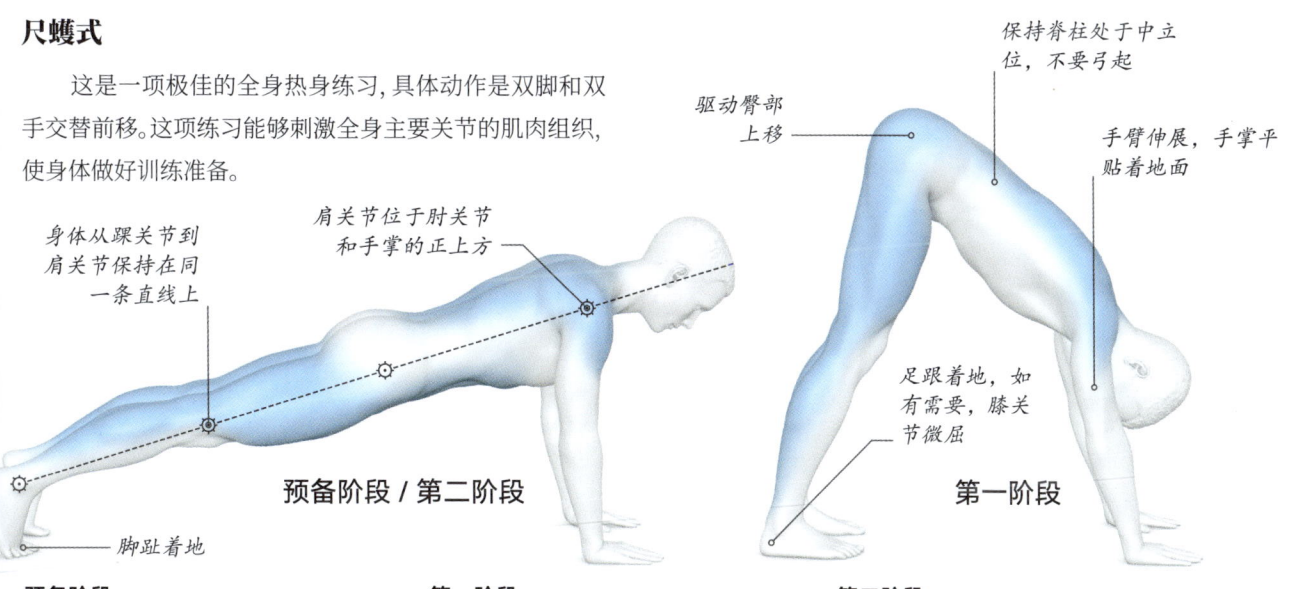

预备阶段
双臂伸展撑地,身体呈平板支撑姿势(见第89页)。核心收紧,身体呈一条直线,保持头部处于中立位。

第一阶段
双脚先后朝手部慢慢移动,其间保持脊柱处于中立位,核心收紧。背部挺直。

第二阶段
双脚移动至最终位置后,双手慢慢往前爬,直至恢复起始姿势,即双手撑地的平板姿势。重复第一和第二阶段 5~10 次。

弹力带仰卧屈髋

髋关节屈肌(主要是腰大肌和股直肌)协助稳定骨盆和屈髋。这项练习锻炼股直肌和腰大肌收缩发力,从而激活股直肌和腰大肌,使其做好在下肢训练时承受负荷的准备。

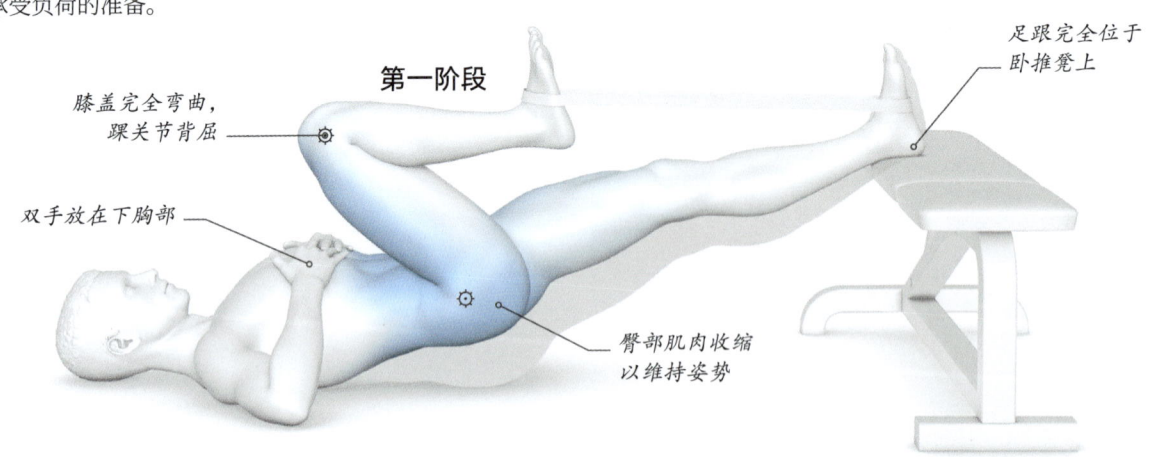

预备阶段
仰卧在地面上,双脚勾着弹力带,足跟放在卧推凳上,然后髋部上抬,成臀桥姿势(见第72页),保持肘部着地。

第一阶段
保持臀桥姿势,髋关节和膝关节屈曲,使其中一条腿上抬,在保持舒适的前提下尽可能靠近身体。

第二阶段
控制屈曲的腿伸展,使其足跟回到卧推凳上。换另一条腿进行练习。双腿分别重复第一和第二阶段5~10次。

90/90髋关节拉伸

这项练习能有效锻炼髋关节(向内和向外)的活动性,并达到开髋的效果,以消除髋关节的紧绷感或僵硬感。适当练习髋关节内旋和外旋,可缓解髋关节和下背部的疼痛。

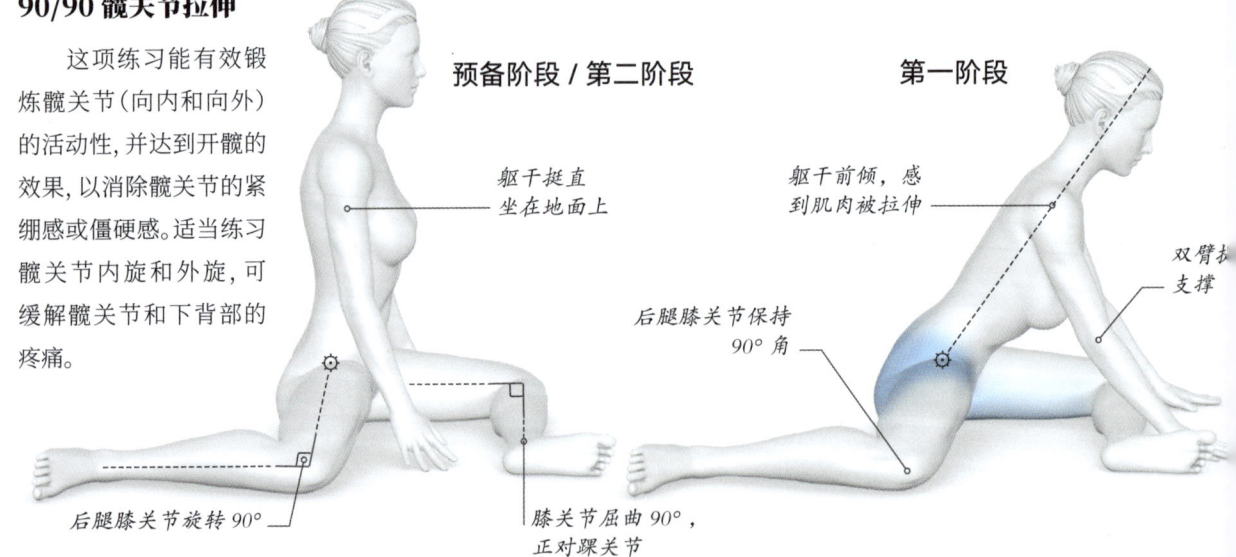

预备阶段
在地面坐直,双腿均屈曲呈90°角,前腿膝关节内旋,后腿膝关节外旋。

第一阶段
移动躯干,使肚脐与前腿膝关节对齐。胸部挺起,躯干前倾,到达最终位置后停留3~5秒,感到前腿臀部肌肉被拉伸。

第二阶段
身体坐直,恢复起始姿势。重复第一和第二阶段3~5次,然后换另一侧进行练习。

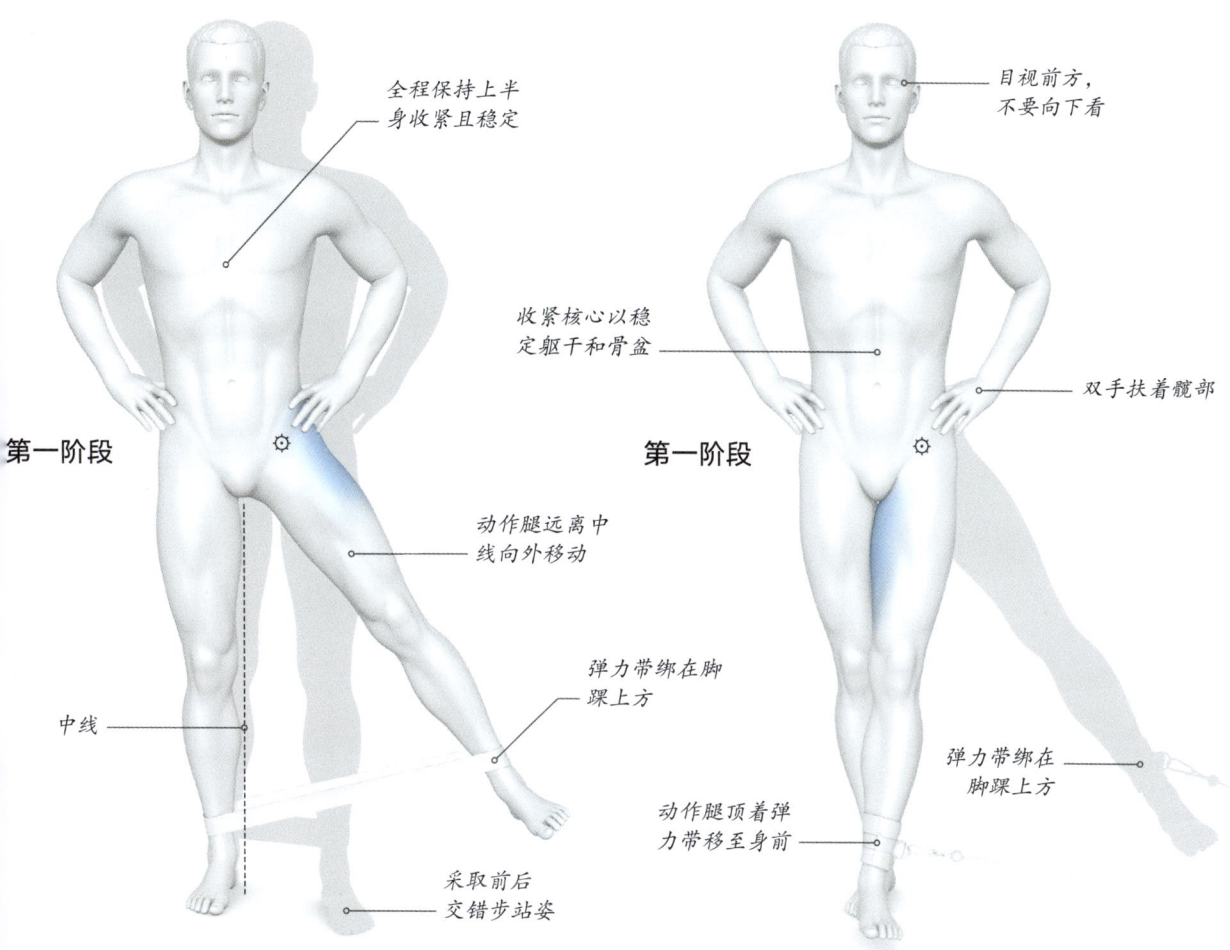

弹力带腿外展

这项练习能激活髋关节外旋肌和外展肌。如今,人们每天久坐不动,更是有必要维护髋关节外展肌的稳定性和力量。

预备阶段
采取前后跨步站姿,动作腿略微靠前,弹力带绕着双腿。身体站直,双手扶着髋部。

第一阶段
核心收紧,保持脊柱处于中立位。动作腿远离中线向外移动,其间保持骨盆稳定。

第二阶段
控制动作腿顶着弹力带的阻力回到起始位置。重复第一和第二阶段 5~10 次。动作腿在两次动作之间可以着地,以维持平衡。

弹力带腿内收

这项练习重点是激活髋关节内旋肌和内收肌。久坐不动的生活导致髋关节内收肌很少运动,而这个动作与弹力带腿外展动作相互补充,可提升髋关节的稳定性。

预备阶段
身体站直,动作腿略微靠前,绑着弹力带。与弹力带的固定点拉开距离,以获得足够的阻力。

第一阶段
核心收紧,保持脊柱处于中立位。动作腿靠近中线向内移动,其间保持骨盆稳定。

第二阶段
控制动作腿顶着弹力带的阻力回到起始位置。重复第一和第二阶段 5~10 次。动作腿在两次动作之间可以着地,以维持平衡。

》冷却拉伸

冷却拉伸(或称被动冷却)可加入冷身流程,后者还包括其他低强度的动态活动,如游泳、骑自行车和散步。冷身流程的拉伸部分可以让身体放松,进入休息的状态,并带来平静和愉悦感,从而加快恢复。

> **呼吸促进恢复**
>
> 缓慢、受控制、有节奏的呼吸能有效刺激迷走神经,有助于休息、放松和恢复。受控制且有节奏的呼吸搭配短时间静态拉伸,可以促进恢复,提升愉悦感和改善情绪。拉伸时要缓慢、有节奏地呼吸(每分钟呼吸6~10次),进入平静放松的状态,使身体能进一步下压。

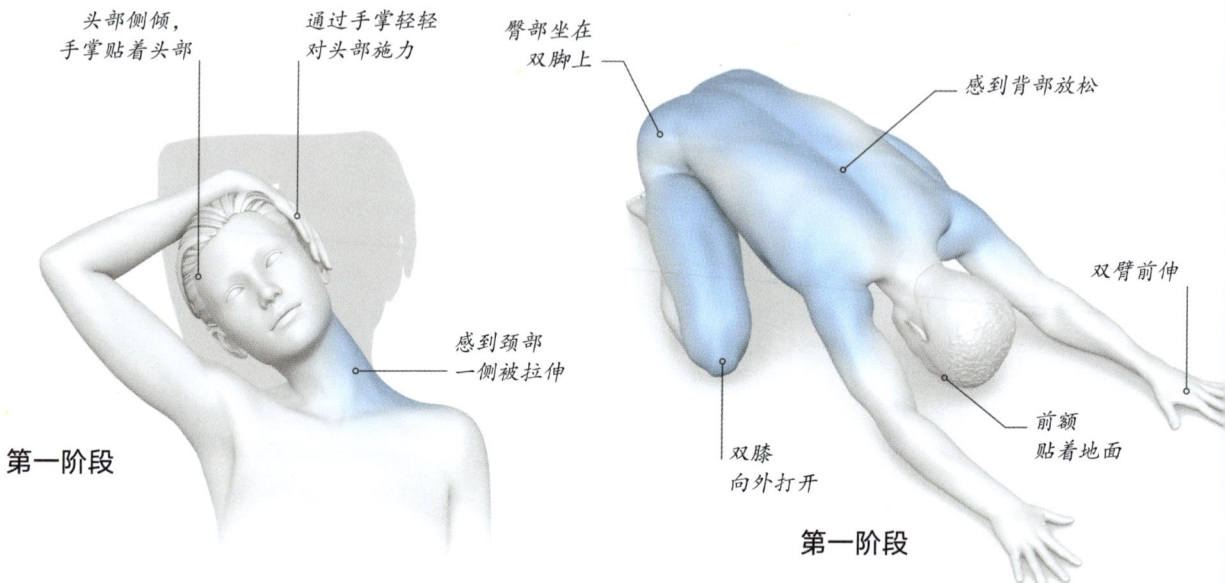

斜角肌拉伸

训练时经常会对上背部肌肉(斜方肌)和颈部肌肉(斜角肌)直接或间接(为了维持稳定)施加大量压力。这一动作有助于拉伸和放松上述肌肉。

预备阶段
身体站直。保持头部处于中立位,其中一条手臂绕过头顶,手掌贴着另一侧的耳朵。

第一阶段
贴着头部另一侧的手轻轻发力,带动头部,使颈部得到拉伸。

第二阶段
头部恢复中立位,换另一侧重复第一和第二阶段。每一侧拉伸3~5次,每次拉伸到最终位置后停留3~5秒。

婴儿式

这一坐姿拉伸动作源于瑜伽,可借助呼吸安全地释放压力,同时拉伸背部肌肉,以及髋关节、膝关节和踝关节周围的肌肉。

预备阶段
采取四点撑地的姿势。

第一阶段
膝关节略微转向两侧,髋部向后下沉,同时双臂在身前伸展,拉伸背部和肩部肌肉。注意呼吸,尽量在身体向后坐的过程中控制好呼吸。

第二阶段
髋部向前向上抬起,恢复四点撑地的起始姿势。重复第一和第二阶段3~5次,控制好节奏。

图例
● 目标肌肉部位

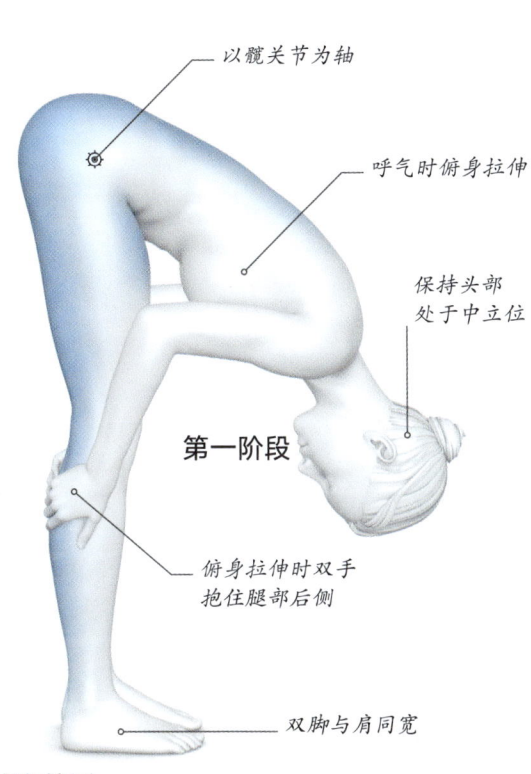

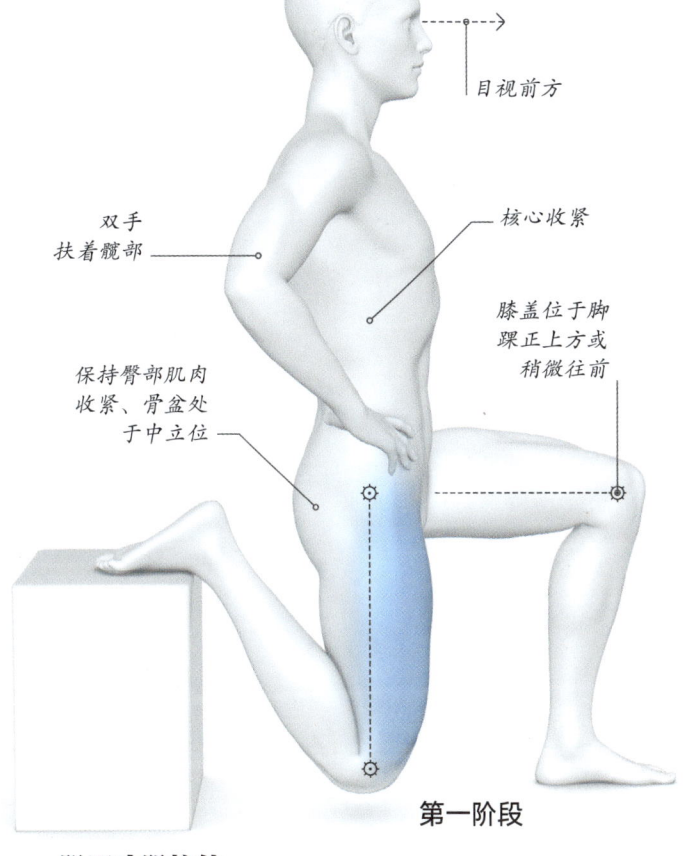

站姿前屈

站姿前屈也是源自瑜伽的拉伸动作,能根据不同人的限制或需求进行调整。这个极佳的拉伸动作可放松下背部和髋部肌肉。

预备阶段
身体站姿,双脚与肩同宽。

第一阶段
屈髋俯身,直至身体呈45°角。保持核心收紧,脊柱处于中立位,上背部可稍微屈曲。下背部肌肉、腘绳肌和臀部肌肉受到轻度到中度的拉伸。

第二阶段
控制呼吸,躯干下移时呼气,上抬时吸气。重复第一和第二阶段3~5次,每次到达最终位置后停留5~10秒。

股四头肌拉伸

股四头肌拉伸亦称"沙发拉伸",这一动作有助于放松肌肉,同时能改善髋关节屈肌活动性受限的问题,也可以提高骨盆周围肌肉的活动性和稳定性。

预备阶段
身体站直,其中一条腿的足背搭在身后一块高约60厘米的方块上。

第一阶段
后腿膝关节朝地面下移,大腿始终与地面垂直,其间感受到后腿股四头肌被拉伸。

第二阶段
恢复站直姿势,然后控制节奏重复第一和第二阶段3~5次。一条腿练完后换另一条腿进行练习。

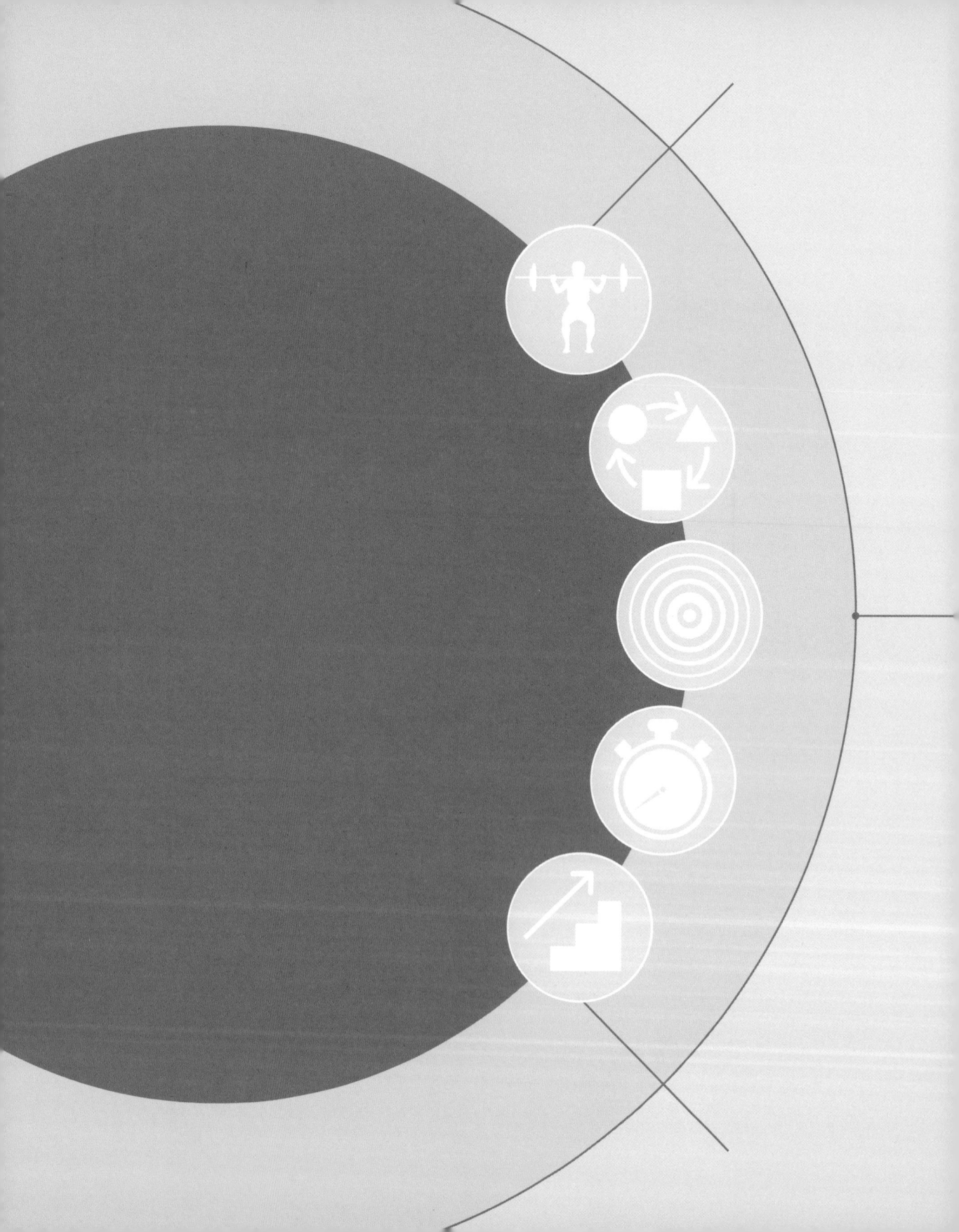

力量训练
训练计划指南

　　力量训练最大的挑战之一是了解如何利用一系列训练动作搭建结构合理的训练计划，有助于达成目标。本章详细阐述了最重要的训练原则以及如何运用它们开展和升级训练，并介绍了根据这些原则制定的多个训练计划，以帮助提升肌肉量、力量和耐力。

力量训练中的变量

本书介绍的训练计划围绕下列重要变量制定：训练量、训练强度、训练动作选择和疲劳管理。这些训练计划有难度和频率的区别，你可以根据自身的经验水平和每周的训练时间选择合适的方案。

训练量

训练量是指一定时间（通常是一次训练或训练周）内所做训练的多少，常用一定负荷（负重）下完成的组数和次数表示。

随着经验不断积累，你可以通过改变训练动作、运动范围、阻力分布（动作的哪个位置阻力最大）、动作节奏和休息时间，调整训练量。

每周的训练总量

每个训练周将以各目标肌肉群的训练量来衡量。

示例

假如每周锻炼 3 次，每次做 4 组胸部训练动作，那么总计 12 组，这就是胸部的一周训练量。

胸部的总训练量：
4 组 × 每周 3 次 = 每周 12 组

训练强度

负荷强度是以1次动作所能举起的最大重量（亦称一次重复最大重量或1-RM）的百分比来表示。

训练负荷决定你一组能做多少次动作。重度负荷通常对应较低的次数（6次或更少），中度负荷对应中等的次数（7~12次），轻度负荷对应较高的次数（13~20次或更多）。如果目标是提高力量，最好选择较低的次数，加大强度；如果目标是提高耐力，则选择较轻的强度。

根据不同训练目标制定训练量

训练目标可以是增长肌肉、力量或耐力，训练目标不同，训练量也应做相应的调整。提高训练量的方法包括增加动作次数、组数或负荷。

肌肉量	力量	耐力
注重通过增加训练负荷、动作次数或组数，逐步提高总训练量，做到目标肌肉群的训练量逐周递增。	注重每次训练或每一个训练周的强度。提高训练强度（与 1-RM 的比率，见右侧）以锻炼神经系	注重训练密度（一定时间内所做的训练数量）。可在相同时间内做更多的训练，以提高每一次训练的密度。

较低次数	中等次数	较高次数
1~6 次 适合 增长力量	7~12 次 适合 增长肌肉	大于 12 次 适合 增长耐力

力量-耐力轴

训练动作选择

每项训练都是在一定活动范围内驱使肌肉进行运动，从而达到锻炼肌肉的效果。有的训练侧重离心收缩，有的侧重向心收缩(见第6~7页)。

例如，即使负荷和重复次数相同，颈后深蹲动作会使股四头肌始终以拉长的状态运动，而腿屈伸动作中的股四头肌则在中短收缩的范围内运动。使用不同器械锻炼针对的肌肉也有区别。重要的是找到符合自己能力水平、身体条件和运动习惯的训练动作。

运动范围

各个肌肉在训练中发挥的作用随关节角度和训练动作而变化。对于同一肌肉，运动范围的每个位置会调用不同部分参与。因此，在考虑自身身体极限的前提下，训练应采取自己所能驾驭的最大运动范围。

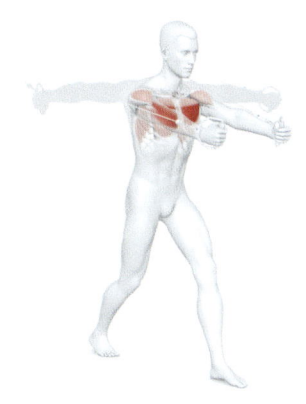

目标肌肉
选择训练动作时要考虑自身的能力。例如，做飞鸟训练时，可以视情况调整绳索高度，使肩关节能顺畅转动。

疲劳管理

疲劳管理是增长肌肉和力量以及降低受伤风险的关键。

力竭临近度

这种基于研究的疲劳管理方法用数字(通常是1~10)来代表"储备重复次数"(RIR)，即在每一组动作中，直到力竭还能进行几次重复。储备重复次数与自觉疲劳程度相关。

自我调节

自我调节是指根据当天对负荷的感知来调整训练，如感到特别累时就降低训练难度。采取量身定制的训练方法，既可以保持自身训练的积极性，也能预防受伤。

减量训练

减量训练是指在一段时间内(如一周)进行轻度训练，只做维持肌肉或力量所需的最小训练量，以促进恢复和肌肉修复。原本的训练强度越大，就需要越长的减量训练来使身体恢复或进一步提升。每训练4周便进行1周的减量训练是最理想的方式。在减量训练周，初学者应减少10%~20%的训练量，资深训练者应减少前4周最大训练量的30%~50%，同时将RIR减少2个级数。

基于储备重复次数的自觉疲劳程度量表

评分	描述
10	竭尽全力
9.5	没有储备次数，但还能加大负荷
9	1 次储备次数
8.5	必有 1 次储备次数，或许 2 次
8	2 次储备次数
7.5	必有 2 次储备次数，或许 3 次
7	3 次储备次数
5~6	4~6 次储备次数
3~4	轻度费力
1~2	轻度甚至毫不费力

组间休息的重要性

组间休息是两组动作的间隔时间，对状态的恢复至关重要。在进阶训练计划中，组间休息时间为 15 秒至 5 分钟，具体取决于训练目标(见右侧)、训练强度、每组的时长和训练经验。力量训练的初学者可选择较长的组间休息时间，以便妥善应对训练带来的反应。

00:15~1:00 耐力
00:30~3:00 增肌
2:00~5:00 力量

训练频率

训练频率是指一个训练周内锻炼特定肌肉群的次数(示例见第192页)。

为了增长肌肉或力量，每个肌肉群每周要完成一定的训练量。增加每周的训练天数可以让训练内容有更多的变化。

增加训练频率

可以增加某一肌肉群的训练频率，但在训练日要减少该肌群的训练组数。

减少训练频率

可以针对某一肌肉群在两次训练之间安排更多休息天数，但在训练日要增加该肌群的训练组数。

除了训练频率，你还可以在当前训练计划的基础上增加次数、负重或组数(见下文)来调整训练量。注意，上调上述任何一个变量都会加大该训练计划的总压力。

训练升级

渐进式超负荷训练是指主动逐步增加压力或刺激(以组数、次数或负重的形式，见第195页图示)，让训练进一步升级。

超负荷训练的结果是你能在一定的负重下完成更多次动作，或者举起更大的负重。你可以通过以下方式逐步升级训练。

增加重复次数和负重

重复一次动作，就是完成某一训练的完整运动过程，包括离心和向心运动。增加重复次数和负重可加大目标肌肉群承受的张力，是训练进阶的好方法。张力越大，肌肉纤维便越活跃，无论是在肌肉收缩还是新陈代谢方面都是如此。

增加组数

增加训练的组数是提高训练量或强度的常用方法。训练量增大，就能进一步刺激肌肉增长，但是存在一个极限，如果超出肌肉恢复的临界值，肌肉将不增反减。

渐进式储备重复次数

监控储备重复次数的重点是通过加大训练强度，提高训练计划造成的总体疲劳程度。选择适当的储备重复次数有助于疲劳管理，并能维持稳定的运动表现(见第193页的疲劳管理部分)。

恢复

恢复是最重要的训练因素之一。力量训练会导致肌肉纤维分解(见第12~15页)，所以必须安排充足的恢复时间，让身体进行自我修复，增长肌肉，增强力量和耐力。若缺乏足够的恢复时间，训练表现将会下降，且难以适应训练。这就是为什么合理休息与良好睡眠、营养和压力管理同样重要。

渐进式超负荷训练

增加重复次数和负重
如果训练遇到平台期，可通过增加重量或每组的重复次数来提高训练量。

增加组数
对大多数训练者而言，若要使某一特定肌群达到良好的训练效果，合适的训练量是每周10~18个动作组。

渐进式储备重复次数
建议初学者在力竭前保留2~4次储备重复次数，进阶训练者可每周减少1个储备重复次数。

恢复
在训练计划中安排休息日，避免训练表现下降。

规划训练

如何规划你的训练周期和每次的锻炼内容决定了训练的成效。本书提供了三套适合初学者和三套适合进阶训练者的方案,你可以根据自己的需求进行灵活调整。

分化训练

根据自己的经验水平、训练目标和可用训练时间,你可以选择初阶计划或进阶计划,两者的训练频率又分为每周训练3次、4次或5次。可以根据个人训练目标(增加肌肉量、力量或耐力)从中找到适合自己的训练计划。

- **每周3次**:属于全身分化训练。在整个训练周期内针对各个肌群做最佳的训练量分配。训练重点是主要肌群和能锻炼到较小肌群的多关节的复合性训练。
- **每周4次**:属于半身分化训练。由于训练时间多出一天,可以更有效地分配各个肌群的训练频率,提高每个目标肌群的训练量。
- **每周5次**:属于全身三分化训练。每次训练全身约三分之一的部位,每个肌群在被分配到的训练日会有较高的训练量,但每周的训练频率较低。

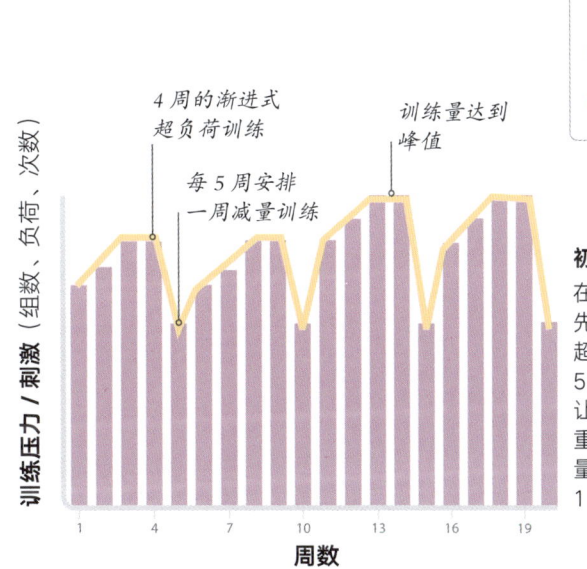

调整训练计划内的训练量

图例
- 训练量曲线
- 初阶训练量
- 进阶训练量

初阶计划

在初阶训练计划中,先进行4周渐进式超负荷训练,在第5周减少训练量,让身体恢复,然后重复该模式。训练量逐步增加,在第14周达到最大值。

进阶计划

进阶训练的模式与初阶训练相同,但是训练量更大,最好逐周增加训练量,进行更多的渐进式超负荷训练。第16~19周的训练量减少,以促进身体恢复。

肌肉增长训练计划：初阶

增肌训练的原理是肌肥大机制（见第12页），其基本要求是在一定的强度或力竭临近度（见第193页）下，高质量地完成特定的训练量。

长期而言，每组动作均做到力竭的效果并不佳。我们更建议利用第193页的自觉疲劳程度量表（RPE）来评估储备重复次数（RIR）。

研究显示，以距离力竭4~5次动作的强度进行训练，便能产生足够的刺激促进肌肉增长。

每次训练应先从热身开始（见第180页）。训练计划里写明"或变式"时，可根据个人喜好和状况选择该训练动作的变式动作。

主要目标肌肉群
- 腿部
- 胸部
- 背部
- 肩部
- 手臂
- 腹部

针对所有训练的准则

所有初阶增肌训练计划，无论采用何种训练频率，均采用以下重复次数、组数、组间休息时间、储备重复次数和训练节奏：

每组动作 8~10 次
4 组动作
60~90 秒的组间休息时间
3~4 次储备重复次数
控制良好的节奏

训练节奏说明

训练节奏是指完成重复动作的速度或频率。"有控制的节奏"是指每次动作的速度和时间都在控制之下，例如，在 2~3 秒内完成目标肌肉离心收缩动作，用 1 秒完成向心收缩动作，其间确保动作的正确性并维持肌肉张力。

肌肉增长训练（每周 3 次）

	训练动作
训练组合 1	杠铃颈后深蹲或变式（48~51 页）
	俯卧或坐姿腿弯举（62~64 页）
	哑铃卧推（90 页）或俯卧撑（89 页）
	宽握高位下拉（104 页）或正握引体向上（107 页）
	哑铃肩推（121 页）
	平板支撑对侧提膝（150 页）
训练组合 2	杠铃卧推或变式（86~89 页）
	罗马尼亚硬拉（83 页）
	对握水平划船（108 页）
	坐姿器械肩推或哑铃肩推（120~121 页）
	坐姿腿屈伸或变式（68~71 页）
	健身球卷腹（154 页）或猫牛式卷腹（156 页）
训练组合 3	杠铃硬拉（80 页）或哑铃登阶（60 页）
	对握高位下拉（106 页）或反握引体向上（107 页）
	中位绳索飞鸟（97 页）或器械飞鸟（98 页）
	俯卧或坐姿腿弯举（62~64 页）
	坐姿器械肩推或哑铃肩推（120~121 页）
	站姿绳索转体（162 页）

肌肉增长训练（每周4次）

	训练动作
训练组合 1	杠铃卧推或变式（86~89 页）
	腿部推举（52 页）
	绳索下拉或变式（144~147 页）
	哑铃侧平举或变式（122~125 页）
	跪姿绳索卷腹（160 页）
训练组合 2	对握高位下拉（106 页）或反握引体向上（107 页）
	俯卧腿弯举或变式（62~65 页）
	哑铃臀桥或其他变式（74~75 页）
	坐姿哑铃弯举或变式（136~139 页）
	坐姿腿屈伸或变式（68~71 页）
训练组合 3	站姿器械提踵（76 页）
	高位绳索飞鸟或变式（94~97 页）
	仰卧哑铃臂屈伸或变式（140~143 页）
	哑铃肩推或其他变式（120~121 页）
	站姿绳索转体（162 页）
训练组合 4	对握水平划船（108 页）
	罗马尼亚硬拉（83 页）
	哑铃臀桥或其他变式（74~75 页）
	弹力带弯举（138 页）
	坐姿小腿提踵（78 页）

肌肉增长训练（每周5次）

	训练动作
训练组合 1	上斜杠铃卧推或其他变式（88~89 页）
	对握高位下拉（106 页）
	上斜俯卧哑铃提拉（132 页）
	坐姿哑铃弯举（136 页）
	绳索下拉（144 页）或窄距杠铃卧推（88 页）
	跪姿绳索卷腹（160 页）
训练组合 2	罗马尼亚硬拉（83 页）
	哈克深蹲（54 页）
	哑铃臀桥或其他变式（74~75 页）
	坐姿腿屈伸（68 页）
	站姿器械提踵（76 页）
训练组合 3	哑铃肩推或其他变式（120~121 页）
	哑铃侧平举或变式（122~125 页）
	弹力带弯举（138 页）
	交叉绳索下拉（147 页）
	站姿绳索转体（162 页）
	下斜卷腹（161 页）
训练组合 4	对握水平划船（108 页）
	宽握高位下拉（104 页）
	哑铃卧推（90 页）或俯卧撑（89 页）
	哑铃俯身划船（110 页）
	任意胸部或背部训练
训练组合 5	腿部推举（52 页）或哑铃深蹲（50 页）
	坐姿腿屈伸或变式（68~71 页）
	俯卧或坐姿腿弯举（62~64 页）
	哑铃臀桥或其他变式（74~75 页）
	上斜俯卧哑铃提拉（132 页）
	哑铃侧平举或变式（122~125 页）

肌肉增长训练计划：进阶

增肌训练进阶计划的升级之处主要是训练量和动作种类的增多。

与初阶计划相比，进阶计划的动作种类更多，训练量更大，目的是提高目标肌肉的代谢应激及其承受的压力。

和初阶计划一样，每组动作要做到接近力竭，以储备重复次数或自觉疲劳程度量表（见第193页）为衡量标准。注意每个训练动作所要求的训练节奏（见本页左下方）。

主要目标肌肉群
- 腿部
- 肩部
- 胸部
- 手臂
- 背部
- 腹部

针对所有训练的准则

不管训练频率是高是低，所有增肌训练进阶计划均采用以下组间休息时间和储备重复次数：

60~90 秒的组间休息时间
2~3 次储备重复次数

训练节奏说明

在进阶训练计划中，节奏用一个四位数来表示，每一位数字分别对应一次下列各个阶段的动作时长（按秒计算）：离心收缩、动作最低点的停顿、向心收缩和动作最高点的停顿。例如，3011节奏表示控制离心收缩（如深蹲的下蹲阶段）为 3 秒，在动作最低点停顿 0 秒，控制向心收缩（如从深蹲姿势站起）为 1 秒，最后在动作最高点停顿 1 秒，在此位置收缩目标肌肉。本书所列训练计划的其他常用节奏是 3010 和 3110。

超级组的节奏指导见第 206 页

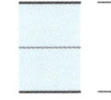 训练计划中的超级组用上下边框加粗的蓝色方块表示

肌肉增长训练（每周 3 次）

	训练动作	组数	次数	节奏
训练组合 1	杠铃颈后深蹲（48页）或腿部推举（52页）	4	6~8	3010
	俯卧或坐姿腿弯举（62~64页）	4	6~8	3010
	哑铃卧推（90页）或杠铃卧推（86页）	4	6~8	3010
	宽握高位下拉（104页）或正握引体向上（107页）	4	6~8	3010
	哑铃肩推（121页）	4	6~8	3010
	平板支撑对侧提膝（150页）	4	6~8	有控制的
训练组合 2	杠铃卧推（86页）或哑铃卧推（90页）	4	6~8	3010
	罗马尼亚硬拉（83页）	4	6~8	3010
	对握水平划船（108页）	4	6~8	3010
	坐姿器械肩推或哑铃肩推（120~121页）	4	6~8	3010
	坐姿腿屈伸（68页）	4	6~8	3010
	健身球卷腹或变式（154~157页）	4	6~8	有控制的
训练组合 3	杠铃硬拉或变式（80~83页）	4	8~10	2010
	对握高位下拉（106页）或反握引体向上（107页）	4	8~10	3010
	中位绳索飞鸟（97页）或器械飞鸟（98页）	4	8~10	3010
	俯卧或坐姿腿弯举（62~64页）	4	8~10	3010
	坐姿器械肩推（120页）或坐姿哑铃肩推（129页）	4	8~10	3010
	站姿绳索转体（162页）	4	8~10	有控制的

肌肉增长训练（每周4次）

	训练动作	组数	次数	节奏
训练组合1	哑铃卧推或变式（90~93页）	4	6~8	3110
	杠铃颈后深蹲（48页）或腿部推举（52页）	5	6~8	3010
	交叉绳索下拉（147页）	4	8~10	3011
	高位绳索飞鸟（94页）	4	8~10	3011
	哑铃侧平举或变式（122~125页）	4	8~10	3010
	仰卧哑铃臂屈伸或变式（140~143页）	4	8~10	3010
	跪姿绳索卷腹（160页）	5	8~10	有控制的
训练组合2	对握高位下拉（106页）或反握引体向上（107页）	4	6~8	3010
	俯卧腿弯举或变式（62~65页）	5	8~10	3011
	杠铃臀桥或变式（72~75页）	4	6~8	3010
	器械弯举（138页）	4	6~8	3010
	坐姿哑铃弯举或变式（136~139页）	4	8~10	3011
	哑铃俯身划船（110页）	4	8~10	3010
	站姿器械提踵或变式（76~79页）	5	8~10	有控制的
训练组合3	坐姿腿屈伸或变式（68~71页）	5	8~10	3010
	中位绳索飞鸟（97页）	4	8~10	3010
	仰卧哑铃臂屈伸或变式（140~143页）	4	8~10	3110
	杠铃肩推或变式（118~121页）	4	8~10	3010
	哑铃侧平举或变式（122~125页）	4	8~10	3010
	站姿绳索转体（162页）	5	6~8	有控制的
训练组合4	对握水平划船（108页）	4	6~8	3010
	罗马尼亚硬拉（83页）	5	6~8	3010
	杠铃臀桥或变式（72~75页）	4	6~8	3011
	弹力带弯举（138页）	4	8~10	3010
	坐姿小腿提踵（78页）	5	8~10	3010

肌肉增长训练（每周5次）

	训练动作	组数	次数	节奏
训练组合1	上斜哑铃卧推或其他变式（92页）	4	6~8	3110
	对握高位下拉（106页）	4	6~8	3010
	俯身哑铃反向飞鸟（130页）	4	8~10	3011
	哑铃飞鸟（100页）	4	8~10	3010
	坐姿哑铃弯举（136页）	4	8~10	3011
	绳索下拉（144页）	4	8~10	3011
	站姿绳索卷腹（160页）	4	8~10	有控制的
训练组合2	罗马尼亚硬拉（83页）	4	6~8	3010
	哈克深蹲（54页）	3	8~10	3110
	杠铃臀桥或变式（72~75页）	4	8~10	3011
	俯卧腿弯举（62页）	4	8~10	3011
	坐姿腿屈伸（68页）	3	8~10	3011
	站姿器械提踵（76页）或坐姿腿推举提踵（79页）	4	8~10	3011
训练组合3	坐姿器械肩推或哑铃肩推（120~121页）	4	6~8	3110
	哑铃侧平举或变式（122~125页）	4	8~10	3010
	哑铃前平举或变式（126~129页）	4	8~10	3011
	弹力带弯举（138页）	4	8~10	3011
	俯身哑铃反向飞鸟或变式（130~133页）	4	8~10	3011
	交叉绳索下拉（147页）	4	8~10	3011
	侧支撑转髋（152页）	4	8~10	有控制的
	健身球平板转肘（156页）	4	8~10	有控制的
训练组合4	对握水平划船（108页）	4	6~8	3010
	宽握高位下拉（104页）	4	8~10	3011
	哑铃卧推（90页）或俯卧撑（89页）	3	8~10	3110
	低位绳索飞鸟（97页）	3	8~10	3011
	哑铃耸肩（112页）	4	8~10	3010
	任意胸部或背部训练	4	8~10	有控制的
训练组合5	杠铃颈后深蹲（48页）或哈克深蹲（54页）	4	8~10	3110
	坐姿腿屈伸或变式（68~71页）	4	8~10	3011
	俯卧或坐姿腿弯举（62~64页）	4	8~10	3011
	哑铃臀桥或其他变式（74~75页）	4	8~10	3011
	上斜俯卧哑铃提拉（132页）	4	8~10	3011
	哑铃侧平举或变式（122~125页）	4	10~12	3010
	跪姿绳索卷腹（160页）或悬垂举腿（158页）	4	8~10	有控制的

力量提升训练计划：初阶

若训练目标是增强肌肉力量，应采取高强度（高负荷）训练，并搭配较少的次数和更长的组间休息时间。

力量提升训练需要肌肉收缩发力，同时锻炼神经系统，使其能更有效地组织和激活肌肉，产生更大的力量（见第32页）。力量提升训练也是对技巧和协调性的考验。

在进行力量提升计划中的主要训练动作时，应逐步增加每组动作的负荷。进行主要训练动作之前，应先做热身动作，让身体做好承受更大负荷的准备。训练计划里写明"或变式"时，可根据个人喜好和状况选择该训练动作的变式动作。

主要目标肌肉群
- 腿部
- 胸部
- 背部
- 肩部
- 手臂
- 腹部

针对所有训练的准则

所有初阶力量提升训练计划，无论采用何种训练频率，均采用以下重复次数、组数、组间休息时间、储备重复次数和训练节奏：

有控制的训练节奏
组数为 2 组的训练动作，组间休息时间为 1 分钟，
而对于 2 组以上的动作，标注 * 的组间休息时间为 2~5 分钟，其他动作的组间休息时间为 2~3 分钟

力量提升训练（每周 3 次）

	训练动作	组数	次数	RIR
训练组合 1	器械水平划船（110 页）	2	6~8	3~4
	坐姿器械肩推（120 页）	2	6~8	3~4
	杠铃卧推（86 页）或哑铃卧推（90 页）*	5	5	2~3
	杠铃肩推（118 页）或哑铃肩推（121 页）	3	6	2~3
	交叉绳索下拉或其他变式（146~147 页）	3	6	2~3
训练组合 2	站姿器械提踵（76 页）	2	6~8	3~4
	哑铃臀桥（74 页）	2	6~8	3~4
	杠铃颈后深蹲（48 页）或哈克深蹲（54 页）*	5	5	2~3
	腿部推举（52 页）	3	6	2~3
	坐姿小腿提踵（78 页）	3	6	2~3
训练组合 3	站姿器械提踵（76 页）	2	6~8	3~4
	哑铃臀桥（74 页）	2	6~8	3~4
	杠铃俯身划船（111 页）或器械水平划船（110 页）*	5	5	2~3
	对握高位下拉（106 页）	3	6	2~3
	坐姿哑铃弯举（136 页）或器械弯举（138 页）	3	6	2~3

力量提升训练（每周4次）

	训练动作	组数	次数	RIR
训练组合1	站姿器械提踵（76页）	2	6~8	3~4
	哑铃臀桥（74页）	2	6~8	3~4
	杠铃颈后深蹲（48页）或哈克深蹲（54页）*	5	5	2~3
	腿部推举（52页）	3	6	2~3
	坐姿腿屈伸（68页）	3	6	2~3
	坐姿小腿提踵（78页）	3	6	2~3
训练组合2	器械水平划船（110页）	2	6~8	3~4
	坐姿器械肩推（120页）	2	6~8	3~4
	杠铃卧推（86页）或哑铃卧推（90页）*	5	5	2~3
	杠铃肩推（118页）或哑铃肩推（121页）	3	6	2~3
	中位绳索飞鸟（97页）或哑铃侧平举（122页）	3	6	2~3
	交叉绳索下拉或其他变式（146~147页）	3	6	2~3
训练组合3	站姿器械提踵（76页）	2	6~8	3~4
	哑铃箭步走（59页）	2	6~8	3~4
	罗马尼亚硬拉（83页）*	5	5	2~3
	俯卧或坐姿腿弯举（62~64页）	3	6	2~3
	杠铃臀桥或变式（72~75页）	3	6	2~3
	站姿器械提踵（76页）	3	6	2~3
训练组合4	弹力带弯举（138页）	2	6~8	3~4
	宽握高位下拉（104页）	2	6~8	3~4
	杠铃俯身划船（111页）或器械水平划船（110页）*	5	5	2~3
	对握高位下拉（106页）	3	6	2~3
	上斜俯卧哑铃提拉（132页）	3	6	2~3
	坐姿哑铃弯举（136页）或器械弯举（138页）	3	6	2~3

力量提升训练（每周5次）

	训练动作	组数	次数	RIR
训练组合1	站姿器械提踵（76页）	2	6~8	3~4
	哑铃臀桥（74页）	2	6~8	3~4
	杠铃颈后深蹲（48页）或哈克深蹲（54页）*	5	5	2~3
	腿部推举（52页）	3	6	2~3
	坐姿腿屈伸（68页）	3	6	2~3
	坐姿小腿提踵（78页）	3	6	2~3
训练组合2	器械水平划船（110页）	2	6~8	3~4
	坐姿器械肩推（120页）	2	6~8	3~4
	杠铃卧推（86页）或哑铃卧推（90页）	5	5	2~3
	杠铃肩推（118页）或哑铃肩推（121页）	3	6	2~3
	中位绳索飞鸟（97页）或哑铃侧平举（122页）	3	6	2~3
	交叉绳索下拉或其他变式（146~147页）	3	6	2~3
训练组合3	站姿器械提踵（76页）	2	6~8	3~4
	哑铃箭步走（59页）	2	6~8	3~4
	罗马尼亚硬拉（83页）*	5	5	2~3
	俯卧或坐姿腿弯举（62~64页）	3	6	2~3
	杠铃臀桥或变式（72~75页）	3	6	2~3
	站姿器械提踵（76页）	3	6	2~3
训练组合4	弹力带弯举（138页）	2	6~8	3~4
	宽握高位下拉（104页）	2	6~8	3~4
	杠铃俯身划船（111页）或器械水平划船（110页）*	5	5	2~3
	对握高位下拉（106页）	3	6	2~3
	上斜俯卧哑铃提拉（132页）	3	6	2~3
	坐姿哑铃弯举（136页）或器械弯举（138页）*	3	6	2~3
训练组合5	器械水平划船（110页）	2	6~8	3~4
	坐姿器械肩推（120页）	2	6~8	3~4
	上斜哑铃卧推（92页）或中位绳索飞鸟（97页）*	3	6~8	2~5
	哑铃肩推或坐姿器械肩推（120~121页）	3	6~8	2~3
	哑铃侧平举（122页）	3	6~8	2~3
	绳索下拉或变式（144~147页）	3	6~8	2~3

力量提升训练计划：进阶

力量提升进阶训练计划的升级之处主要是训练量和动作种类增多。

提升肌肉力量的进阶方法与初阶计划一样——提高训练负荷，每项训练应逐组增加负荷，并在最后一组达到最大值。进行主要训练项目之前，应先做热身动作，让身体做好承受更大负荷的准备。

主要目标肌肉群	
🟠 腿部	🔵 肩部
🟢 胸部	🔴 手臂
🟡 背部	🟤 腹部

针对所有训练的准则

所有力量提升进阶训练计划，无论采用何种训练频率，均采用以下组间休息时间：

组数为 2 组的训练动作，组间休息时间为 60 秒；组数为 4 组的休息 2~3 分钟；组数为 5 组的休息 2~5 分钟

训练节奏说明见第 196 页、198 页

如何锻炼特定肌肉群

很多人都有想要锻炼的特定肌肉群。只要肌肉和力量达到一定基础，你就可以为目标肌肉群分配更多的训练量，增加其在每个训练周的组数。训练时注意保证训练总量在自己承受范围之内。也就是说，目标肌肉群的训练量增加，则其他身体部位的训练量应适当减少，以免训练过度。

力量提升训练（每周 3 次）

	训练动作	组数	次数	RIR	节奏
训练组合 1	器械水平划船（110 页）	2	6~8	3~4	有控制的
	坐姿器械肩推（120 页）	2	6~8	3~4	有控制的
	杠铃卧推（86 页）或哑铃卧推（90 页）	5	5	2	3110
	杠铃肩推（118 页）或哑铃肩推（121 页）	4	6	2	3110
	交叉绳索下拉（147 页）	4	6	2	3110
训练组合 2	站姿器械提踵（76 页）	2	6~8	3~4	有控制的
	哑铃臀桥（74 页）	2	6~8	3~4	有控制的
	杠铃颈后深蹲（48 页）或哈克深蹲（54 页）	5	5	2	3110
	腿部推举（52 页）	4	6	2	3110
	坐姿小腿提踵（78 页）	4	6	2	3110
训练组合 3	弹力带弯举（138 页）	2	6~8	3~4	有控制的
	宽握高位下拉（104 页）	2	6~8	3~4	有控制的
	杠铃俯身划船（111 页）或器械水平划船（110 页）	5	5	2	3110
	对握高位下拉（106 页）	4	6	2	3110
	坐姿哑铃弯举或器械弯举（136~138 页）	4	6	2	3010

力量提升训练（每周4次）

	训练动作	组数	次数	RIR	节奏
训练组合1	站姿器械提踵（76页）	2	6~8	3~4	有控制的
	哑铃臀桥（74页）	2	6~8	3~4	有控制的
	杠铃颈后深蹲（48页）或哈克深蹲（54页）	5	5	2	3110
	腿部推举（52页）或六角杠铃硬拉（82页）	4	6	2	3110
	坐姿腿屈伸（68页）	4	6	2	3010
	坐姿小腿提踵（78页）	4	6	2	3010
训练组合2	器械水平划船（110页）	2	6~8	3~4	有控制的
	坐姿器械肩推（120页）	2	6~8	3~4	有控制的
	杠铃卧推（86页）或哑铃卧推（90页）	5	5	2	3110
	杠铃肩推（118页）或哑铃肩推（121页）	4	6	2	3110
	中位绳索飞鸟（97页）或哑铃侧平举（122页）	4	6	2	3010
	交叉绳索下拉（147页）	4	6	2	3010
训练组合3	站姿器械提踵（76页）	2	6~8	3~4	有控制的
	哑铃箭步走（59页）	2	6~8	3~4	有控制的
	罗马尼亚硬拉（83页）	5	5	2	3110
	俯卧或坐姿腿弯举（62~64页）	4	6	2	3010
	杠铃臀桥或变式（72~75页）	4	6	2	3010
	站姿器械提踵（76页）	4	6	2	3010
训练组合4	弹力带弯举（138页）	2	6~8	3~4	有控制的
	宽握高位下拉（104页）	2	6~8	3~4	有控制的
	杠铃俯身划船（111页）或器械水平划船（110页）	5	5	2	3110
	对握高位下拉（106页）	4	6	2	3110
	上斜俯卧哑铃提拉（132页）	4	6	2	3010
	坐姿哑铃弯举或器械弯举（136~138页）	4	6	2	3010

力量提升训练（每周5次）

	训练动作	组数	次数	RIR	节奏
训练组合1	站姿器械提踵（76页）	2	6~8	3~4	有控制的
	哑铃臀桥（74页）	2	6~8	3~4	有控制的
	杠铃颈后深蹲（48页）或哈克深蹲（54页）	5	5	2	3110
	腿部推举（52页）或六角杠铃硬拉（82页）	4	6	2	3110
	坐姿腿屈伸（68页）	4	6	2	3010
	坐姿小腿提踵（78页）	4	6	2	3010
训练组合2	器械水平划船（110页）	2	6~8	3~4	有控制的
	坐姿器械肩推（120页）	2	6~8	3~4	有控制的
	杠铃卧推（86页）或哑铃卧推（90页）	5	5	2	3110
	杠铃肩推（118页）或哑铃肩推（121页）	4	6	2	3110
	中位绳索飞鸟（97页）或哑铃侧平举（122页）	4	6	2	3010
	交叉绳索下拉或其他变式（146~147页）	4	6	2	3010
训练组合3	站姿器械提踵（76页）	2	6~8	3~4	有控制的
	哑铃箭步走（59页）	2	6~8	3~4	有控制的
	罗马尼亚硬拉（83页）	5	5	2	3110
	俯卧或坐姿腿弯举（62~64页）	4	6	2	3010
	杠铃臀桥或变式（72~75页）	4	6	2	3010
	站姿器械提踵（76页）	4	6	2	3010
训练组合4	弹力带弯举（138页）	2	6~8	3~4	有控制的
	宽握高位下拉（104页）	2	6~8	3~4	有控制的
	杠铃俯身划船或变式（110~111页）	5	5	2	3110
	对握高位下拉（106页）	4	6	2	3110
	上斜俯卧哑铃提拉（132页）	4	6	2	3010
	坐姿哑铃弯举或器械弯举（136~138页）	4	6	2	3010
训练组合5	器械水平划船（110页）	2	6~8	3~4	有控制的
	坐姿器械肩推（120页）	2	6~8	3~4	有控制的
	上斜哑铃卧推（92页）或高位绳索飞鸟（94页）	4	6	2~3	3010
	哑铃肩推或坐姿器械肩推（120~121页）	4	6	2~3	3010
	哑铃侧平举（122页）	4	6	2~3	3010
	绳索下拉或变式（144~147页）	4	6	2~3	3010

力量耐力训练计划：初阶

力量耐力训练或称肌肉耐力训练，主要通过轻度到中度的负荷和较短的组间休息时间，来锻炼特定肌肉群的耐力。

以下训练计划将提高每次训练的总训练量或密度。此外，这种训练方式也有助于肌肉增长和力量提升，搭配其他形式的训练或运动，亦能产生良好的效果。训练组合，即所谓的超级组或巨型组，要求身体坚持完成训练量，以达到更深层的疲劳状态。

每次训练应先做热身动作。训练计划里写明"或变式"时，可根据个人喜好和状况选择该训练动作的变式动作。

主要目标肌肉群
- 腿部
- 肩部
- 胸部
- 手臂
- 背部
- 腹部

针对所有训练的准则

所有初级增加力训练计划，无论采用何种训练频率，均采用以下重复次数、组数、组间休息时间、储备重复次数和训练节奏：

每组动作重复 12~15 次
每个动作完成 3 组（如果每周训练 4 次或 5 次，则完成 4 组）
45~60 秒的组间休息时间
3~4 次储备重复次数
控制节奏

力量耐力训练（每周 3 次）

训练动作
训练组合 1
腿部推举（52 页）或哑铃深蹲（50 页）
俯卧或站姿单腿弯举（62~65 页）
哑铃卧推（90 页）或俯卧撑（89 页）
宽握高位下拉（104 页）或正握引体向上（107 页）
哑铃肩推（121 页）或哑铃侧平举（122 页）
"V"字交替卷腹（165 页）
训练组合 2
中位绳索飞鸟（97 页）或俯卧撑（89 页）
坐姿腿弯举或站姿单腿弯举（64~65 页）
对握水平划船（108 页）
坐姿器械肩推（120 页）或哑铃侧平举（122 页）
坐姿腿屈伸或变式（68~71 页）
健身球卷腹（154 页）
训练组合 3
坐姿腿屈伸或变式（68~71 页）
器械高位下拉（106 页）或反握引体向上（107 页）
哑铃卧推（90 页）或器械飞鸟（98 页）
健身球腘绳肌弯举（66 页）
坐姿器械肩推（120 页）或坐姿哑铃肩推（129 页）
自行车卷腹（165 页）

力量耐力训练（每周4次）

训练组合 1
训练动作
中位绳索飞鸟（97页）或俯卧撑（89页）
腿部推举（52页）或哑铃深蹲（50页）
绳索下拉或变式（144~147页）
哑铃肩推（121页）或哑铃侧平举（122页）
跪姿绳索卷腹（160页）

训练组合 2
训练动作
对握高位下拉（106页）或反握引体向上（107页）
坐姿腿弯举或其他变式（64~65页）
哑铃臀桥或其他变式（74~75页）
坐姿哑铃弯举或变式（136~139页）
站姿器械提踵（76页）

训练组合 3
训练动作
坐姿腿屈伸或变式（68~71页）
哑铃卧推（90页）或俯卧撑（89页）
仰卧哑铃臂屈伸或变式（140~143页）
坐姿器械肩推（120页）或哑铃肩推（121页）
站姿绳索转体（162页）

训练组合 4
训练动作
对握水平划船（108页）
坐姿腿弯举或其他变式（64~65页）
哑铃臀桥或其他变式（74~75页）
弹力带弯举（138页）
坐姿小腿提踵（78页）

力量耐力训练（每周5次）

训练组合 1
训练动作
中位绳索飞鸟或其他变式（96~97页）
宽握高位下拉（104页）
俯身哑铃反向飞鸟或变式（130~133页）
坐姿哑铃弯举或变式（136~139页）
交叉绳索下拉或其他变式（146~147页）
跪姿绳索卷腹或其他变式（160~161页）

训练组合 2
训练动作
罗马尼亚硬拉或其他变式（82~83页）
腿部推举（52页）
哑铃臀桥或其他变式（74~75页）
坐姿腿屈伸（68页）
站姿器械提踵（76页）

训练组合 3
训练动作
哑铃肩推（121页）
哑铃侧平举（122页）
哑铃锤式弯举（139页）
交叉绳索下拉（147页）
站姿绳索转体（162页）
下斜卷腹（161页）或死虫式（157页）

训练组合 4
训练动作
对握水平划船（108页）或杠铃俯身划船（111页）
宽握高位下拉或器械高位下拉（104~106页）
哑铃卧推（90页）或俯卧撑（89页）
器械水平划船（110页）
任意胸部或背部训练

训练组合 5
训练动作
腿部推举（52页）或哑铃深蹲（50页）
坐姿腿屈伸或变式（68~71页）
俯卧或坐姿腿弯举（62~64页）
哑铃臀桥或其他变式（74~75页）
坐姿器械反向飞鸟（132页）
哑铃侧平举或变式（122~125页）

力量耐力训练计划：进阶

力量耐力的进阶训练计划的升级之处主要是训练量和动作种类增多。

进阶计划以初阶计划为基础，增加了每次训练的项目数量和种类。进阶训练的组间休息时间较短，并且和初阶计划一样采用轻度到中度的负荷，从而进一步提高训练密度，锻炼肌肉在压力之下坚持更长时间。

主要目标肌肉群

- 腿部
- 肩部
- 胸部
- 手臂
- 背部
- 腹部

针对所有训练的准则

不管训练频率是高是低，所有力量耐力的进阶训练均采用以下次数和储备重复次数：

每组动作重复 12~15 次
2~3 次储备重复次数

训练节奏说明见第 196 页、198 页

超级组

超级组指两项训练组合起来先后进行。例如，在推胸与下拉的超级组中，你要先完成推胸训练，休息指定的时间，然后进行下拉训练。这个例子属于主动肌-拮抗肌超级组：它同时锻炼相互对立的肌肉群，能节省时间又不会影响训练表现。其他超级组包括锻炼同一部位的组合、上半身与下肢的组合和主动肌-协同肌组合。超级组并不是必做项目，但它是一种高效的锻炼方法。

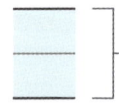

超级组用上下边框加粗的蓝色方块表示

力量耐力训练（每周 3 次）

	训练动作	组数	休息/秒	节奏
训练组合 1	哈克深蹲（54 页）或腿部推举（52 页）	4	45	有控制的
	俯卧或站姿单腿弯举（62~65 页）	4	45	有控制的
	哑铃卧推（90 页）或中位绳索飞鸟（97 页）	4	45	有控制的
	宽握高位下拉（104 页）或正握引体向上（107 页）	4	45	有控制的
	哑铃肩推（121 页）或哑铃侧平举（122 页）	4	45	有控制的
	跪姿绳索卷腹（160 页）	4	45	有控制的
训练组合 2	中位绳索飞鸟（97 页）或俯卧撑（89 页）	4	45	有控制的
	俯卧腿弯举或变式（62~65 页）	4	45	有控制的
	对握水平划船（108 页）	4	45	有控制的
	坐姿器械肩推（120 页）或哑铃侧平举（122 页）	4	45	有控制的
	坐姿腿屈伸或变式（68~71 页）	4	45	有控制的
	健身球卷腹（154 页）	4	45	有控制的
训练组合 3	坐姿腿屈伸或变式（68~71 页）	4	45	有控制的
	器械高位下拉（106 页）或反握引体向上（107 页）	4	45	有控制的
	哑铃卧推（90 页）或器械飞鸟（98 页）	4	45	有控制的
	坐姿腿弯举（64 页）	4	45	有控制的
	坐姿器械肩推（120 页）或坐姿哑铃肩推（129 页）	4	45	有控制的
	站姿绳索转体（162 页）	4	45	有控制的

力量耐力训练（每周 4 次）

	训练动作	组数	休息/秒	节奏
训练组合 1	中位绳索飞鸟 或器械飞鸟（97~98 页）	3	30	3010
	腿部推举（52 页） 或哑铃深蹲（50 页）	3	45~60	3010
	哑铃卧推（90 页）或俯卧撑（89 页）	3	30	3010
	坐姿腿屈伸（68 页）	3	45~60	3010
	绳索下拉或变式（144~147 页）	3	30	3010
	哑铃肩推（121 页）	3	45~60	3010
	仰卧哑铃臂屈伸（140 页）	3	30	3010
	哑铃侧平举（122 页）	3	45~60	3010
	跪姿绳索卷腹（160 页）	4	30~45	有控制的
训练组合 2	对握高位下拉 或反握引体向上（106~107 页）	3	30	3010
	坐姿腿弯举或其他变式（64~65 页）	3	45~60	3010
	对握水平划船（108 页）	3	30	3010
	罗马尼亚硬拉（83 页）	3	45~60	3010
	哑铃臀桥或其他变式（74~75 页）	3	30	3010
	坐姿哑铃弯举（136 页）或弹力 带弯举（138 页）	3	45~60	3010
	站姿绳索后抬腿（74 页）	3	30	3010
	哑铃锤式弯举（139 页）	3	45~60	3010
	站姿器械提踵（76 页）	4	30~45	有控制的

	训练动作	组数	休息/秒	节奏
训练组合 3	坐姿腿屈伸或变式（68~71 页）	3	30	3010
	哑铃卧推（90 页）或俯卧撑（89 页）	3	45~60	3010
	哑铃高脚杯深蹲（50 页）或哑铃 箭步蹲（56 页）	3	30	3010
	中位绳索飞鸟 或其他变式（96~97 页）	3	45~60	3010
	仰卧哑铃臂屈伸 或变式（140~143 页）	3	30	3010
	坐姿器械肩推 或哑铃肩推（120~121 页）	3	45~60	3010
	交叉绳索下拉（147 页）	3	30	3010
	哑铃侧平举或变式（122~125 页）	3	45~60	3010
	侧支撑转髋（152 页）	4	30~45	有控制的
训练组合 4	对握水平划船（108 页）	3	30	3010
	罗马尼亚硬拉（83 页）	3	45~60	3010
	宽握高位下拉（104 页）或正握 引体向上（107 页）	3	30	3010
	坐姿腿弯举或其他变式（64~65 页）	3	45~60	3010
	站姿绳索后抬腿（74 页）	3	30	3010
	哑铃锤式弯举（139 页）	3	45~60	3010
	哑铃臀桥或其他变式（74~75 页）	3	30	3010
	坐姿哑铃弯举（136 页）或弹力 带弯举（138 页）	3	45~60	3010
	坐姿小腿提踵（78 页）	4	30~45	有控制的

力量耐力训练（每周 5 次）

训练组合 1

训练动作	组数	休息/秒	节奏
中位绳索飞鸟或其他变式（96~97 页）	3	30	3010
宽握高位下拉（104 页）	3	45~60	3010
哑铃卧推或变式（90~93 页）	3	30	3010
器械水平划船或其他变式（110~111 页）	3	45~60	3010
坐姿器械反向飞鸟或其他变式（132~133 页）	4	30	3010
坐姿哑铃弯举或变式（136~139 页）	4	45~60	3010
交叉绳索下拉（147 页）	4	30	3010
跪姿绳索卷腹或其他变式（160~161 页）	4	45~60	3010

训练组合 2

训练动作	组数	休息/秒	节奏
罗马尼亚硬拉（83 页）	3	30	3010
腿部推举（52 页）	3	45~60	3010
俯卧腿弯举或变式（62~65 页）	3	30	3010
坐姿腿屈伸或变式（68~71 页）	3	45~60	3010
哑铃臀桥或其他变式（74~75 页）	3	30	3010
后脚垫高哑铃箭步蹲（58 页）	3	45~60	3010
站姿器械提踵（76 页）	4	30~45	有控制的

训练组合 3

训练动作	组数	休息/秒	节奏
坐姿器械肩推（120 页）	3	30	3010
哑铃侧平举（122 页）	3	45~60	3010
哑铃锤式弯举（139 页）	3	30	3010
交叉绳索下拉（147 页）	3	45~60	3010
绳索站姿划船（115 页）	3	30	3010
下斜卷腹（161 页）	3	45~60	3010
绳索或弹力带前平举（128~129 页）	3	30	3010
站姿绳索转体或变式（162~165 页）	3	45~60	3010

主要目标肌肉群
- 腿部
- 胸部
- 背部
- 肩部
- 手臂
- 腹部

训练组合 4

训练动作	组数	休息/秒	节奏
杠铃俯身划船（111 页）	3	30	3010
器械高位下拉（106 页）	3	45~60	3010
哑铃卧推（90 页）或俯卧撑（89 页）	3	30	3010
对握水平划船（108 页）	3	45~60	3010
高位绳索飞鸟或变式（94~97 页）	3	30	3010
器械水平划船（110 页）	3	45~60	3010
任意胸部或背部训练	4	30~45	有控制的

训练组合 5

训练动作	组数	休息/秒	节奏
腿部推举（52 页）	3	30	3010
哑铃箭步走（59 页）	3	45~60	3010
俯卧腿弯举（62 页）	3	30	3010
哑铃臀桥或其他变式（74~75 页）	3	45~60	3010
上斜俯卧哑铃提拉（132 页）	3	30	3010
哑铃侧平举或变式（122~125 页）	3	45~60	3010
健身球卷腹（154 页）	3	30	3010
跪姿绳索卷腹（160 页）	3	45~60	3010

词汇表

一次重复最大重量（1-RM） 重复一次训练动作所能举起的最大重量。训练强度用训练负荷与1-RM的百分比来表示。

腹部肌肉（腹肌） 躯干肌肉群，包括腹直肌、腹外斜肌、腹内斜肌和腹横肌。

外展 手臂或腿沿远离身体中线的方向移动。

肌动蛋白 一种蛋白质，与肌球蛋白相互作用引起肌肉收缩。

内收 手臂或腿沿靠近身体中线的方向移动。

内收肌 将大腿牵引向身体中线拉拢的肌肉群，包括长收肌、短收肌、大收肌、耻骨肌和股薄肌。

主动肌 一种通过对抗另一块肌肉而引起运动的肌肉。

氨基酸 构成蛋白质的基本单位，是人体许多反应活动所必需的物质。

拮抗肌 阻碍肌肉收缩或放松的肌肉。

前侧 位于身体正面。

三磷酸腺苷（ATP） 充当细胞的能量货币。

杠铃 一种健身器材，由一根长杠和两端的重物组成。

双侧 指同时位于身体的两侧。

绳索滑轮 一种健身器材，由可调节的滑轮系统和一根带握把的绳索组成。

碳水化合物 一种自然产生的化学物质，由碳、氢、氧三种元素构成，是人体储存的主要能量来源。

聚组法 将一组动作细分为多个分组，分组之间需要短暂的休息时间。由于增加了休息时间，聚组内的动作能够提高强度。

协同激活 多块肌肉同时激活。

向心收缩 肌肉在抵抗负荷时缩短，如在弯举时举起重物。

硬拉 通过伸展膝关节和（或）髋关节，将重物抬离地面的动作。

深层肌肉 位于皮下更深处的肌肉。

三角肌 肩部肌肉之一。

递减组 逐渐减小负荷的多组连续训练。

哑铃 一种训练器械，由短杠和两端的重物组成，通常成对使用。

离心收缩 肌肉在抵抗负荷时拉长，如在弯举时放下重物。

肘屈肌 参与肘关节屈曲的肌肉群，包括肱二头肌、肱肌和肱桡肌。

伸展 导致关节角度增大的运动。

曲杆杠铃 横杠为波浪形的杠铃。

肌束 多根肌纤维聚集而成。

脂肪 一种参与多项人体必要机能（包括保护内脏和神经，促进维生素的吸收）的营养物质。

疲劳管理 锻炼时跟踪和调节疲劳感的过程。

屈曲 导致关节角度缩小的运动。

姿势 开展锻炼的形式。良好的姿势能提高训练的安全性和效果。

葡萄糖 一种单糖，是人体首选的能量来源。

臀部肌肉 臀部的肌肉群，由臀大肌、臀中肌和臀小肌组成。

糖原 由葡萄糖分子结合形成碳水化合物，是人体储存葡萄糖的方式，主要分布于骨骼肌和肝脏。

髋伸肌 一组用于伸展髋关节并使大腿向后移动的肌肉，包括臀大肌、内收大肌和腘绳肌（由股二头肌、半腱肌和半膜肌组成）。

肌肥大 指由于肌细胞体积增大导致的肌肉生长现象。

等长收缩 指肌肉在收紧时不会缩短或被拉长，而是保持恒定长度的一种收缩形式。

等张收缩 指肌肉在收紧时长度会改变的一种收缩形式，这种收缩可以是离心收缩或向心收缩。

侧向 指位于身体的一侧或两侧。

背阔肌 背部的一块肌肉。

负荷 在训练中所使用的重量总和。

代谢压力 由于运动导致肌肉中代谢产物（如乳酸）积累。

增肌训练 旨在促进肌肉生长的训练。

肌球蛋白 一种可以与肌动蛋白相互作用引发肌肉收缩的蛋白质。

中立握法 一种持握哑铃或拉绳的方式，握时手腕不旋转，掌心相对。

脊柱中立位 使脊柱产生最佳负荷分布的形态，即保持脊柱的自然曲线。

胸肌 位于胸部的一组肌肉，包括胸大肌和胸小肌。

后侧 指位于身体的背后。

正握法 一种持握哑铃或拉绳的方式，握时手腕旋转，使掌心向下或掌背朝向自己。

俯卧 身体正面朝下的姿势。

蛋白质 由氨基酸构成的分子。膳食蛋白质对于生命活动和维持健康不可或缺。

股四头肌 大腿的一组肌肉，包括股直肌、股内侧肌、股外侧肌和股中间肌。

活动范围 关节能够运动的范围。

重复次数（重复） 指完成一组完整练习所需重复的动作次数。

阻力 肌肉收缩时对抗的外部力量，如哑铃。

菱形肌 上背部的一组肌肉，包括小菱形肌和大菱形肌。

储备重复次数（RIR） 衡量一组动作难度的指标，指在完全疲劳之前，自我感觉还能继续完成的重复次数。

肌节 肌肉纤维收缩的基本功能单元。

半旋反握法 一种持握哑铃或拉绳的方式，握时手腕旋转，使掌心朝内斜向上相对。介于中立握和反握之间的握法。

组 按照所需或规定的重复次数，连续进行一系列相同动作的训练单元。

骨骼肌 连接到骨骼系统的横纹肌组织，负责产生运动。

力量 指肌肉或肌肉群能够产生的力的大小。

力量耐力 或称为肌肉耐力，指肌肉在一段时间内持续承受负荷的能力。

压力 施加在身体上的机械性、代谢性或心理性负荷。

浅层（肌肉） 更靠近皮肤的肌肉。

超级组 连续进行多个不同动作组的训练组合。

反握法 一种持握哑铃或拉绳的方式，握时手腕旋转，使掌心朝上或面向自己。

仰卧 身体正面朝上的姿势。

协同肌 位于关节周围，辅助主动肌（拮抗肌）完成动作的肌肉。

节奏 在进行训练组时完成动作的频率或速度。

肌腱 由胶原蛋白组成的纤维束，连接肌肉和骨骼。

训练强度 在训练中使用的负荷量，通常以一次重复最大重量（1-RM）的百分比表示。

训练量 在给定时间内完成的锻炼量或运动总量。

斜方肌 位于上背部的一块肌肉。

单侧 指仅位于身体的一侧。

关于作者和致谢

关于作者

奥斯丁·柯伦特,拥有理学学士学位(BSc)、运动科学学士学位,是美国国家体能协会认证的体能训练专家(NSCA-CSCS),也是国际运动营养学会认证的运动营养师(CISSN),同时还是一名健身教练兼教育工作者。他是体格发展(Physique Development)咨询有限责任公司的合伙人,该公司通过线下和线上的方式,为来自世界各地的客户提供指导。自2018年以来,奥斯丁在北美和欧洲各地协助举办研讨会,讲授解剖学、动作执行、生物力学、营养学以及训练计划设计等内容。作为一名自然健体运动员,奥斯丁在竞技领域也成绩斐然。2014年,年仅20岁的他就获得了国际健美联合会(IFBB)的职业资格,成为该组织历史上第二年轻的男性职业选手。奥斯丁因能够将复杂的主题拆解成易于理解的信息而广受认可,并且在与全球各地的客户和私人教练合作的过程中,他能将训练成果与学习体验相结合,从而达到教育和赋能的目的。

Acknowledgements

Author acknowledgements

Writing this book has been one of the most challenging and rewarding experiences of my professional life. Every coach and educator owes immense credit and thanks for those who have come before us, paving the way to the information we get to research, assimilate, make our own, and eventually share.

I first want to thank my amazing wife, KaSandra, for her patience, understanding, and encouragement. Thank you and I love you. I want to thank my wonderful and supportive parents, Kelly, Frank, Keith, and Michele, without whom much of what I've accomplished would not have been possible. Your commitment to giving me every opportunity will never be forgotten. Thanks to my loving and supportive grandparents, Ted and Maureen. You have been a guiding light in my life and I have so much to thank you for. And to my brother, Zach: you have always had my back and I love you for that.

Thanks to my colleagues, Alex and Sue, for their patience during this lengthy and demanding process. I owe my good friend, Miguel Blacutt, for his time and effort during the writing of this book. His feedback was invaluable.

I want to thank Miranda Card for her help in the psychology section. Thank you to N1 Education for years of education on programme design, specifically Adam Miller for his help in the training programme section of this book. Thank you to Jarrad Griffin and the team at PRIME Fitness for their hospitality while I captured reference images for Chapter 2; they made the process of getting the 1,000+ images so much easier! Thank you to Dr. Cody Haun and Dr. Brandon Roberts for help with references and information.

Lastly, thank you to the entire DK team: Nikki, Alastair, Arran, Clare, Megan, Karen, and more. Without you, this book would never have been possible. I am so grateful that you gave me this opportunity.

Publisher acknowledgements

DK would like to thank Kiron Gill for editorial assistance, Constance Novis for proofreading, and Marie Lorimer for providing the index.

Picture credits

The publisher would like to thank the following for their kind permission to reproduce their photographs and illustrations:

(Key: a-above; b-below/bottom; c-centre; f-far; l-left; r-right; t-top)

12 Science Photo Library: Professors P.M. Motta, P.M. Andrews, K.R. Porter & J. Vial (clb), 17 tr Original diagram created by Dr PD Langton, School of Physiology, Pharmacology and Neuroscience, University of Bristol. 23 br Adapted from Figure 2 - Continuum of SRA curves to reach a higher level of fitness, How often should you train your Glutes? By: Stijn van Willigen, https://bretcontreras.com/your-optimal-training-frequency-for-the-glutespart-i-exercise-type/.28 Adapted from Colberg, S. Diabetic Athlete's Handbook. Human Kinetics, 2009. 32 bl Adapted from fig.1 - Trexler, Eric & Smith-Ryan, Abbie & Norton, Layne. (2014). Metabolic adaptation to weight loss: Implications for the athlete. Journal of the International Society of Sports Nutrition. 11. 7. 10.1186/1550-2783-11-7 / Open Access – Creative Commons Attribution License (http://creativecommons.org/licenses/by/2.0). 34 (plates) https://www.precisionnutrition.com/pn-my-plate. 34 b Trommelen, J.; Van Loon, L.J.C. Pre-Sleep Protein Ingestion to Improve the Skeletal Muscle Adaptive Response to Exercise Training. Nutrients 2016, 8, 763 / Open Access - Creative Commons Attribution 4.0 International License (http://creativecommons.org/licenses/by/4.0/). 37 t https://www.precisionnutrition.com/pn-my-plate. 37 bl Adapted from Gorissen, Stefan H M et al. "Protein content and amino acid composition of commercially available plant-based protein isolates." Amino Acids vol. 50, 12 (2018): 1685-1695. doi:10.1007/s00726-018-2640-5 / Open Access - Creative Commons Attribution 4.0 International License (http://creativecommons.org/licenses/by/4.0/). 39 Science Photo Library: Thomas Deerinck, NCMIR (cl), 41 br Adapted from Atomic Habits by James Clear, Published by Avery, 2018, Penguin Random House. 177 Adapted from Figure 2- Continuum of SRA curves to reach a higher level of fitness, and Figure 3- Too big of a stimulus may deform the SRA curve, How often should you train your Glutes? By: Stijn van Willigen, https://bretcontreras.com/your-optimal-training-frequency-for-the-glutes-part-i-exercise-type/.

All other images © Dorling Kindersley

For further information see: www.dkimages.com